U0938736

干旱区生态城市建设理论与实践

——基于张掖市生态城市建设的实证研究

陈克恭　史振业　著

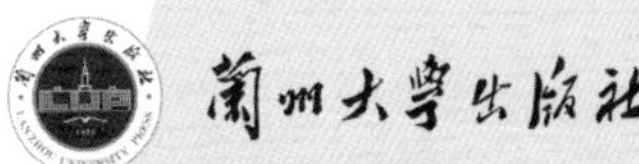

图书在版编目(CIP)数据

干旱区生态城市建设理论与实践:基于张掖市生态城市建设的实证研究/陈克恭,史振业著.—兰州:兰州大学出版社,2010.5

ISBN 978-7-311-03557-0

Ⅰ.①干… Ⅱ.①陈…②史… Ⅲ.①干旱区—城市环境:生态环境—城市建设—研究—张掖市 Ⅳ.①X321.242.3

中国版本图书馆CIP数据核字(2010)第086350号

策划编辑 陈红升
责任编辑 刘 琦 张 萍 陈红升
封面设计 张友乾

书　　名 干旱区生态城市建设理论与实践
　　　　 ——基于张掖市生态城市建设的实证研究
作　　者 陈克恭 史振业 著
出版发行 兰州大学出版社 (地址:兰州市天水南路222号 730000)
电　　话 0931-8912613(总编办公室) 0931-8617156(营销中心)
　　　　 0931-8914298(读者服务部)
网　　址 http://www.onbook.com.cn
电子信箱 press@onbook.com.cn
印　　刷 兰州人民印刷厂
开　　本 787×1092 1/16
印　　张 21
字　　数 432千
版　　次 2010年5月第1版
印　　次 2010年5月第1次印刷
书　　号 ISBN 978-7-311-03557-0
定　　价 58.00元

前　言

作为历史文化名城的张掖，曾有过辉煌历史，被世人赞誉为“金张掖”。随着产品、粮食短缺时代的结束，工业化、城镇化进程的推进，在横向与纵向对比中，张掖的处境显得有点尴尬：站在历史长河的视角，年年都有新进步，但在工业化进程中，往日“半城芦苇半城塔”的“塞上江南”景观没有换来工业化的高度发展；站在全省看张掖，压力在增加，相对于周边新兴工业城市或传统区域性城市工业化的飞速发展，张掖市以农业为主的经济结构显得越来越不合理，“工业短腿”的问题显得越来越突出；站在全国看张掖，差距在拉大，原来引以为豪的金色，似乎正在褪去耀眼的光芒，形成了“没有大踏步的进步，变成了相对落后”的局面。

在国内外积极应对生态危机的历史时刻，社会经济发展正处于大变革之中。伴随着生态文明的提出与推进，张掖没有错过思想观、发展观变革的历史机遇，审时度势，从全新的视角来看张掖的过去、现在和未来，寻找新的亮点，提出了建设“生态城市”的发展目标，这是对生态文明的积极响应，也是立足自身、对传统发展方式的深刻变革。张掖市已站在新一轮思想革新与实践的最前沿。

生态城市的概念自1997年联合国教科文组织“人与生物圈(MAB)计划”中提出以来，关于生态城市的研究日渐兴起，理论与实践都得到了长足发展。理论讨论百家争鸣，百花齐放，生态城市实践全球各地纷纷探索，但时至今日，尚没有一个公认的生态城市。尽管如此，这并没有阻挡人们对生态城市的追求。如何创建生态城市，仍深深困扰着生态城市追求者和忧虑社会发展现况的人们。

处于干旱半干旱区的张掖建设生态城市，既是对干旱区城市发展模式的深刻变革，也是生态城市发展理念在干旱区特定地域条件下的有益实践。干旱区生态城市将“干旱区”与“生态城市”两个似乎风马牛不相及的概念耦合在一起，是对传统生态城市发展理念的进一步深化。因为生态城市并不是“湿润”地区的专利，它是城市发展理念，是一种理想的城市发展模式。干旱区城市有权迈向生态城市之门,干旱区生态城市将生态城市发展理念与干旱区特定地域相联系,有助于生态城市从理论走向实践。张掖作为干旱区城市中的佼佼者,当然有理由和资本来充当干旱区生态城市的实践者与探索者。

干旱区生态城市作为一种城市模式,与干旱区传统城市发展模式的区别,主要表现在:(1)城市发展的目标不同。城市化进程速度加快的过程中,城市化被赋予了解决贫困问题、失业问题、三农问题等许多的任务,原本追求人居环境的城市发展目标,变成了单纯的国内生产总值(GDP)增长和城市规模的扩张;干旱区生态城市追求人居环境的改善和生活质量的提高。(2)城市发展的方式不同。传统城市在歪曲了的城市发展目标指引下,通过"圈地运动"扩大城市的用地规模,通过城市规划和移民扩大城市的人口规模,通过经济的粗放型增长实现城市 GDP 的增长,而忽略了城市赖以生存和发展的自然环境;干旱区生态城市追求与自然生态环境协调的城市发展,包括城市规模扩张、功能完善、经济发展、人居环境改善。(3)城市发展的动力不同。传统城市发展的动力除了城市自身发展演化外,更多地来自于城市政府的推动。这种方式在城市发展初期,很大程度上推动了城市的发展。当城市发展到一定规模之后,由于政府行为超越了城市发展规律和经济发展规律,致使城市发展的方向偏离了城市演化的原有轨迹;干旱区生态城市的发展动力应该来自于城市市民对于人居环境的追求、经济发展规律、城市演化规律和政府引导的综合作用。

干旱区生态城市与一般论述的生态城市相比, 除了具有生态城市的高效性、和谐性、可持续性、整体性、区域性等特征外,还具有干旱区环境所赋予的地域特征:缺水与节水并举、城市景观与区域环境鲜明对比、生态经济欠发达等。

从以上尽管极其粗略的比较和分析中, 我们不难看出把建设干旱区生态城市作为干旱区城市理想发展模式的合理性;然而,现实的问题是,建设干旱区生态城市毋庸置疑的必要性并不能保证其天然生成与自觉运作, 从而也不能使人们完全准确把握干旱区生态城市建设的突破口和建设途径。目前,困难不仅仅是在扑朔迷离中确定"目标",更为艰巨的是"手段"和"路径"的选择。这些"手段"是通过干旱区生态城市的构成系统和优化路径来实现的。

以张掖市生态城市为例,以"举节水旗"、"发展生态经济"、"优化空间结构"、"保护和美化自然生态环境"、"建立健全社会生态系统"五个方面,作为干旱区生态城市建设的突破口和作用方式,以期搭建城市生态化演进的整体框架和演进路径。五个方面相互联系、相互作用、相互支撑,共同引导和推动张掖市生态城市建设。

一是举节水旗。水资源短缺是干旱区城市的普遍特征,制约着城市的发展。通过发展节水型产业运用循环经济理念,提高水资源的重复利用率,是干旱区生态城市建设的重要举措,是科学发展观的体现。

二是发展生态经济。主要体现在两个方面,一是优化经济结构,二是转变经济发展方式。也就是要解决发展什么、怎么发展的问题。前者主要是针对干旱区自然气候特征和自身特色，遵循生态经济学理念，发展生态农业、生态工业和生态服务业，这是干旱区生态城市建设的关键。后者主要是指遵循“3R”原则（减量化、再利用和再循环），发展循环经济，变传统的线性经济发展方式为以物质循环利用和能量梯级利用为主要特征的闭路循环的经济发展方式，旨在提高资源的利用效率和废弃物的回收利用率，减少或杜绝向自然界排放废弃物。

三是优化空间结构。主要解决在哪发展什么、什么在哪发展的问题。城市空间结构包含城市内部空间结构和区域城镇空间结构。前者主要表现为城市空间形态、城市用地布局和城市密度，构成了城市空间载体，它们影响着城市的发展格局与潜力，同时受自然环境的影响。张掖生态城市建设，须妥善处理好城市用地布局、城市发展方向与湿地的关系，突出湿地作用和湿地特色。后者是指区域中所有城镇构成的城镇体系结构，优化城镇体系结构，有助于城镇之间的协调发展，共同推动区域整体发展和生态化演进。干旱区生态城市构成体系见图1。

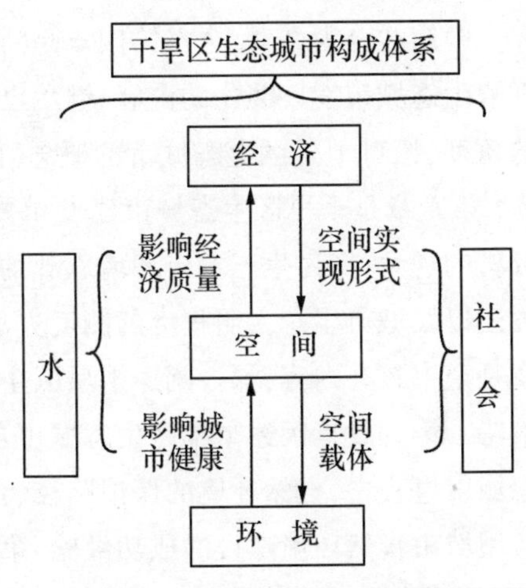

图1 干旱区生态城市构成体系

四是保护和美化自然环境。主要解决城市赖以生存与发展的环境问题。保护环境是干旱区生态城市建设的重要抓手；美化环境是城市实现人居环境优美目标的重要体现。“良好的生态环境，在改善人居环境的同时，也优化了投资环境。”“没有可持续的环境就没有可持的发展，保护生态环境就是保护可持续发展能力，改善生态环境就是提高可持续发展能力。”①张掖市傍依黑河，拥有最大的城郊型湿地，做好湿地文章，是张掖生态城市建设的重要抓手，也是张掖不同于其他干旱区城市的重要亮点。

五是社会生态系统建设。包括多元开放的公民生态意识培育、公正透明的法制环境构筑、规范有序的城市管理环境建设、社会生态文化氛围的营造等方面，主要解决谁来建、如何长期建的问题。干旱区生态城市建设是一项长期的、持续的、全局性的工作，通过社会生态系统建设，调动社会各界力量，推动生态城市建设持续进行。

为了全面、系统、客观地了解和把握干旱区生态城市建设，本书从总括、理论、实践三个层次，分为上、中、下三篇。其中上篇从全新的视角阐述城市、生态城市的内涵以及干旱区生态城市建设的必要性，为全书开宗明义；中篇在文献综述的基础上，从理论的角度，探讨干旱区生态城市的内涵、建设思路、建设内容；下篇以张掖市为实证城市，分析张掖市现状和特点，依据理论研究，讨论张掖市生态城市建设的相关问题。

①顾阳，李佳霖.张家港：经济繁荣与生态优美的完美统一[N].经济日报，2009-10-28(12).

上篇共分为三章。第一章，更进一步认识城市的形成与发展演化规律，理解城市的内涵是人类文明繁荣与沧桑的载体；通过城市的分类，讨论各类城市特色，尤其为研究干旱区生态城市提供城市概念基础。第二章，理解生态城市是城市发展的美好愿景；讨论生态城市思想或理念产生、发展以及人们研究的历史沿革；放眼世界，分析和评价国内外生态城市的建设实践活动。第三章，分析干旱区城市发展过程中存在的问题，讨论干旱区生态城市建设的必要性。

中篇共分为九章。全书第四章是对国内外生态城市相关研究理论的综述，旨在深入理解生态城市发展演化的内涵，继承已有优秀研究成果。第五章基于理论综述，从哲学的角度，探讨干旱区生态城市的概念、内涵，阐述干旱区生态城市的哲学基础和建设理念。第六章是干旱区生态城市建设相关理论的述评，是全书的理论基础。第七章从数量分析的视角，探讨生态城市环境承载的分析与评价方法、城市可持续发展的监测与评估方法以及城市生态文明程度的测度方法等，并提出干旱区生态城市发展指标体系。第八章是全书核心内容，深入阐述干旱区生态城市的构成体系，提出干旱区生态城市的建设策略。第九章是阐述干旱区生态城市自然环境系统，针对干旱区地域特征，提出创建生态城市过程中，自然环境的保护路径、自然环境恢复与重建途径；拓展视野，分析和借鉴典型城市自然环境建设的成功经验。第十章通过城市经济发展质量、速度及环境关系的辩证思考，梳理城市经济发展目标，提出干旱区生态城市经济结构及经济发展方式的优化路径。第十一章旨在通过社会系统的建设，通过生态城市相关制度、政策的建立与健全，引导城市的生态化进程，同时约束引发城市问题的行为发生。第十二章首先阐述城市空间结构的概念及与生态城市的关系，提出生态城市内部空间结构与区域城镇空间结构的路径，从全新视角探讨城乡一体化。

下篇共分为六章。全书第十三章全面把握素有“塞外江南”之称的“金张掖”的概况，阐述张掖市创建生态城市的重要意义。第十四章基于对张掖市的整体把握和未来发展预测，提出张掖市生态城市建设总体思路：通过结构优化，实现自然规划与人为引导的完美结合，逐步实现生态张掖的塑造。第十五章通过对张掖市生态环境承载力、可持续发展水平以及生态文明的测度，定量了解张掖市发展现状以及存在的问题。第十六章基于张掖市相关定量分析，认识张掖市自然环境以及黑河湿地对创建生态城市的重要意义；在生态城市创建的整体思路和背景下，提出河道综合整治及自然生态环境保护的思路。第十七章深入分析张掖市经济发展现状，理顺张掖市经济发展思路，明确张掖市经济结构优化路径及经济发展方式优化路径。第十八章是生态城市创建过程中制度保障体系的建立、实施管理方法的优化及生态人文环境的营造。

目 录

上 篇

总 论——城市的再认识

中　篇

理论探讨——干旱区生态城市建设理论

下　篇

实证研究——张掖市生态城市建设

上　篇

总　论
——城市的再认识

一座城市就像一株花、一棵草或一个动物，它应该在成长的每一个阶段保持统一、和谐、完整。而且发展的结果决不应该损害统一，而要使之更完美；决不应该损害和谐，而要使之更协调；早期结构上的完整性应该融合在以后建设得更完整的结构之中。

——霍华德

在每一个城市计划中必须将各种情况下所存在的每种自然的、社会的、经济的、文化的因素配合起来。

——《雅典宪章》

我们是处在这样一个时代：生产和城市扩张的自动进程日益加快，它代替了人类应有的目标而不是服务于人类的目标。……城市的主要功能是化力为行，化能量为文化，化死的东西为活的艺术形象和音标，化生物的繁衍为社会创造力。

——刘易斯·芒福德

第一章
城市：承载人类文明的繁荣与沧桑

城市是千百年来人类经济发展、社会进步和文化沉积而产生的独特聚集空间，是伴随人类文明发展而产生的社会物质聚集系统，是一定区域内经济、政治、文化中心和对外活动中心，是人、自然、社会和谐发展的最好形式，也是物质文明、政治文明、精神文明和生态文明高度发展的标志。城市由于规模经济和聚集经济的作用而逐渐成为一个国家或地区政治、经济、科学技术和文化教育中心，在整个社会中起到越来越重要的作用。从古今中外来看，城市是大多人类文明的发源地，文明在城市中产生，并向周边地区扩散。文明在产生和扩散的过程中，也逐渐改变着城市的形态。

一、城市的内涵

在词源上，“城市”由“城”和“市”组成；在功能上，中外城市的起源基本上都可追溯为“城”(castle、town)与“市”(bazaar、market)功能的组合。考察中外历史，城市的形成一般有两种过程：一是由“城”而“市”，一是由“市”而“城”。“城”在古代是指一定地域上用做防御的墙垣，是根据统治阶级的需要，以军事、政治为目的建造起来的；“市”指进行手工业和农业商品交换的固定市场，“市”逐渐进入“城”中后，就形成了完整的城市。在我国历史上有很多关于“城”和“市”的记载，如：“城，所以盛民也”——《说文》，“城郭沟池以为固”——《礼记·礼运》，“城为保民为之也”——《穀梁传·隐公七年》；“市，买卖之所也”——《说文》，“市者，货之准也”——《管子·乘马》，“大市日昃而市，百族为主；朝市朝时而市，商贾为主；夕市夕时而市，贩夫贩妇为主”——《周礼·司市》。

城市是一个复杂机体，在对城市予以界定和研究时，不同学科的学者往往只注重城市复杂机体中的某些层面,而忽视其他层面和内容。因而,其对城市的研究和描述,都难以避免某些片面性。首先我们列举几种较具代表性的城市定义。

城市:人口集中、工商业比较发达的地区,是商品经济发展的产物[1]。

城市:依一定的生产方式和生活方式把一定地域组织起来的居民点,是该地域或更大腹地的经济、政治和文化生活的中心[2]。

城市:规模大于乡村和集镇的以非农业活动和非农业人口为主的聚落[3]。

这些定义都从不同的学科角度出发,对城市进行界定,互相沟通,互相补充。从经济学的角度来概括城市的定义,只表述了城市的经济内容,而将城市的社会内涵忽略;从建筑学角度观察城市,只注重空间利用和概括城市的物质环境构造,而又将城市体系中很重要的生态学层面遗漏了;从地理学的角度来定义城市,只注重城市的空间聚集规模,而忽略了经济、社会等其他方面。事实上,人们对城市的认识是日益深化的,一定领域、一定历史时期内对城市的定义具有相对真理性,无数相对真理的综合就构成了绝对真理。由于城市这一概念时空范围宽泛,内部结构和功能机理丰富,因而任何一个学科也不可能单独对城市下一个完整的定义。所以,为了概括城市的内涵,最好的办法是既要依靠各学科的研究成果,又要超越各个学科的局限,从更高层次上对城市的内涵给予全面的概括。

总体说来,城市应该包括6个基本要素:城市人口、城市经济、城市社会、城市科技、城市设施和城市资源与生态环境,其内涵主要体现以下几个方面:人的主体性、开放性、动态性。人的主体性是指人是城市的生命和灵魂,是城市发展的动因所在;开放性是指城市的内涵不是一成不变的,它会吸收各个学科关于城市的正确合理的描述;动态性是指城市的内涵是随着时间、历史和文化不断发展而丰富的[4]。因此,我们可以将城市的内涵综述为:城市,是人类属性的延伸和物化,是随着社会经济发展形成的人口高度集中的地域,以非农业活动为主体,是第二、第三产业的集中地和政治、经济、科学技术和文化教育的中心,在国民经济和社会发展中起主导作用。

随着城市的发展与不断变化,必然继续产生各种新的城市特性,城市的内涵将得到持续的演绎和丰富。

二、城市的形成和发展

城市是人类文明的象征,是具有高度活力的复合体,是社会生产力发展到一定阶段的产物。城市一旦形成,就处在不断发展之中,其最直接的外在表现是社会生产力不断集中。这种集中在一定限度内经济效果大而显著,会促进城市功能得到不断的完善与增强,使城市在政治、经济、文化等方面的影响越来越大,并成为一定地域空间的中心。

(一)城市形成的基础

城市是一个涉及政治、经济和文化等方面的复杂社会物质系统,城市的形成不是一个简单的过程,是各种因素共同作用的结果。城市形成的基础包括以下几个方面。

1.城市形成的地理基础

地理位置是城市形成的基础条件。从我国乃至世界诸多大小城市,特别是从历史古城看,它们大多坐落在平原中心、山麓地带、江河两岸、渡口要津等。从地理位置方面看,上述地域平坦通达,有利于扩大市域,发展交通,发展农业生产,这充分反映出地理位置是城市形成发展的自然基础条件。

交通条件是城市形成的关键因素。交通主要通过交通线路、网络、交通枢纽、港站和交通工具,进行联系和物资交流。

城市的形成是城市所处的地理位置与它本身固有的交通条件, 以及随着社会生产力的发展而新形成的交通条件共同作用的结果。地理位置与交通条件在城市形成和发展过程中是不可分割的统一体,特别是在近代和现代城市的形成和发展中,两者的作用更为密切,共同成为城市形成的地理基础[5]。

2.城市形成的经济基础

从历史上看,产业革命以前,城市的形成主要与军事防御、宗教、政治等方面的需要密切相关。但从目前来看,绝大多数城市的产生、存在和发展都离不开经济方面的原因,尽管仍有军事、政治、宗教等非经济因素的存在,但可以肯定,经济因素是起决定作用的。我们今天面对的城市问题绝大多数也源于经济原因,而且,不管城市建立的具体原因及所处时代如何,经济力量始终是决定城市形成和发展的一个根本性力量。

经济基础是城市形成根本性的内在动力。在传统的农业社会分工格局里,农村是农业社会赖以发展的空间,由于社会生产力不够发达,整个经济基本上处于自给自足的阶段,没有大量的产品用于交易。随着生产力的发展和几次大的社会分工的出现,逐渐形成了以交换为目的的商品生产和专门从事交换活动的商人阶层, 商品生产和商品交换的扩大,促进了以商品加工和交易为生存方式的集聚居住点的产生,集聚居住点逐渐成为一定区域内的工商业中心——经济中心,随着经济社会的发展,城市的经济中心作用也愈来愈强,稳定的区域商品生产和商品交易的发展导致了城市的形成。

3.城市形成的社会基础

社会基础是城市形成的基本力量。城市形成是在一定的区域内,各种生产要素通过一定的手段聚集,形成规模经济的过程。在这个过程中人口聚集是关键因素。在人类社会 300 多万年的历史发展过程中,经历了原始社会、奴隶社会、封建社会、资本主义社会和社会主义社会等历史时期 (资本主义社会和社会主义社会目前同时是世界各国主要的社会存在形式),每个时期人口聚集的程度都比前时期更加密集。城市作为一种区别于农村的聚落,是在由原始社会向奴隶社会过渡的时期产生的。在这个时期里,生产资料和社会财富逐渐被私人占有,其突破了城墙和民族的限制向周边地区不断延伸,同时人口和社会在某一特定地理位置聚集,这个聚集地逐渐演变成了城市。

4.城市形成的文化基础

文化基础是城市形成的必要条件。城市的根本和核心都应该是人,城市是伴随人类文明的发展而产生的,人类更是在创造和发展城市生活中创造了几乎所有的文化,城市从本质上是人类文化的容器。在城市各种要素聚集的过程中,人的思想和意识形态渐渐汇聚,发生碰撞,适合经济和社会基础的思想和意识形态逐渐战胜了其他的思想和意识形态,占据了主导地位,又反过来作用于经济和社会。城市文化是人类在城市中创造的物质和精神财富的总和,是城市人群生存状况、行为方式、精神特征以及城市风貌的总体形态,是城市的灵魂,是文明的标志。城市文化在经济和社会的基础上促进了城市的形成。

(二)城市形成的机制

城市形成过程既是城市自身自然的、历史的发展过程,又是城市当局有意识地推动和发展的过程。也就是说,城市的形成机制是城市内在动力机制和外在推动机制共同作用的结果(见图 1-1)。

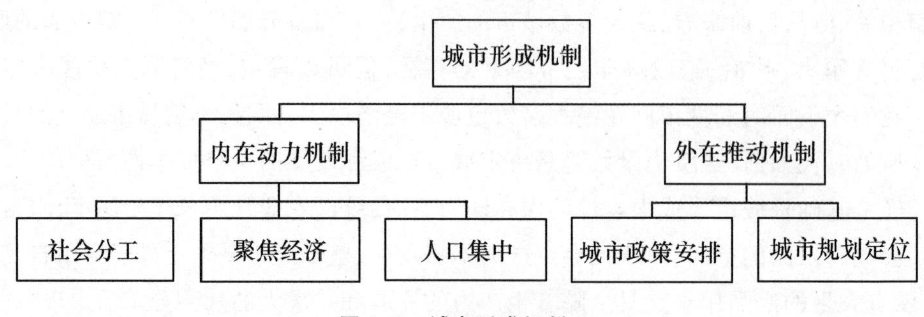

图 1-1 城市形成机制

1.内在动力机制

城市形成的内在动力机制主要体现为社会分工专业化、聚集经济和人口集中。城市的形成和发展是社会分工专业化、经济聚集和人口集中的内在要求和必然结果。

(1)社会分工与城市形成

城市,就其特有机制来说,是社会生产力发展过程中社会分工不断地深化,从而引致产品种类增多及生产链延长的结果。由于社会分工的出现,商品交换成为必然,市场产生并逐渐扩大。为了降低交易成本,提高交易效率,区域的中心逐渐形成了独立组织地区交易的空间职能,成为区域市场组织的核心。这个中心交易地通过聚集经济,提高了市场运行的效率。因此,社会分工是城市产生的根本原因。

(2)聚集经济与城市形成

按照韦伯的观点,聚集经济是由于生产或销售以一定规模在同一地点进行,因而是生产或销售方面带来的利益或造成的节约。首先由规模经济引起经济聚集,并且不断强化集聚的程度,直至产生规模不经济,渐渐形成以企业构成为主体的集聚产业点,它的地域范围一般比较小,集聚了少数几个规模不大的企业,结构较简单,外围基础设施比较简陋。集聚产业点形成后,由于范围经济的作用,经济进一步集聚,吸引了更多的外来要素,企业间关系更加复杂,形成了多样化经营和联合化生产,不同的企业间产生了水平或垂直的经济联系,形成具有一定地域范围的企业集群,在规模经济和范围经济共同推动下,企业集群发展为集聚产业区。集聚产业区逐渐形成了共同的基础设施,扩大了地域范围,大大节约了企业外部基础设施投资,同时也加大了与周围地区的经济联系,在这种机制的作用下,集聚产业区逐渐演变为城市。

(3)人口集中与城市形成

实际上,不管是社会分工的出现引起的城市化,还是工业企业寻求聚集经济效益而产生的城市化,还是其他原因导致的城市化,这都离不开人口的集中,应该说,人口向城市的迁移和集中是城市化的核心内容,没有人口的集中,就谈不上城市的形成。

刘易斯认为不发达国家的经济特征是二元结构,现代部门的发展吸引了农业剩余劳动力,当资本存量进一步扩大时,劳动力转移到工业部门的规模进一步扩大,这种过程一直可以进行到农业部门的剩余劳动力全部被工业部门吸收为止。但刘易斯认为农业对经济发展的贡献在于为工业部门的扩张提供了所需的廉价劳动力,至于农业部门的发展,在劳动力转移过程中是无关紧要的。拉尼斯-费景汉继承了刘易斯的理论,认为农业对经济发展的贡献不仅为工业部门提供了扩展所需的劳动力,还为工业部门提供了农业剩余,农业生产率提高而出现的剩余产品是农村劳动力流向城市的条件。之后又有乔根森、托达罗、斯塔克和布卢姆、派尔等人提出了不同的关于人口向城市流动的经济解释。

当人类发展到近代,收入水平的差异以及向往城市生活是人口流动的主要原因。不管何种原因,人口往某一特定空间集中,将导致各种生活设施、福利设施的建设。其中主要是建筑业的迅速发展以及住宅区的进一步扩大,各种道路系统的建设以及各种交通设施的出现,各种金融业务和医疗卫生、教育机构等的形成。总之,人口的集中以及相伴随的各种基础设施的出现,造就了城市[6]。

2.外在推动机制

城市形成的外在推动机制主要表现为城市当局的政策安排和城市规划定位。在城市的形成和发展过程中,城市当局的政策安排和城市规划具有重要的作用。城市当局对城市建设和管理负有重大责任,城市规划是城市当局实现社会、经济和城市发展目标,合理引导和控制城市发展最为有效的方法和手段。

(三)城市的发展过程

城市是人类文明的主要组成部分,城市是伴随人类文明与进步发展起来的,城市的出现是人类走向成熟和文明的标志。从城市特征、功能和空间聚集程度的角度来看,其发展过程有以下4个阶段。

奴隶社会城市阶段。这一阶段的时代背景是奴隶社会,这个阶段的城市具有以下特征:城市规模小、数量少,主要聚集在几个点上;城市功能上主要突出政治统治功能,一般是政治中心或者宗教中心。

封建社会城市阶段。这一阶段的时代背景是封建社会,城市比奴隶社会的城市有了进一步的发展,其特征表现在:城市规模增大,数量增多,分布的范围更广,相对集中;城市作为商品市场和贸易中心的地位有所提升,城市的功能越来越完善,逐渐成为政治、经济、文化中心。

近代社会城市阶段。近代在国际上是指1640—1917年俄国"十月社会主义革命"这个时期,这一阶段的背景是资本主义。由于欧洲工业革命引起生产力极大发展,城市在这一时期快速兴起,其特征表现在:规模迅速地扩张,数量激增,分布相对比较分散;城市逐渐成为以机器大工业生产为基础的社会生产力、世界贸易和科学技术中心,同时在城市中出现了生态环境问题。

现代社会城市阶段。现代城市最主要的特征是它是人流、物流、能流、信息流和价值流的枢纽。经济系统的运行需要载体,而现代城市作为载体的特质形态为经济系统的运行提供了最理想的条件。人口、物质、能量、信息、资金在城市中高度聚集并通过市场进行有效配置,向城市以外地区扩散。

首先,现代城市是各种要素聚集的场所,又是新要素扩散的源头。聚集扩散运动的过程中会产生许多需求。有需求就有市场,这是市场存在的根本性因素。城市为市场的存在和运作提供了很好的条件,包括硬件和软件。城市这个充满商机的大市场搞活了,不论其地域大小,这一带的经济必然会蓬勃发展。

其次,现代城市是知识经济的策源地和创新基地。所谓知识经济,简单地说就是直接依据知识和信息进行一切经济活动的经济。现代城市中存在大量的科学技术研究单位和机构,它们每天创造出众多的科研成果,并通过城市这个"大工厂"转化为产品或商品,形成新的财富。知识经济的第一大特征是科学和技术的研究开发日益成为知识经济的重要基础。知识经济的第二大特征是信息和通讯技术在知识经济的发展过程中处于中心地位。现代城市是信息中心,具备先进的信息和通讯技术和设施;有些高级别的经济中心城市还是信息港的所在地,因此知识经济的发展也必须以现代城市为载体。知识经济的第三大特征是服务业在知识经济中扮演着重要角色。服务业就是我们通常所说的第三产业。社会生产力的发展,社会分工深化、细化,以及消费结构的变化促进了服务经济的兴起。服务经济同知识经济关系密切。一方面,服务经济推动了知识经济的成长壮大;另一方面,知识经济的发展,尤其是服务业中知识含量较高的产业部门的发展,又进一步推动服务业的发展。服务业集中和服务经济发达的地域就是现代城市。

再次,现代城市是先进的生产方式、经营方式、管理方式和生活方式的诞生地和传播源。随着现代城市产业从劳动密集型、资本密集型向知识密集型的不断升级,生产、经营和管理方式都发生了根本变化,如出现了柔性生产方式、无纸化交易、网络化管理等等。与此同时,无论是人际交往方式、休闲娱乐方式还是居住和消费方式也已升级换代。如出现了网上交流、超市购物、泡网等新的生活方式。上述先进的方式不仅在现代城市中诞生,并且从现代城市传播开去,带动周边地区生产和生活方式的变革,从而推动整个社会的进步。

三、城市分类概述

城市的特征性是多方面的,因此可以从许多角度对城市进行分类研究。

1.按城市综合经济实力和世界城市发展的历史来看,城市分为集市型、功能型、综合型、城市群等类别,这些类别也是城市发展的各个阶段。任何城市都必须经过集市型阶段。

集市型城市:属于周边农民或手工业者商品交换的集聚地,商业主要由交易市场、商店和旅馆、饭店等配套服务设施所构成。集市城市在我国主要是县、乡镇。

功能型城市:通过自然资源的开发和优势产业的集中,开始发展其特有的工业产业,从而使城市具有特定的功能。其不仅是商品的生产地,同时也是商品的交换地。但城市因产业分工而形成的功能单调,对其他地区和城市经济交流的依赖增强,商业开始由封闭型的城内交易为主转为开放性的城际交易为主,批发贸易业有了很大的发展。这类型城市主要有工业重镇、旅游城市等。

综合型城市:一些地理位置优越和产业优势明显的城市经济功能趋于综合型,金融、贸易、服务、文化、娱乐等功能得到发展,城市的集聚力日益增强,从而使城市的经济级别大大提高,成为区域性、全国性甚至国际性的经济中心和贸易中心。商业由单纯的商品交易向综合服务发展,商业活动也扩展延伸为促进商品流通和满足交易需求的一切活动。这类城市在中国比较典型的有直辖市、省会城市。

城市群(或都市圈):城市的经济功能已不再由一个孤立的城市体现,而是由以一个中心城市为核心,同与其保持着密切经济联系的一系列中小城市共同组成的城市群来体现。如日本的东京、大阪、名古屋三大城市圈,英国的伦敦—利物浦城市带,中国的长三角、珠三角等。

2. 按城市性质和职能划分,大致分为3种类型。一是具有综合职能的城市,即政治、经济、文化中心,如首都北京、各省级行政中心城市等。二是以某种经济职能为主的城市。这类城市往往以工业生产为主，按工业部门又可分为：a.多种工业城市，如株洲市、常州市等；b.单一工业为主的城市，如全国的钢都——鞍山市、煤都——大同市等。还有以交通运输为主的交通港口城市，按其交通运输方式又可分为：a.铁路枢纽城市，如徐州市、鹰潭市等；b.港口城市，如秦皇岛市、湛江市等；c.河港城市，如九江市、芜湖市等。三是具有特殊性质和职能的城市，如旅游城市桂林，革命历史名城延安、遵义等。

3. 按城市规模可划分为大、中、小城市。城市规模包括城市人口规模和用地规模两个部分，但用地规模常常从属于人口规模，所以一般讲城市规模常常是指城市人口的多少。我国城市按人口规模分为：特大城市（指人口100万以上的城市）、大城市（指人口50万以上100万以下的城市）、中等城市（指人口20万以上50万以下的城市）、小城市（指人口小于20万的城市）。

4. 在我国按城市的行政级别可划分为直辖市（北京、上海、天津、重庆）、地级市（各省级行政中心或省的经济中心）、一般城市和县级市。

四、城市化的发展进程

人类文明的进步，不断推动着城市化的发展。城市化是农村人口和非农产业向城市不断集中的过程，是一个国家或地区社会经济发展的过程和结果，同时也是经济和社会持续发展的创新载体。城市化的健康、持续、快速发展对于一个国家或地区，特别是发展中国家，在实现现代化、推进产业结构升级、促进地区协调发展和可持续发展，以及提高国际竞争力等方面具有重要而又深远的意义。由于地理环境、资源禀赋、经济发展水平、社会文明程度以及人们思想观念、制度安排的不同，城市化水平存在差异。

（一）世界城市化的历史进程

世界城市化的过程很复杂，它的发展水平和性质取决于一个国家一个地区的经济发展水平、人口状况、人口结构以及自然地理等多方面的条件。世界城市化起步于18世纪中叶英国开始的工业革命。在此之前，英国进行了长达几个世纪的农业革命、商业革命。这不仅为英国工业革命夯实了基础，也为城市化的启动积累了资金。工业革命开始了人类的新纪元，在短短2个世纪已经席卷全球，世界从此进入了工业社会和城市时代。20世纪以后，世界城市化进程大大加速，城市化已成为当今社会进步和现代化的重要标志。到20世纪末，世界城市化水平达到46%，发达国家的城市化水平平均在80%以上。

按照发达国家城市化经验来看，当一个国家或地区城市化水平达到50%时，人们的观念和生活理念会发生改变，整个国家或地区的经济、社会、文化方面等都发生质变，其中结构性变动最为激烈，各种社会矛盾和问题暴露最为充分。依据这种思维，我们把自18世纪开始至今的城市化进程划分为3个阶段：第一阶段是城市化兴起阶段（18世纪60年代—19世纪50年代)。18世纪中叶,工业革命极大地促进工业发展,从而使人类由农业社会向工业社会转变,由农村时代向城市时代转变。世界城市人口比重由1800年的5.1%上升到1850年的6.3%。第二阶段是城市化在发达国家的扩展阶段(19世纪50年代—20世纪50年代)。从1851年之后,工业体系在主要的发达国家普及,工业成为主要的产业部门,大批农村人口转移到城市,城市化快速发展。在这个阶段欠发达国家的城市化也在进行,但水平比较低。到1950年,发达国家的城市化平均水平超过50%,发展中国家城市化水平为17.0%。第三阶段是城市化加速发展阶段(20世纪50年代至今)。二战后随着全球经济的复苏和新科技革命的推动,城市化的速度大大加快,到2005年,高收入国家的城市化水平达77%以上,中等收入国家的城市化水平也达到50%,低收入国家的城市化水平已经达到31%[7]。

(二)我国城市化进程

虽然在几千年前便出现了城市,并且达到了一定的数量与规模,但并不能就此说人类开始了城市化进程,因为这涉及城市化界定的问题。城市化不仅仅是指人口向城市集中的过程,而且还表明了社会结构、生活方式、价值观念、文化等的变化过程,是一个国家经济达到一定发展水平的产物,特别是工业化程度不断提高的产物。要正确制定一个国家城市化的发展战略,就应该深入了解它的城市化历史进程。这里将对我国城市化的进程进行具体分析。

我国城市化始于近代工业技术的引入,因此将1840年的鸦片战争作为我国城市化的历史起点较为准确,这个起点比世界城市化的历史开端晚了40年。而真正得到持续发展则是在中华人民共和国成立之后,这里我们主要来看建国以后的城市化进程,纵观新中国城市化的全部历程,大概可以分为5个阶段。

1.城市化起步阶段(1949—1957年)

解放战争之后,中国的各个方面开始了迅速的发展。其中1949—1952年,重工业的发展速度超过了轻工业,重工业年均增长48.8%,轻工业年均增长29%。经过这三年的发展,中国的工农业生产迅速恢复到了新中国成立前的历史最高水平,为第一个五年计划的实施奠定了基础。1953—1957年第一个五年计划期间,在内地进行大型项目建设,其中825项大型工业建设有530项都在内地[8]。在这期间,我国的工业建设和城市建设都得到了发展,由于城市人口剧增没有对经济发展形成压力,所以政府没有限制人口流向城市,城市人口的增长有56%是迁移取得的。城市人口从1949年的5 765万人增加到1957年的9 949万人,年均增长率为7.1%,超过了这时期总人口的增加速度,使城市人口占总人口的比重达到了15.4%[9]。如果从世界范围的城市化来看,我国的城市化水平还是比较高的。

2.城市化超前发展阶段(1958—1960 年)

“一五”结束之后,我国的工业化建设出现了一个急躁的时期,在这个时期中国的工业化出现了超速的发展。三年的“大跃进”,在经济上提出要“赶超英美”等政治口号,一些具体的政策脱离了当地的实际,各地城镇的工业项目遍地开花,以“大炼钢铁”为导火线,掀起中国的工业化浪潮。在这样的政策环境下,我国工业化出现了快速的发展,农村人口大量流向城市,城市人口占总人口比重上升为 19.7%。伴随着工业化的超速发展,城市化也出现了超前的发展,这是一个极不正常的城市化阶段。

3.城市化不正常发展阶段(1961—1977 年)

经过三年的“大跃进”,20 世纪 60 年代初政府对以前提出的经济政策进行了调整,国民经济也相应地发生了大的调整。1961 年后,政府颁布了新的城镇建设标准,开始压缩城镇人口,使城市人口流回到农村,所以,这个时期流入城镇人口的数量减少了。再加上三年自然灾害,又动员一部分人回乡参加农业劳动,1961—1964 年全国城市人口净减少 3 188 万人,城市人口降到 1957 年的水平,致使城市化发展落后于经济建设。之后,从 1966 年开始,中国进入“文化大革命”时期,在这期间经济和政治等方面有“问题”的人大部分被强制迁往农村,同时撤销了城镇机构,停止了城市建设工作,在 1966—1977 年累计约有 3 000 万人下放到农村[7]。在工业方面,为了备战“三线建设”,工厂布置分散到各地,工业发展不集中,根本形不成聚集效应,难以吸收更多的非农产业,也就无法形成更多的新城市。所以,城市化水平不仅没有提高,反而下降了,这时期的城市化发展是非常不稳定的。

4.城市化恢复发展阶段(1978—1992 年)

党的十一届三中全会召开之后,提出了以经济建设为中心,大力推进城乡经济体制改革和对外开放的政策。在推进城乡经济体制改革政策的指引下,我国的经济实现了大转移,地区的发展由均衡发展战略转向了非均衡发展战略。各地经济和城市的迅速发展,使得农村的大量剩余劳动力向城市转移,城市人口的数量不断上升。同时农村实行联产承包责任制,解放了农业生产力,提高了农业效益,也为城市的发展提供了资金、资源和劳动力。因此,我国的工业化和城市化的发展大大加速。

在对外开放政策的指导下,沿海开放了一批城市,形成了城市群和城市带,如长江三角洲城市带、珠江三角洲地区的城市群等,大大推动了我国东部地区城市的发展。因此,这一时期城镇人口由 1978 年的 17 245 万人增至 1992 年的 32 372 万人,年均增长达到 1 080.5 万人,逐渐形成了完善的城市管理体制。从 1983 年开始,新设城市 139 个,每年平均增加 15.1 个城市[7]。

5.城市化快速发展阶段(1993 年至今)

在党的“十四大”召开之后,我国开始全面建设社会主义市场经济体制,对外开放的程度进一步提高，开放的范围逐渐扩大，各地的经济和生活受到了外部的冲击，人们的思想进一步得到解放。这一方面使得开放城市的数量增多且迅速发展，吸引了更多的农村剩余劳动力，反过来促进了城市化的进一步发展；另一方面，民营企业不断发展，搞活了地方经济，城市化出现了新的发展局面。同时出现了以市带县、县改市、乡改镇的局面，形成了城市发展的新局面。20 世纪 90 年代末，我国经历了亚洲金融危机和通货膨胀，但第二、第三产业得到快速发展，农村的生产力得到进一步解放，再加上国家城市化政策的方向是放松对城市化的管制，这都为城市化快速发展奠定了基础，使我国城市化进入快速发展时期。进入 21 世纪以后，中国的城市化进程由长达半个多世纪的自在阶段过渡到自为阶段，走向自为的快速发展时期，估计这个时期将要持续 20~30 年。这个时期，城市化快速发展，人口城市化水平由 30%多过渡到 50%~60%，不但是中国城市化进程的关键时期，而且也是整个中国经济、社会发展的关键时期。同时也是与快速城市化伴随的矛盾和冲突显现和加剧的时期[10]。

五、城市化发展面临的主要问题

世界城市化不断发展，带来了一系列社会和环境问题，如交通拥挤、污染严重、资源浪费、疾病、失业、犯罪、城市治理资金匮乏和管理者决策水平低下等，不仅威胁着城市的经济发展潜力，而且威胁着社会凝聚力和政治稳定，同样，中国城市化进程中也面临着这些威胁。积极稳妥地推进我国的城市化，提高城市化水平，是我国“十一五”时期国民经济和社会发展的重大战略，是促进国民经济良性循环和社会协调发展的重大举措。近几十年来，人口问题、生态环境问题、产业结构问题和土地问题等十分严峻，严重影响城市化的进程。

(一)城市化进程中的人口问题

人口是社会存在的前提，是生产力中最积极的因素。在一定条件下，人口数量的增加有利于经济的增长和城市化的发展。但是，在另一些条件下，人口数量众多可能成为经济和城市发展的障碍。现在我国人口主要存在 3 个主要问题，即人口数量大、人口素质低、人口老龄化。首先，人口从 1949 年的 5.3 亿增长到现在的 13 亿以上，增长了 1.4 倍多。现在每年仍以 1 000 万以上的数量持续增长，全国人口占世界人口的 22%[11]。这造成我国城市人口持续增长。从 2000 年起，每年新增城市人口在 1 000 万以上，这么快的人口增长，给城市发展带来了许多障碍。其次，虽然我国的教育事业有了很大的发展，但国民的文化素质与发达国家相比还存在差距。2004 年我国 6 岁以上的人口平均受教育年限为 8.01 年，发达国家美国 1999 年人均受教育年限为 12.75 年，相比之下差距仍然很大。美国具有高中及以上受教育水平者占 87%，受过高等教育者就占35%，而在我国 2000 年 25~64 岁人口中具有高中及以上受教育水平者占 18%，初中以下受教育水平的占82%,其中小学及以下受教育水平者比例高达42%,我国国民文化素质的差距主要表现在接受高等教育的人口比例过低和初中以下学历的人口过高[12],这就给我国人口的城市化发展增加了困难。最后,我国已于1999年10月提前进入老龄化社会,65岁以上的人口为1.32亿,占总人口的10%,居世界首位[7]。从不同的方面影响着经济和社会的发展,给城市化发展带来巨大的压力。

(二)城市化发展中出现的生态环境问题

党的"十七大"以来,国家提出了科学发展观,要实现经济社会的可持续发展,注重城市的可持续发展。城市化既是产生城市生态问题的过程,也是人类与之斗争的过程。我国城市生态环境不容乐观。一些城市对环境容量的无偿占用与环境质量的自觉养护之间产生严重的失衡。城市人口的爆炸性增长与城市工业的迅速发展,已使城市面临严重的生态问题。城市水污染、固体废弃物污染、大气污染也愈演愈烈;绿地减少、建筑物密度过大,已使城市拥挤不堪,城市"温室效应"加剧。由于城市生态环境得不到有效保护和治理,城市居民身心受到损害,生活质量受到极大影响,城市的魅力在减小,吸引力在降低[7]。其中大多数影响城市生态环境的问题是水污染、大气污染、噪声污染和固体废弃物污染。

第一,水污染。随着城市化步伐的加快,工业化迅速发展,人口增加,人民生活水平逐步提高,用水量急剧增加,工业废水和城市生活污水排放量也迅速增加。20世纪70年代末至80年代,我国城市污水年排放总量以年平均6.0%的速度增长,但城市污水处理能力有限,处理率很低,致使城市河、湖、水库严重污染,城市水源地也受到污染,可利用的水资源量减少,加剧了水资源的短缺。2002年经水资源质量评价的约1 202万km河流中,水质劣于Ⅴ类标准的河流长度占35.3%,其中污染极度严重的河流长度占17.5%。在所监测的176条城市河段中,绝大部分河段受到不同程度的污染,52%的河段较为严重,其中Ⅴ类水质为16%,超Ⅴ类水质为36%,主要分布在辽河流域、海河流域、淮河流域和长江流域[13]。近几年污染的范围有所扩大,社会各方尽管采取了各种措施,修建大型污水处理厂,城市水污染治理取得一定效果,但是城市化过程中水污染仍然严重,并有进一步恶化的趋势。另外,据国家环保总局2007年公布的中国环境状况公报显示:2007年,全国地表水总体水质属中度污染。长江、黄河、珠江、松花江、淮河、海河和辽河七大水系总体水质污染依然严重[14]。7条河流407个断面中,Ⅰ—Ⅲ类、Ⅳ—Ⅴ类、劣Ⅴ类水质的断面比例分别为49.9%、26.5%和23.6%,其中松花江轻度污染,黄河、淮河为中度污染,辽河、海河为重度污染。28个国家控制重点湖(库)中,满足Ⅱ类水质的湖(库)2个(占7.1%),Ⅲ类水质的湖(库)6个(占21.4%),Ⅳ类水质的湖(库)4个(占14.3%),Ⅴ类水质的湖(库)5个(占17.9%),劣Ⅴ类水质的湖(库)11个(占39.9%)。

第二,大气污染。随着城市化和工业化速度的加快,大规模集中生产释放出大量如二氧化碳、二氧化硫等有害气体以及大量废热和各种气溶胶颗粒物，不仅造成了大气污染，而且也改变着局部的气候。据2000年环境监测资料，63.5%城市的空气质量不能满足二级标准，其中约有30%的城市超过了三级标准。近几年我国环保部门对城市空气中的二氧化硫、二氧化碳、颗粒物和降尘四项主要污染物的监测结果表明，城市中大气环境质量符合国家一级标准的很少，几乎所有城市的降尘、颗粒物和二氧化硫均超标。氮氧化物虽未超标，但浓度不断增大，前景不容乐观。我国是世界上二氧化硫排放量较大的国家之一，2003年25.6%的城市二氧化硫超过二级标准。与2002年相比，二氧化硫年均浓度超过三级标准的城市比例增加3.6个百分点。二氧化硫污染严重的城市主要在山西、河北、河南、湖南、内蒙古、陕西、甘肃、贵州、四川和重庆等省区。54.4%的城市颗粒物浓度超过了二级标准，空气质量劣三级的城市中80%的城市颗粒物超过三级标准。颗粒物污染较重的城市主要分布在西北、华北、中部和四川东部。目前我国受酸雨危害的土地面积已占国土面积的30%左右，主要集中在华中、西南和华南，已成为与欧洲、北美并列的世界三大酸雨区之一。酸雨造成我国一些地区森林死亡、农业减产、建筑物腐蚀，每年的经济损失在140亿元以上[7]。

城市化对局部地区的气候会产生影响，如城市“五岛”效应。其中“热岛效应”是人类活动对城市区域气候影响中最典型的特征之一。城市“热岛”的形成有自然因素，但更重要的是人为因素。随着城市形态的变化，建筑覆盖物增多增高，使城市的大气边界层不断变化，而建筑物热容量大，导热率高，因而市区热传导率比郊区高，致使城市白天储热多，夜晚散热慢。加上城市中燃烧大量的燃料，释放出很多热能，且排放的大量温室气体能强烈吸收地面辐射，有明显的增温效应，造成城区气温比郊区高，形成城市“热岛效应”。“热岛效应”会导致热岛环流的产生，在市中心气流上升并在上空向四周扩散，而在近地面层，空气则由郊区向市区流动，形成乡村风，补偿低压区上升运动的质量损失。这种环流可将在城市上空扩散出去的大气污染物又从近地面再次带回市区，造成重复污染。城市化对气候的影响还表现为“干岛效应”、“湿岛效应”、“雨岛效应”、“浑浊岛效应”和逆温现象，均对人们的生活造成影响[15]。

第三，噪声污染。城市人口集中，工业生产、建筑施工、交通运输、社会生活等活动都会造成一定程度的噪声污染。噪声污染影响了城市居民的工作、学习、生活，损害其身心健康，随着城市化的发展有不断扩大的趋势。据2003年中国环境状况公报显示：在352个城市中，2个城市(陕西延安和辽宁铁岭)属重度污染，占0.6%；9个城市属中度污染，占2.6%；150个城市属轻度污染，占42.6%。178个区域声环境质量较好，占50.6%；13个城市等效声级低于50 dB，声环境质量好，占3.6%。还有道路交通噪声污染状况不容乐观，401个城市中，13个城市属重度污染，占3.2%；21个城市属中度污染，占5.2%；50个城市属轻度污染，占12.5%。

最后，固体废弃物污染，固体废弃物也称固体废物，指人们在生产过程中和生活活动中产生的固体和泥状物质。按其来源不同，主要分为工业废物、矿业废物、农业废物、城市垃圾、放射性废物和传染性废物等几大类。城市中主要是城市生活垃圾和工业废物。

随着中国人口的增长、城市化和经济发展以及居民生活水平的不断提高,城市生活垃圾的产生量日益增多。城市垃圾侵占大量农田和耕地,污染环境,传播疾病,已构成一种公害。因此,城市垃圾已成为限制城市化进程和城市经济发展的重大问题之一。城市生活垃圾是居民生活中产生的各种固体废物,主要包括居民生活垃圾、清扫垃圾和社会团体垃圾。城市生活垃圾产生量是指在一定区域范围内居民在生活和社会活动过程中产生的垃圾量;城市生活垃圾清运量是指在一定区域范围内的城市生活垃圾被运出区域范围的质量。我国城市生活垃圾的主要组成物:居民生活垃圾约占垃圾总量的60%,这类垃圾成分最复杂,受时间和季节的影响也较大,有较大的波动性;清扫垃圾约占垃圾总量的10%,其平均含水量低,热值比居民生活垃圾略高;社会团体垃圾约占垃圾总量的30%,因产源单位不同其成分差异较大,但总体组分比较稳定,平均含水量低,含高热值的易燃物较多[16]。1994年中国城市生活垃圾清运量为99.52×10^6 t,有609座垃圾处理厂(场),处理率为48%;2004年中国城市生活垃圾清运量为155.09×10^6 t,有559座垃圾处理厂(场),处理率为52.16%。由此表明,相对于发达国家,目前中国生活垃圾的处理率还相当低,处理能力不强,不能满足垃圾产生量的快速增长[17]。而真正达到无害化处理和循环利用的比率则更低,大量城市垃圾采用露天堆放或简易填埋处理,对环境造成巨大危害。

城市化驱动力和经济动因来自于工业化,工业化与城市化之间存在着正相关关系。目前,发达国家城市化率普遍达到80%,发展中国家城市化率普遍在40%以上水平。中国是世界上工业化水平增长较快的国家之一,但在工业化迅速发展有效地推动城市化进程的同时也带来了许多环境问题。工业固体废物就是工业化发展过程中产生的,它是指在工业、交通等生产活动中产生的固体废弃物,包括危险废物、冶炼废渣、粉煤灰、炉渣、煤矸石、尾矿、放射废物和其他废物8类。从我国城市固体废弃物的产生量和特点来分析,工业废弃物总产生量从1985年的3.37亿t增长到1995年的6.45亿t,2000年上升为8.16亿t,增加量较大。从1981年到1988年,我国经历了一个固体废弃物产生量高速增长的时期,年增长率为8%~15%。1989年开始,年增长率为2%~5%。从2003年来看,全国工业固体废弃物产生量为10.0亿t,比2002年增加6.3%,其中危险固体废弃物为1.71亿t,比2002年增加17.1%,这表明近几年固体废弃物产生量有增快的趋势[7]。随着工业化的加快,工业固体废弃物将在今后不断增加,影响着城市化的健康发展。

(三)城市化进程中出现的产业结构问题

从中美两国在经济结构上的巨大差异来看,美国的GDP产值和就业人口集中在第三产业,分别为72.2%和71.2%,第三产业的产值比重与就业比重基本一致。而我国第一产业的产值比重与就业比重存在较大差异,只有14.6%的GDP却囤积了49.1%的劳动人口,第三产业的产值比重与就业比重分别为33.2%和29.3%[18]。这说明我国产业结构不合理。第三产业是城市化水平的一个重要标志，第三产业的落后必然影响城市化的发展水平。第三产业是以服务业为主的，具有劳动密集型的特征，但同时它又是以居民的收入和消费水平的不断提高为发展动力的。我国近一半的劳动力就业于农业，收入水平低，收入所得主要用于基本生活消费，对第三产业产品的消费非常有限，起不到拉动第三产业发展的作用。因此，城市化的过程中出现了“产业结构性失调”，“产业结构性失调”是当代中国城市化的一个表现，如城市第二、第三产业结构调整形成的下岗问题。有些城市一味强调城市结构高级化、科技产业高级化，可是这个“高级化的产业结构”，却没有相应高级化的产业人才和高级化的就业群体，第二和第三产业在转移的过程中，很多低学历的劳动就业者无法转移到高级产业中去，进而出现典型的结构性失业。陈仲常也对三次产业吸纳就业人口进行测算发现：中国第二产业结构偏离度为正值，且大于 1，这说明中国工业 GDP 的比重增幅大大高于工业就业人口比重增幅，机器排挤工人趋势更为明显；中国第三产业结构偏离度为正值且趋于零，说明第三产业的产业结构与就业结构正在趋向于协调化；但由于第三产业本身的发展速度比较缓慢，发展水平比较低，因而创造的就业机会有限。工业化是城市化的核心动力，其主要功能在于“量的扩张”上，要实现“质的飞跃”则主要得靠第三产业不断提供的后续动力[19]。

(四)城市化进程中政府的越位与缺位

在城市化进程中，政府的定位与作用不可忽视。政府作为城市化的发动者和推动者，在公共政策的制定、城市公共产品的提供中起决定性作用。在政府直接介入城市化过程中，政府不断增加其在城市化中的权力和政策供给，抑制了市场和社会力量的发挥。这种越位又导致政府城市公共服务和公共产品供应上的不足与缺位，城市基础设施供应严重不足。大城市和特大城市由于经济实力强，基础设施新建、更新改造力度较大，总体状况好于中小城市。但由于历史欠账多、资金需求大、建设周期长、运行效率低等原因，城市基础设施条件仍然滞后于经济社会发展需要。突出表现在交通设施软、硬件严重不足，交通拥堵状况严重；城市配水、排水、供气管网不能适应城市发展的需求。特别是，中小城市及小城镇城市基础设施不足表现尤为突出[20]。对于中小城市这些问题，大多是公共产品的供给，政府应该在其中扮演重要的角色，才能推动问题的进一步解决，否则将阻碍城市化的发展，并降低其发展速度和发展质量。

(五)城市化过程中的土地问题

城市化必然伴随着土地使用面积的扩大，提高城市化水平会使更多的农民进城，就会提高农村人口的社会福利，但如果处理不好，城市化也会成为剥夺农民利益的借口。改革开放以来，席卷全国的“圈地运动”不仅导致耕地大量流失，也使农民利益又一次被剥夺。农民出让土地后无田可种，除了一部分农民到异地承包土地，大部分农民必须自谋生路。政府和土地开发商本来应该承担起相应的责任，为失地农民提供就业和培训机会。但在实际操作中,只有少数失地农民获得了就业安置。在激烈的城市就业市场中,文化程度不高、未经过专门的就业培训、缺乏劳动技能的农民显然处于劣势地位,就业问题特别突出,他们打工没人要,经营无门路,办厂缺少资金。同时,由于相应的社会保障措施不能到位,多数地区的失地失业农民未能被纳入城市的社会保障体系,在就业、住房、医疗、子女受教育等方面,得不到与市民同样的待遇,甚至是受到歧视,很可能沦为新的城市边缘群体,在巨大的城市风险中生存[21]。据有关资料表明,20 世纪 90 年代至今,十几年来的城市化进程中,开发区、大学城、高尔夫球场建设的圈地运动,导致全国每年流失的耕地数量为 67 万 hm^2 以上,至少造成我国农村 4 000 余万农民失业,给农民造成了巨大的经济损失。既然是城市化中出现的问题,就必须处理好与城市化的关系,使两者协调发展。

六、城市化发展的思考

人类的聚居形式在经历了农村、集镇后,已经向小城市、大城市和城市连绵区演变,城市化成为各国发展的必经之路。而中国作为世界上城市起源最早的国家之一,已经进入城市化的快速发展时期,但同时也面临着众多需要思考的问题。

(一)我国城市化的发展道路

我国城市化道路是随着国内的实际条件不断改变和推进的。在 20 世纪 50 年代,我国的城市化还没有被作为一个突出的问题来研究。一方面,当时新中国刚刚建立,作为新生政权主要矛盾是尽快恢复生产,保障人民的基本生活。另一方面,城乡二元结构矛盾还不突出,城乡间的联系并没有人为割裂。这个时期城乡人口流动性大,且农民进城后好就业,因此,有一大部分农民进城后成了正式的城市人口。这就形成了 20 世纪50 年代自发式的城市化道路。到了 20 世纪 60 年代后,我国基本上走的是计划经济式的城市化道路。在指导思想上,首先是控制大城市的发展,主张发展中等城市。这个指导思想在计划经济时期易做到,因为国家可以控制资源的分配。但是,在市场经济条件下,控制大城市的发展是不现实的选择。

20 世纪 60 年代的"大跃进"时期,城市化的快速发展就是政府主导的。之后,在 80 年代初期,大批知青返城,使这一时期的城市化畸形发展,给城市带来巨大压力,如失业率高、住房紧张、副食短缺等,中央的政策指导思想仍是控制大城市的发展,主张发展中等城市。由于中等城市的经济效益比小城市好得多,而且也不比大城市差。中等城市的发展为中国大量的农村流动人口提供了出路,没有因此而带来较大的环境或土地、自然资源等方面的问题。所以,发展中小城市就成为 20 世纪八九十年代城市化的主流。20 世纪后,随着市场经济的进一步发展,大城市、中等城市的先天不足,其运转效应面临诸多问题，如环境恶化、水资源污染、住房紧张等。这些问题的产生，其中一个原因就是农民涌入城市，特别是流动人口增加，已严重威胁大城市的健康发展。根据这一实际情况，加快小城镇的发展是解决有效减轻城市压力，减缓农村剩余劳动力在全国范围内流动带来一系列社会问题的根本途径[9]。因此，20世纪后，把发展小城镇作为加快城市化发展的道路选择。

(二)正确看待城市化发展带来的影响

城市化是现代文明的产物，工业化的快速发展必然带来城市化的迅速发展，因而是任何地区和国家都不能避免的，是人类社会发展的必然。任何一个事物的发展都会产生正反两个方面的影响，城市化也一样，给人们带来利益的同时也损害着人们的利益。城市化的发展一方面不断提高居民的生活水平和素质，使人们享受着现代化的成果，也带动着相关地区经济社会的快速发展。另一方面，也给居民和一些地方带来了负面影响，使人们开始抵制城市化，影响了城市化的健康发展。其中的原因有历史的、自然的和人为的等，但这些负面影响不能覆盖现代城市化有利的一面。纵观世界各国的城市化，利弊权衡下，城市化带来的利大于弊。应该不断推动城市化的发展，把城市化发展中的问题解决在其发展过程中，不断用新的思维、观念和各国有益的经验来发展城市化，使其有利的一面得到充分发挥，让更多的居民和地区受益，从而带动社会和经济的发展。

(三)城市化发展应符合各地的实际

我国各地经济发展水平存在差异，工业化程度也就不一样，因此城市化的发展水平也应因地区而不同。各地城市化的发展应符合当地的经济发展水平，不能人为地过快地推动城市化的发展，不然可能带来不良的后果，引发严重的“城市病”。发达国家对城市化已经有科学和理性的认识，在推进城市化过程中，不仅特别注意对土地和环境的保护，以及对资源的可持续开发与利用，而且十分注意处理好与城市发展相关的各个方面。这给我们的启示是，各地在制定城市化发展战略的时候，对自己应有科学的定位，城市要依据自身的资源、区位、市场潜力、历史文化条件以及总体规划，实事求是地、科学地进行城市定位，注重城市文明，充分体现特色。根据城市发展过程中内外条件的演变相应调整自己的定位，从定位和优势出发建设特色城市[22]。

参考文献

[1] 于光远.经济大辞典[M].上海：上海辞书出版社，1992：1654.

[2]《中国大百科全书》总编辑委员会.中国大百科全书·建筑卷[M].北京：中国大百科全书出版社，1988：42.

[3]《中国大百科全书》总编辑委员会.中国大百科全书·地理卷[M].北京：中国大百科全书出版社，1990：32，37.

[4] 宋俊岭.城市的定义和本质[J].北京社会科学，1994(2)：108-114.

[5] 王丽明，杨晓玲.影响城市形成与发展因素的研究[J].哈尔滨师范大学自然科学学报，2002(2)：105-108.

[6] 孙宏.中国城市化道路研究[D].北京：中共中央党校，2003：30-35.

[7] 付晓东.中国城市化与可持续发展[M].北京：新华出版社，2005.

[8] 杨立勋.城市化与城市发展战略[M].广州：广东高等教育出版社，1999：100.

[9] 马春辉.中国城市化问题论纲[M]. 北京：社会科学文献出版社，2008.

[10] 范义平，刘炳芳.我国城市化进程中存在的主要问题及成因分析[J].黑龙江八一农垦大学学报，2006(2)：108-112.

[11] 刘燕，郭良继.探讨解除中国人口、资源、环境压力的措施[J].中国人口·资源与环境，2001(15)：39-40.

[12] 徐坚成，中国人力资源国情分析及未来展望——基于第五次全国人口普查资料的实证研究[J].人口研究，2003(6)：71-75.

[13] 钱易.中国城市水资源可持续开发利用[M].北京：中国水利水电出版社，2002.

[14] 刘国成，完颜华.中国城市化进程中水资源与水环境问题研究[J].中国科技信息，2009(10)：26-27.

[15] 孙俊.城市化进程及其环境影响[J].资源与人居环境，2004(5)：56-57.

[16] 杜吴鹏，高庆先，张恩琛，等.中国城市生活垃圾排放现状及成分分析[J].环境科学研究，2006(5)：88.

[17] 高庆先，张恩珠，缪启龙，等.中国城市生活垃圾处理及趋势分析[J].环境科学研究，2006(6)：117.

[18] 刘炜.我国城市化发展中必须正视的八大问题[J].济南大学学报(社会科学版)，2005(5)：12-18,91-92.

[19] 龚印华，傅联英.我国城市化进程中存在的问题及建议[J].科技广场，2008(2)：24-26.

[20] 胡剑波.关于我国城市化进程中主要问题的思考[J].宏观经济，2005(9)：168.

[21] 杨平.城市化与解决失地农民问题对策研究[J].四川农业科技，2004(10):6.

[22] 孟陶然.对我国城市化问题的几点思考[J].长白学刊，2006(6)：130.

第二章
生态城市:城市发展的美好愿景

自然界是绿色的天堂,城市是人类文明的家园,但是今天两者都失去了内部的和谐与外部的协调。因此,将自然重新融入城市,进行生态城市建设,实现城市发展的最高理想——城市与自然融合,是未来城市发展的美好愿景。

生态城市是20世纪80年代国际上提出的一种全新的城市发展模式, 是人们对未来城市发展的理论设想,要求把生态学原理应用到城市建设中,强调城市发展的核心是"人与自然和谐",使城市的内部结构协调有序,社会、经济和环境实现生态良性循环,从而构建人与自然和谐发展的理想居所。

伴随着各国城市社会经济发展与生态环境保护之间矛盾的不断加剧, 建设生态城市就成为现代城市发展的主体脉络,触及了城市演变的灵魂。为实现人与自然的和谐发展,人类正在积极探索研究自然生态的巨大力量,寻求城市发展的规划模式,让人类真正走进生态城市,实现人类社会的可持续发展。

当今全球城市发展正步入可持续城市阶段, 城市生态化就成为城市可持续发展的内在动力, 生态城市理论与建设实践也将成为城市可持续发展的理论基础和方法。21世纪生态城市将在继承可持续城市的基础上大放光彩, 并将塑造新世纪的城市发展模式。未来的城市模式不是"唯人独尊"的社会,而是人与自然和谐交融的"合一"社会,实现了这一城市理想,城市发展将进入其高级阶段。

目前,国内外生态城市的相关理论日臻成熟,对生态城市建设的探索实践也取得了显著成就,如国外的新加坡、巴西的库里蒂巴、德国的斯图加特等,国内的崇明岛、大连、威海等。把生态城市作为城市规划发展的目标,各城市由于具有不同的经济基础、自然环境和地理位置,采取的措施既有相似之处,也各有侧重[1]。研究各个生态城市的建设实践,对于我国更好地进行生态城市的规划建设具有十分重要的意义。

一、城市理想与生态城市

随着社会生产力水平的逐渐提高,城市高度发展,人口大规模集中于城市,随之而来的是社会原有的生活环境受到破坏,一系列自然环境恶化和生态环境失衡等问题已经成为制约城市发展的重要因素。人们必须通过自身的努力来改善自然生态环境,向城市注入活力,形成和谐有序的社会生态系统,从而实现改善生态环境,推进人与自然和谐发展的目的。而且从城市建设的角度来看,对城市建设进行生态规划,提高城市的生态化程度,也是实现现代城市可持续发展的必经之路。

生态城市是现代城市发展的高级阶段,建设生态城市的目的就是实现城市整个系统保持全面、协调和可持续发展。人类永远在寻找"美好"的城市,而对于"美好"的理解与界定也见仁见智,生态城市就成了人们追求的城市发展的美好愿景。

(一)生态城市的概念

生态城市是联合国教科文组织发起的"人与生物圈计划"研究过程中提出的一个全新的概念,它的内涵随着经济社会和科技的发展不断得到充实和完善。前苏联生态学家延尼斯基(N. Yanitsky)、美国生态学家理查德·瑞杰斯特(Richard Register)等国外学者对生态城市进行了深入的研究,生态城市现在已经超越了单纯保护环境即城市建设与环境保护协调的层次,融合了社会、文化、历史及经济等因素,向更加全面的方向发展,体现的是一种广义的生态观[2]。

前苏联城市生态学家延尼斯基于 1987 年首次对生态城市的概念进行了定义,认为:生态城市是按照生态学原理建立的社会、经济、自然协调发展,物质、能量、信息高效利用,生态良好循环,技术与自然充分融合,人的创造力、社会生产力最大限度得到发挥与发展,居民的身心健康与环境质量得到最大限度保护的生态、高效、和谐的人类聚居新环境[3]。

美国生态建筑学家理查德·瑞杰斯特认为:生态城市是生态方面健康的城市,它寻求的是人与自然健康和谐发展,并希望它们充满活力与持续力[4]。

美国学者罗斯兰德门(Roseland)认为:生态城市概念的含义包括了可持续城市发展、健康社区、社区经济开发、优良技术、生物区域主义、土著人世界观、社会生态等方面的内容[5]。

我国城市规划专家黄光宇认为:生态城市是根据生态学原理,综合研究社会—经济—自然复合生态系统,并用生态工程、社会工程、系统工程等现代科学与技术手段而建设的社会、经济、自然可持续发展、居民满意、经济高效、生态良性循环的人类住区;生态城市包含社会生态化、经济生态化、自然生态化,社会—经济—自然复合生态化等方面的含义[6]。

陈予群认为:生态城市是指在一个城市的行政区域内,从城市所属地区的自然资源情况出发,以人与自然的和谐为核心,以城市生态环境作为制约因素,以促使城市经济持续发展为前提,使生产力的提高有利于城市建设协调发展的人工复合系统,城市环境清洁、优美、舒适[7]。

综上所述,生态城市是在自然生态环境的基础上,按照人类的意志进行建造所形成的适合于人类生存和自身发展的经济社会环境,是一个经济、社会、文化以及生态自然高度和谐的综合生态体系; 生态城市内部的各种物质能量循环与信息流动传递形成一个良好协调的网络系统,有利于实现人类社会发展中的经济效益最大增长,社会高度和谐,人与自然和谐共存的目标。

联合国助理秘书长沃利·恩道曾经告诫:“城市化既可能是无可比拟的未来之光明前景所在,也可能是前所未有的灾难之凶兆,所以,未来会怎样就取决于我们当今的所作所为,为使城市化给人类带来更充分的物质享受、便利的生活设施和高效的信息交流而又避免环境污染、交通拥挤、住房紧缺等城市问题,我们唯一的出路就是建设生态城市。”[8]

所以说,生态城市不是一个仅用绿色装饰而社会秩序混乱、缺乏和谐氛围的人类居所,而是一个充满爱心、自然生态良好的人居环境。生态城市是现代社会中自然生态与人类文明相适应的空间形式, 也即是在一定地域内人与自然生态系统相和谐、 经济高效、生态良性循环、可持续发展的人居住所,是人类社会发展进入高级阶段的标志,是自然、城市与人类融合为一个良好有机的统一体。

当今,建设生态城市的目的是在社会经济发展中预防及减少“城市病”,形成城市的可持续发展,在经济社会发展中保护城市的自然生态环境,从而很好地实现经济社会的可持续发展,构建一个良性循环的生态环境。因此,建设生态城市已经成为新时代人类发展的迫切需要。

(二)生态城市的基本特征

生态城市是运用生态学的生态系统规律与原理进行规划设计、建设和经营城市,它不同于一般意义上的园林城市,生态城市不是单一的生态建设,而且还在人文方面、经济方面以及社会方面等都有其深刻内涵,具体来讲生态城市有以下几方面的基本特征。

1.和谐性

生态城市所指的和谐性,不仅体现在人与自然的关系方面,即人与自然共生,自然与城市相互融合,更重要的是体现在人与人的关系上。当今,人类活动促进了经济的快速增长,但是却没有实现“人的全面发展”与经济发展的同步进行,而生态城市就是创造一个良好的适合人类全面发展的社会环境,是一个充满爱心,保护人、陶冶人的人居环境。由此看来,和谐性是生态城市最核心的内容。

2.高效性

现代城市发展都是以“高耗能”为主，忽视自然生态保护与经济可持续发展，而生态城市突破了以往城市的发展模式，改变了现代城市建设中“非循环”的运行机制，注重提高资源的持续利用率，使各种能源得到多级分层利用，社会各部门之间协调运作。

3.持续性

生态城市建设是以可持续发展思想为指导，合理配置资源，满足当代与后代对发展和社会环境方面的需要，不因近期利益而以“掠夺式”的方式促进城市发展的短期“繁荣”，要重点保障城市发展的健康、持续与协调同步进行。

4.整体性

生态城市并不是单一追求自然环境保护、忽视经济社会发展，而是兼顾经济、社会、环境三者之间协调发展的整体效益。不仅要重视经济发展与社会生态环境相互协调，而且更要注重人类生活质量的提高与精神享受，是以整体协调发展为宗旨寻求发展的。

5.区域性

生态城市是建立在区域发展平衡的基础之上，而且城市与城市之间也是相互联系、相互制约的，只有区域内形成平衡协调的运行机制，才有可能形成平衡协调的生态城市；生态城市就是以人与自然和谐为发展观，要实现建设生态城市这一目标，就需要全社会共同合作、国际合作交流、技术与资源共享，形成良好共存的社会经济系统，建立全球范围内的生态平衡[6]。

(三)生态城市理念的演变

我国春秋时期《管子·乘马篇》中论述：“凡立国都，非于大山之下，必于广川之上，高毋近旱，而水用足，下毋近水，而沟防省。”这一论述反映了我国古代顺应自然、因地制宜的城市建设思想，具有古代朴素的城市生态学思想。我国古代的“天人合一”思想，提倡人与自然的和谐共生，在城市建设中形成了风水理论。“风水说”以朴素的自然观和“避凶趋吉”的心理需要来表现人类聚居与环境的关系，体现了自发的生态追求，“负阴抱阳，背山面水”是古代城镇、住宅选择地址的基本原则[9]。在这些思想的影响下，我国建立了一批经典的园林和山水城市景观。

古希腊哲学家柏拉图曾提出过“理想国”的构想，古罗马建筑师维特鲁维(Vitruvius)在《建筑十书》中总结了希腊和罗马的城市建设经验，对城市选址、形态与布局等提出了精辟的见解，把对健康生活的考虑融汇到对自然条件的选择与建筑设计中[9]。这些在社会发展的初级阶段，附属于其理想社会的生态建设只能是自发的，甚至在工业革命初期，带有理想主义的城市建设思想也缺乏自觉的生态意识。古代城市生态理念自发性的表现之一在于“城市在衰退的同时，又随寻求新天地(森林丰富的绿色环境)迁移，而没有通过改善环境使城市再生”[10]。

20世纪初,国外一批学者将生态学原理运用于城市建设的研究中。1916年,人类与城市生态学奠基人、美国芝加哥学派的创始人R.E.Park指出:“城市人类在竞争与合作中所组成的各类群体相当于动植物群落。”因此,自然界的某些生物规律也可以融合到人类城市社会;另外,英国生物学家格迪斯也将生态学原理运用于城市的环境、卫生、规划和市政等综合研究中[11]。1933年的《雅典宪章》进一步明确了城市生态环境有机综合体的思想,1936年Park运用生态学理论研究人与自然环境的关系,并把其提到了“居于地理学思想的核心地位”,以后经过Burgess(1925年)、Mckenzie(1929年)、Cressey(1938年)、Hoyt(1939年)等的补充与完善,形成了比较完整的城市与人类生态学研究的思想体系,1945年芝加哥人类生态学派创建了城市生态学[12]。1952年Park出版的《城市和人类生态学》和Hawley在20世纪50年代发表的论文《人类生态学:社区结构理论》等为城市生态学的发展奠定了坚实的理论基础。1962年,美国学者R.卡森出版的《寂静的春天》、1972年罗马俱乐部的研究报告《增长的极限》揭示了城市建设过程中生态环境正在或已经遭到严重的破坏,引起了广泛关注。

生态城市作为一个科学概念,是在“人与生物圈计划”的研究过程中正式提出的,是城市生态学理论发展的一个必然结果。美国学者理查德·瑞杰斯特和他所领导的城市生态学研究会为“生态城市”的研究和发展作出了重要贡献,该研究会1975年成立于美国的伯克利市,其宗旨是“重建与自然相平衡的城市”。该组织积极参与了伯克利市的规划建设,并进行了生态城市的理论研究,于1987年出版了《生态城市:伯克利》,也创办了自己的刊物《城市生态学家》,促成了第一届国际生态城市研讨会于1990年在伯克利市召开。

作为最具中华民族文化特色,而且最能体现东方文化特色的生态城市“山水城市”这一思想的提出,对现代城市建设的规划方向有着十分重要的理论实践价值。“山水城市”这一概念是由钱学森1990年7月在给清华大学吴良镛教授的书信中最先提出来的,其内涵包括四个方面,即山水城市是未来城市的发展方向,具有深刻的中国文化风格,是中华文化的继承和发扬,符合城市生态学的原理[13]。此外,杨柳(1998年)、龙彬(2001年)和唐晓莲(2002年)等分别从不同角度阐述了“山水城市”的思想内涵。21世纪,我国的城市建设将围绕“生态城市”这一主题展开[14]。

二、当代发展观与生态城市建设

人类在建城活动中的生态思想经历过生态自发、生态失落、生态觉醒、生态自觉几个阶段,这反映了人对自然的关系从尊重顺应到控制征服再到保护利用,直至上升到协调共处的变迁。这种变迁展示了社会发展的不同时期城市建设的价值观念,同时也是人们探索理想城市的发展过程[6]。

生态城市建设的思想发展至今已经涵盖了十分丰富的内涵，包括可持续发展等多个方面，其研究领域也在不断拓展，但是对比国外生态城市建设的理论研究和建设实践,我国有关生态城市建设的理论与规划设计还不够成熟。因此,我国的生态城市建设研究应该在坚持特有生态传统文化的前提下，广泛吸收和借鉴国外生态城市规划设计经验,结合我国新时期的发展观,即以可持续发展观、科学发展观以及循环经济观等指导城市发展,从而推动城市和区域的新发展。

(一)可持续发展观与生态城市建设

20世纪60年代以后，人类的环境价值观发生了重大变化，城市现代化的标准由“技术、工业和现代建筑”演变为“文化、绿野和传统建筑”,并提出“回到自然界”[15]。这种保护自然生态环境的思想在工业发达国家体现得尤为突出，而且生态环境保护主义也体现在国家政治决策之中,城市建设的思想表现出了早期的生态思想。1972年,罗马俱乐部首次以探求人口、资源和生态系统的关系为宗旨对人与自然的关系进行了定量的实证研究,并公开发表了会议研究报告《增长的极限》(*The Limit to Growth*),该报告提出,“人类发展是有限的,科学技术不可能解决这一问题”[16],虽然这一结论并不准确,但它对全球人类经济社会的发展形成了巨大的冲击。1980年3月5日,联合国向全世界呼吁“必须研究自然的、生态的、社会的、经济的以及在利用自然资源过程中的基本关系,确保全球持续发展”,布伦特兰夫人领导的世界环境与发展委员会(WEDC)于1987年向联合国提交了题为《我们共同的未来》(*Our Common Future*)的研究报告,正式提出了可持续发展的新设想,它从原则上修正了《增长的极限》提出的错误结论,指出要实现可持续发展必须遵循以下几个原则:经济、社会、环境和生态协调发展的原则;资源利用代际均衡的原则;区域间协调发展的原则;社会各阶层间公平分配的原则。

20世纪80年代,随着可持续发展观的产生和不断发展,人类社会逐渐进入“生态文明”的时代,生态城市建设思想也逐渐成熟,即以可持续发展理论为宗旨的生态城市建设时期，表明了人类城市建设观由最初的自发状态转入了注重生态环境保护的自觉状态。

随着可持续发展理论与城市建设思想的不断融合，出现了可持续城市这一全新的理念。豪顿(G.Haughton)和昂特(C.Unter)1992年在其著作《可持续城市》中把可持续城市定义为:居民和各种事务采用永远支持“全球可持续发展”目标的方式,在邻里和区域水平上不断努力以改善城市的自然、人工和文化环境的城市。联合国第二次人居大会副秘书长威廉(G.William)认为满足“经济增长、社会公平、更高的生活质量、更好的环境之间的协调和平衡”条件发展的城市就是可持续城市,那么这种发展“将导致更多和更好的、更有人性的城市的出现”[17]。王如松[18]认为可持续城市是城市可持续发展的具体形式,是在生态学原理的指导下,应用现代科学技术和经济法则,在总结、吸收城市发展成功经验的基础上，对城市建设和发展进行经营、改造和管理的城市，包含着经济发展、社会文明进步、资源高效利用、环境健康协调等综合建设内涵的城市理念，是城市发展的高级阶段。目前，我国可持续城市还仅限于思想理念阶段，甚至一些学者对于城市能否可持续提出了疑问[19]。尽管如此，世界各国对可持续城市进行了深入的研究探索，并付诸于实践，创造出许多新型的城市模式，如"田园城市"、"园林城市"以及"生态城市"等，而生态城市则是近年来最为重要的城市建设理念和实践模式。

20世纪70年代，联合国教科文组织发起的"人与生物圈计划"提出了生态城市这一崭新的城市概念和发展模式，受到广泛关注[20]。前苏联生态学家延尼斯基认为，生态城市是一种理想的城市模式，其中技术与自然充分融合，人的创造力和生产力得到最大限度的发挥，居民的身心健康和环境质量得到最大限度的保护，物质、能量、信息被高效利用，生态环境形成良性循环，是人类理想的栖息地。岸根卓朗认为"自然(生态系统)与城市(大都市)共生，即生态城市"，生态城市是恢复城市化带来的人性丧失，在城市中构建自然环境而创建的"自然亲和的城市"[10]。黄光宇等[14]则认为生态城市是根据生态学原理，综合研究社会、经济、自然的复合生态系统，并应用生态工程、社会工程、系统工程等现代科学与技术手段而建设的社会、经济、自然可持续发展，居民满意，经济高效，生态良性循环的人类居住区。城市建设转向追求人与自然和谐的生态理念，对于城市建设思想理念转变具有重要的现实意义，生态城市将成为未来城市发展的新趋向。

20世纪90年代以来，以可持续发展观为宗旨，全球关于城市发展的可持续性规划越来越多地定位于建设生态城市的理念。联合国在"人与生物圈计划"中指出，"生态城市规划要从自然生态和社会心理两方面去创造一种能充分融合技术和自然的人类活动的最优环境，诱发人的创造性和生产力，提供高水平的物质和生活方式"。在"人与生物圈计划"报告中还提出了生态城市形态规划的5项原则，即生态保护战略(包括自然保护，动、植物区系及资源保护和污染防治)；生态基础设施(自然景观和腹地对城市的持久支持能力)；居民的生活标准；文化历史的保护；将自然融入城市[14]。这5项原则从整体上涵盖了生态城市的主要内容，成为以后生态城市建设理论的基础。

生态城市是城市可持续发展的一种实践模式，具有和谐性、高效性、持续性、整体性和区域性等基本特征，强调经济发展、社会进步、自然保护与文化传统等全面协调发展。1990年，钱学森根据我国历史文化传统，提出了建设"山水城市"的设想；1994年，王如松根据我国古代"天人合一"的思想，提出"天城合一"的建设理念。由此可以说"山水城市"和"天城合一"等模式都是我国生态城市和可持续发展城市的建设模式[21]。

2002年，第五届国际生态城市大会在深圳举行，会议呼吁把生态整合方法和原则应用于城市规划和管理，"建设一类高效的生态产业、人们的需求和愿望得到满足、和谐的生态文化和功能整合的生态景观，实现自然、农业和人居环境的有机结合"，会议认为生态城市应该包含以下5个层面，即生态安全、生态卫生、生态产业代谢、生态景观整合以及生态意识的培养。会议还为推进生态城市建设提出了9项建议：改善居民生活质量和保障人体健康;以人为本进行城市规划;保护敏感地区生命支持系统;提高资源利用效率,促进物质循环再生;增强生态意识,扶持社区生态城市建设的示范项目;倡导区域间、城市间以及国家间的合作等。

在可持续发展思想的影响下,生态城市建设理念和实践有了新的发展。生态城市建设思想包括了自然生态、人文生态和社会生态的融合,通过三大体系的协调发展,实现人与自然和谐发展的目标。

(二)科学发展观与生态城市建设

党的“十六大”报告提出全面建设小康社会的一个重要目标是“可持续能力不断增强,生态环境得到改善,资源利用效率显著提高,促进人与自然的和谐,推动社会走上生产发展、生活富裕、生态良好的文明发展道路”。十六届三中全会进一步提出“坚持以人为本,树立全面、协调、可持续的发展观,促进经济社会和人的全面发展”,强调“按照统筹城乡发展、统筹区域发展、统筹经济社会发展、统筹人与自然和谐发展、统筹国内发展和对外开放的要求”,推进改革和发展,从而完整地表述了科学发展观[6]。

目前,我国处于城市化快速发展的阶段,城市建设规划应该以科学发展观为宗旨,避免“城市病”的过度发展。科学发展观深化了生态城市建设的内涵,较以往可持续发展城市建设理念有了新的内容,具体表现为:把生态城市建设思想融入科学发展观的体系中,有利于生态城市规划设计的全面可持续发展;在实践中切实坚持以人为本的发展理念,改善了人居环境;以统筹城乡、区域共同发展为要求,促进了城乡、区域间一体化发展,避免了城乡分割及区域分割带来的一系列弊端;以人与自然和谐发展为指导,把自然生态规律与人类社会发展规律有机结合起来,为环境保护和生态城市建设提供有力的支持[22]。

由此看来,科学发展观进一步深化了可持续发展观的理念,也促使了生态城市建设思想进一步发展,最终实现生态城市的高级阶段。

(三)循环经济与生态城市建设

自20世纪60年代美国经济学家K·波尔丁提出循环经济以来,循环经济的理念有了很大的变化和发展。

循环经济以在自然生态系统的承载能力之内的科学发展为宗旨,以合理需求和有效供给为目标,以科学技术为第一生产力的指导思想优化配置自然资源,以产业结构调整、技术创新、清洁生产、资源定价、绿色消费等经济、法律、行政、科技和教育的综合手段转变经济增长方式,与环境保护相结合,以资源的高效和循环利用,使人类经济社会发展与自然生态系统的良性循环相和谐,促进可持续发展的新经济[16]。

循环经济作为现代新型的经济发展模式,不仅能够促进社会经济的快速发展,而且能有效地保护自然生态环境和合理高效地利用自然资源,是实现工业化、城市化与生态化有机结合的根本途径;把城市的经济活动纳入到“资源—产品—再生资源”的循环系统,使经济系统与自然生态系统相结合,以“减量化、再利用、再循环”为经济活动的宗旨,有效地利用资源、保护环境,从根本上消除城市经济发展与环境资源之间的冲突。

一般讲来,循环经济有三重意义上的循环。

1.企业层的循环。在传统经济的发展过程中,经济活动是以“开发资源—制造产品—排放废物”为主体的开放式链条,从而形成了大量的资源消耗;而在循环经济的发展过程中,经济活动则是以“开发资源—制造产品—排放废物—资源再生”为主体的闭环循环体系,很好地实现了资源节约这一目标。

2.社会经济层的循环。在经济发展中,生产者(企业)投入资本、资源、技术以及劳动力等生产出为消费者所需要的产品,之后消费者产生的各种废弃物,经由再生产者(自然生态系统与生态企业)加工,再次作为生产者生产所需要的原料,从而实现社会循环生产体系。

3.社会经济、科学技术与自然生态这三大系统中构成的物质流、能量流、信息流、技术流、资本流和人才流的大循环(见图 2-1)。

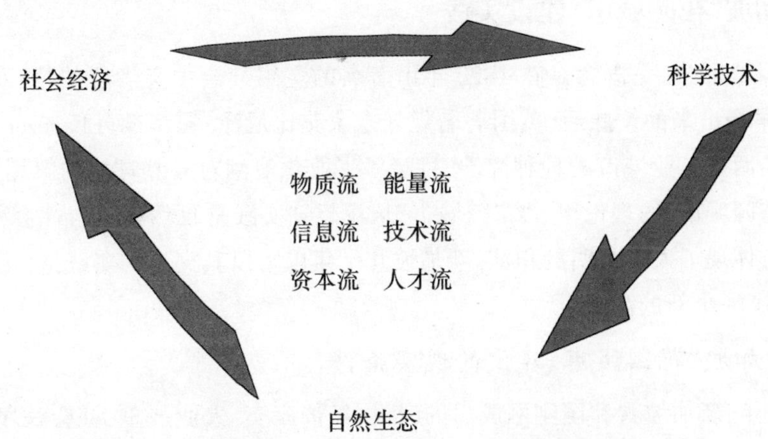

图 2-1 社会经济、科学技术与自然生态三大系统循环

循环经济一般可划分为企业、园区和区域社会 3 个层次,见表 2-1[23]。

表 2-1 企业、园区和区域社会 3 个层次

层次	企业层次	园区层次	区域层次
名称	循环型企业	循环型园区	循环型社会
循环范围	企业内部的生态产业链	企业间的生态产业链	产业间、生产与消费之间的生态产业链
依靠	先进科学技术	先进系统优化技术	生态法规教育和道德培养
循环层面	“点”上的小循环	“线”上的中循环	“面”上的大循环
案例	镇海炼化、温州合成革企业的 DMF 回收	宁波镇海化工循环经济工业园区、径山镇蓝天生态农业园	绍兴生态市建设、淳安花园城市建设、日照生态市建设

循环经济与生态城市建设思想相结合，构造全新的生态经济结构，培育新型生态产业，在社会经济发展过程中以生态产业为主线，从而推动经济结构的生态化调整，构建一个包括生态农业、生态工业和生态型城市等在内的生态型国民经济系统，在城市建设规划中强调经济社会活动的生态化，强化产业发展与产业结构的生态化，强化城市建设的生态化，努力建设生态城市。

三、国内外生态城市建设实践的启示

目前，生态城市在国内外有着广泛的影响，全球有许多城市正在按照生态城市的建设目标进行规划设计和实施，例如新加坡的“花园城市”、巴西的库里蒂巴以及德国的斯图加特生态城市建设等，可以说这些城市的建设实践代表了现代生态城市的发展趋势。为更好地推动我国的生态城市建设，必须深入了解学习国内外生态城市的建设实践与经验，从而获得对我国生态城市发展的有益启示。

（一）新加坡“花园城市”建设实践

“花园城市”这一概念是在1820年由著名的空想社会主义者罗伯特·欧文（Robert Owen）最早提出来的。此后，英国著名规划专家艾比尼泽·霍华德（Ebenezer Howard）感受了英、美两国工业城市的种种弊端，目睹了工业化浪潮对自然环境的毁坏，于1898年提出了“花园城市”的理论[24]。“花园城市”从设想到实践是自然科学与社会科学相互交融的结果；体现了人类文明的积淀。新加坡几十年以来以其突出的实践把“花园城市”的建设推向了一个新的高度。

1.新加坡“花园城市”建设的现实条件

1965年，新加坡共和国刚刚成立的时候，经济瘫痪，失业严重，社会秩序混乱，25%的人生活在贫困线下，生计难以为继；连片的棚户区泥泞不堪、垃圾遍地、蚊虫肆虐、瘟疫蔓延；岛上遍布大大小小的沼泽地，既不能耕种，也不能居住；新加坡河畔的商业区混乱破败，商业垃圾和生活垃圾将新加坡河污染成一条臭水河[25]。当时在没有创业资金、没有经济腹地、没有人才资源，国土面积狭小，资源短缺的条件下，新加坡如何突破传统工业城市的发展模式，建设现代新型城市成为一个首要问题。

新加坡以环境建设为重要突破口，为建设“花园城市”提供动力，经济社会发展以人为核心，这一发展模式的选择引导了新加坡提升核心竞争力。

2.新加坡“花园城市”的建设进程

以建设优美的自然环境为突破口，40多年来，新加坡“花园城市”的建设实践经历了以下5个阶段。

第一阶段,20 世纪 60 年代——起步阶段。

为了在 20 多年内实现较高的绿化率, 新加坡政府以绿化街道和建造公园为主,在道路旁、空地上大量种植生长快的高大乔木,即以成本最低、效果最好的方法达到较高水平的绿化;新加坡政府为此还颁布了《环境公共卫生法令》,重点解决民众乱扔废物、乱抛垃圾的恶行,通过这一途径很快改变了城市形象。

第二阶段,20 世纪 70 年代——探索阶段。

政府制定了道路绿化规划,加强环境绿化中彩色植物的应用,在绿地中建造休闲娱乐设施,在新开发的区域植树造林,种植青龙木等遮阴功能强的树种;重点要求在露天停车场种植树木,在停车位铺设透气砖,在建筑物和人行天桥上进行垂直绿化;同时,创办园艺学校,开办园艺课程,在全社会掀起声势浩大的"花园城市"建设行动[26]。在治理环境方面,对市中心、新加坡河和加冷河进行整修,关闭或拆迁新加坡河岸的企业,从而保护和改善了环境。

第三阶段,20 世纪 80 年代——发展阶段。

新加坡政府制定了园林绿化规划的总设计图,拟定并落实五年发展计划,从而提高了绿化工作的科学性和系统性;明确每 1 000 人要有 0.8 hm^2 园林的绿地指标①、在园林绿化管理中推行承包制度、绿化填海地段、增设专门的休闲设施、实现机械化操作和计算机管理、种植果树、引进更多色彩鲜艳的植物种类。

第四阶段,20 世纪 90 年代——成熟阶段。

新加坡提出建设生态平衡的公园,规划建设各式的主题公园,引入刺激性强的娱乐设施,建设连接各公园的廊道系统,加强行道遮阴树的种植,增加机械化操作,从树种选择和景观搭配上进行合理配置,减少管理培植成本;同时充分提高公园的综合利用率,经常开设一些社会公益活动。

第五阶段,新世纪——创新阶段。

近几年以来,新加坡推行公园认养计划、公园守望计划,拟定"公园与河道计划书",开发滨海湾花园和 5 个湖滨区,建造第二个植物园,扩大 6 个目前相当受欢迎公园的规模,发展空中绿化,建设城市绿化与生态中心,提升国内园艺技能水平。

2007 年,根据平衡发展和生态建设的需要,新加坡政府提出把"花园城市"提升为"花园与滨水城市"这一创新理念,这一思想在2008 年 5 月出台的新加坡发展总规划草案中得到了全面落实。该发展规划是新加坡第六个十年规划, 提出要把新加坡建设成为"花园与水城市"(City of Gardens and Water),这是一次发展定位的重大调整和发展理念的创新与提升。

3.新加坡"花园城市"的建设经验

(1)把"花园城市"的建设规划纳入基本国策。新加坡是世界上第一个把"花园城市"

---

① 这一指标单纯以公园面积计算,不包括自然保护区、道路绿化面积等。

建设纳入基本国策的国家。1965 年,新加坡成立了“花园城市行动委员会”,目标是制定和落实相关规划设计,确保实施过程中的系统性和连续性。新加坡把绿化和生态保护建设作为本国最重要的基础设施和旅游产业项目,引导全社会积极参与。

(2)以城市“绿色和蓝色规划”为重点内容。在新加坡的城市发展规划中,设立了“绿色和蓝色规划”项目,相当于我国的城市绿地系统规划,其主要在于城市绿化带网络化,各类绿地系统形成“点、线、面”相结合的合理布局;在蓝色规划也即水环境建设中,新加坡规划建设 14 个蓄水池、9 座水处理厂、2 个自然保护区等[27]。

(3)以绿化景观设计为基础环节。新加坡园林绿化的植物培植过程为“绿化—美化—多样化—艺术化”。新加坡的绿化规划注重城市的空间设计,尤其突出最具绿化成果的 5 种街道景观设计,即城区的公园干道、森林区的林间道路、海岸线的海岸公路、郊区的乡间公路以及主要出入口的迎送公路设计。

(4)政府主导强化管理保护。新加坡绿化工作以政府为主导,采取种植、管理以及保护相结合的方式实施。

4.新加坡建设经验对我国生态城市建设的启示

(1)坚定发展目标,制订发展规划。我国的大多数城市,有着深厚的发展潜质,在城市发展过程中关键是要科学定位发展目标,围绕这一目标进行城市发展的总规划设计,重点建设环境和基础设施。

(2)建造城市公园,提升视觉效果。一个城市的规划,不仅要创造良好的工作生活环境,而且应具有优美的景观[28]。新加坡 2007 年就建成 337 个规模不等的公园,平均 1.4 万人就拥有一个公园,这些公园由绿色道路连接,构成了“花园城市”的基本脉络;而我国在城市公园体系布局方面与“花园城市”还具有很大的差距,应该立足于公园规划设计,建造一批合理的公园设施。

(3)扩大宣传力度,引导全社会积极参与。城市绿化建设不仅要靠政府的大力支持,而且也要以全社会成员参与保护为支撑,在全社会范围内形成一个绿化建设的良好氛围。

在我国城市建设快速发展的时期,学习和借鉴新加坡的城市建设经验,对于加强生态城市建设具有重要意义,以此把丰富的自然资源和良好的生态环境转化为经济社会的巨大效益,从而推动社会、经济和环境相互协调发展。

(二)库里蒂巴的生态城市建设实践

库里蒂巴位于巴拉那高原,是巴西巴拉那州的首府,以自然环境优美而闻名于世,是世界上第一批被联合国命名的 5 座“最适宜人居住的城市”之一,并于 1990 年被联合国命名为“巴西生态之都”。具体讲来,库里蒂巴的生态建设经验有以下几方面。

1.以公交为主体的城市发展规划。1964 年,由圣保罗建筑师 Jorge Wilhelm 制定的库里蒂巴总体发展规划,于 1965 年开始全面实施。城市规划设计的主要方案是:沿着 5

条交通轴线进行高密度线状开发;改造内城;重点坚持以人为本,并确定了重点优先发展的项目,增加公园面积和改善交通运输现状。正是由于早期制定的开发规划,使得库里蒂巴走上了一条以低经济成本、低环境成本、人与自然和谐的生态城市发展道路,突破了巴西大部分城市传统的发展模式,即依托于小汽车的城市发展模式。

20 世纪 70 年代,库里蒂巴的发展呈现出新的格局,已建成有更高发展空间的一体化交通网络,并且及时采取了一系列着眼于改善和保护城市环境的土地利用措施。库里蒂巴较为成功地把土地合理利用与交通运输相结合,不仅大力推广土地混合利用的开发方式,而且制定以城市公交线路为中心的总体规划,对土地利用和开发密度进行了合理分区。

一体化道路系统的高度通达性促进了沿交通轴线的集中开发,而土地利用的规划方法也强化了这种开发方式,轴线开发使交通道路有了足够的空间成为快速公交专用线路。在许多建成区内,也采用相似的方法,促使现有公交线路沿线开发,并沿主要线路向城市外围发展,同时把高密度的土地混合利用规划与现有的交通发展规划融为一体,这一系列政策措施有效地提高了城市建成区和新开发区的公交服务水平。

由此看来,我国在生态城市的建设过程中,也应该注重加强城市公共交通系统的建设,逐步改善交通条件,营造一个良好的生态环境氛围。

2.重视社会公益项目建设。生态城市的建设还应该体现在社会的可持续发展方面,库里蒂巴在这方面已经取得了显著成就。到目前为止,库里蒂巴已有几百个社会公益项目,包括建设新的图书馆、帮助无家可归的人、实施“Line to Work”项目以及公园绿地建设项目等。

提供一定范围内的免费公共交通服务,许多街道被改建为步行街,把古老的工业建筑改建为商业中心、戏院、博物馆以及其他文化设施,使环境得到改善并且保护了中心区域的文化遗产。

相对于库里蒂巴的社会公益项目建设成就,我国生态城市建设中社会公益项目建设明显不足,基础设施建设工程有待全面启动。

3.加大城市生态绿化建设力度。库里蒂巴的人工绿化侧重于树种的多样化选择,既要考虑到审美的视觉效果,也要考虑到野生动物栖息的需要。为了调动广大市民的积极性,20 世纪 70 年代以来,政府利用社会资金建设生态城市。库里蒂巴是一座移民城市,市政府为此还制定了相关政策,即由政府免费提供绿地,让来自不同国家的移民团体进行保护性开发,建设独具特色的主题公园,重点突出文化多样性和生物多样性两大主题,从而营造一个生活与休闲的美好环境。因此,我国进行生态城市建设应该重点以城市绿化工程为主体,把自然保护与城市开发相结合,建造各式主题公园及配套基础设施,营造环境优美适宜人类居住的理想居所。

4.扩大对市民的环境教育。生态城市形成的前提之一是提高市民的环境意识,增强其保护环境的责任感。库里蒂巴就十分注重对市民的环境教育,儿童接受由学校提供的环境教育,一般市民则在环境大学免费接受与环境有关的教育。生态城市的建设离不开广大群众的参与。因此,我国应扩大公众环境保护宣传,并且制定相关法律法规,提高政策实施的透明度,从而保障生态城市建设的顺利进行。

(三)德国斯图加特生态城市建设实践

斯图加特市是德国南部的一个州府,城市用地面积约为 207 km^2,是欧洲经济最为发达的地区之一,以汽车工业为主导产业的工业体系在给其带来巨大经济效益和社会效益的同时,也使城市环境极度恶化,这促使斯图加特市成为德国最早开始生态城市建设探索实践的城市。

斯图加特市在进行最早生态城市规划建设过程中,做出了以下几方面成功的探索。

1.建造“绿色城市”。“绿色城市”是斯图加特市进行生态城市建设的重要目标,早在1978 年,斯图加特绿化委员会就成为德国第一个在州议会中占有一席的绿化环保机构,这从政策和管理上保障了绿地规划建设和自然环境保护在城市建设中的重要地位。20 世纪 80 年代初,该市提倡大力发展绿化技术,有效地增加了城市绿化面积。斯图加特市城市绿化建设的目标是恢复和保护自然生态系统,经过一系列绿化工程建设,舒适宜人的生态环境和独具特色的城市景观使斯图加特市被美誉为“德国最绿的城市”,成为德国最著名的旅游城市之一。

2.通过发展公共交通系统改善城市环境。斯图加特市地处狭窄的山谷地带,城市人口密度大,工业集中,而且风力不足于驱散空气中的污染物,从而造成严重的大气环境污染。为了改善和保护城市大气环境,市政府投资在城市各地区建立了监控中心,每天定时向广大市民报告空气质量和有关气候数据,同时还制定了改善大气环境的规划,通过改进公共交通系统、限制机动车辆的速度以及鼓励市民使用自行车作为交通工具等措施,有效地降低了空气污染,从而很好地净化了大气环境。

3.以“绿色建筑”有效降低建筑能耗。从 20 世纪 80 年代起,斯图加特市就研究制定相关的建设规则与条例,以降低能耗和使用环保型材料等为基点引导“绿色建筑”的规划建设。80 年代初,在公共基础建筑方面,都不同程度地从规划设计、建筑材料等方面进行了“绿色建筑”的积极尝试,采用环保型建筑材料,如天然木材等,同时也对外部环境和园林绿化进行精心设计,这一系列探索实践都有效地降低了建筑能耗。

4.制定积极有效的项目策略。结合城市建设发展的实践来看,虽然许多城市都把其可持续发展作为建设目标,但是由于财政问题及管理模式等却在一定程度上阻碍了这一目标的实现,使得相配套的构想无法实施。针对这些现实问题,斯图加特市提出了“斯图加特模式”的有效解决方案,其基本内容是:由环保局向建设主体提供无息贷款资助节能型城市的项目建设,在投资全部收回之前,由节能所得的全部利润都归投资方所有。通过这种措施,很好地保证了大型建设项目和小型改造工程在短期内同时启动。

5.提高市民的环境保护意识。生态城市建设需要广大市民的积极参与,为此斯图加特市政府和有关组织通过扩大宣传力度、组织各类公益活动等方式充分调动市民参与的积极性，提高政府的决策力度，鼓励市民参加公共环境活动及参与制定相关环保政策。

在政府、专业技术人员和广大市民的共同努力下，斯图加特市的生态城市建设取得了显著成效。综合斯图加特市的城市建设实践，可以总结出以下几点启示。

(1)生态城市建设必须选择适合其自身特点的城市发展模式。斯图加特市正是结合自身的现实条件，选择"以内城为核心、18个外城和周边小城镇散布的组团式城市结构，城镇之间建设绿化带"的城市发展模式，既保证城市间相互协调发展，又使其各具特色，由此形成了一个自然环境与人类社会有机结合的城市体系。该市在发展绿色城市的同时还密切将城市绿化与生态农业经济结合起来，充分利用当地自然条件发展生态农业，不仅获得了良好的经济效益，而且建造了具有生态效益的农业经济，从而在保护生态环境的基础上积极有效地促进了整个市区的经济社会发展。

(2)"绿色建筑"对生态城市建设具有重要意义。节能建筑的设计研究不仅包括新建建筑，还包括已有建筑的节能改造。德国很早就开始进行节能建筑改造活动，其节能建筑体系及节能技术在全世界都处于领先地位。其节能建筑技术包括建筑物布局调整、构建节能技术、环保材料的开发利用等，不仅获得了很大的经济效益，也有效地减少了温室气体的排放，一定程度上缓解了温室效应。

(3)"以人为本"是生态城市建设的核心。在进行环境保护设计的时候要满足不同人群的需求，斯图加特市在大力发展公共交通时，为了引导广大市民选择公交出行，在公交站点的规划设计时充分考虑了无障碍设计，方便人群流动；另外，要提高城市建设的公众参与度及提高政策的有效性，就必须在政府、专业技术人员以及市民之间形成平等公开的沟通方式，保证广大市民真正参与到生态城市建设和环境保护的项目中来。

(四)上海崇明生态岛的建设实践

崇明岛位于长江口，面积约1 000 km^2，是我国的第三大岛，仅次于台湾岛和海南岛，其生态资源优势十分突出，被称为"上海最后一块真正的生态净土"。2004年7月26—29日，胡锦涛同志在崇明调研时要求上海和崇明两级政府按照科学发展观规划建设好崇明岛，由此揭开了崇明生态岛的建设实践。

崇明岛的生态建设目标是：到2020年，将崇明基本建设成为以优美的生态环境为品牌，以闻名的游乐度假为主导，以发达的清洁生产为支撑，环境优美、经济发达、文化繁荣、保障健全、城乡融合的上海世界级城市的生态岛区和最优美的"海上花园"，成为国内领先、国际一流的人类生态环境与生态活动示范岛区，同时也是上海连接长江三角洲和沿海大通道的北翼纽带[29]。崇明岛的生态建设实践主要包括以下几方面。

1.水资源建设。水环境治理和供水源头稳定性是崇明岛生态建设中的重点内容。崇明岛以西水闸为起点，形成一条环绕全岛的环岛河，并与30多条河流构成了全岛的主体河网水系，以此积极建造环岛水系，改善水环境。崇明岛也将建设大型湖泊，以此来提高区域水量调节能力，保障供水来源。在区域污水排放合理控制的基础上，对主体河道进行排污清理，同时在河道两边进行防护林建设，建造基础工程与生态工程相结合的护岸工程。

2.能源建设。崇明前卫村修建了一条南北走向约 500 m 长的生态道路，其使用的特殊材质理论上能够降低噪声污染；地下渗水系统基本完工，雨水可以通过水泥渗漏孔路面进入水处理循环系统，还可用于绿化灌溉；同时，崇明还将启用会分解生活垃圾的蚯蚓生物反应器来处理生活垃圾，通过清洁生产技术研发、示范和推广，实现工业企业主要污染物排放量全面削减[30]。

3.再循环利用。以清洁生产技术与资源回收利用技术为载体的循环经济，通过环境友好的方式发展经济，从本质上改变环境保护与资源利用的矛盾，把崇明岛建设成为具有代表性的生态绿岛；通过利用清洁技术、循环利用技术和生态技术等，实现对资源的高效循环利用，以此减少废弃物的排放量。

4.交通建设。2009 年，沪崇苏越江通道的建成和中国沿海大通道崇明岛桥的建立，将从根本上改变崇明岛与陆地"江水相隔"的现状，奠定其快速发展的有利基础；同时，崇明岛也会启用多种交通运输方式，转变制约崇明岛经济发展的不利因素。

5.建筑定位。随着崇明岛交通运输的发展，应该突破原有的发展模式，以整个长江三角洲为发展起点，将崇明岛建成长江三角洲独具特色的休闲、旅游及度假功能的自然湿地中心区。

6.自然生态建设。崇明岛以建造防护林、风景林及经果林为生态绿化的主要目标，突出独具优势的湿地林建设，提高区域绿化率，建造以东平国家森林公园、绿华明珠湖生态旅游示范区及东滩湿地公园等主要旅游区为主体的生态风景林，在建造过程中综合规划东、中、西部的森林合理分布。

生态城市建设是现代城市发展的趋势，在上海区域生态建设的过程中，崇明岛的生态建设处于重要地位，其开发发展应该始终坚持以生态建设与环境保护为前提。只有营造良好的生态环境，坚持城市的可持续发展，崇明岛才能建设成为具有现代化国际大都市远郊特色的生态型岛屿。针对崇明岛对我国生态城市建设的启示，其他城市在其生态建设过程中要结合自身的现实状况，因地制宜，将其建设成为真正"以人为核心"的环境优美的生态城市。

参考文献

[1] 屠梅曾，赵旭.生态城市——城市发展的大趋势[EB/OL].http://www.forumcn.com/inews/html/bzcjlw_1/hgjj_8/macro_333/2006-10/115987467.php，2006-10-03.

[2] 曹凤中.当代热点——建设可持续发展城市[J].环境科学动态，1997(4)：5-8.

[3] Yanitsky. The city and ecology[J].Moscow Nanka，1987(1)：17.

[4] Richard Register. Ecocity Berkeley:Building cities for a healt hyfucure[M].Berbeley:North Atlantic Books,1987.

[5] Roseland M.Dimensions of the future:An Ecocity overview[M].Canada:New Society Publishers,1997.

[6] 黄光宇,陈勇.生态城市概念及其规划高度方法研究[J].规划研究,1997(6):17-20.

[7] 陈予群.生态城市建设的思路与对策[J].生态经济,1997(3):15-19.

[8] 方创琳,鲍超,乔标,等.城市化过程与生态环境效应[M].北京:科学出版社,2008:446.

[9] 王建国.城市规划理论与实践[M].南京:东南大学出版社,2001.

[10] 岸根卓朗.环境论——人类最终的选择[M].何鉴.南京:南京大学出版社,1999.

[11] 任倩岚.生态城市:城市可持续发展模式浅议[J].长沙大学学报,2000,14(2):62-63.

[12] 鲁敏,张月华,胡彦成,等.城市生态学与城市生态环境研究进展[J].沈阳农业大学学报,2003,33(1):76-81.

[13] 鲍世行.钱学森与山水城市[J].城市发展研究,2000(6):15-20.

[14] 黄光宇.中国生态城市规划和建设进展[J].城市环境与城市生态,2001,14(3):6-8.

[15] 沈玉麟.外国城市建设史[M].北京:中国建筑工业出版社,1989.

[16] 吴季松.科学发展观与中国循环经济战略[M].北京:新华出版社,2006.

[17] 王祥荣.生态与环境——城市可持续发展与生态环境调控新论[M].南京:东南大学出版社,2000.

[18] 王如松.走向生态城市——城市生态学及其发展策略[J].都市与计划,1991,18(1):15-18.

[19] William R,Mathis W. Urban Ecological Footprint:Why Cities Cannot be Sustainable and Why They are Key to Sustainability[J]. Environ. Impact. Assess. Rev.,1996(6):223-248.

[20] 陈勇.生态城市:可持续发展的人居模式[J].新建筑,1999(1):12-14.

[21] 王如松.高效和谐——城市生态调控原则与方法[M].长沙:湖南教育出版社,1988.

[22] 杨莉,张子珩,雷敏,等.城市生态建设理念的历史沿革和当今发展[J].南京人口管理干部学院学报,2007(1):66.

[23] 沈满洪,陈凯旋,魏楚.资源节约型社会的经济学分析[M].北京:中国环境科学出版社,2007.

[24] 陈劲松.新城模式——国际大都市发展实证案例[M].北京:机械工业出版社,2006:20.

[25] 蔡锡梅.世界列国国情习俗丛书·新加坡[M].重庆:重庆出版社,2007:95.

[26] 张建立.中国能从新加坡学什么[M].北京:华文出版社,2006:10.

[27] 谢新松.新加坡建设“花园城市”的经验及启示[J].东南亚南亚研究,2009(1):52-55.

[28] 李德华.城市规划原理[M].北京:中国建筑工业出版社,2001:256.

[29] 范徵,李杨,尹尖尖,等.生态城市与上海崇明生态岛建设[J].生态经济,2006(2):338.

[30] 张建民.论马克思主义与时俱进的理论品质[J].湘潭大学学报,2002(1):3-6.

第三章
干旱区生态城市:特定地区生态城市建设的新探索

一、干旱区城市发展面临的问题

干旱区(Arid Zone)是指属于干旱气候的地区,约占陆地面积的30%,其共同特征是:降水量少而变率大,一般气温日较差和年较差都很大,蒸发量远远大于降水量,多风沙,云量少,日照强。水分不足是限制植物生长的主要因素,由于热量充足,当利用灌溉供水并加以施肥时,可成为高产地区。我国干旱半干旱地区与季风区以河西走廊为大致界线,西部与北部大部分地区属干旱半干旱气候,这里年降水量不到300 mm,蒸发量超过1 000 mm。

一般认为城市是以空间和环境资源集中利用为基础,以人类社会进步为目标的一个集中人群、集中各种资源、集约先进科技文化的空间地域系统,它是一个经济实体、政治社会实体、科学文化实体和自然环境实体的综合体,是一个地区政治、经济和文化的中心,是一个区域内第二产业和第三产业分化、独立发展,并在空间上趋于集中的复合人工生态系统[1]。

人和自然的协调是城市发展所要追求的目标,人类活动应该符合自然规律。违背自然规律,将人类意志凌驾于自然规律之上,最终会带来一系列难以解决的问题甚至灾难,从而妨碍城市的进一步发展。近代以来,一些城市只单纯注重了城市的经济增长,忽略了城市社会、基础设施和自然生态的发展,有些城市甚至以牺牲城市自然生态环境为代价来换取城市经济的暂时繁荣。当前,城市经济、社会、基础设施、自然生态发展不相协调,已经成为制约城市健康发展的瓶颈。

由于历史的原因,我国西北干旱半干旱地区生态系统变得十分脆弱,生态环境日益恶化，生态系统的调节能力非常有限。在这种情况下，我们更应该重视生态环境的保护建设，在城市建设的过程中，要做到时时、事事不忘生态环境保护。事实上，西北干旱半干旱地区生态环境保护与城市发展并不矛盾，相反，两者存在着相互影响、相互促进、相得益彰、密不可分的关系。美好和谐的生态环境是城市发展的基础，只有生态环境和谐发展，西北干旱半干旱地区的城市才能长期持续快速地发展。

(一)生态环境脆弱

1.区域生态环境问题

西北干旱半干旱地区深居中国内陆，地理位置特殊，受降水少的先天条件制约，干旱少雨，风大沙多，加上数年来人们的掠夺性开发，该地区的生态环境令人担忧，主要表现在以下几个方面。

(1)水资源短缺

水资源是人类社会生存发展的基础资源，在西北干旱半干旱地区，年降水量在200 mm左右，多年平均年蒸发量却在1 200 mm以上。西北干旱半干旱地区约占全国国土面积的30%，而水资源仅占全国水资源总量的6%，而且地区分布极不均衡，一些地区①严重缺水，水资源供需矛盾突出。尤其在一些人口稠密和经济发达的地区，水资源相对缺乏，开发利用过度，供需矛盾紧张，内陆河上中游由于用水过度，下游来水减少，河流断流，湖泊萎缩或干涸，大片林草枯死，土地荒漠化，生态环境恶化。因此，对西北干旱半干旱地区来说，水资源是制约其经济社会发展的关键因素，是全区实现经济社会可持续发展的“最短板”。

水资源对西北干旱半干旱地区经济社会发展的制约主要体现在3个方面：水资源量紧缺、用水效率低和水资源污染严重。水资源量：西北是我国的干旱地区，年均降水量和单位面积产生的年均径流量在全国都是最少的。大部分区域的年降水量在400 mm以下，其中有200万 km^2 的年降水量不足200 mm。南疆东部、河西走廊和柴达木中西部地区降水量不足50 mm，荒漠戈壁在20 mm以下，而蒸发量却超过1 000 mm。并且，西北干旱半干旱地区水资源分布不均匀，部分地区人均占有量极低，如宁夏人均水资源占有量仅为177 m^3，陕西关中地区为446 m^3，陕北为888 m^3，远远低于国际公认的人均1 700 m^3 的水资源紧张警戒线。西北黄土高原(包括河套)土地面积占全国总量的6.9%，耕地面积占12.2%，而水量仅占1.8%，耕地水量3 720 m^3/hm^2，人均水资源量654 m^3，单位耕地面积与人均水量分别仅占全国平均水平的14%和24.1%[2]。水资源短缺已成为西北干旱半干旱地区经济社会可持续发展的瓶颈，不仅造成生态系统脆弱，生存环境恶化，而且严重阻碍了区域经济发展，使该地区与中东部地区发展差距日益扩大。用水效

①具体指宁夏南部山区、陕西渭河关中盆地、青海湟水河流域、甘肃河西走廊以及新疆天山北坡地带。

率：西北干旱半干旱地区的农田灌溉由于客观(处于干旱和半干旱区)和主观的因素，其灌溉用水定额为 10 065 m^3/hm^2，高于全国 7 185 m^3/hm^2 的水平；工业万元增加值取水量为312 m^3/万元，高于全国 288 m^3/万元的水平；在国民生产总值中，由于农业比重过大，内陆河流域的单位水 GDP 产出量为 5.8 元/m^3，远低于 16.4 元/m^3 的全国平均水平。

(2)土地沙化，水土流失

土地沙化是一种人为作用与自然资源及环境不相协调所产生的以风沙活动为主要标志的土地退化过程。干旱是西北干旱半干旱地区气候资源的最大劣势，而沙化问题是西北干旱半干旱地区面临的最大环境问题，沙尘天气已经成为沙区人民生产生活和经济建设的严重灾害。

据中国科学院寒区旱区环境与工程研究所冻土工程国家重点实验室研究人员马松尧介绍，中国荒漠化土地面积 262.2 万 km^2，且每年以 2 460 km^2 的速度在增长。西北干旱半干旱地区荒漠化土地面积就达到 146.9 万 km^2，占全国荒漠化土地总面积的 56%，土地沙漠化严重，土地退化加剧。西北干旱半干旱地区水土流失严重，西北五省区的水土流失面积占各省总土地面积的比例几乎都超过 50%，而森林覆盖率却极低(见表 3-1)。青海省平均每年新增水土流失面积 2 100 km^2，因水蚀、冻融造成水土流失总面积达 33.4 万 km^2，每年流入黄河的泥沙 8 814 万 t，流入长江的 1 303 万 t。宁夏水土流失总面积 3.5 万 km^2，年流入黄河的泥沙 1 亿 t。陕北黄土高原水土流失面积 6 万 km^2，年流入黄河三门峡以上河段的泥沙量 8 亿 t 左右，占该段黄河泥沙量的 51%。

表 3-1　西北干旱半干旱地区及全国水土流失率和森林覆盖率[3]

项目	陕西	甘肃	青海	宁夏	新疆	西北	全国
水土流失率(%)	67.00	85.00	75.00	46.30	58.00	66.23	37.10
森林覆盖率(%)	32.55	6.66	4.40	6.08	2.94	5.86	18.21

2.城市生态环境问题

西北干旱半干旱地区的城市同样面临着普遍的城市生态环境问题，即城市垃圾污染、城市大气污染、城市水资源污染、城市噪声污染、城市电磁污染和交通拥挤等，其中水资源污染和大气污染尤为严重。

(1)水资源污染

根据国家环保总局 2002 年资料，西北干旱半干旱地区的严重污染地区和中度污染地区人口占该地区总人口的 79.1%，其中渭河流域已成为全国污染最严重的区域之一。内陆河流域没有排污入海的出路，而黄河流域的排污不仅危害当地，而且威胁黄河中下游的水环境安全[4]。污染严重的区域是城镇工矿集中、人口稠密区域，也是今后城镇发展的主要区域。目前受影响的人口已达该地区总人口的 55.2%，水资源污染对当地社会经济发展的实际影响很大。造成西北干旱半干旱地区水环境严重污染现状的原因有两个：其一，西北干旱半干旱地区工业废水排污量大，排污强度大大高于全国平均水平，其中宁夏比全国平均水平高出3倍之多(见表3-2)。其二是污水处理率低。2005年工业废水排放达标率除陕西省外其余四省及西北干旱半干旱地区均大大低于全国平均水平。西北干旱半干旱地区的城市污水处理技术也十分落后，城市排水管网和污水处理设施的建设严重滞后于城市建设,造成城市污水处理率也很低。

表3-2 2005年西北干旱半干旱地区和全国主要污染物排放及处理情况

地区	万元工业产值工业废水排放量(t)	工业废水排放达标率(%)	单位工业产值工业废气排放量(m^3/元)	工业二氧化硫排放达标率(%)	亿元工业产值固体废料排放量(t)	工业固体废物综合利用率(%)	城市生活垃圾无害化处理率(%)
陕西	27.56	92.73	3.16	53.25	224.43	24.05	39.80
甘肃	24.49	73.00	6.20	57.25	592.52	30.15	17.20
青海	37.36	44.57	6.72	52.17	135.46	21.88	100.00
宁夏	93.47	73.50	12.42	80.46	179.17	53.35	50.40
新疆	20.85	59.30	4.66	75.29	1 137.97	51.30	35.90
西北	29.91	76.68	4.92	52.08	527.79	31.21	36.56
全国	28.46	91.20	3.15	79.40	193.70	57.27	51.70

注:数据来源于《中国环境统计年鉴2005》。

(2)大气污染

西北干旱半干旱地区耗能多、污染重的能源和原材料工业比重大,经济不发达又导致环保投资少,“三废”污染治理能力和强度低,因而环境污染一直呈上升趋势,较之东部发达地区有过之而无不及。由表3-2可以看出,西北干旱半干旱地区的工业废气和工业固体废物的排放强度大大高于全国平均水平，其中宁夏的单位工业产值工业废气排放量是全国平均水平的近4倍，新疆的亿元工业产值固体废料排放率是全国平均水平的5.8倍。与此同时,西北干旱半干旱地区的污染物处理能力很低,全区工业二氧化硫排放达标率、工业固体废物综合利用率又大大低于全国平均水平,整体上城市生活垃圾无害化处理率也低于全国平均水平。

(二)经济基础薄弱

西北干旱半干旱地区深居我国西北内陆,生态环境恶劣、交通不便、信息闭塞,严重限制了其经济发展。加上西北干旱半干旱地区生产设备老化、经济结构不合理、产品深加工能力差、科技含量低,使其经济发展滞后,一直为我国主要的贫困地区之一。

1.经济总体实力

西北干旱半干旱地区经济总体规模、基础设施建设和人民生活水平等与我国东部和中部省区有较大的差距,部分地区仍未脱贫。全区土地面积占全国国土面积的32%,人口占7.24%,而全区的GDP只占全国的5.11%,人均GDP为全国平均水平的71%;西北干旱半干旱地区农村人均纯收入2 151元,仅为全国平均水平的66%;全区城镇居民人均可支配收入8 140元,也仅为全国平均水平的78%;全区有国家级贫困县(旗)141

个，占全国的24%[①]。

经济发展的质量低，经济发展与生态环境矛盾重重。2005年，西北五省区全社会劳动生产率除新疆外均低于全国平均水平(见表3-3)，经济发展仍然以资源和能源的大量消耗为代价，经济增长效益较低。西北干旱半干旱地区经济发展过程中能源消耗较大，2005年单位地区生产总值能耗均大大超过全国平均水平，悬殊最大的是宁夏，是全国平均水平的3.39倍，相差最小的陕西省，也比全国平均水平高出21%。以高消耗换来高经济增长速度，这是与可持续发展背道而驰的。农牧业生产单产水平低，西北干旱半干旱地区粮食单位面积产量比全国平均水平少18.89%，油料单位面积产量比全国平均水平少20.83%，草原生产率也较低，平均每公顷草原和草山坡生产牛羊肉14.83 kg和奶类36.56 kg，仅为全国平均水平的一半。

表3-3　2005年西北五省和全国经济发展水平、效益及产业结构情况

地区	人均GDP(元)	全社会劳动生产率(元/人)	万元GDP能耗(吨标准煤)	第一、第二、第三产业产值比
陕西	9 880.81	18 927.19	1.47	11.86:50.31:37.83
甘肃	7 454.56	13 899.93	2.26	15.93:43.36:40.71
青海	10 002.21	18 244.46	3.07	12.03:48.70:39.27
宁夏	10 166.05	20 230.31	4.09	11.89:46.40:41.71
新疆	12 952.97	34 070.39	2.11	19.58:44.73:35.69
西北	9 893.23	19 942.36	2.08	14.86:46.98:38.17
全国	14 002.02	24 246.00	1.22	12.60:47.50:39.90

注：表中数据根据《中国统计年鉴2006》相关数据计算而得。

该地区在社会经济的快速发展中，产生了种种生态环境问题，有的地方甚至出现了生态环境危机，在发展社会经济和保护生态环境方面，最突出的矛盾就是水资源的配置。一些经济较发达的地区，社会经济用水已挤占了生态环境用水，并逐渐污染水环境，严重威胁到社会经济的可持续发展。

2.经济结构

目前西北干旱半干旱地区的经济仍以粗放型的传统产业为主，一方面设备老化落后；另一方面粗放型经济对环境危害巨大，由此形成了恶性循环。西部地区粗加工业、耗资型产业比重大，这种粗放型的工业加工企业耗用大量的人力、物力、财力，排放大量有害物质加速了环境恶化，在西部一些地区形成了“贫困落后—环境恶化—贫困落后”的恶性循环圈。

产业层次低，经济关联度差，比较优势难以得到发挥。由于西北干旱半干旱地区主要以采掘业、原材料工业为主，长期以来扮演着东部能源、原材料供应基地的角色，而加

① 该数据均为2005年数据。

工工业基础薄弱,产品附加值低,增值能力弱,使资源优势难以转化为经济优势。第三产业发展相对滞后,使该地区的主导产业、支柱产业和高科技产业发展缓慢,区域内的工业化程度偏低。从企业结构来看,西北干旱半干旱地区大型企业少,小型企业多,难以发挥规模经济效益。由于企业普遍达不到规模经济要求,面对当今社会大企业集团纷纷形成、区域性经济集团不断整合的形势,过小的区域企业规模越发难以生存。

(三)社会问题复杂

西北干旱半干旱地区城市发展中不仅面临着严峻的生态环境问题和迫切的经济问题,而且还面临着日益严峻的社会问题,主要体现在城市特色趋同和城市贫困突出方面。

1.城市特色趋同

城市特色是在一定的时空条件下,城市为了自身的生存和发展,以当时所具有的文明手段,利用自然、改造自然所创造的有别于其他城市的物质和精神成果的外在表现。也可以说,城市特色是城市整体形成的独特意象,主要通过地理自然环境、人为建造成果(即城市建筑、机理、小品、绿化等)和社会人文因素(即生活方式、风俗习惯、历史文化传统等)三方面表现出来,由此形成一种可以被人们感知的外在表现。城市特色就是城市的个性,是城市的文化品位,是城市在形成发展中所具有的风貌形态、文化格调、历史底蕴、景观形象、产业结构和功能特征的总和,是城市文化、历史、经济和社会发展的集中体现,是城市形象的客观展示与城市的魅力所在。城市特色是一种特殊资源,它主要包括三方面内容:一是城市的自然地理特色、生态特色;二是文化方面的特色;三是形象上的特色。不同的城市特色所具有的辐射力、知名度和吸引力形成了这个城市的品牌,并在不同的空间范围内产生不同的品牌效应,从而促进城市经济及城市文化的发展。

然而,随着时代的发展,交通日益发达,人们的交往越来越频繁,文化的交融与相互渗透、竞争的激烈、技术主义的泛滥使得城市的趋同现象也越来越突出,城市特色危机是当前的普遍现象,城市特色丧失的表现主要体现在以下四个方面。首先,近几十年来,许多城市有了翻天覆地的变化,使得“南方和北方一个样”、“城里和城外一个样”,甚至颇有民族风格和地方风采的城市特色被统一的现代化建筑物所淹没。山挖了、树砍了、屋拆了、湖填了、路堵了、楼炸了、人走了,不少城市失去了应有的文化内涵和宝贵的历史魅力。其次,贪慕虚荣、盲目攀比。某些城市建设的决策者贪慕虚荣、盲目攀比。比“个高”,一窝蜂地建高层建筑,你建30层,我建40层;比“体宽”,借着“做大做强”的幌子,强占农田、盲目征地,严重损害农民利益,破坏政府形象。动辄建设国际化大都市、中央商务区(CBD) 。再次,割裂文化、破坏特色。城市文化是城市的灵魂,城市特色是城市文化的标志。一些城市只重视物质环境改善,而忽视文化内涵,大兴土木,大拆大建,外表看起来高楼拔地而起,实际上缺少文化底蕴,造成“千城一面”,毫无特色和文化品位可言。最后,相互模仿、照抄照搬。一个城市一个大广场,无一例外。有的地方连小小的县城也拆除民房,修建广场。

西北干旱半干旱地区的城市具有特殊的地理位置、悠久的历史文化和独特的民族风情,必须因地制宜、科学发展,形成自己的特色。但该地区城市在利用本地特色资源、发展独具韵味城市文化方面相对不足,城市特色不明显,严重影响了城市居民的生活质量和对外形象。

2.城市贫困突出

贫困是一个十分复杂的问题,按照经济学的一般理论,贫困是经济、社会、文化贫困落后现象的总称。但首先是指经济范畴的贫困,可定义为一个人或一个家庭的生活水平达不到一种社会可以接受的最低标准。根据不同的标准,贫困可以划分为绝对贫困和相对贫困,生存型贫困、温饱型贫困和发展型贫困,区域型贫困和个体型贫困,城市贫困和农村贫困,狭义贫困和广义贫困等等。由贫困的含义及其分类可以知道,城市贫困就是指在城市中存在的贫困问题,是相对于农村贫困的一种贫困现象。

城市贫困人口问题对个人和社会的损害很大,贫困造成的后果,不仅对贫困人口本身有害,也对社会有害。首先,对于城市贫困人口自身及其家庭来说,贫困的现实对他们的健康、教育、就业、住房、家庭生活等方面都有着一定程度的损害。在商业化的城市社会中,贫困人口的购买力低下,这不仅导致他们在物质生活方面困难,而且还会导致他们难以平等地享用城市教育、医疗及其他各方面的服务。城市贫困人口在这些方面的落后会使他们的文化素质和生理素质低于非贫困人口,从而间接地导致他们的社会阶层地位下降,同时,也导致"贫困代际传递",使他们的下一代仍可能面临贫困的窘境。另外,随着社会经济的不断发展,多数人的生活水平日益提高,而贫困人口却无法公平地像非贫困人口一样享受到社会经济发展带来的生活质量提高,从某种程度上来说,这是对贫困人口的一种社会排斥。其次,城市贫困人口问题的存在也对社会有着负面影响,表现在以下几方面:第一,城市贫困人口问题制约着国民经济的健康发展。城市贫困人口劳动力资源优势不能充分发挥,影响社会生产的增长,从而制约社会的供给水平;城市贫困人口群体由于经济条件匮乏,消费能力和水平都低下,从而制约消费需求的扩大。第二,城市贫困人口问题制约着城市化的发展。农民变为市民是城市化的必经之路,而日益增多的城市贫困人口极大地制约了我国城市化的进程。第三,城市贫困人口的增多以及贫困程度的加剧影响社会的稳定。城市贫困人口大多是由社会原因造成,社会保障在一定程度上解决了部分贫困人口的最低生存需求,但在健康、教育和社交方面,这些人口许多最起码的需求还是无法得到满足,而且还面临社会歧视、子女教育等精神和心理上的压力。现实生活中面临的这些问题和心理的不公平感可能会刺激他们发生超越道德底线的行为甚至犯罪,从而危害社会的安定与团结。城市贫困是我国经济体制改革和社会转型期必然存在的一个普遍问题,而在经济落后的西北干旱半干旱地区的城市发展中这个问题就更加突出，严重影响着该地区的城市发展和社会进步。

二、干旱区生态城市建设的必要性

建设生态城市是实现西北干旱半干旱地区城市可持续发展的必然选择。要实现城市可持续发展，就要求人们形成人与自然相互依存和协调发展的观念，关注人与自然的联系与相互作用，强调人类的活动必须要兼顾后代，要兼顾环境本身的承载能力，反对无节制的向自然索取。从某种意义上讲，城市发展的生态观和可持续发展观是趋同的，两者都以实现人与人、人与自然的和谐共生，经济效益、社会效益和生态效益的综合统一为最终目标。因此，生态城市建设是城市发展的主题，是促进我国城市可持续发展的必然道路。坚持建设以最有效利用资源、保护环境和提高居民生活质量为基础的生态城市，也是实现西北干旱半干旱地区城市可持续发展的必然选择。

（一）生态城市是实现干旱区自然和谐的必然选择

由于西北干旱半干旱地区生产方式落后，经济发展缓慢，人民生活水平较低。人们的生活贫困，更加刺激了人们对原本脆弱的生态环境的掠夺性开发，使得该地区的生态环境状况每况愈下。西北干旱半干旱地区处于黄河、长江的上游区域，属于河源区域，该地区的生态环境状况将直接影响到黄河、长江中下游其他省市地区的生存环境与经济发展，因此，西北干旱半干旱地区生态环境恶化趋势对中华民族生存环境及可持续发展构成严重威胁。目前，西北干旱半干旱地区的生态环境恶化仍在继续，外扩性影响后果仍在扩大。如果西北生态环境得不到治理，生态恶化趋势不断加速，将给整个国民经济的持续发展及整个中华民族的生存带来重大威胁。同时随着社会经济的发展和人口的迅速增长，西北干旱半干旱地区城市的大气污染、水污染等问题也日益突出，这些问题都是城市发展与生态环境之间矛盾的反映，建立一个人与自然关系协调与和谐发展的生态型城市，可以有效解决这些矛盾。而生态城市实际上是城市生态发展的结果，其实质就是城市与自然环境，人与生存空间的和谐统一及良性循环。生态城市的中心任务是建设优良的生态环境和发达的生态经济，建设具有高度生态文明的社会，同时发挥人的主观能动性，通过人工营造生态环境，恢复生态再生能力，扩充生态容量，提高生态承载力，实现生态、经济与社会的协调发展。因此只有走建设生态城市的道路，才是改善西北干旱半干旱地区城市环境状况的必然选择。

（二）生态城市是提高干旱区经济效率的必然要求

1.生态环境不断恶化严重制约了西北干旱半干旱地区经济社会的发展

第一，生态环境不断恶化使该地区脱贫难度进一步加大。近年来，西北各地旱灾、风沙、沙尘暴发生频率明显增加,大面积地区连年干旱。干旱、风蚀造成土地沙化,土壤瘠薄,水资源短缺,农田单位面积产量下降,一些靠天吃饭的农民甚至连基本口粮也无法收获。干旱使草原载畜能力下降,牧民收入增长缓慢甚至下降,受荒漠化危害严重的地区农村人均产值仅为东部地区的20%。西北干旱半干旱地区贫困人口90%以上生活在生态环境恶劣的高原、山区、沙漠等地带,贫困农牧民温饱不稳定,一遇天灾就可能贫困加重或重返贫困状态。

第二,生态环境恶化影响该地区的工业化和城镇化进程。生态环境恶化使草地大面积退化,耕地被沙丘吞没,水土流失造成地力下降等使西北干旱半干旱地区农牧业受到严重影响,减弱了其向城市提供农副产品和工业原材料的能力。而沙丘的快速推进,使一些城市的工业用水和生活用水同时短缺,制约了城市化和工业化的发展,甚至一些城市面临被沙丘吞没的危险,如甘肃省民勤县的城外就是沙漠,陕西个别城镇被迫迁移。生态环境恶化使采掘业等西北干旱半干旱地区传统主导产业面临成本上升、安全风险加大、外部影响扩大等不利因素。例如荒漠化地区的石油、天然气、煤炭、盐、碱等工矿企业的生产建设受到严重影响,产品质量降低且时有停工停产。

第三,生态环境恶化影响该地区吸引东部地区以及国外资金和人才。

2.发展循环经济是西北干旱半干旱地区经济发展的客观要求和必然趋势

生态的循环经济发展模式注重经济、环境和社会的协调发展,注重自然资源的合理开发利用和循环利用,其基本概念是注重生态环境的可持续发展。西北干旱半干旱地区地域广阔, 资源丰富,人口稀少,地大物博,有着发展生态经济的巨大优势和潜力。通过发展生态的循环经济,能够使西北干旱半干旱地区的经济、环境统筹兼顾,使经济效益、生态效益和社会效益得到充分发挥,能够把生态资源的社会效益转化为经济效益,实现经济发展与生态环境建设之间的正回馈, 使西北干旱半干旱地区经济社会发展走上可持续发展的良性轨道。西北干旱半干旱地区的经济发展必须打破常规,决不能重走以生态环境恶化作为代价换取暂时的“经济发展”的老路,充分利用自然资源优势,大力发展生态的循环经济,使西北干旱半干旱地区经济快速增长的同时,生态环境得到保护和改善,实现经济发展和生态环境建设的“双赢”。

随着人类社会和经济的发展,当前的能源结构、资源结构、环境状态已不能支撑现有的发展模式,尤其是随着煤、石油等能源的耗竭以及环境保护的需要,如果没有基于科技进步的大力开发,能源和资源将难以支撑人类社会进一步发展的需要。不久的将来传统的粗放型经济增长方式必将终结, 取而代之的是走资源节约型、环境友好型的道路。基于碳氢化合物的经济将逐渐转变为基于碳水化合物的经济, 逐步地将工业革命世纪转变为生物技术世纪。在这种转变过程中,要依靠生物技术才能将来源于太阳能的可再生资源——碳水化合物转变为现代社会所需要的工业原料和能源。这种能源结构和资源结构的转变将直接关系到西北干旱半干旱地区经济的可持续发展和社会的稳定。西北干旱半干旱地区的自然资源和生态环境状况决定了西北干旱半干旱地区的经济发展必须走生态循环经济的发展道路。

第一,建设生态城市,加强生态产业的发展有助于西北干旱半干旱地区调整优化产业结构。根据该地区自然条件及资源特点,使产业结构与生态环境建设相结合,充分发挥产业市场的调节作用,大力发展生态的循环经济和绿色产业,真正实现该地区生态环境建设与经济发展的协调可持续发展。第二,建设生态城市,有助于推进西北干旱半干旱地区城镇化进程。建设生态城市,根据水土资源等生态条件,决定城镇建设的布局和规模,建立城镇化与保护生态环境的良性循环机制,实现城镇化的科学持续发展。第三,建设生态城市有助于推进西北干旱半干旱地区的新型工业化。目前,西部地区面临着经济增长乏力与环境恶化的双重风险,许多地区陷入了"环境破坏—贫困"的恶性循环。建设生态城市,大力推进循环经济发展,有助于该地区跳出"生态环境脆弱和恶化→经济发展水平低→生活贫困→生态环境更加恶化"的恶性循环,使该地区经济发展和生态环境两者之间形成一个良性循环,即通过生态环境建设推动生态环境良性发展,进而推动经济增长与经济发展;经济发展更进一步推动生态环境建设。第四,建设生态城市,有利于提升城市的整体形象。对一个城市来说,生态环境好,就能更好地吸引人才、资金,从而促进经济的快速发展。

(三)生态城市是干旱区社会文明的标志

生态城市作为城市发展的高级阶段,不仅是生态文明的一种标志,也是社会文明的一种体现。首先,建设生态城市有助于减少贫困。生态环境的恶化和自然灾害的频繁发生,是造成西北干旱半干旱地区农村贫困的重要根源,因此建设生态城市,推进生态文明建设有助于减少农村贫困;同时建设生态城市发展循环经济,实现经济高效可持续发展,也有助于减少城市贫困及其带来的一系列问题。其次,建设生态城市有助于凸显城市特色,或者说生态城市本身就是城市特色的一种重要体现。一座城市强调自己的特色是其在全球舞台上立足的资本,一座富有特色的城市,才有其恒久不衰的生动魅力,才能拉动城市经济奔驰不息;如果城市只顾眼前利益,没有可持续发展的特色理念,最终将会被社会淘汰。生态城市建设尊重自然,因地制宜,注重历史文化的传承,注重可持续发展,强调塑造城市与自然和谐之美,是凸显城市特色的重要途径之一。

三、干旱区生态城市建设的模式选择

城市发展模式是对一座城市历史足迹的总结,是对一座城市阶段性变革的归纳,更是对一座城市发展的解释,在当代,城市发展模式应该有更丰富的层次和集合。城市要实现自己的目标定位,确立合理的城市发展模式是其中极为关键的一环。要确定城市的发展模式，必须首先进行城市发展相关因素分析，如城市发展的历史、资源和特色等，找出城市发展的制约因素和优势所在；其次确定城市性质和职能定位，城市发展的基本目标，建立适宜的城市发展模式，根据当地客观实际条件走自我开拓的发展道路；最后确定实现发展模式的阶段，各个阶段的发展目标和措施。

城市的生态化发展模式是在传统的工业化发展模式的基础上发展起来的，它是对工业化发展模式的辩证否定，它摒弃了人们只重视经济效益不顾人类福利和生态后果的唯经济发展模式，转向兼顾人口、社会、经济、环境和资源的可持续发展，注重复合生态整体效益的发展模式。它是人类对进入工业文明后所走过道路进行的全面回顾和深刻反思的结果，也是人类改变传统发展模式和开拓新文明的一个重要里程碑。在建设生态城市的过程中，一方面要明确建设生态城市不是对人类现有住区的局部调整和简单修补，而是一种新文化的创造过程，同时也是人类自身发展进化的过程，是一个革新的质变过程，是一场社会革命；另一方面也要明确，建设生态城市不是避开或彻底摧毁现有城市和乡村来建设，而是依托现有城市和乡村来进行的。

由于城市的发展条件千差万别，并且城市的可持续发展作为一个发展过程，不同阶段的城市也应该具有不同的发展模式，所以规划生态城市建设的模式也就不同。与传统的城市相比，生态城市的发展有明显不同的模式，生态城市强调经济的是高效而不是高速，基于社会的是开放而不是封闭。结合生态城市的要求和建设地区的客观条件，在欠发达的干旱区建设生态城市的可行模式主要有以下 4 种。

(一)生态节水型城市

生态城市的出发点和目标是不断提高人类生存、生活质量，即实现人与自然的和谐发展，其中追求自然系统和谐、人与自然和谐是基础，实现人与人的和谐是生态城市的目的所在。水资源是城市发展中不可或缺的重要资源之一，随着城市人口增多，城市规模的扩大，水资源短缺成为城市发展的最大自然障碍因素之一。因而节水成为城市发展的伴奏曲，各地纷纷提出要建节水型城市。基于生态城市建设已成为城市发展的必选之路，而节水又是城市发展所面临的现实选择，因此生态节水型城市的概念也应运而生。生态节水型城市是基于生态学原则和循环经济理论，利用现代科学与技术手段对城市社会、自然、经济复合系统综合研究的基础上，对城市的供水、需水、节水等做出科学的预测和规划，使区域用水量控制在目前的科技水平所能够支撑的范围内，合理管理和利用当地资源，从而达到人与自然、人与人之间和谐共处，经济高效发展，资源合理利用，具有自身人文特色，生态和谐的理想人居环境[5]。

生态节水型城市是基于生态城市和节水型城市，并把水资源放在生态城市发展突出位置上的一种独特的城市发展模式。因此，生态节水型城市必然有它自身的特点。首先，和谐性和持续性，这是“生态城市”概念的核心内容。生态节水型城市作为生态城市的一个分支，拥有生态城市的基本特点，即人与自然、人与人、人工环境与自然环境、经济社会发展与自然保护之间的和谐。以可持续发展思想为指导,兼顾不同时空,合理配置资源,满足当地在不同时期发展的需要。其次,高效性和稀缺性。生态节水型城市强调科学、高效地利用各种资源,努力提高水资源的利用效率。再次,差异性和系统性。生态节水型城市是建立在区域的层面上,而各地的自然、人文环境都有很大的差异。因此,生态节水型城市是基于不同区域发展背景下提出的具有区域特色的城市可持续发展模式。

从以上特点可以看出,生态节水型城市是在城市可持续发展基础上,从生态城市的层面上提出的涉及水资源合理利用的城市发展模式。当然,城市地理位置不同,展现出的自然环境特征、经济区位特点、社会文化特色等也不尽相同,使各地的生态节水型城市建设有着各自的特点。西北干旱半干旱地区水资源短缺是产生各种生态环境问题和制约经济社会持续发展的一个关键因素。因此,无论从必要性还是可行性角度看,生态节水型城市都是该地区城市发展模式的最佳选择。

(二)城乡结合型生态城市

城乡生态环境是密切相关的,城市与其周围乡村地区之间不断进行着物质、能量和信息的交换。城乡是一个复合生态系统,国外许多生态城市的建设已打破行政区界限,制定城乡社会经济生态一体化规划,以便疏通物流渠道,实现城乡生态环境的良性循环,这对城市经济发展、城市形态发展和生态环境质量提高有着重大影响。新加坡就是典型城乡结合思想建设的生态城市,在城郊建设原始公园,将农田和森林以及其他一些景观融入田园城市的建设中,达到城市的人工环境和乡村的自然环境相融合。生态城市概念中的城市不仅指城市化地区,还包括城市周边的乡村,这就要求城市规划必须与城市化发展同步,反映出城市与其周围地域之间动态的统一性。目前在西北干旱半干旱地区经济社会发展中不仅面临着生态环境问题,还面临着推进城市化的艰巨任务,同时"三农问题"突出严重制约着农村地区的发展。因此,西北干旱半干旱地区在生态城市建设中,必须由单纯的城市发展思路向城乡一体化发展思路转变,通过产业结构调整,发展小城镇,带动农村经济和社会发展,增加农民收入,逐步缩小城乡差距,实现城乡平等协调发展。

(三)循环经济型生态城市

循环经济作为一种科学的发展观,一种全新的经济发展模式,本质上就是一种生态经济。把循环经济理念应用于生态城市建设,就形成了一种全新的城市建设模式——循环经济型生态城市。这种生态城市是空间布局合理,基础设施完善,环境整洁优美,生活安全舒适,物质能量高效利用,资源永续利用,经济发展、社会进步、生态保护保持高度和谐,人与自然互惠共生的最适宜创业发展和生活居住的地方。以循环经济模式来建设生态城市,这是一个全新的理念。贵阳市是国家环保总局确定的我国首个循环经济型生态城市的试点城市。

作为一种先进的新的经济形态,循环经济把清洁卫生、资源综合利用、生态设计等融为一体,运用生态学规律,促进经济增长、环境保护和社会进步的协调发展。循环经济型生态城市建设的主要内容:一是实现全面建设小康社会,在保持经济持续快速增长的同时,不断改善人民的生活水平,并保持美好生态环境的目标。二是转变生产和消费模式,逐步将以传统粗放式资源型城市发展模式过渡到可持续循环经济型发展模式。在经济总量达到一定规模后,逐步实现经济发展与资源消耗的脱离,与此同时营造一个绿色消费的环境,制定合理的绿色消费政策和规章制度,培育环境友好的商品与循环经济服务体系,激发和引导消费环节的变革。三是构建循环经济产业体系(涉及三大产业)、城市基础设施建设(重点为水资源和固体废弃物循环利用系统)、生态保障体系的建设(包括绿色建筑人居环境和生态保护体系)3 个核心系统。

在经济欠发达的地区建设循环经济型生态城市,西北干旱半干旱地区面临着经济基础薄弱和生态环境脆弱的两大难题。由于城市化和工业化是该地区不可逾越的发展进程,其经济发展必然要经历一个在资源优势的扩展中寻求知识经济和高新产业发展的过程。因此在未来的一段时间里,西北干旱半干旱地区的发展应通过延长传统产业链,将资源优势转化为竞争优势,同时应积极培育循环经济新型服务产业和信息等高新技术经济产业。结合该地区实际和生态城市建设的要求,以效益为中心,以项目为载体,以改革为突破,以科技为动力,把循环经济产业体系构建和生态城市建设结合起来,形成一套系统的科学发展规划,为该地区全面建设小康社会提供新的动力。

(四)自然型生态城市

自然型生态城市的建设以当地的自然资源为依托,尤其与当地的气候条件有很大关系。昆明提出要建立"山水城市",广州提出要建立"山水型生态城市"等,这与它们具有多种气候带特征、植物物种丰富的自然条件有很大关系,吉林省长春市提出建立森林城市也与其自然环境有很大关系。这种生态城市的建设模式以人类居住环境的优化为前提,一般在中等经济发展的城市较为常见。

西北干旱半干旱地区的生态城市建设必须因地制宜,依托自身特有的资源,既要实现人与自然的和谐发展,又要形成自己的城市特色。以张掖市为例,作为一座坐落在湿地上的城市,保存良好的湿地生态资源使其形成了独特可观的生态资本。张掖市以湿地保护开发引领城市建设,积极申报黑河流域国家湿地自然保护区、国家湿地公园和国家城市湿地公园,提升城市品位,为吸引项目投资、聚集生产要素、配置资源搭建平台,充分彰显其湿地之城、戈壁绿洲、生态家园的魅力个性,最终达到人与自然和谐相处,城市建设与生态建设谐调发展的要求。

综上所述,虽然生态城市的模式不尽相同,但其最终目标都是实现自然—社会—经济复合生态系统的和谐,只是在实现过程中的侧重点不同。

参考文献

[1] 鞠美庭,王勇,孟伟庆,等.生态城市建设的理论与实践[M].北京:化学工业出版社,2008:13-14.

[2] 张鑫,蔡焕杰.西北生态环境建设的水问题[J].西北林学院学报,2003,18(1):42-45.

[3] 段巧甫,郭延辅.从西北五省区水土保持经验看西部生态环境建设[J].中国水土保持,2002(l):5-7.

[4] 钱正英.西北干旱半干旱地区水资源配置生态环境建设和可持续发展战略研究综合卷[M].北京:科学出版社,2004.

[5] 文琦,刘彦随,延军平.生态节水型城市指标体系研究[J].干旱区资源与环境,2007(10):34-38.

中　篇

理论探讨
——干旱区生态城市建设理论

作为起源，实践先于理论；一旦把实践提高到理论的水平，理论就领先于实践。

——费尔巴哈

人法地，地法天，天法道，道法自然。

——老子

人类对自然生态的道德期望必须与其对自然生态的道德责任相联系，人类与自然生态之间必须建立一种等价交换机制，以此限制、消除人类对自然生态不负责任的邪恶行为和自利欲望的膨胀，匡正天人之间的严重不和谐关系。

——张立文

唯有了解，我们才会关心；
唯有关心，我们才会采取行动；
唯有行动，生命才会有希望。

——珍·古道尔

第四章
生态城市理论综述

城市是非农人口和非农经济产业的集聚区,是人类群居生活的高级形式,它的产生和发展是人类生产力发展和工商产业集聚发展的必然结果。特别是第一次产业革命以后,伴随着工业化和工业文明的快速推进,人类社会城市化的进程大大加快,城市建设更是取得了前所未有的发展,以至于我们现在所处的世界将成为一个城市的世界,面临的未来将成为城市的未来。但是城市化的快速发展也激化了人口、资源、环境之间的尖锐矛盾,城市人口激增和生产活动的过度膨胀所导致的资源锐减、绿地减少、交通拥挤、环境破坏、生态失衡等危机已经到了极其严重的程度。人类不得不重新审视和评判过去曾经遵循、现在还依然影响着我们的城市发展观念和价值系统,不得不重新定位自身生存、发展和自然界之间的关系,不得不面对城市化和城市建设如何与资源、生态环境协调发展的困境。为此,生态城市的概念、建设生态城市的理念以及相关理论研究和实践逐渐浮出水面,并且随着生态环境危机的日益严重呈现出蓬勃兴起的态势。

一、国外生态城市理论综述

尽管"生态城市"这一概念是在20世纪70年代才明确提出并且逐步发展、完善的,但是国外对城市生态环境问题的思考与论述却在很早就出现了。大致地讲,国外生态城市理论的形成和发展主要经历了3个时期[1]。第一个时期,即20世纪以前的"生态城市"思想的萌芽阶段,此时主要表现为人类在城市建设中追求一种人与自然相和谐的朴素的生态学思想;第二个时期,即20世纪初到20世纪80年代的"生态城市"思想成形阶段,此时的主要表现为城市生态学的产生、形成和大发展,也就是将生态学的思想、理论运用到城市建设和发展方面,研究城市化和生态环境之间的相互关系;第三个时期,即20 世纪 80 年代以来生态城市研究的蓬勃发展阶段，此时主要表现为随着生态环境危机的日益加剧和人类对生态环境保护与建设的日益重视,“生态城市”的概念被明确提出和发展,以及生态城市建设相关理论研究的迅猛发展。

(一)生态城市思想的萌芽——“田园城市”理论的提出

人类在城市化的进程中,对于生态环境问题的关注可谓由来已久。早在古希腊和古埃及时期,城市的建设就主张从城市的生态环境因素来考虑其选址、形态和布局。到了16 世纪欧洲文艺复兴时期,人文主义的先驱英国人托马斯·摩尔设想的理想城市“乌托邦”、17 世纪初意大利思想家康柏内拉提出的“太阳城”模式等都反映出建设者追求人与自然和谐的朴素的生态学思想，对现代城市生态和城市规划思想起到了重要的启蒙作用。

18 世纪前后,工业革命引发的城市化使得城市建设史无前例的高涨,城市开发陷入盲目追求最大经济利益的误区。人类创造的工业文明,彻底改变了人与自然的关系,人与自然的关系不再和谐,而逐渐变得对立、冲突。城市改造着自然环境,并且无限制地向郊区蔓延,侵占耕地良田、挤占郊区森林、填埋河流、围海造田、穿山凿洞、裁弯取直,城市问题变得日益尖锐与复杂。城市规模越来越大,城市布局混乱,建筑质量低劣,贫民窟蔓延,卫生条件恶化,疾病、瘟疫流行。正如刘易斯·芒福德所言:“在 1820—1900 年,大城市里的破坏与混乱情况简直和战场上一样。”[2]

基于这样的现实,人们开始关注城市发展中生态环境的重要性,对于生态环境与人的和谐发展有了更深的认识,对于建立一个理想的生存环境有了更多的憧憬。

1858 年美国景观之父奥姆斯特德(F.L.Olmsted)和沃克斯(Calvert Vaux)在曼哈顿的核心地区设计了长 2 英里,宽 0.5 英里的城市公园,继而在全美掀起了城市公园运动(The City Park Movement)。从 1860 年开始,以奥姆斯特德为代表的一批景观设计师在美国各城市从生态的高度实施将自然引入城市的设计。1881 年,奥姆斯特德进行波士顿公园系统设计,以河流、泥滩、荒草地所限定的自然空间为依据,在城市滨河地带形成2 000 hm^2 的绿色空间,以线性空间连接城市公园,意在重构城市自然景观系统。他在《公园与城市扩建》一文中认为,城市要有足够的呼吸空间,要不断更新和为全体居民服务,并且归纳出城市绿地系统规划的主要原则:以城市自然脉络为依托,使城市公园实现有机的联系。

1898 年英国人霍华德提出了能够展示城市与自然平衡的生态魅力[3]的“田园城市”理论,该理论被看做是现代生态城市思想的起源。霍华德笔下的田园城市把城市生活的优点与乡村的美好环境和谐地结合在一起。他认为,田园城市是为了安排健康的生活和工业生产而设计的城市,其规模要有可能满足各种社会生活,但不能太大;四周要有永久性农业地带围绕；土地归公众所有或托人为社区代管；有完善的社会设施和基础设施,生活质量高;人工环境与自然环境相融合,环境质量高。

(二)生态城市思想的成形——城市生态学的形成和生态城市概念的提出

当人类社会发展的车轮进入20世纪以后,大规模工业化和工业文明的兴起所推动的城市化进程不但没有放缓,反而更加急速地发展。城市化在为人类带来许多益处的同时,也产生了一系列严重的生态环境问题。这些问题主要表现在3个方面:一是城市的气候变化(如"热岛效应")和环境污染,包括水、空气、噪声和固体废弃物污染等;二是自然资源的耗竭与短缺,特别是淡水、化石燃料、耕地的过度利用和生物多样性的减少;三是城市人口的增加导致大量的社会问题,如住房紧张、交通拥挤、绿地减少、教育与卫生滞后等。因此,早期的工业化国家越来越重视城市发展中的生态建设问题,而近代城市的发展也开始摆脱过去传统的以建筑和视觉为中心的发展模式,试图探索一条人与自然协调发展的道路,一种全新的城市模式——生态城市建设应运而生。新的城市对生态学提出了新的要求,而生态学也正是在这样的条件下取得了新的发展,从而形成了一门新的分支学科——城市生态学。

1.城市生态学的形成时期

面对城市化所产生的一系列严重的生态环境问题,20世纪初,国外一批科学家将生态学思想运用于城市建设和发展中,以人类生产和生活的聚居地——城市为对象,开始关注并且研究城市人类生产和生活与周边生态环境系统的相互作用。

法国建筑师柯布西耶就提出了"架空城市"构想(1915年)和"光辉城市"模型(1930年),主张对大城市实施"外科手术"式的干预,运用先进的工程技术来减少城市建筑用地,集中人口,将阳光、空间和绿地等"基本欢乐"引入城市,使城市同时拥有充满阳光和空气的公园,林阴路和公共广场这样的自由空间。按他自己的说法,这就是一场将"乡村推进城市的战斗"。

人类与城市生态学奠基人、芝加哥人类生态学派的创始人帕克在《城市:环境中人类行为研究的几点建议》中认为:城市人类在竞争与合作中所组成的各类群体相当于动植物群落,因此,支配自然生物群落的某些规律也可以应用于城市人类社会。1936年,帕克又运用生命网络、自然平衡等生态学理论研究了人与环境的关系,并把其提到"居于地理学思想的核心地位"。帕克的思想和理论经过Burgess(1925年)、Mckenzie(1929年)、Cressey(1938年)、H.Hoyt(1939年)等的补充与完善,形成了一套城市与人类生态学研究的思想体系。

1943年,沙里宁在《城市:它的发展、衰败和未来》一书中指出:城市结构要符合人类聚居的天性,便于人们过共同的社会生活,又不脱离自然,使人们居住在兼具城乡优点的环境中。建议用分散而有联系的有机体来取代城市集中布局,用绿带网络分隔并连接城镇,疏散工业,开辟绿地,以有序的分散取代无序的集中。

1945年芝加哥人类生态学派以城市为研究对象,研究城市的集聚、分散、入侵、分隔及演替过程与城市的竞争、共生现象、空间分布、社会结构和调控机理,将城市视为一个有机体,一个复杂的人类社会关系。该学派还认为城市是人与自然、人与人相互作用的产物,并倡导创建城市生态学。同年,该学派创建了城市生态学[4]。

1952年帕克出版的《城市和人类生态学》一书和Hawley在20世纪50年代发表的论文《人类生态学:社区结构理论》等都为城市生态学的发展奠定了坚实的理论基础,标志着城市生态学的初步形成。总体上讲城市生态学是以生态学理论为基础,应用生态学、工程学的方法以及多学科的综合与融会,研究以人为核心的城市生态系统的结构、功能、动态,以及系统组成成分间和系统与周围生态系统间相互作用的规律,并利用这些规律优化系统结构,调节系统关系,提高物质转化和能量利用效率以及改善环境质量,实现结构合理、功能高效和关系协调的一门综合性学科。

2.城市生态学的蓬勃发展时期

从20世纪60年代开始,城市生态学进入蓬勃发展时期,它的发展可以透过一系列的重要事件来追述。

1962年美国学者R.卡森的《寂静的春天》、1972年罗马俱乐部的《增长的极限》揭示了城市生态环境遭受破坏的情况,引起了广泛关注。

1971年,麦克哈格(Lan L. McHarg)在《设计结合自然》(*Design with Nature*)一书中,从自然、历史、人文的角度探讨了环境问题,描述了自然过程如何引导城市土地开发。

1972年6月5日至l6日在斯德哥尔摩召开了联合国人类环境会议。会议发表了人类环境宣言,明确提出"人类的定居和城市化工作必须加以规划,以避免对环境的不良影响,并为大家取得社会、经济和环境三方面的最大利益"[5]。此外会议发出了"只有一个地球"的警告,对全球环境的继续恶化和地球生命支持系统的严重退化给予深切关注,第一次将环境问题提上了议事日程。

1973年日本的中野尊正等编著的《城市生态学》一书,系统阐述了城市化对自然环境的影响以及城市绿化、城市环境污染及防治等。

1975年国际生态学会主办的《城市生态学》季刊创刊。同年,理查德·雷吉斯特和他的几个朋友成立了城市生态组织,该组织在伯克利参与了一系列生态建设活动,并产生了国际性影响[6]。

1977年B.J.L.Berry发表的《当代城市生态学》,系统阐述了城市生态学的起源、发展与理论基础,应用多变量统计分析研究城市化过程中的城市人口空间结构、动态变化及其形成机制,奠定了城市因子生态学的研究基础。

1978年,西蒙兹在《大地景观》(*Earthscape*)中全面阐述了生态要素分析方法,环境保护、生活环境质量提高,乃至于生态美学(co-aesthetic)的内涵,从而把城市生态景观研究推向了"研究人类居住空间与视觉总体的高度"[7]。

在这一时期,还有一件事情可以说是"生态城市"理论发展过程中具有里程碑式的意义，即1971年在联合国教科文组织的领导下开展了一项国际性的研究计划——“人与生物圈计划”。在这一计划中首次明确提出了“生态城市”的概念，并明确指出要从生态学的角度用综合生态方法来研究城市问题和城市生态系统，在世界范围内推动了生态学理论的广泛应用与生态城市、生态社区、生态村落的规划建设与研究。

由此，生态城市逐步走入人们的视线，并且为今后相关研究的蓬勃发展埋下了一个巨大的伏笔。可以说，生态城市概念的产生及发展对人类已有的发展观来说，是一次新鲜血液的注入，同时也是一种视野的开阔，使人们认识到，单纯地在自然界中索取是不可能做到永续发展的。

(三)生态城市理论研究的蓬勃发展

生态城市的概念提出以后，进入到20世纪80年代，关于生态城市的理论研究开始蓬勃发展。国外众多学者，对生态城市的内涵、特征，建设生态城市的原则、规划思路等问题展开了大量的研究。

1.对生态城市内涵认识的发展

生态城市概念一经提出，就在国际上引起了广泛的关注，但是至今没有一个能够被普遍接受和认可的明确定义。国外很多学者和组织都提出了各自对生态城市的界定，比较有代表性的有以下几种。

前苏联生态学家亚尼科斯基(O.Yanitsky)(1984年)认为，生态城市是一种理想城市模式，其中技术与自然充分融合，人的创造力和生产力得到最大限度的保护，物质、能量、信息高速利用，生态良性循环[8]。显然，这一定义对马克思主义经济学中人与自然的关系进行了更加完整的解释，同时，更加强调了环境与人类健康发展的问题。

美国生态学家R.雷基斯特(1987年)认为：生态城市追求人类和自然的健康与活力，即生态健全的城市，是紧凑、充满活力、节能并与自然和谐共存的聚居地[9]。另一美国学者罗斯兰德门(Roceland)(1997年)认为：生态城市概念的含义包括了可持续城市发展、健康社区、社区经济开发、优良技术、生物区域主义、土著人世界观、社会生态等方面的内容[6]。由于美国的生产力更加发达，以上两种观点对生态城市的关注重心放在了环境与生活的层面，比较典型地反映了发达国家对于更高生活质量的追求。

澳大利亚的唐顿(1992年)认为：生态城市就是人类内部、人类与自然之间实现生态上平衡的城市。它包括了道德伦理和人们对城市进行生态修复的一系列计划，远远超出了“可持续性”这个概念[10]。这一观点已经超出了生产力的范畴，完全上升到了一个更高的层次，这种观点可以认为是建设生态城市的最高目标和指导原则。

纵观以上各种看法，尽管具体的表述有一些差异，但是在本质上都认为生态城市是城市可持续发展的高级模式，即生态城市是以当地资源环境条件为基础，以当地经济发展水平为条件，运用城市生态学原理，在可持续发展理论、城市生态规划理论和耗散结构理论指导下城市建设有序发展的高级阶段。

2.生态城市的建设与规划原则

1984年的“人与生物圈计划”研究报告中，提出了生态城市规划的5项原则[1]：生态保护战略（包括自然保护，动、植物区系及资源保护和污染防治）；生态基础设施（自然景观和腹地对城市的持久支持能力）；居民的生活标准；文化历史的保护；将自然融入城市。这5项原则从整体上概括了生态城市规划的主要内容，也成为后来生态城市理论发展的基础。

1984年，雷吉斯特提出了建立生态城市的4项原则：以相对较小的城市规模建立高质量的城市、就近出行、小规模地集中化、物种多样性有益于健康。1987年，雷吉斯特出版了《生态城市伯克利：为一个健康的未来建设城市》（*Eco-city Berkeley Building cities for a Healthy Future*）。在该书中，他论述了伯克利生态城市建设的设想，提出了创建生态城市的原理：生命、美丽、公平是生态城市的准则；在城市建设中充分运用生物学原则；生态城市应该是三维的，而非平面的；对邻里建设采取一系列措施；建设生态上良好协调的高楼区和相对较高密度的地区；就近出行，没有机动车交通；在新建市镇贯彻生态城市的原则；相关法律体系的修改。1993年雷吉斯特提出了12条“生态城市设计原则”：恢复退化的土地、与当地生态条件相适应、平衡发展、制止城市蔓延、优化能源、发展经济、提供健康和安全、鼓励共享、促进社会公平、尊重历史、丰富文化景观、恢复生物圈。1996年，雷吉斯特领导的“城市生态”组织提出了更加完善的建立生态城市的十大原则：(1)修改土地利用开发的优先权，优先开发紧凑的、多样性的、绿色的、安全的、令人愉快的和有活力的混合土地利用社区，而且这些社区靠近公交车站等交通设施；(2)修改交通建设的优先权，把步行、自行车、马车和公共交通出行方式置于比小汽车方式优先的位置，强调“就近出行”；(3)修复被损坏的城市自然环境，尤其是河流、海滨、山脊线和湿地；(4)建设体面的、低价的、安全的、方便的、适于多民族的、经济实惠的混合居住区；(5)培育社会公正性，改善妇女、有色民族和残疾人的生活和社会状况；(6)支持地方农业，支持城市绿化项目，并实现社区的花园化；(7)提倡回收，采用新型优良技术和资源保护技术，同时减少污染物和危险品的排放；(8)同商业界共同支持具有良好生态效益的经济活动，同时抑制污染、废弃物排放和危险有毒材料的生产和使用；(9)提倡自觉的简单化生活方式，反对过多消费资源和商品；(10)通过提高公众生态可持续发展意识的宣传活动和教育项目，提高公众的局部环境和生物区域意识。2002年，雷吉斯特在《生态城市：建设与自然平衡的人居环境》（*Ecocities:Building Cities in Balance with Nature*）中综述了生态城市建设的方方面面，介绍了世界各个角落生态城市建设的各种最好的理念、模式以及设计和建设的具体案例，提出了城市、城镇及乡村建设的全新方法，并为我们勾画出一幅生态城市的美好蓝图，尤其是永恒的生态城市建设原理。书中提出了向生态城市转型所需要的一些策略：强化自然基础设施建设，城市有机疏散建设的策略,建设城市心脏的策略,建设一种可接受的文化策略和充分发挥艺术与想象的策略。

美国学者霍纳蔡夫斯基(Honachefsky)1999 年提出了城市规划设计的“生态导向”原则,认为美国城市的无序蔓延及其对生态环境的破坏等问题的出现,是因为将土地的潜在经济价值置于生态过程之前所致。因此,应将区域生态价值和服务功能与土地开发利用政策相结合,不仅要强调生态保护,更要利用生态来引导区域的开发。

约瑟夫·史密斯(Joseph Smyth)在指导美国南加州文图拉县(Ventura County,Southern California)拟定持续发展计划时提出了“为持续发展服务的生态学规划八原理”(Eight Ecological Planning Principlesfor Sustainable Development):(1)自然环境的保护和恢复;(2)建立作为经济活力基础的实价体系(True-Cost Pricing);(3)支持地方农业和地方工商企事业(Local Business);(4)发展簇状、多用途的步行生态社区(Clustered, Mixed-Use, Pedestrian-oriented Ecological Communities);(5)利用先进的交通、通讯和生产系统;(6)最大化保护和发展可再生资源(Renewable Resources);(7)建立循环计划和循环材料工业(Recycledmaterials Industries);(8)支持参与管理的普及教育计划(SuppurtBroadbased Education for Participatory Governance)。

William Mcdonough 在德国“汉诺威 2000 世界博览会”上提出了生态城市设计的 9 项原则:(1)坚持人与自然的权利在健康的、支持的、形式不同的和可持续的条件下共存;(2)认识互相依存,即人类设计因素与自然世界互相作用,并依赖自然世界;(3)尊重精神与物质的关系,在物质和精神意识之间,根据目前的实际与未来发展的联系,考虑人类安居的所有方面,包括社区、居住、产业和贸易;(4)根据人类福利、自然体系的活力和两者的共存权利做出设计的决定,并对其结果负责;(5)创造具有长期使用价值的东西,不要因粗糙制作的产品、程序和标准给后代留下负担,诸如要求为潜在的危险提供维护或预警管理;(6)消除浪费的观念,对产品与生产过程的生存周期进行评估并最优化,使其接近自然体系的状态,消灭浪费;(7)依靠自然能源的流动,人类的设计应该如同自然的世界从永恒的太阳能量中获取他们的创造性力量,有效并安全地整合这个能源,并对其负责地加以利用;(8)理解设计的局限性,人类的创造都不是永恒的,设计不能解决所有的问题,创造和规划者应该在自然面前保持谦卑;(9)鼓励同事、赞助人、厂商和用户间分享知识以追求不断的提高。

澳大利亚的 Paul Downton 和 Cherie Hoyle 等提出了 12 项“生态圈设计原则”:(1)恢复退化的土地,即在人类住区发展过程中,充分重视土地的生态健康性和潜力;(2)适应生物区,即尊重、重视并适应生物区的有关参量(生态因素),开发模式要与景观、土地固有形式及其极限相适应;(3)平衡发展,即平衡开发强度与土地生态承载力的关系,并保护所有现存的生态特征;(4)阻止城市蔓延,即永久固定自然绿带范围,相对提高人类住区的密度开发或在生态极限允许的开发密度下开发;(5)优化能源效用,即实现低水平能量消耗,使用可更新能源、地方能源产品和资源再利用技术;(6)利用经济,即支持并促进适当的经济活动;(7)提供健康和安全,即生态环境可承受的条件下,使用适当的材料和空间形式，为居民创造安全和健康的居住、工作和游憩的空间；(8)鼓励社区建设，即创造广泛、多样的社会及社区活动；(9)促进社会平等，即经济和管理结构体现社会平等原则；(10)尊重历史，即最大限度保留有意义的历史遗产和人工设施；(11)丰富文化景观，即保持并促进文化多样性，并将生态意识贯穿到人类住区发展、建设、维护等方面；(12)治理生物圈，即通过对大气、水、土壤、能源、生物量、食物、生物多样性、生境、生态廊道等方面的修复、补充、提高来改善生物圈，减小城市的生态影响。

3.国际生态城市会议

国际生态城市会议是由雷吉斯特创办的，1990 年在美国伯克利举行了第一届会议，并决定以后国际生态城市会议每两年举行一次。会议吸引了世界五大洲相关领域的大批专家学者，现在已经成为国际生态城市运动的重要组成部分。

在第一届国际生态城市会议上，与会的 12 个国家的代表相互交流了生态城市建设的理论和实践，包括伯克利生态城计划、旧金山绿色城计划、丹麦生态村计划等，内容涉及城市、社会、经济和自然系统的各个方面，并草拟了今后生态城市建设的 10 条计划。包括：(1)修改土地利用开发的优先权，优先开发紧凑的、多种多样的、绿色的、安全的、令人愉快的和有活力的混合土地利用社区，而且这些社区靠近公交车站和交通设施；(2)修改交通建设的优先权，把步行、自行车、马车和公共交通出行方式置于比小汽车方式优先的位置，强调“就近出行(Access by Proximity)”；(3)修复被损坏的城市自然环境，尤其是河流、海滨、山脊线和湿地；(4)建设体面的、低价的、安全的、方便的、适于多民族的、经济实惠的混合居住区；(5)培育社会公正性，改善妇女、有色民族和残疾人的生活和社会状况；(6)支持地方农业，支持城市绿化项目，并实现社区的花园化；(7)提倡回收，采用新型优良技术(Appropriate Technology)和资源保护技术，同时减少污染物和危险品的排放；(8)同商业界共同支持具有良好生态效益的经济活动，同时抑制污染、废物排放和危险有毒材料的生产和使用；(9)提倡自觉的简单化生活方式，反对过多消费资源和商品；(10)通过提高公众生态可持续发展意识的宣传活动和教育项目，提高公众的局部环境和生物区域(Bioregion)意识。

1992 年第二届国际生态城市会议在澳大利亚的阿德雷德举行。大会就生态城市设计原理、方法、技术和政策进行了深入的探讨，并提供了大量的研究实例[12]。澳大利亚建筑师唐顿认为：城市生态不仅研究城市与自然系统的相互关系，城市生态研究同样关注城市内部人与人之间关系，以及城市与农村社区之间的关联。唐顿把生态城市的作用提高到决定人类命运的高度，认为生态城市能够拯救当今世界。

第二届和第三届国际生态城市塞内加尔会议(1996 年)都通过了国际生态城市重建计划，提出了指导各国建设生态城市的具体行动计划。该计划的主要内容包括：重构城市，改造传统的村庄、小城镇和农村地区；修复自然环境和具有生产能力的生产系统；根据能源保护和回收垃圾的要求来设计城市；建立步行、自行车和公共交通为导向的交通体系,停止对小汽车交通的各种补贴政策;为生态重建努力提供强大的经济鼓励措施;为生态开发建立各种层次的政府管理机构——城市、州和国家层次[13]。

第四届生态城市国际会议于2000年在巴西的库里蒂巴举行。会议进一步交流了生态城市规划建设研究的实例。在会上,巴西的库里蒂巴市被公认为是世界上最接近生态城市的成功范例。其生态城市的建设主要通过追求高度系统化的、渐进的和深思熟虑的城市规划设计,实现土地利用和公共交通的一体化[14]。

第五届国际生态城市会议于2002年8月在深圳召开,大会通过并发布了《生态城市建设的深圳宣言》。其主要内容是提出21世纪城市发展的目标、生态城市的建设原则、评价与管理方法,这可以说是提出了生态城市建设的一项标准。宣言呼吁为推动城市生态建设必须采取以下行动:(1)通过合理的生态手段,为城市人口,特别是贫困人口提供安全的人居环境、安全的水源和有效的土地使用权,以改善居民生活质量和保障人体健康;(2)城市规划以人而不是以车为本,扭转城市土地"摊大饼"式蔓延的趋势,通过区域城乡生态规划等各种有效措施使耕地流失最小化;(3)确定生态敏感地区和区域生命支持系统的承载能力,并明确应开展生态恢复的自然和农业地区;(4)在城市设计中大力倡导节能,使用可更新能源,提高资源利用效率,以及物质的循环再生利用;(5)将城市建成以安全步行和非机动交通为主的,并具有高效、便捷和低成本的公共交通体系的生态城市,中止对汽车的补贴,增加对汽车燃料使用和私人汽车的税收,将收入用于生态城市建设项目和公共交通;(6)为企业的生态城市建设和旧城的生态改造项目提供强有力的经济激励手段,向违背生态城市原则的活动,如排放温室气体和其他污染物的行为征税,制定和强化有关优惠政策,以鼓励对生态城市建设的投资;(7)为优化环境和生态恢复制定切实可行的教育和再培训计划,加强生态城市的能力建设,开发生态适用型的地方性技术,鼓励社区群众积极参与生态城市设计、管理和生态恢复工作,增强生态意识,扶持社区生态城市建设的示范项目;(8)在国家、省、市各级政府中设置生态城市建设和管理的专门机构,制定和实施生态城市建设的相关政策。该机构负责政府各部门间(如交通、能源、水利和土地管理部门等)管理职能的协调和监控,推动相关项目和计划的实施;倡导和推进城市间和社区间的合作,加强生态城市建设领域正反两方面经验的交流以及资源的相互支持,促进在发展中国家以及发达国家开展生态城市建设的实践和示范活动。

前五届国际生态城市会议的举办,极大地促进了生态城市理念的普及、传播以及理论研究地深入开展,进一步推动了生态城市在全世界范围内的建设实践,而且使人类认识到"人类赖以生存的社会、经济、自然是一个复合大系统的整体,必须当成一个复合生态系统来考虑",从单纯的自然环境生态取向逐渐发展为更全面的广义生态观,包括社会生态、经济生态、文化生态、自然生态等平衡和协调发展。人类聚居已走向生态自觉阶段。

二、国内生态城市理论综述

我国古代很早就产生了顺乎自然、因地制宜的城市建设理念,反映出朴素的城市生态学思想。《管子·乘马篇》所讲的"凡立国都,非于大山之下,必于广川之上,高毋近旱,而水用足,下毋近水,而沟防省。"就是这种思想的典型体现。

对于城市生态系统或现代生态城市的研究,我国则起步较晚,但是发展却很迅速。1971 年我国加入了联合国教科文组织的"人与生物圈计划"。1978 年,城市生态环境问题研究正式列入我国科技长远发展计划, 许多学科开始从不同领域研究城市生态环境问题。1984 年我国著名生态学家马世骏和王如松结合中国实际情况,提出了社会—经济—自然复合生态系统理论,明确指出城市是典型的社会—经济—自然复合生态系统。1988 年王如松进一步提出城市生态系统的自然、社会、经济结构与生产、生活还原功能的结构体系,用生态系统优化原理、控制论方法和泛目标规划方法研究城市生态。从自然生态系统到城市复合生态系统的提出,标志着城市生态学理论的新突破,为城市生态环境问题研究奠定了理论和方法基础。1987 年 10 月在北京召开了"城市及城郊生态研究及其在城市规划、发展中的应用"国际学术讨论会,1988 年我国唯一的城市生态与环境的专业刊物《城市环境与城市生态》创刊,标志着我国城市生态学的研究已进入蓬勃发展时期。

20 世界 90 年代后,生态城市作为人类理想的聚居形式和人类为之奋斗的目标,迅速成为我国当代生态城市研究的新热点,国内许多学者对此进行了大量的研究。这些研究主要围绕着 4 个方面展开:一是对生态城市概念和内涵的探究,二是对生态城市评价指标体系和方法的研究,三是对生态城市建设和规划原理的研究,四是对生态城市建设路径的研究。

(一)生态城市概念和内涵

黄光宇[15]认为,生态城市是根据生态学原理,综合研究城市生态系统中人与"住所"的关系,并应用社会工程、生态工程、环境工程、系统工程等现代科学与技术手段协调现代城市经济系统与生物的关系, 保护与合理利用一切自然资源与能源的再生和综合利用水平,提高人类对城市生态系统的自我调节、修复、维护和发展能力,使人、自然、环境融为一体,互惠共生。

沈清基[16]从城市生态学角度指出,城市是由社会、经济和自然 3 个子系统构成的复合生态系统。一个符合生态规律的生态城市的复合生态系统应该是结构合理、功能高效、关系协调、达到动态平衡状态的城市生态系统。结构合理是指适度的人口密度、良好的环境质量、充足的绿地系统、完善的基础设施、有效的自然保护。功能高效是指资源的优化配置、物力的经济投入、物流的畅通有序、信息的快速便捷。关系协调是指人和自然协调、社会关系协调、资源利用和资源更新协调、环境胁迫和环境承载力协调。所以,生态城市强调社会、经济、自然协调发展和整体生态化,即实现人和自然和谐发展,生态良性循环的城市。

任倩岚[17]指出,生态城市是现代城市建设的高级阶段,是人类理想的生存环境,一般来讲,具备社会生态化、经济生态化、自然生态化等特点。

冯端翊[10]认为,生态城市应包括8个方面的内涵:(1)确立可持续发展的城市发展目标和城市规划;(2)严格控制城市人口规模,提高人口素质;(3)大力推行清洁生产,发展环保产业,倡导清洁消费;(4)建立城市清洁交通体系;(5)搞好市区立体绿化;(6)发展生态农业,改善城区周边环境,缓解中心城市的生态压力;(7)控制区域城市密度,保护绿色城市间隔;(8)改进和完善城市发展考核办法及指标。

彭晓春和李明光[18]指出,生态城市是城市生态化发展的结果,简单地说它是社会和谐、经济高效、生态良性循环的人类住区形式。生态城市的内涵包括3个层次:其一,自然地理层,是城市人类活动的自发层次,是城市生态位的趋适、开拓、竞争和平衡过程,最后达到地尽其能,物尽其用;其二,社会功能层,重在调整城市的组织结构及功能,改善子系统之间的冲突关系,增加城市这个有机体的共生能力;其三,文化意识层,旨在增强人的生态意识,变外在控制为内在调节。

黄肇义和杨东援[3]认为,生态城市是全球区域生态系统中分享其公平承载能力份额的可持续子系统,它是基于生态学原理建立的自然和谐、社会公平和经济高效的复合系统,更是具有自身人文特色的自然与人工协调、人与人之间和谐的人居环境。

尽管上述观点不尽相同,但都强调了城市发展过程中社会、经济、自然复合系统的协调发展,城市发展与生态平衡相得益彰的问题。其中黄光宇、沈清基、任倩岚、彭晓光等是从生态学和城市生态学的观点来解释生态城市的内涵,而冯端翊等则从生态城市建设和规划目标的角度来揭示生态城市的内涵。前者注重城市生态系统的平衡与和谐,后者对规划生态城市这一未来社会的城市人居环境模式指明了方向。黄肇义、杨东援的观点综合了前人的诸多观点,既包含了生态学的观点、系统的观点,又体现了可持续发展的思想,提出不仅要求自然生态保持平衡,更要求自然与人工生态系统协调,人与人和谐的人居环境。总之,生态城市概念主要从生态学角度阐述了生态城市建设的特点、标准、目标和理想化状态。而且,随着时间的推移,这种阐述越来越综合化和全面化,越来越强调社会、经济、自然、区域、文化等多系统的融合与协调发展。

(二)生态城市评价指标体系与方法

生态城市内涵只是一个较为宽泛的概念,具体到衡量某一特定城市是否是生态城市以及确定生态城市建设的目标时,就必须构建衡量生态城市的指标体系。构建指标体系,一方面可帮助决策者和普通市民了解城市生态环境建设的总体情况,另一方面可监测生态环境建设各方面的动向,反映成绩与缺陷,便于找出存在的问题,以利于下一年度或未来某时段生态环境建设的开展以及国民经济和社会发展规划的制定。

宋永昌等[19]从城市生态系统的结构、功能和协调度三方面,根据因子的综合性、代表性、层次性、合理性以及现实性的原则建立了一个具有4个层次结构的生态城市评价指标体系,并以指标值加权求和的方法选取上海、广州、深圳、天津、香港5个沿海城市进行了城市生态化程度的分析。其中,最高级(0级)指标为生态综合指数,其下一级指标包括城市生态系统结构、功能和协调度;二级指标是在一级指标下选择若干因子所组成,包括人口结构、城市环境、城市绿化、基础设施、物质还原、资源配置、生产效率、社会保障、城市文明、可持续性10个因子;三级指标又是在二级指标下选择若干因子组成。由于城市生态系统的结构、功能和协调度都是由许多因子组成的,其中有些因子可以定量并且容易定量,而有些因子是难以定量或者说是难以取得定量数据。因此,对二级指标,特别是三级指标的确定只能根据上述原则加以选择。随着对城市生态系统研究的发展和日益深入以及统计资料的不断完备, 二级指标特别是三级指标都可以不断地修改和补充。

盛学良等[20]根据生态城市的基本内涵和统计原则,从社会进步指标、经济发展指标、科技与教育指标、资源支撑条件指标、生态环境指标、人口与生活指标6个方面提出了100多项有关指标,在形成上述第一轮评价指标后,采用专家咨询法①确定了第二轮评价指标体系,最后再根据城市统计工作的现状,并尽量考虑指标之间的相对独立性问题,筛选得出了44个指标来构成其相对完整的指标体系。这一指标体系比较全面地反映了城市的发展水平、发展效率、发展潜在力、发展压力态、发展协调度、发展开放度、发展调控度、发展均衡度等特征。在评价指标体系基础上,还运用计量方法确定了各指标因子的量化评价标准值。

顾传辉和陈桂珠[21]认为,生态城市评价指标体系的建立应满足3个要求:首先,根据城市可持续发展理论,指标体系的设计应以人类活动为主线,按照资源支持系统—环境支持系统—经济支持系统—社会支持系统的思路构筑系统指标体系设计的框架;其次,指标体系的设计应强调对发展水平、发展能力和协调性的评价和测度,这是城市可持续发展理论的本质和核心所决定的;再次,设计的指标应灵敏度高、综合功能强,既有持续性指标(动态指标)、协调性指标(动态或静态指标),又有监测预警指标。指标选择的原则应注意因子的综合性、代表性、层次性、合理性以及现实性。以此为原则,他们以广州市为例,采用目标层、准则层、指标层的结构模式,从人口、社会、经济和自然生态4个方面选择了31个指标,分析了生态城市建设标准,构建了生态城市发展的评价指标

① 通过征求相关方面研究的专家学者的意见,确定第二轮指标。即若半数以上专家赞成某项指标时,该指标作为保留指标。对于补充指标,再征求相关专家意见,同样若半数以上专家赞成增补的,作为保留指标,否则,就予以淘汰。

体系。

张坤民等[22]通过采用国际上比较有代表性的5种方法,即环境近似调整的国内生产净值(Approx Environmental-Adjusted Net Do-mestic Product,AEANDP)、真实储蓄率(Genuine Saving Rate,GSR); 生态足迹 (Eco—Footprint,EF)、真实发展指数(Genuine Progress Indicator,GPI)和可持续经济福利指数(Index of Sustainable EconomicWelfare,ISEW),从经济、社会政治和生态3个角度对案例城市的生态可持续发展进行了评估,并以此为基础,通过指标的筛选和比较,提出了一套基本适合城市情况的城市生态可持续发展综合评价指标体系——“城市生态可持续发展指标”(ESDI)。综合评价方法的主要步骤是:(1)收集和整理资源(R)、环境(A)、经济(E)、社会(S)和体制(I)5个子系统在分析时间段内的基本数据;(2)对各个子系统的指标数据进行标准化;(3)根据(2)的结果,运用主成分分析法确定每个子系统在各个年份的综合发展水平(L);(4)对各个子系统的L值采用均权综合。在得出该数值之后,对结果进行分析,对可持续发展水平进行评价。

展安和宗跃光[23],王思元和牛萌[24]认为,对于城市生态系统的指标体系可从生态学、城市学2个方面考虑,选取能够反映生态城市特点的指标,以便综合反映环境亚系统、社会亚系统、经济亚系统的运行状况。从城市学方面又可以分为经济、人口、社会等几个方面。从生态学角度提取的能反映生态城市特点的指标有城市中的饮用水质量、环境污染指数、噪声强度、全年的晴天天数、全年最高温度与最低温度等;生态方面的有生态滞竭系数(物质投入产出比、能量投入产出比、水循环利用率)、生态协调系数(土地利用比例、基础设施比例、产业结构比例、城乡关系比例、多样性指数等)、城市自我调控能力系数(生活吸引力、生产吸引力、依赖性指数、反馈灵敏度、生态意识)等。在进行具体的生态城市评价时,要根据城市的具体情况,运用主成分分析法或者其他比较适合的方法进行具体的指标筛选。

(三)生态城市建设规划的原则

当前在我国的大中城市或小城镇,建设生态城市和生态县的实践正蓬勃展开。伴随着实践的发展,国内也有学者对生态城市的建设和规划原则进行了研究。

王如松等[25]提出了建设“天城合一”的中国生态城市思想,并从城市生态系统运行的角度,结合中国“天人合一”的哲学思想,提出了生态城市建设所要满足的3个标准:(1)人类生态学的满意原则,包括满足人的生理需求和心理需求、满足现实需求和未来需求、满足人类自身进化的需要。(2)经济生态学的高效原则,包括资源的有效利用;最小人工维护原则;城市在很大程度上是自我维持的,外部投入能量最小;时空生态位的重叠作用;发挥城市物质环境的多重利用价值;社会、经济和环境效益的优化。(3)自然生态学的和谐原则,包括“风水”原则和共生原则;人与其他生物、人与自然的共生,邻里之间的共生;自净原则和持续原则;生态系统持续运行。他们还提出了生态城市建设所应依据的生态控制论原理：胜汰原理、拓适原理、生克原理、反馈原理、乘补原理、扩颈原理、循环原理、多样性及主导原理、生态设计原理和机巧原理等；认为城市生态调控的具体内容是调节城市生态关系的时、空、量、序4种表现形式，生态城市的衡量指标包括测度城市物质能量流畅程度的生态滞竭系数、测度城市合理组织程度的生态协调系数和测度城市自我调节能力的生态成熟度。此外，他们对生态城市的管理、规划方法也进行了全面的研究。

黄光宇和陈勇[26]从社会、经济和自然3个系统协调发展角度，提出了生态城市的创建标准，从总体规划、功能区规划、建筑空间环境设计3个层面探讨了生态城市的规划设计对策，提出了生态导向的整体规划设计方法。

梁鹤年[27]在《城市理想与理想城市》一文中提出：生态主义的城市理想原则是生态完整性和人与自然的生态连接，而中心思想则是"可持续发展"。理想城市的规划需要考虑城市的密度，如果城市形态是紧凑的，那么城市化需要围绕自然生态的完整性来进行；如果城市纹络是稀松的，城市化就可以按城市系统和自然系统各自的需要来进行规划。

胡俊[28]认为，生态城市观强调通过扩大自然生态容量(如增加城市开敞空间和提高绿地率等)、调整经济生态结构(如发展洁净生产、第三产业，对污染工业进行技术改造等)、控制社会生态规模(如确定城市人口合理规模、进行人口的合理分布等)和提高系统自组织性(如建立有效的环保及环卫设施体系等)等一系列规划手段，来促进城市经济、社会、环境协调发展。并认为，建立生态城市(决不能仅仅理解为增建绿地)是解决当今现代城市问题的根本途径之一。

翟丽英和刘建军[29]认为，生态城市规划要实现城市与自然环境的协调和配合，把握城市合理规模与环境质量的集聚度，重构再生循环利用的产业结构；利用自然地域空间的城市形态，加强园林绿地系统规划力度，积极推广"绿色运动"，建立市区与郊区复合生态系统等[13]。

刘洪涛[30]在总结国内外生态城市研究理论的基础上，结合我国国情，提出了生态城市规划的9条对策：城市现状资料的调查与分析、综合评定城市用地的适用性、城市主要产业的发展要推广清洁生产、以满足环境承载力要求为目标、城市布局形态、城市的工业发展与用地布局、城市绿地系统规划、城市基础设施规划、实行城乡生态一体化规划[14]。

毛锋等[31]指出，生态城市的建设规划应当做到5个方面：(1)通过设计和调整产业结构及与之相伴的技术结构，在促进经济发展和解决就业、贫富问题的同时引致资源或能源利用结构的改变来节约资源和解决环境问题；(2) 合理设计和调整土地利用结构，在促进三大产业、城乡基本建设顺利发展的同时加强植被建植，以保障土地资源综合效益的提高；(3)通过有序设计、调控生产力，在促进经济、人居规模效应的同时改善城乡环境质量，减少面源污染，以有效保护水源和生物多样性；(4)科学地设计生态景观结构,使人文和自然景观合理配置,以此来美化城乡环境,满足人们旅游观赏需求;(5)优化经营结构、管理结构、贫富差异结构、人口和人力资本培育结构以及投资结构等社会调控结构,促进经济高效、社会稳定发展。

(四)生态城市建设的途径

生态城市是人类追求的理想人居环境,但到目前为止,在世界范围内还没有建成一个真正意义上的生态城市。学者们在探究什么是生态城市的同时,也在思考如何建设一个生态城市。国内的许多学者在这一领域也进行了有益的探索。

展安[23]认为,关于生态城市建设的理论依据主要有三种:一是可持续发展理论,就是"既要满足当代人的需求,又不损害后代人满足其需求能力的发展",其内涵是人类要发展,发展要有限度,不能危及后代人的发展。可持续发展理论的核心是集约、合理利用自然资源,开发与节约并举,利用与保护同等,强调人与自然和谐、经济社会的协调发展及经济效益、社会效益和生态效益的统一。二是循环经济理论,它是对物质闭环流动型经济的简称,它以"减量化、再利用、再循环"原则为社会经济活动的行为准则,实现"低开采、高利用、低排放",最大限度地利用进入系统的物质和能量,提高资源利用率,最大限度地减少污染排放,提升经济运行的质量和效益。三是生态学理论,其中有关键种理论、食物链和食物网理论、生态位理论和生态系统多样性理论等。

金磊[32]认为,生态城市建设的思路应该是:以可持续发展的方针为指导,科学合理地制定和完善城市规划,并按照城市各个不同区域功能要求进行划分,制定相应的环境质量标准,建立城市清洁交通体系和建设高品质环境质量的生态居住区。

巴桑吉巴[33]指出,我国生态城市建设的措施及途径为:转变思想,提高环保和生态意识,建立生态城市环境保护新机制,建立以人为本的城市总体规划,加强城市间和区域间的合作。

展安和宗跃光[23]认为,生态城市的建设途径应该包括以下内容:生态城市的规划,其中包括分区规划、交通规划以及城市防灾体系规划;发展生态经济;建设生态社区。

刘伟[34]认为,在生态城市建设过程中应该根据城市生态现状,参照国际已有先例,配合社会经济的动态变化,制定和实施具有中国特色、时代特色和本城市特色的生态城市发展规划。具体可从以下几个方面着手开展:(1)加强宣传教育;(2)制定科学合理的城市规划;(3)推进城市管理体制改革,建立更加民主开放的城市管理体制;(4)加强环境保护与治理,推动生态城市建设环境质量是城市生态环境系统的重要环节;(5)大力建设、发展高效的生态化生产系统。

王思元和牛萌[24]指出,在进行城市规划建设时,生态经济要足够发达,这是建设生态城市的物质基础和保障,同时社会、文化和法制也要足够健全;在实施过程中,要通过政府决策部门对其进行监督与把关,通过各部门良好的规划与良好的实施操作共同完成。要依据上述标准去调节和改善城市内部各种不合理的生态关系,提高城市生态系统的自我调控能力,通过自然的、社会的、经济的、行政的、法律的各种手段去实现城市的持续发展。

朱锡金[35]指出,在生态城市创建方面,存在下面的误区:忽视城市本身的生态结构,盲目发展;忽视城市内部资源的再生;重视基础建设,忽略城市生态文化建设,阻碍了生态城市建设的健康发展;忽视城市自身情况及特点,只是为了装饰门面、吸引投资或出政绩,盲目提出生态城市建设的口号,却不从深层次上进行规划发展。

三、干旱区城市发展相关理论综述

在生态环境脆弱、水资源紧缺、单位面积生态环境容量狭小的西北干旱区,城市发展和城市化进程都受到水资源和生态环境的严重制约。面对这种制约,国内外许多学者围绕着干旱区城市化和生态环境的关系、干旱区城市的水资源约束、干旱区城市生态景观规划设计和发展的特征及干旱区城市生态系统评价等问题展开了相关研究。

(一)干旱区城市化与生态环境的关系

国际上对干旱区城市化与生态环境交互作用机理的研究主要从2个方面展开。一是从城市人口集聚、城市经济增长、城市空间扩展3个层面分析城市化对干旱区生态环境产生的胁迫作用。如Vernon[36]认为,城市人口的集聚有一个最佳的规模,超过这一规模就会产生集聚不经济现象,他对集聚经济与集聚不经济的转变过程进行了研究。Burak[37]从生态破坏、土地利用、农业生产等几个方面,分析了地中海沿岸地区城市化的发展对生态环境造成的影响。Weber[38]认为,快速的城市化导致土地利用方式发生很大变化,土地利用的改变反过来又加深了社会、经济与生态环境的变化。Hara[39]认为,亚洲一些河流三角洲地区的大城市郊区快速的空间扩展过程,使得城乡结合地区的土地利用方式发生急剧变化,导致了严重的生态环境问题。二是从生态条件、资源条件、环境污染3个层面来探讨干旱、脆弱的生态环境对城市化进程产生的束缚作用。如Ruth[40]通过分析不同水资源利用方式的经济效益,如生活用水、工业用水、农业用水和休闲用水等,来探讨水资源对城市发展的约束与限制作用。Jurdi[41]分别从环境上、制度上和经济上分析了生态环境对黎巴嫩的城市化、工农业发展所产生的约束作用。Grossman和Krueger等一大批学者[42]根据环境库兹涅茨曲线假说,从经济结构、国际贸易、科技进步、国家政策等方面,探索城市经济发展与生态环境之间的互动关系。

国内学者对干旱区城市化与生态环境交互胁迫过程的研究,主要侧重于对城市化与生态环境交互胁迫机理与现象的分析。如方创琳[43]认为,干旱区城市化与生态环境保护之间存在着各种矛盾与胁迫,一方面以干旱区脆弱的生态环境为成长背景的城市和城镇,在发展过程中受到了水资源和周围生态环境的胁迫,并不同程度地对生态环境造成破坏;另一方面本来就十分脆弱的生态环境受到破坏后,反过来又胁迫城市发展规模和空间结构优化,甚至导致城市迁移或废弃。刘耀彬[44]认为,一个国家或地区城市规模的扩大和城市化水平的提高离不开生态环境的支撑,生态环境条件的好坏直接对其区域城市化发展的速度和规模产生制约和反馈。黄金川和方创琳[45]认为,城市化通过人口增长、经济发展、能源消耗和交通扩张对生态环境产生胁迫,生态环境又通过人口驱逐、资本排斥、资金争夺和政策干预对城市发展产生约束。杨先明[46]指出,环境库兹涅茨曲线揭示了环境污染与经济增长之间存在"两难"与"双赢"的双重关系。在"两难"区间内,人们不得不以牺牲环境质量换取经济效益,或以经济效益为代价改善环境;在"双赢"区间内,人类的活动可以在改善环境质量的同时获得经济利润,即环境与经济协调发展。

(二)干旱区城市的水资源约束

几乎全世界的每个城市都存在不同程度的水资源短缺和生态环境恶化问题,水资源匮乏和生态环境危机已经成为人们关注的焦点。对于干旱区来说,情况愈加严峻。水资源的匮乏对干旱区城市化究竟能产生多大的约束作用,城市化的发展是否进一步加剧了干旱区水资源短缺,生态环境恶化的窘境如何在水资源及生态环境的双重约束下实现干旱区城市化进程与资源环境的协调、稳定、快速发展这些问题都曾引起国内外学者的反思。

在干旱区,由于水资源短缺、自然条件恶劣,要维持生态系统的正常运转就需要大量的生态用水和生态用地。城市经济的发展会大量挤占生态用水,城市空间的扩展也需占用大量的生态用地。由于水资源短缺这一根本原因,干旱区城市发展对周围生态环境的胁迫作用也更强,本来就十分脆弱的生态环境对城市发展和城市化的约束作用也更大,两者之间的交互作用过程更加剧烈。一方面城市化通过人口集聚、空间扩张、经济增长和结构优化等过程对生态环境产生各种胁迫和影响;另一方面生态环境通过水资源、土地资源、大气环境和生物环境等要素完成对城市化各个环节的反馈和反作用过程。

目前人们对干旱区水资源紧张及生态环境恶化原因的认识存在2种看法,部分学者认为气候条件的变化和水资源的天然不足导致了干旱区水资源及生态危机的产生,而人为对水资源无序无度的开发利用,进一步加速了干旱区生态环境的恶化[47];其他一些学者研究表明,在水资源贫乏且时空分布不均的自然禀赋基础上,是由于人类行为导致经济用水大量挤占生态用水,从而加速了干旱区水资源的短缺和生态环境的恶化[48]。如程国栋[49]认为,每个内陆河流域的上、中、下游系于一脉,中下游出现的地下水位下降、水质恶化、生态退化等现象完全是由于中上游引水过量造成的。章予舒等[50]认为,区域气候变化对荒漠化的驱动作用要小于人为因素的驱动作用。蓝永超和康尔泗等[51]指出,生产用水挤占生态用水,并且用水方式粗放、浪费严重是河西走廊水资源问题的最主要原因。金自学[52]认为,由于河流中上游耕地面积扩大,非回归性耗水增多,导致河西地区生态环境退化。高前兆[53]认为,进入21世纪以来,人类活动的影响已大大超过了气候变化,其中人类对水资源的支配和控制将成为绿洲生态环境效应的主导因素,直接威胁着天然绿洲的稳定和存在。

针对干旱区水资源匮乏情况,高晓霞和韩涛[54]认为,景观节水对北方干旱区城市节水和生产生活用水安全具有重要意义,应当通过大力推广景观设计节水技术和措施,逐步解决干旱缺水和景观绿化耗水的矛盾,充分发挥城市景观的生态效应和社会效益,使节水型景观成为新型景观设计的主要模式,实现城市的可持续发展。干旱区城市景观设计节水措施主要有:大力推广使用乡土耐旱植物,优化园林植物配置,推广循环用水、蒸发量控制和水资源再利用技术,恢复野生植被,营造生态草坪,在达到基本绿化要求的前提下增大硬质景观比例,硬质材料模拟水环境,停车场设计中不宜使用嵌草砖等。

(三)干旱区城市生态景观建设

城市景观生态规划就是根据景观生态学的原理和方法,合理地规划景观格局,使廊道、斑块及基质等景观要素的数量及其空间分布合理,使城市生态系统中的信息流、物质流与能量流畅通,以改善城市景观结构和景观功能,提高城市的环境质量,促进城市可持续发展[55]。

张艳芳和任志远[56]从区域与城市2个尺度水平,对毛乌素沙漠南缘的榆林市城市景观进行研究认为,在大尺度水平上,区域景观生态特征对城市景观特征具有一定的控制作用,而城市景观强大的功能流对区域景观产生干扰作用;城市景观的空间扩展与演化,既受区域景观特征的影响,也是区域景观演化的一个有机构成部分。在小尺度空间上,景观功能区、景观斑块与廊道的格局与功能对城市景观格局动态以及维持城市景观多样的生态功能具有重要意义。人们在对不同的生态与经济利益追求下形成的景观文化,深刻地影响到区域与城市景观演化的方向与规模,城市景观文化特征对城市景观演变与生态建设具有重要意义。此外他们还指出,干旱区城市景观的生态建设应当包括以下几个方面:(1)建设系统、连续的城市景观整体空间格局;(2)突出城市分区的特色;(3)重视城市河流廊道的生态建设;(4)规划建设多功能的城市绿化体系;(5)充分利用城市人工、自然廊道与斑块对城市扩展的控制作用。

黄培祐和倪萍[57]在研究了干旱区城市生境特征的基础上,提出了干旱区城市绿洲化的对策。他们认为,对于干旱区而言,大量营造绿色草坪,不惜以干旱区宝贵的水资源进行强度灌溉来维持外来草种的生存,大量引进外来的花木以点缀城市空间,对生境的改善效果低微,特别是对削弱荒漠气候难以起到应有的作用。位处干旱区的城市应从其所在区位出发,以绿洲化作为生态城市建设目标,切实改善居民生存环境质量。要实现绿洲化,就城市外围植被建设而言,应当以当地适生乔灌植物种类为主,尤其是能利用当地环境水源持续生存的植物种类营建植被,以解决依赖灌溉才能维持植被生存的难题,实现以改善生境为主、兼顾美化的植被营建目的。在可能的条件下,利用处理后的污水,适当补充部分乔木林的用水。在风沙强猛区应建立多道带状结构的乔灌林,带间以灌草为主,形成锯齿状防护林带,以有效削减荒漠气候对城区的影响。市区内选择适宜的空间,以当地适生树种为主,乔、灌、草相结合构建植被。在道路两侧种植行道树,宜选当地生长期长、有较稠密树冠的植物种类,兼以冠形优雅或有较长花期的大型灌木相配合。花坛也应选取当地灌草种类建植,其间栽植一些常绿的多年生灌木。花坛周围除栽种常见花卉外,还可引入荒漠早春盛花及深秋红叶等种类,以延长花坛的观赏时间。

彭镇华[58]指出,新疆维吾尔自治区的准噶尔盆地与塔里木盆地、青海的柴达木盆地、甘肃省与宁夏回族自治区北部的阿拉善高平原,以及内蒙古自治区鄂尔多斯台地的西端,荒漠化灾害严重,城市森林建设要充分利用当地丰富的耐旱灌木树种,并且与乔木适当搭配。由于干旱少雨,地下水贫乏,不适合建设大面积的城市森林,城市森林应走林网化的建设道路。

周婕等[59]在对新疆城市生态特征研究的基础上,提出了对干旱型生态脆弱地区城市园林绿地规划原则——“林水共生”原则、“封闭的、多层次的”原则、“地域生态特色”原则。“林水共生”原则抓住了干旱区最主要的生态矛盾——“以水养林,以林涵水”,强调对水的合理利用和涵养;“封闭的、多层次的”原则是从生物多样性和抵御风沙侵害的角度提出,针对的是当地的气候特征;“地域生态特色”原则是从城市特色和提高规划可实施性方面考虑的。

(四)干旱区城市生态环境系统评价

干旱区与其他地区的城市相比, 面临着更为严重的生态环境脆弱和水资源短缺问题。因此,如何科学地认识并且评价干旱区城市生态环境系统的特征及其发展趋势,也是学者们关心的重点问题之一。

王建华等[60]在区域水资源承载力概念的基础上,采用系统动力学模型,构建了区域水资源承载力评价体系,并以干旱区城市乌鲁木齐为例进行了实证分析。所谓区域水资源承载力就是在将来不同的时间尺度上,以预期的经济技术发展水平为依据,在对生态环境不构成危害的条件下, 某一区域内可利用水资源持续供养一个良性社会体系的能力。在西北干旱区,水资源供需关系是区域内水资源系统的核心矛盾。因此,区域水资源承载力预测研究应从水资源供需平衡的角度入手。水资源供需系统中,需水一般是由社会经济发展状况决定的,而西北干旱区的社会经济发展状况又受水资源供给量限制;供水量一方面和当地水资源量有关,另一方面也和水利资金投入有关,同时水利资金投入量与社会经济水平密切相关;从而形成一个“需水—社会经济水平—供水”的互为作用、互为反馈的复杂大系统。根据区域水资源承载力的定义及内涵,结合社会经济—水资源闭合系统的特征,可以选择区域水资源自然支撑力指标、社会经济技术水平指标、社会结构指标来构建区域水资源承载力体系; 按照水资源承载力系统的结构和功能不同,又可将水资源承载力系统分解为投资、水资源分配、农业节水、灌溉、生活用水、人口、工业节水和循环用水8个子系统。根据建模的基本思路,进一步从流入和流出向量进行深入的因果反馈分析,将8个子系统用10个子模块来构建,从而建立一套区域水资源承载力评价的系统动力学模型。

鲍超和方创琳[61]针对西北干旱区城市环境的特点,选取14个分别能够代表地表水、地下水、大气、固体废弃物、噪声等要素的具体指标作为西北干旱区城市环境质量综合评价的指标体系。在参考国家环保总局制定的环境标准的基础上,将城市环境质量划分为5个级别,并利用物元分析理论,建立了西北干旱区城市环境质量综合评价的物元模型,并以西北干旱区典型的绿洲城市张掖市为例对该模型进行了具体应用。结果表明,8年来张掖市的城市环境质量一直属于II级,而且有总体好转的趋势,但这一趋势并不明显。这一结果与现实成因吻合,说明所采用的指标体系和评价方法对西北干旱区城市环境质量的综合评价具有较强的应用价值和现实意义,可以在西北干旱区其他同类城市进一步推广。

孙心亮[62]以河西地区城市化过程为例探究了干旱区城市化过程中的生态风险评价模型及应用。他以Jose等人曾构建的农田系统的生态风险评价模型为借鉴,构建出城市单因素生态风险评价模型及综合生态风险评价模型。在干旱地区,该模型揭示出了各种水资源利用方式对生态的影响程度,为该地区各种水资源利用方式的合理分配提供了理论依据。然而,该模型只能对已知的通过定性方法分析出来的影响因素进行定量分析,却不能揭示其他未知的影响因素。

参考文献

[1] 李迅. 国内外生态城市研究[J].建设科技,2009(15):20.

[2] 叶玉瑶,张虹鸥,周春山,等."生态导向"的城市空间结构研究综述[J].城市规划,2008(5):69-74.

[3] 黄肇义,杨东援. 国内外生态城市理论研究综述[J]. 城市规划,2001,25(1):59-66.

[4] 鲁敏,张月华,胡彦成,等.城市生态学与城市生态环境研究进展[J].沈阳农业大学学报,2002,33(1):76-81.

[5] 何强,井文涌,王埔事.环境学导论[M].北京:清华大学出版社,1994: 375.

[6] Roseland M.Dimensions of the Future:An Eco-city Overview,Eco-city Dimensions[M].Roseland M.Canada:New Society Publishers,1997:1,12.

[7] 杨波.夏热冬冷地区多层住宅凸阳台气候适应性设计研究[D] .武汉:华中科技大学,2004.

[8] 王如松.高效和谐——城市生态调控原则与方法[M]. 长沙:湖南教育出版社,1988.

[9] Richard Register.Ecocity Berkeley:Building Cities For a Healthy Future [M].Berkeley:North Atlantic Books,1987.

[10] 冯端翊.生态城市及其内涵[J].绿化与生活,2001(4):4.

[11] 王如松.城市生态学[M]//马世骏.现代生态学透视. 北京:科学出版社,1990.

[12] 黄光宇,陈勇.生态城市理论与规划设计方法[M].北京:科学出版社,2002:8.

[13] Richard Register.生态城市——建设与自然平衡的人居环境[M].王如松,胡聃.北京:社会科学文献出版社,2002:167.

[14] 洪亮平.城市设计历程[M].北京:中国建筑工业出版社,2002:152-155.

[15] 黄光宇.田园城市·绿心城市·生态城市[Z].重庆:重庆建筑工程学院城市规划与设计研究所,1989.

[16] 沈清基.城市生态与城市环境[M].上海:同济大学出版社,1998:52-55.

[17] 任倩岚.生态城市:城市可持续发展模式浅议[J].长沙大学学报,2000 14(2):62-63.

[18] 彭晓春,李明光.生态城市的内涵[J].现代城市研究,2001(6):30-32.

[19] 宋永昌,戚仁海,由文辉,等.生态城市的指标体系与评价方法[J].城市环境与城市生态,1999,12(5):16-19.

[20] 盛学良,彭补拙,王华,等.生态城市建设的基本思路及其指标体系的评价标准[J].环球导报,2001(1):5-8.

[21] 顾传辉,陈桂珠.生态城市评价指标体系研究[J].环球保护,2001(11):24-25.

[22] 张坤民,温宗国,杜斌,等.指标:检测城市生态可持续发展的重要手段[J].环境保护,2003(4):38-42.

[23] 展安,宗跃光. 浅谈生态城市理论[J].广东农业科学,2007(4):129-132.

[24] 王思元,牛萌.生态城市理论研究与创建探讨[J].山西农业科学,2009,37(5):59-61.

[25] 王如松,欧阳志云.天城合一:山水城建设的人类生态学原理[M]//鲍世行,顾孟潮.城市学与山水城市[C].北京:中国建筑工业出版社,1994:285-295.

[26] 黄光宇,陈勇.生态城市概念及其规划高度方法研究[J].规划研究,1997(6):17-20.

[27] 梁鹤年.城市理想与理想城市[J].城市规划,1999(7):18-21.

[28] 胡俊.中国城市模式与演进[M].北京:中国建筑工业出版社,1995.

[29] 翟丽英,刘建军.生态城市与规划的对策[J].西北建筑工程学院学报(自然科学版),2001,18(4):88-92.

[30] 刘洪涛.生态城市与城市规划[J].中州建设,2002(6):4-11.

[31] 毛锋,朱高洪.生态城市的基本理念与规划原理和方法[J].中国人口资源与环境,2008,18(1):155-159.

[32] 金磊.中国生态城市发展进程的思考[J].工程设计 CAD 与智能建筑,2002(5):4-9.

[33] 巴桑吉巴.生态城市理论及实践对策[J].西藏大学学报,2008(15):88-91.

[34] 刘伟.浅析"生态城市"[J].甘肃冶金,2008,30(3):44-46.

[35] 朱锡金.21 世纪人类生态住区规划述要[J].城市规划汇刊,1994(5):1-6 .

[36] Vernon Henderson. The Urbanization Process and Economic Growth:The So-What Question[J]. Journal of Economic Growth,2003,8(1):47-71.

[37] Burak S, Dogan E,Gazioglu C. Impact of urbanization and tourism on coastal environment[J]. Ocean&Coastal Management,2009,47(9/10):515-527.

[38] Weber C. A Puissant,Urbanization pressure and Modeling of Urban growth:example of the Tunis Metropolitan Area[J].Remote Sensing of environment,2003,86(3):341-352.

[39] Yuji Hara,Kazuhiko Takeuchi, Satoru Okubo. Urbanization linked with past agricultural lan-

duse,patterns in the urban fringe of a deltaic Asian mega-city: A case study in Bangkok [J]. Landscape and Urban Planning,2005,73(1):16-28.

[40] Ruth M D, Paul P A. Urbanization and Intersectoral Competition for Water[C]//Urbanization and Water. Washintion DC:Woodrow Wilson International Center for Scholars,2001:27-51.

[41] Mey J, Samara I K,Yester K, et al. A prototype study for the management of surface water resources[J]. Lebanon Water Policy, 2001,3(1):41-46.

[42] Grossman G,Krueger A. Economic Growth and the Environment [J]. Quarterly journal of Economics,1995,110(2):353-37.

[43] 方创琳,黄金川.西北干旱区水资源约束下城市化过程及生态效应研究的理论探讨[J].干旱区地理,2004,27(3):1-7.

[44] 刘报彬,李仁东,张守忠.城市化与生态环境协调标准及其评价模型研究[J].中国软科学,2005(5):140-148.

[45] 黄金川,方创琳.城市化与生态环境交互耦合机制与规律性分析[J].地理研究,2003,22(2):211-220.

[46] 杨先明,黄宁.环境库兹涅茨曲线与增长方式转型[J].云南大学学报(社会科学版),2004,3(6):45-51.

[47] 彭茹燕,刘连友.人类活动对干旱区内陆河流域景观格局的影响分析[J].自然资源学报,2003,18(4):492-498.

[48] 封建民,王涛,谢昌卫,等.黄河源区生态环境退化研究[J].地理科学进展,2004,23(6):56-62.

[49] 程国栋,李锐,张志强,等.西部地区生态环境建设的若干问题与政策建议[J].地理科学,2000,20(6):503-510.

[50] 章予舒,王立新,张红旗,等.疏勒河流域土地利用变化驱动因素分析[J].地理科学进展,2003,22(3):270-278.

[51] 蓝永超,康尔泗. 黑河流域水资源合理开发利用研究 [J]. 兰州大学学报 (自然科学版),2002,38(5):108-114.

[52] 金自学,张芬琴.河西走廊水资源变化对环境生态的影响[J].水土保持学报,2003,17(1):37-40.

[53] 高前兆. 塔里木盆地南缘水资源开发与绿洲的生态环境效应 [J]. 中国沙漠,2004,24(3):286-293.

[54] 高晓霞,韩涛.干旱区城市景观设计节水措施探讨[J].内蒙古农业大学学报,2007(11):71-73.

[55] 李开宇. 干旱区城市景观生态研究——以陕西榆林市为例 [J]. 西安外国语学院学报,2002,10(3):108-111.

[56] 张艳芳,任志远.干旱区城市景观的演化与生态建设研究———以陕西榆林市为例[J].干旱区资源与环境,2003,17(3):17-22.

[57] 黄培祐,倪萍.干旱区的城市生境特征与绿洲化对策[J].城市环境与城市生态,2004(6):105-109.

[58] 彭镇华.城市森林[M].北京:中国林业出版社,2003.

[59] 周婕,王飞,魏伟,等.生态脆弱地区城市园林绿地系统规划——以新疆博乐市城市总结规划为例[J].武汉大学学报(工学版),2005(6):105-109.

[60] 王建华,江东.乌鲁木齐水资源评价分析及城市持续发展对策[J].资源开发与市场,1999,15(2):100-101.

[61] 鲍超,方创琳.基于物元模型的西北干旱半干旱区城市环境质量综合评价——以河西走廊的张掖市为例[J].干旱区地理,2005,10(5):659-664.

[62] 孙心亮,方创琳.干旱区城市化过程中的生态风险评价模型及应用——以河西地区城市化过程为例[J].干旱区地理,2006,11(5):668-674.

第五章 干旱区生态城市建设的哲学思考

干旱区生态城市既没有贵阳、南平等的自然生态优势，又没有青岛、杭州等城市的经济基础和区位优势。将“干旱区”与“生态城市”两个本来风马牛不相及的概念联系在一起，是否是天方夜谭？哲学是科学，是我们精神的反映。本章将从哲学的视角，试图对干旱区生态城市的内涵、哲学基础以及建设理念作以阐述。

一、“干旱区”与“生态城市”概念耦合

在人们的印象中，干旱区常与干旱少雨、植被稀少、风沙走石的大漠景观联系在一起，那里的人们头戴皮帽、手牵骆驼，过着风餐露宿的生活。而生态城市则是一派山清水秀、绿水环绕，人们生活安逸的景象。其实不然，干旱区曾经孕育着古老灿烂的文明，就是在今天，一些干旱区仍然拥有着世界上富庶的城市。生态城市不是“湿润区”的专利，与风沙做伴、黄天蔽日也不是干旱区人们的专利。将干旱区与生态城市耦合，既是干旱区城市发展模式的创新，也是生态城市理念在特定地域的实践。干旱区脆弱的生态环境呼唤着生态文明的兴起，生态文明的兴起与繁荣，呼唤着生态城市茁壮成长，为其搭建平台与载体；干旱区生活的人们同样呼唤着生态城市的建设，这既是对原有城市发展模式的反思与改革，也是探寻生态文明发展的重要途径。

(一)干旱区基本特征

由于气候—水文过程的分异，地球上各地区的蒸发与降水不平衡。简单地讲，当蒸发量超过降水量，形成“缺水的干旱地区”，反之形成“富水的湿润地区”。水循环过程是复杂的。通常将年降水量在 200 mm 以下的地区称为干旱区，年降水量为 200~500 mm

的地区称为半干旱区。一般研究的干旱区(Arid Area)是两者的总称。

在古代,干旱区是“文明的发源地”。今天它们则囊括了世界上最富有与最贫穷的地区[1]。比如富饶的加利福尼亚 Imperial 峡谷、巴西和马里东北内陆地区的贫穷区域。

干旱区生态环境脆弱,普遍存在贫困与环境问题。而环境问题按照成因可分为与贫困有关的环境问题和与经济发展方式或富裕有关的环境问题。前者,因其贫困,缺乏资金和技术,过度开采资源,致使土壤肥力降低、水土流失、森林等资源急剧减少以及由此而带来的各种自然灾害的产生。这些问题又反过来加剧了经济的贫困化。于是乎,许多干旱区城市陷入了经济贫困和环境退化的恶性循环之中。而后者,虽处干旱区,也在追赶着工业化的步伐,在原本脆弱的生态环境中建立起了与黄土、戈壁不相适宜的高烟囱、大厂房,财源滚滚的同时带来了滚滚黑烟与堆积如山的工业垃圾,扰乱了干旱区脆弱的生态平衡。总之,干旱区生态环境问题的产生,与人类生存、生产、生活有关,改善环境问题,需从人类与环境的作用点及作用方式上着手。

(二)干旱区生态城市概念理解

干旱区生态城市中的“干旱区”,并不是荒无人烟的沙漠地带,而是在干旱区中有人类活动和城市存在的人类活动集中区。

从字面意义上看,干旱区生态城市是“干旱区”、“生态”、“城市”三者的结合,也是“干旱区”与“生态城市”的耦合。按照前者理解,“干旱区”表明地域和地理环境特征,“生态”表明城市发展性质和发展方式,“城市”是人类社会活动的主要集聚地和人类文明兴衰的载体,3 个概念的融合,阐述了干旱区特定地域条件下按照生态文明理念的城市发展模式。按照后者理解,则强调干旱区特定地域条件下的生态城市,既包含地域特征,也包含了城市的发展目标——生态城市。综合而言,干旱区生态城市不仅是对干旱区传统城市发展模式的变革,也指明了干旱区城市的发展途径和发展目标,即实现生态城市的理想。干旱区生态城市是一个“进化”的过程,并非一个终极目标;它不是“乌托邦”式的构想,而是一种“务实的理想主义”。

更深层次理解干旱区生态城市,需要从空间角度、时间角度和功能角度出发,认识其作为城市的一般共性和地处干旱区生态城市的特点。

1. 空间层面

从空间角度出发,干旱区生态城市是一个区域城市,而不能就城市论城市;同时,城市内部空间的形态影响城市的发展状态和潜力。

(1)区域空间观

从生态系统的角度出发,城市是一个与周围区域紧密联系的开放系统,城市生态系统是区域生态系统的组成部分,与周边其他地区生态系统构成区域生态系统的整体[2]。城市与区域之间进行着广泛的物质循环、能量流动。区域生态系统能为城市提供物质、能量以及所能吸纳城市排放到环境中废弃物的规模,决定了区域中城市的规模[3]。干旱区生态城市因其地处干旱区，城市与区域生态系统间的物质、能量流动有量和质的特征,比如水资源的供给是干旱区生态城市发展中最为核心的因素。

从经济角度讲,城市是区域中的城市,区域是城市赖以生存的基础。城市是区域中人类经济活动最为密集的区域,也是与生态环境相互作用最为强烈的区域[4]。通过极化作用,区域中各项要素集中于城市,推动城市的发展;同时,城市通过扩散效应,辐射带动腹地区域的发展。城市与区域是唇齿相依的关系。

从社会角度出发,城市是区域人口的主要集中区,是推动社会进步的主要力量[5]。同样城市也是社会问题最为集中的地区。比如解决城市的失业问题、贫困问题不能仅限于城市内部,而应放眼区域,通过与区域的结合使其在一定程度上得以缓解。

从区域空间的视角理解干旱区生态城市,应当立足于干旱区区域环境特征,树立大空间观,以城乡一体化的视角来规划、协调城市与区域的关系,采取与区域发展相一致的战略。树立大空间,要打破行政意义上的区域观念,充分尊重经济联系意义上与自然环境联系意义的区域,将视角集中在城市生态腹地上,充分认识城市赖以生存、发展的区域环境。

(2)城市内部空间观

城市是城市各项职能的空间载体。干旱区生态城市内部空间结构的合理性,主要表现在以下 2 个方面:空间和功能的完美结合;城市空间结构趋向合理的动态演变[6]。

城市自身承载多项职能,集聚于城市空间之中,构成了城市实体。功能与空间是否协调,是否各就其位,是干旱区生态城市是否健康发展的重要标准。

城市空间的形态和形象,并不是一旦形成就不可改变的,而是处于不断的动态演变之中。

2.干旱区生态城市的时间层面

城市是时间的产物,“罗马不是一天建成的”。一个理想的城市环境应当是经过时间的洗礼,好的城市形态则是四维的。从历史环境观与现实环境观有机结合的视角看,干旱区生态城市主要包含以下几个方面:(1)理解干旱区生态城市的发展历史,有助于传承城市历史脉络,挖掘和采纳历史环境中所包含的信息资源,为现在的生态环境保护提供借鉴;(2)干旱区生态城市现实环境与历史环境相结合,人容易得到身心的双重满足;(3)将环境演变与城市演变相对照,从而更深入了解城市与环境的关系,为现代城市的发展及城市与环境的协调寻找灵感;(4)生态环境能够衬托历史环境,以形成良好的图底关系。

3.干旱区生态城市的功能层面

“人们为了生活来到城市,为了更好地生活而居留于城市。”这是亚里士多德在两千多年前说过的话。城市为人们提供了就业、居住、休憩等功能,生活在城市中的人们需要通过自己的劳动，为城市创造财富和城市文明。从此意义上讲，城市最好的发展模式是关心人和陶冶人。因此，干旱区生态城市是一个尊重人、关怀人、保护人、服务人的环境。

（三）干旱区生态城市特征

建设生态城市，不同城市的侧重点不同。贵阳、南平的自然生态优势比较明显；青岛、杭州等城市的自身基础比较好，又有区位优势；张家港强调的是在经济发展的主线下，追求以最小的资源环境代价谋求最大发展的生态效益型发展道路[7]。干旱区建设生态城市则因其位于干旱区而具有浓厚的地域特色。“干旱区”本身为生态城市的建设带来了种种先天制约条件，但也为生态城市理念在干旱区特定地域条件下的实施提供了得天独厚的机遇。可以说是机遇与挑战并存。

干旱区生态城市与传统城市相比，反映了可持续性、和谐性、高效性、整体性、多样性和全球性的时代特征，是干旱区追求城市理想、发展生态文明、紧握时代脉搏的载体和突破口。干旱区生态城市与一般论述的生态城市相比，除了具备生态城市的特性之外，还具有干旱区环境所赋予的地域特征。

1.缺水与节水并举

缺水是干旱区城市发展过程中的普遍现象，节约用水与高效用水就成为城市发展的主要途径。干旱区生态城市发展中举“节水旗”，发展节水型技术和产业，奉行节水理念，构成了干旱区生态城市经济发展的特征。

2.城市景观与区域环境鲜明对比

广袤的干旱区以戈壁、沙漠等“黄”色构成了本底特征，星星点点的荒漠植被点缀着单一的干旱区景观。城市作为人类活动的主要集中区，遵循人居环境理念，按照因地制宜原则，科学绿化、美化城市环境，改善城市微观环境，使之成为干旱区中的一片绿洲。

3.开放性

干旱区生态城市是一个与中心城区、与周围城镇、与乡村紧密联系，与区域内外城市相互竞争和补充的开放系统。干旱区生态城市与自然环境进行的复杂的物质、能量交流，既涉及城市内外自然生态系统中的空气、水体、土地、森林、动植物、能源和其他矿产资源的供需保障，而且与城市自身营造的人工环境系统、经济系统和社会、文化系统有关。同时，干旱区生态城市同区域内其他城市进行物质、能量、信息、技术、人才等方面的交流，城市间形成合作与竞争关系。

4.可持续性

干旱区生态城市以可持续发展思想为指导，兼顾不同时期、空间，合理配置资源，公平地满足现代人及后代人在发展和环境方面的需要，不因眼前的利益“掠夺”式地促进城市暂时的“繁荣”，保证城市社会经济健康、持续、协调发展。从具体方式看，干旱区生态城市的可持续性包括生产和消费的可持续性。在生产领域，通过各个产业的改造和重构，使其向生态化方向发展，形成可持续的生产方式；在消费领域，通过生活方式和行为的改变，构建可持续的消费模式。

5.和谐性

干旱区生态城市的和谐性，不仅仅反映在人与自然的关系上，人与自然共生共荣，更重要的是在人与人的关系上。相对于现阶段经济增长，干旱区生态城市是营造满足人类自身进化需求的环境，充满人情味，文化气息浓郁，拥有强有力的互帮互助的群体，富有生机与活力。干旱区生态城市不仅仅追求绿色的氛围，更是一个关心人、陶冶人的充满爱的世界。

6.高效性

干旱区生态城市的高效性体现在物质和能量的高效转化。物质转化高效性是指自然物质和经济物质，即资源和产品，在生产和消费领域循环的过程中，实现投入少、产出多、废弃物排放少或“零排放”。能量转化高效性是指在城市系统中，在信息流、能量流和价值流有序流动、交换和转化的过程中，减少资源和能量等各方面的损耗以及对城市的破坏。干旱区生态城市改变了传统城市“高能耗”、“非循环”的运行机制，通过物质和能量多层次分级利用、废弃物循环再利用以及各行业、各部门的协调发展，实现资源利用效率的提高。

7.整体性

干旱区生态城市不仅仅追求环境优美或自身繁荣，而是兼顾社会、经济和环境三者的效益，重视经济发展与生态环境协调及人类素质的提高，是在整体协调的新秩序下寻求发展。

8.全球性

干旱区生态城市开放性的另一个表现是全球性。一方面在城市的发展过程中，吸取其他地区生态城市建设的经验教训；另一方面加强与全球各个地区城市的交流与合作，使城市能够融入全球经济社会系统中。

9.地域性

干旱区创建生态城市，是一种干旱区城市发展模式的创新，是生态城市理念在干旱区特定地域环境中的实践。干旱区特殊的地域特征使其不能照搬已有的生态城市发展理论，需针对地域特征，运用生态城市发展理念，因地制宜地实现生态城市的理想。

10.长期性

干旱区生态城市建设是一个长期、艰巨的历史任务，是走向可持续发展的渐进过程,是一场技术、体制、文化领域的社会变革,是一个生态城市理念在干旱区长期的适应和发展过程,需要强化完善生态规划、活化整合生态资产、孵化诱导生态产业、优化升华文化品位、统筹兼顾分步实施、典型示范滚动发展。

二、干旱区生态城市哲学基础

反思传统发展观在给人类带来物质财富丰富的同时,也将人类推向了生态危机的边缘。当此之时,生态文明应运而生。生态文明的兴起与繁荣和城市发展理论与实践的创新,呼唤着生态城市从理论走向实践。目前的城市发展面临着"城市病"及环境问题,已迫使干旱区城市发展理论与实践的变革。必须进一步认识干旱区生态城市与生态环境之间的辩证关系,梳理干旱区生态城市的哲学基础。中国古代"天人合一"的哲学思想以及通过对自然哲学、现代哲学反思而产生的生态哲学,构成了干旱生态城市的哲学基础。

(一)对传统发展观的反思

生态环境日益恶化,表面上看是人类对自然过度干扰的结果,但从本质上看,其问题的根源在于指导人类活动思想背后的世界观与思维方式。人类的任何开发建设活动都是在一定的哲学思想下进行的。在古代占主导地位的是自然哲学。这种哲学把自然界视为一个整体,从整体上和宏观上进行直接观察,并加以抽象和猜测,在追求自然界万物本原中寻求统一,人类与自然环境和谐共处。近代以来,占主导地位的是以笛卡尔—牛顿的机械论世界观为基础的现代哲学。这种世界观强调以人类中心主义为主要原则,强调人与自然、主体与客体二元分离和对立,认为人类独立于自然界而不是自然界的一部分;主张在人与自然独立的基础上,通过人对自然的改造确立人对自然的统治地位,形成一种人类统治自然的哲学。这种哲学思想将自然作为人类社会进步的服务者,在一定程度上为科学发展扫清了障碍,促进了社会工业文明的发展。由于传统的发展观把发展生产、发展经济作为唯一的着眼点和唯一的追求目标,人类只知向自然索取,并向自然界毫无节制地排放废弃物,而不考虑反哺和促其再生。向自然掠夺资源,扰乱自然生态动态平衡,引起环境污染、生态破坏、资源浪费等问题,渐成生态危机。

自20世纪60年代以来,伴随着全球性生态危机的日益加剧,人类开始系统全面地反思自己的行为和人与自然的关系。生态学研究的不断拓展,为人们提供了一个新的视角。作为一种新的哲学范式,生态哲学应运而生。生态哲学是一种生态学世界观,它以人与自然的关系为其基本问题,以追求人与自然和谐发展为目标,为可持续发展提供理论支持,也为干旱区生态城市提供了哲学基础。

(二)对传统城市理论的反思

研究干旱区城市发展问题，不能不提一直以来对城市规划建设有着深刻影响的2个纲领性文件——《雅典宪章》和《马丘比丘宪章》。这2个著名的纲领对现代城市规划、建设和发展的影响巨大。

《雅典宪章》是1933年8月在雅典召开的国际现代建筑学会(C.I.A.M.)上制定的(原名为《城市规划大纲》,后来被称为《雅典宪章》)。在《雅典宪章》中提出将现代城市发展与周边影响区域作为一个整体进行研究,指出城市规划的目的是解决居住、工作、游憩与交通四大城市功能的正常进行[8]。《雅典宪章》在最后的总结和说明部分明确指出："城市在精神和物质两方面都应该保证个人的自由和集体的利益"；"对于从事城市规划的工作者,人的需要和以人为出发点的价值衡量是一切建设工作成功的关键"；"有机的城市各组成部分的大小范围,应该按照人的尺度和需要来估量"。可以说,《雅典宪章》中更多关注的是人的利益,很少涉及人以外物的内容。在此指导思想下,城市发展规划、城市方式等与自然环境之间的协调关系未被考虑在内，在一定程度上引导城市功能的完善,但不可避免地引起了众多城市问题的发生。

1977年签署的新宪章《马丘比丘宪章》,涵盖了《雅典宪章》所包含的各项概念,又增加了诸如城市增长、自然资源与环境污染、工业技术、设计与实践等问题的分析与论述[9]。在新宪章中,开始关注物所起的作用,它指出："规划必须在不断发展的城市化过程中反映出城市与其周围地区之间基本的动态的统一"；"当前最严重的问题之一是我们的环境问题迅速加剧,现在已经到了空前的具有潜在灾难性的程度"；"古代秘鲁的农业梯田受到全世界的赞赏,是由于他的尺度与宏伟,也由于它明显地表现出对自然环境的尊重"。尽管如此,城市的发展均源于"人类利益"的指导思想,人的利益在《马丘比丘宪章》中仍然占据着主导地位。

两个宪章自产生之日起,就对城市规划、建设和发展起着指导作用。在它们的指导和影响下,人们在城市规划、城市发展实践中,经常有意无意地将人的需要作为衡量的唯一尺度,而相对忽视了人以外物的尺度。这是传统发展观中"人类中心主义"的体现。对人类而言,在宪章的指导下,城市建设与发展井然有序,各项职能逐步完善。但是,在这一观念的支配下,目前城市规划、城市发展往往过多地追求短期效应和人类需求的满足,而较少考虑自然生态规律对城市发展的制约,由此导致城市发展规模远超自然生态承载力或"城市病"的发生。

1999年国际建协通过的《北京宪章》,在充分认识时代背景和面临的繁杂问题,包括环境祸患、混乱的城市化、技术"双刃剑"以及建筑的失魂等问题,世界共同选择了可持续发展之路,强调广义建筑学和人居环境的思想。具体表现在:正视生态困境与加强生态意识的生态观,力争人居环境建设活动与经济发展良性互动的经济观,充分利用科学技术与推动经济发展和社会繁荣的科技观，关怀最广大人民群众与重视社会发展整体利益的社会观，积极推动建筑文化和艺术创造、发展和繁荣的文化观。

干旱区城市的发展亦受到《雅典宪章》和《马丘比丘宪章》的影响，在城市各项功能日益完善的同时，城市赖以生存与发展的自然环境日益恶化。在人与自然矛盾冲突、城市增长偏离轨道的时刻，我们应该深刻反思城市自近代工业革命以来所走过的发展历程，汲取经验教训，积极吸收最新的文化成果，转变传统发展模式，贯彻落实《北京宪章》，走符合干旱区城市特征的可持续发展之路。

(三)生态文明与干旱区生态城市

人类文明已经经历或正在经历着原始文明、农业文明、工业文明，并享受着文明演进所带来的物质、文化成果，同时也在为文明演进过程中尤其工业文明所带来的负面影响而烦恼。300年的工业文明是以人类征服自然为主要特征。一系列全球性生态环境问题和渐成生态危机的趋势说明，长此以往地球将没能力支持工业文明的继续发展。必须改革创新，开创一个新的文明形态来延续人类的生存，生态文明应运而生。生态文明既是对以往文明，尤其是工业文明的反思，更是对人类活动与自然环境和谐共生途径的探索。

生态文明，是指人类遵循人、自然、社会和谐发展这一客观规律而取得的物质与精神成果的总和；是指人与自然、人与人、人与社会和谐共生，良性循环、全面发展、持续繁荣为基本宗旨的文化伦理形态[10]。

人类文明进步与城市发展是相互联系、相互促进的。城市的产生、成长和壮大，离不开文明的进步；同样，城市的发展也极大地促进了文明的进步。最早的城市产生于农业文明时期，城市的数量、规模剧增是在工业文明时期，城市成为社会的政治、经济、文化活动中心。无可否认，城市是人类对自然环境改造最为彻底的区域，但也是工业文明与自然矛盾最为尖锐的区域。在这种矛盾日益上升为生态危机的时刻，生态文明理念应运而生，为城市发展指明方向。城市作为人类文明的主要载体，建设生态城市，繁荣生态文明，是促进生态文明的重要途径。生态城市是与生态文明相对应的人类社会生活新的空间组织形式[11]。

(四)干旱区生态城市与生态环境的辩证关系

发展是硬道理。经济发展始终是人类社会的主旋律。但时至今日，经济发展必须以科学发展观为指导，在充分顾及人民群众生存环境的基础上，保持生态环境承载力与经济发展规模的基本平衡，才能促进人与自然的和谐发展，实现全面建设小康社会的目标。干旱区生态城市创建的核心内容就是转变传统非线性的经济发展方式，保障城市经济健康、快速发展，为生态城市建设奠定经济基础。其前提是要充分认识经济发展与生态环境之间的辩证关系。

就城市整体而言，生态城市是一个自然—经济—社会的复杂巨系统，也是区域自然生态系统中的一个子系统，与周边地区生态系统共同构成区域生态系统的整体[12]。根据生态经济学原理，若将视线集中于城市，将城市作为一个整体，而不可考虑其周边环境，那么它就可以无限增长。因为城市就是整体，代表全部，城市的发展就不会替换任何东西，因而也不会产生机会成本，城市的扩张也可以无限增长。而事实上不是如此，城市不是独立存在，而是存在于一定的充满其他要素的环境之中，城市的扩张是以其他要素的消失或转化为代价，是有成本的，而不是像一个“空的世界”那样是免费的[13]。自然生态系统并不是空的，而是包含着人类的生命支持系统。城市作为自然生态系统的一部分，从系统中索取物质与能量，同时向系统排放废弃物，因而，系统的健康运行，与城市索取或排放的物质的量有关系。该量值如果与自然生态系统所能提供的物质或能量或所能吸收的废弃物的承载量相协调，则可以产生最佳规模。这说明城市并不是可以无限增长的。从另外一个角度讲，基于这一最佳规模，城市扩张和城市经济发展方式对城市发展有很大的影响[14]。

干旱区的生态城市建设受到水资源、气候条件、经济发展水平等因素的制约，城市建设与其所处的生态环境间的关系决定了城市建设必须走一条生态化的发展道路。

就自然生态系统获取的物质与能量而言，用干旱区生态城市已再生的清洁能源和清洁材料替代原来不可再生的能源与材料，便可减少城市扩张给自然生态系统带来的压力，同时扩大了城市规模的阈值，而不逾越自然环境的最大承载力。

就向自然生态系统排放的废弃物而言，采用循环经济的发展模式，替代传统非线性的粗放型经济发展模式，提高资源利用率和社会生产效率，减少向自然生态系统排放废弃物的总量，从而减少对自然生态系统的干扰。

综上所述，从与自然生态系统进行的物质与能量流动入手，转变物质流、能量流类型，构成以可再生的清洁能源与清洁材料为主的物质、能量流动类型，降低城市发展成本，推动城市规模的扩张和各项功能的进一步完善，从而为区域城镇化的进程和区域生态文明的发展，提供平台和推动力。

科学发展观、生态文明并不是不要发展，而是一种与自然生态系统相协调的经济发展方式。干旱区城市经济发展相对落后，实现生态城市的发展，需要以经济的高效性、可持续性为前提，促进城市经济的快速发展以满足人们日益增长的物质文化需要，同时实现城市的社会和谐性，并以此为示范，带动区域其他城镇和居民点的生态文明进程。

（五）干旱区生态城市的哲学基础

干旱区生态城市是一种城市发展理想，也是干旱区特定区域推进生态文明建设的重要途径，具有其存在和发展的哲学基础。以“天人合一”的中国古代传统生态伦理思想和继自然哲学、以机械论为主的现代哲学后产生的生态哲学，为干旱区生态城市提供哲学基础。

1.中国古代传统生态伦理思想

1999年国际建协通过的《北京宪章》中指出："千百年来，整体思维一直是东方传统哲学的精华。今天它已经成为人类共同的思想财富，成为地球村的福音，是我们处理盘根错节的现实问题的指针。"中华文明虽然是工业文明的迟到者，但中华文明的基本精神却与生态文明的内在要求基本一致，从政治社会制度到文化哲学艺术，无不闪烁着生态智慧的光芒。以儒释道为中心的中华文明，在几千年的发展过程中，形成了系统的生态伦理思想。常有人用《周易》中"自强不息"和"厚德载物"来表述中华文明精神。这与生态文明的内涵一致。中华文明精神是解决生态危机、超越工业文明、建设生态文明的文化基础。一些西方生态学家提出生态伦理应该进行"东方转向"。1988年，75位诺贝尔奖得主集会巴黎，会后得出的结论是："如果人类要在21世纪生存下去，必须回到两千五百年前去吸取孔子的智慧。"在反思人类发展历程，重温中华古老文明和生存哲学，可探寻干旱区生态城市规划建设的重要指导思想。

中国古代"天人合一"的哲学思想是中国古代最具代表性的生态哲学思想，也是我们东方整体性思维的重要来源，它是中国古人看待人与自然关系的基本态度。中国传统自然哲学，是"天人合一"思想形成的依据和支点。从"天人合一"思想出发，中国传统价值观追求的价值取向和伦理目标是"整体至上主义"[15]。

中国儒家主张"天人合一"，其本质是"主客合一"，肯定人与自然界的统一。所谓"天地变化，圣人效之"，"与天地相似，故不违；知周乎万物，而道济天下，故不过"。儒家通过肯定天地万物的内在价值，主张以仁爱之心对待自然，讲究天道人伦化和人伦天道化，通过家庭、社会进一步将伦理原则扩展到自然，体现了以人为本的价值取向和人文精神。

中国道家追求一种自然主义的空灵智慧，通过敬畏万物来完善自我生命。道家强调人要以尊重自然规律为最高准则，"师法自然"，以崇尚自然、效法天地作为人生行为的基本准则。强调人必须顺应自然，达到"天地与我并生，而万物与我为一"的境界。庄子把物中有我、我中有物、物我合一的境界称为"物化"，也是主客体的相融。这种追求超越物欲、肯定物我之间同体相合的生态哲学，在中国传统文化中具有不可替代的作用，也与现代环境友好意识相通，与现代生态伦理学相合。

中国佛教讲究在爱护万物中追求解脱，它启发人们通过参悟万物的本真来完成认知，提升生命。佛家认为万物是佛性的统一，众生平等，万物皆有生存的权利。《涅槃经》中说："一切众生悉有佛性，如来常住无有变异。"认为一切生命既是其自身，又包含他物，善待他物即是善待自身。佛教正是从善待万物的立场出发，把"勿杀生"奉为"五戒"之首，生态伦理成为佛家慈悲向善的修炼内容，生态实践成为觉悟成佛的具体手段。这种在人与自然的关系上表现出的慈悲为怀的生态伦理精神，客观上为人们提供了通过利他主义来实现自身价值的通道。

用古老的中华文明与传统哲学来认识干旱区生态城市，需要用生态理性来审视我们的发展原则。生态理性认为人类的理性只有当与环境的现实要求结合起来考察时，才能正确评判人类的行为。干旱区生态城市发展理念，正是对以往城市发展模式的变革，追求自然环境的协调共生和城市的可持续发展，实现“天人合一”的理想境界。

2.生态哲学

生态哲学是在人类社会发展遇到环境危机、能源约束等问题时应运而生的。它是对以往发展观的反思，是从广泛关联的角度研究人与自然相互作用的新的世界观，描绘的是一个相互依赖的并有着错综复杂联系的有机世界，它向我们提供了一种新的伦理道德观。生态哲学的主要观点是从“反自然”的哲学，走向尊重自然的哲学；从人统治自然的哲学发展到人—自然和谐发展的哲学；把世界看成是一个动态的网络结构，超越了机械论的世界观，而引向整体是一个动态的网络结构，超越了机械论的世界观，而引向整体性、系统性、动态性的宇宙观，形成对人和自然相互作用的生态学原则的正确认识。

生态哲学视角下的世界观始终贯穿着2个主题，一个主题是一切现象之间有一种基本的相互联系和相互依赖的关系；另一个主题是现实世界在根本上是运动的，结构不再被看成是基本的东西，而是一种基本过程的表现形式。

干旱区生态城市以生态哲学为基础，强调城市与生存环境的相互联系与相互依赖的关系，充分认识水资源、气候条件对城市发展的制约性，从与自然一体的角度统筹规划建设生态城市；同时，干旱区生态城市的创建，应尊重城市发展演化规律和人类社会文明演进规律，将优化城市结构作为人类引导城市生态化的落脚点和作用方式，避免过多干预。

(1)生态整体论的世界观

城市是自然生态系统的一个组成部分。在干旱区创建生态城市，视野不能仅限于城市，不能就城市论城市，必须考虑整个生态系统，即研究自然生态系统中的城市，也研究城市所赖以生存和发展的自然生态系统[16]。生态学家研究发现，作为整体的大自然是一个互相影响、互相依赖的共同体。大自然中每一个生命都对自然界的健康运转具有重要作用。由生命系统和环境系统构成的生态系统是有机的自然整体。生物圈是地球最大的生态系统。人类生命的维持与发展，依赖于整个生态系统的健康运转与动态平衡。生态整体论则是以往“以人为本”、“征服自然”等观念的深刻变革，从人类与自然环境协调共生的整体性角度出发，认识和分析人与自然、人与人、人与其他物种以及人与社会的关系，强调生物圈乃至自然界中个体与整体的关系及各种事物之间的相互依存关系。巴巴拉·沃德和雷内·杜博斯[17]指出：“人类的生存有赖于整个体系的平衡和健全。”树立生态整体主义的世界观，是人类应对生态危机挑战的重要“武器”，也是人类健康、协调、持续发展的关键。它能从根本上影响人们的思想和行为，树立接纳世间万物并能协调共生的开放思想，进而推动社会经济、政治、文化的发展和积极变革，形成人类社会和人与自然的良性循环和持续发展。

(2)生态平等论的价值观

在农业文明时代,人类依赖自然界生存,敬畏自然,与自然界和平共处。当人类进入工业文明社会后,"以人为本"、"征服自然"等视自然界为手段和资源的观念,引导人类无节制地开采资源,致使人与自然的矛盾日益恶化,渐成生态危机。生态平等价值观的提出,是对传统价值观的挑战和超越,超越人们以往把自然物、非人类的生命体看做是人类的"工具"和"资源"的狭隘认识,肯定所有自然物、生物物种具有内在的和固有的价值,既可正确认识人在自然界中的生态位,也可更深刻地体察自然界对于自身持续健康发展的至关重要性。在日常生产生活中,以及生态环境保护的实践中,唯有充分认识自然物、其他生命物种的内在价值,才能尊重自然、善待自然,有利于人类尊重生命,维护生态系统的平衡和健康运行。

(3)生态和谐论的道德观

一般意义上,道德的调节范围局限于人与人、人与社会之间的关系。生态道德观,将道德作用的范围扩大到人与自然的关系。对于人类而言,自然界具有2种基本属性:一方面,它是人类赖以生存的环境;另一方面,它是人类物质交换的对象[18]。人类对自然界的利用方式和态度,直接决定着自然环境的持续性和健康性,进而影响着人类自身利益和人类自身生存、发展与演化。因此,面对大自然,秉存敬畏之心,树立道德观,以人类自身特有的自觉精神,处理人与自然以及人与人之间的利益关系,自觉保护自然环境,重视自然界的权利和内在价值,尊重生物多样性,合理利用自然资源,走可持续发展道路。

三、干旱区生态城市建设的哲学理念

基于对干旱区生态城市内涵的认识和哲学思考,其建设过程应当是运用科学发展观去改变生产和消费方式、决策和管理方法,培育和发展一种发达、高效的产业,营造体制合理、社会和谐的文化,保持和维护生态健康、景观适宜的环境,这是一种通向可持续发展的生态文明演化过程。规划与建设应当达到以下目标:促进传统农业经济向资源型、知识型和网络型高效持续生态经济的转型,以生态产业为龙头走出一条新兴工业化的道路;促进城乡及区域生态环境向绿化、净化、美化、活化的可持续生态系统演变,为社会经济发展建造良好的生态基础;促进城乡居民传统生产、生活方式及价值观向环境友好、资源高效、系统和谐、社会融洽的生态文化转型,培育一代有文化、有理想、高素质的生态社会建设者。

建设干旱区生态城市是一个系统性的、持续性的复杂过程,既要考虑经济规律、城市演变规律、自然环境等客观因素,同时还要发挥人类主观能动性因素,积极引导干旱区城市的生态化演进[19]。为了更好地发挥人为因素在干旱区生态城市中的积极作用,要充分认识这项工作的系统性和阶段性，运用系统生态学的方法论，立足于城市结构和系统的优化，逐步实现生态城市的理想。

(一)系统生态学方法论

干旱区生态城市是一个复杂巨系统。在建设过程中应遵循系统的基本原则，可概括为协同性原则、开放性原则、整体优化性原则、层次性原则等。各原则相互作用、相互联系，构成一个有机整体，共同作用于干旱区生态城市的规划过程和建设的各个环节[20]。

1. 协同性原则

自20世纪60年代安索夫首次提出“1+1>2”这一最简练的协同概念的解释以来，协同理念便一直成为理论界和企业界研究许多问题的指导原则。1971年由联邦德国理论物理学家哈肯(H.Haken)提出协同学系统科学方法论，对当代自然科学与社会科学领域的健康发展产生了广泛而深远的影响。

协同学是研究协同系统从无序到有序的演化规律的新兴综合性学科。协同学研究协同系统①在外参量的驱动下和在子系统之间的相互作用下，以自组织的方式在宏观尺度上形成空间和时间或功能有序结构的条件、特点及其演化规律。系统的协同性体现在系统各要素或子要素的相互作用中。干旱区生态城市是一个复杂巨系统，将协同理论引入生态城市建设系统，对现有的城市整体发展的演化规律做出系统评价和综合研究，能科学、快捷地解决城市建设协同性的现实性问题。城市中的经济系统、空间结构、自然环境、社会系统等众多的系统参量在外界环境参量的驱动下，及城市内各子系统之间的相互协同作用下以自组织的方式在宏观尺度上形成功能有序的结构及其演化规律。干旱区生态城市建设就要在动态中寻求平衡，在协同中得到发展。干旱区生态城市建设的协同性原则要求社会的进步、经济的发展和环境的保护三者之间的协同，即人与自然的协同发展，促进经济效益、社会效益和生态效益的同步提高。

2. 开放性原则

城市作为地球环境中的一个开放系统，犹如一个会呼吸、可吐纳的生命体，它是在不断与外界交换物质、能量和信息的过程中取得可持续发展。所谓开放系统，是与外界既有物质交换又有能量交换的系统。所谓“有序”，是指系统内事物之间或事物内部各要素之间的关系，具有一定的秩序。干旱区生态城市开放系统是一个耗散结构，只有与外界保持物质、能量、信息交换的系统才能保持一种稳定的有序结构，才能使系统本身不断地发展，通过系统内部的机制来研究系统的演化，则是耗散结构理论的出发点。不仅如此，除了与外界之间物质、能量的交换关系，城市还与其他城市之间存在着竞争合作

① 协同系统是指由许多子系统组成的、能以自组织方式形成宏观的空间和时间或功能有序结构的开放系统。

关系,而这种竞争合作关系,是通过改变城市与外界物质和能量交换的量和交换方式来作用于城市的。在开放的环境中,加强与外界的沟通与联系,适应市场经济竞争环境和社会发展演替规律,可提升城市竞争力。

3.整体优化性原则

系统形成、发展的过程实际上是差异整合的过程。通过差异整合使生态城市建设的各个部分有机地组织在一起,激发出整体效应。整体优化是指在一定条件下,改进系统的结构、功能和组织,以促使系统整体实现耗散最小而效率最高、收益最大的目标。

干旱区生态城市建设系统整体优化的目的,关键是要实现系统的要素与要素之间、局部与整体之间的协调发展。具体包括以下几个方面:(1)运用系统工程的方法进行城市系统建设,从全局视角出发,做好规划、决策和管理,正确处理好局部与整体、眼前与长远的关系。(2)创建干旱区生态城市,要把优化思想贯穿于系统分析、系统实施的过程和各个阶段。(3)要在选择和实施建设方案时,始终敬畏自然,确保建设效果,并尽最大努力确保生态安全,减少或杜绝破坏生态平衡的行为;同时兼顾社会公益原则。

4. 层次性原则

生态城市建设系统的层次具有多样性,可以按照规模、区域、时间、内容等来划分城市系统层次。层次的划分,是客观世界层次多样性的反映,反映的是城市系统内要素之间客观的纵向联系差异性之中的多种共性, 是统一性之中的多样性以及多样性之中的统一性,而且统一性也是多层次的统一性、多种方面的统一性。从干旱区生态城市建设系统的内容来看, 城市系统几乎由无限层次和无限具体要素以无限的关系和形式有机组织起来的复杂巨系统,包含着经济的、自然的、社会的、人性的、物质的等诸多层次,构成了几乎无限复杂的有机网络系统。层次性原则要求在干旱区生态城市建设中充分考虑区域性。生态城市的区域性是指其必须融入区域之中,孤立的城市是无法实现生态化的。区域是城市生存与发展的基础和依托,离开区域的自然和人文支持,城市就成了封闭的"孤岛",城市生态系统新陈代谢就难以进行,城市发展因而缺少活力,难以实现城市的生态化演进。干旱区生态城市追求城乡一体化发展, 是建立在区域平衡基础之上的。城镇之间与城村之间相互联系、相互制约构成了城市区域城镇体系结构。区域城镇体系结构的优化和完善,有助于区域整体的发展以及城乡生态化的整体演进。

(二)依靠后发优势,发挥比较优势

事物是在不停地运动发展着的。事物由小到大、由简单到复杂、由低级到高级的发展过程,本身就包含着"后来者居上"这样一个基本规律。这一规律具有一定的普遍性,存在于自然界,存在于人类社会,存在于我们的日常活动之中。就自然界来讲,森林中小草小苗居于老树枯死的躯干成长,所以中国古话里面有"物壮则老",就是树长得最强壮的时候,必然要进入衰退,一旦开始衰退,新生力量就一定开始茁壮成长。当一棵大树倒下时,它周围必然是生机勃勃,新生力量就开始发展。从整个人类历史的发展来看也是如此,每个朝代的更替都是这样,由强盛到衰败。“物壮则老”、太极图都包含了这种辩证关系:极大则走向极小,极小则是极大的开始。正所谓推陈出新、新陈代谢、“长江后浪推前浪”等,均表达了一种后发优势的概念。

比较是相对的,是一事物与另一事物之间的比较。比较优势就是在比较过程中发现的一事物区别于另一事物的本质之处,一事物不同于另一事物的特殊性决定了这一事物的比较优势。差异优势、特色优势,也叫错位优势,也就是“人无我有、人有我优、人优我精”。比较优势强调两点,一是强调事物的特殊性,二是强调相对性。优势和劣势是相对的、可以转化的,环境不同、条件不同,优势可能转化为劣势,劣势也可能转化为优势。“祸兮福所倚,福兮祸所伏”、“塞翁失马,焉知非福”就讲的是这个道理。很多城市处于落后的状态,因为有后发优势,有潜能,一旦环境条件发生了改变,落后的状态就可能随之改变。

后发优势、比较优势都是客观存在的,不以人的意志为转移。后发优势带有绝对性,比较优势带有相对性,前者是一般规律,后者是特殊性。发挥比较优势,是主观能动性在起作用,人的主观对客观存在着比较优势的反映,即客观与主观相结合,发挥比较优势。这包含了两层概念,一层是客观存在着的比较优势,不以人的意志为转移,生来有之,不可改变。但是,对这样一个客观存在的现状,如何反映、如何对待,也就是如何发挥比较优势,则成为事物价值的关键。

尽管干旱区历史上曾创造过灿烂的文化,现在也不乏发达的城市,但干旱区大部分地区经济发展相对落后,自然环境脆弱。干旱区城市,正因为落后,存在着无限的发展空间,客观上拥有一种后发优势。决定事物特性的不是它的一般规律,而是它的特殊规律。只拥有后发优势还不够,一定要发挥自身比较优势,才能够后来居上。充分认识干旱区自身的比较优势,主观与客观实践相结合,发挥后发优势,推动干旱区生态城市的创建,实现经济、社会、环境三效益的整体提高,推动生态文明的兴盛和社会的进步。

(三)遵循客观规律,优化城市结构

上述系统生态学方法论论述干旱区生态城市构建中应当遵循的原则。但建设生态城市,是一个连续的、漫长的过程。城市自身有其发展演变规律,人类通过合适的方式作用于城市的发展,方能影响城市的发展轨迹。城市规划主要解决城市空间发展问题,较少涉及城市社会方面的内容。建设干旱区生态城市,需要发挥市场经济规律和社会经济发展规律的作用,积极引导生态城市建设[21]。

干旱区生态城市建设体系包括发展节水产业、发展生态经济、优化空间结构、保护和美化自然环境、完善社会软环境建设。制定干旱区生态城市建设规划应以上述五方面为主,不宜围绕状态来制定,否则会舍本逐末,无所适从。究其本源,在一定的外部环境条件下,城市内在结构决定状态的适从和规模,决定效率和公平,进而决定着系统的能

量输出和演化。

干旱区生态城市建设规划,应以诸大结构(或体系)的合理调整和协调进而实现生产方式和消费模式的转变为主,根据外部市场的供给和需求,国家和省级行政区的社会经济发展需要、区域内发展需求和自然环境、资源、技术、人才的支持状况,调整城市辖域内结构,扬长补短,增强整体发展功能和保障其可持续发展。

作为城市空间中对立统一的两面,集中与分散既相互对立,又相互作用、相互转化,对立是相对的、暂时的,转化与统一是绝对的,永恒的空间运动表现城市空间基本矛盾的演化轨迹。

(四)营造生态氛围,推动文明演进

生态经济体系,构成了干旱区生态城市建设的实体内容;合理的富有弹性的空间结构,为干旱区生态城市经济、社会活动提供了发展空间和提升平台;保护和美化环境为干旱区生态城市提供了赖以生存与发展的环境保障。生态经济体系的构建、空间的优化、环境的保护与美化,一方面是人为因素作用的结果,同时也是城市自身演化规律作用的结果。前者人的作用方式和作用点是实实在在的,后者属于社会意识范畴。

生态城市是以城市生态文化为主流的文化存在状态[22]。生态文化本质上是一种人与自然共存共荣的社会意识形态,其价值基础是人与自然平等相处。

生态文化是干旱区生态城市的灵魂,是生态城市命题的题中之意。生态文化的兴起与发展,源于工业化进程中生态危机的加剧,是生态文明的体现,是一种新的人类生存方式,为生态城市建设提供智力支持、精神动力和发展方向,同时也有助于生态城市建设凝聚社会合力和向心力,提升生态城市竞争力。因此,创建干旱区生态城市,一定要高度重视精神层面的生态文化支撑。

参考文献

[1] Emilio F M. Human adaptability: an introduction to ecological anthropology [M].2 版. Boulder: Westview,2000.

[2] 蒋皋, 刘洪彪, 陈丽芳. 生态城市本质新思考和战略发展方向探讨 [J]. 国际城市规划, 2009,24(1):97–102.

[3] 范如国, 唐红. 基于广义资源观的区域生态——城市经济和谐发展研究 [J]. 技术经济, 2009,28(1):72–75.

[4] 毛锋,朱高洪. 生态城市的基本理念与规划原理和方法[J]. 中国人口·资源与环境, 2008,18(1):155–159.

[5] 邱国盛. 论中国近代城市社会结构的演变[J]. 唐都学刊,2002,18(3):45–50.

[6] 任致远.城市空间发展哲学思辨[J].城市规则,2003,9(4):40–45.

[7] 杨悦.城市精神的哲学内涵及其实践品质[J]. 北京理工大学学报(社会科学版), 2003,5(6): 36–52.

[8] 李德华.城市规划原理[M].上海:同济大学出版社,2001.
[9] 沈玉麟.外国城市建设史[M].北京:中国建筑工业出版社,1989.
[10] 薛蓉莉. 我国生态文明与生态城市建设研究[D]. 成都:成都理工大学, 2006.
[11] 黎昌晋. 建设生态城市推进生态文明[J]. 天津经济,2008(1):15-17.
[12] 王蕾,刘瑞. 生态城市的哲学底蕴[J]. 辽宁行政学院学报,2007,9(12):217-218.
[13] 赵燕菁. 高速发展条件下的城市增长模式[J]. 规划研究,2001(1):27-33.
[14] 朱喜钢. 城市空间集中与分散的哲学透视[J]. 人文地理,2004,19(4):45-49.
[15] 高梅. 中国古代城市规划理论思想的哲学思考[J]. 中外建筑,2002(4):19-21.
[16] 杨伟,宗跃光. 生态城市理论研究述评[J]. 生态经济,2008(5):137-140.
[17] 巴巴拉·沃德,雷内·杜博斯.只有一个地球[M].北京:石油工业出版社,1981.
[18] 王正平.生态文明的哲学基础[N].解放军日报,2008-04-04(11).
[19] 祈明霞. 干旱区生态城市环境规划研究[D]. 乌鲁木齐:新疆大学,2006.
[20] 王兴为. 生态城市建设的哲学思考[D]. 武汉:武汉理工大学,2006.
[21] 文宗川,郝晓燕,巩芳,等. 生态城市的发展路径[J]. 城市科学,2009(2):24-26.
[22] 王丽,肖燕飞. 生态文化在生态城市建设中的作用刍议[J].广西社会科学,2009(2):125-128.

第六章
干旱区生态城市建设相关理论评述

一、城市建设基本理论

生态城市的概念是随着人类文明不断发展和人们对人与自然之间关系的认识不断提高而提出来的城市建设理念。它不仅体现了人类谋求自身发展的意愿，同时也显示出了人类对人与自然之间复杂丰富关系的深入认知。尽管生态城市的理论在1980年才出现，但其理论渊源却可以追溯到霍华德的“田园城市”与勒·柯布西耶的“光辉城”等早期城市建设理论。这些国外的城市建设理论以及后来在我国城市建设过程中出现的关于如何建设现代化城市的一些观点都或多或少地针对城市发展中出现的人与自然之间的矛盾、城市化与适宜居住条件之间的矛盾，从城市建设的角度提出了一些更合理的城市规划方案，以解决城市建设中出现的人与自然相隔离的弊病。

（一）国外主要城市建设理论

1.田园城市

田园城市理论最初由英国规划师霍华德（E.Howard）提出，他针对工业化过程中出现的城市与适宜居住条件之间的矛盾以及大城市与自然隔离的矛盾，提出应该把城市当做一个整体来研究，联系城乡关系，适应现代工业的发展进行城市规划，把城市建成“一个适于健康居住、健康生活，规模不是很大，由一个乡村带环绕着，有着各种社会生活设施的城镇，整个土地上的一切均为公有或社区管理”[①]的“田园城市”，从而开创了

① 1899年，霍华德发起成立的“田园城市”协会对田园城市的定义。

城市规划与城市经济及城市环境绿化等问题结合起来的城市建设新阶段。田园城市理论是对19世纪上半叶的乌托邦,特别是欧文传统中的人们把城市看成是一个完善而自给自足的集体,和早期人们对坐落在绿树丛中的“街道干干净净,四周是自由的乡间;还有一片片美好的瓜园和果园,不管从这个城市的哪一点,只需步行几分钟,就能接触到纯净的空气和草地,还可望见远处的地平线”[1]的美好理想的再现。其后,又有盖迪斯(Partrick Geddes)和惠依顿等进一步发展了霍华德的理论,强调城市的发展要同周围地区的环境联系起来进行规划,进一步使建筑形态规划与社会经济环境因素统一起来。田园城市理论对欧洲大陆的城市建设影响很大,有许多城市都进行了以田园城市为名的建设试验,并取得了较好的效果,如1902年建设的世界上第一座田园城市——列契沃斯(Letchworth)。

2.光辉城

针对城市中心区人口密度过大,交通量日益增加和城市中绿地、空地太小,日照通风、游憩、运动条件太差等问题,勒·柯布西耶在1925年出版了《城市规划设计》一书,将工业化的思想大胆引入城市规划,提出了“光辉城”的概念。他主张应提高城市中心区的建筑高度,降低建筑密度,采用立体交通,改变沿街建造的密集式街道,增加空地、绿地,改善建筑居住形式。法国马赛公寓是柯布西耶把住宅群和城市联合在一起想法的实现,他把这种带有完善服务设施的居住大楼称为“居住单位”。他理想的现代化城市就是由若干“居住单位”和公共建筑组成,建筑之间留出大片绿地。

3.广亩城市

1935年,赖特发表了《广亩城市:一个新的社区规划》,提出了著名“广亩城市”(Broadacre City)理论。广亩城市是一种城市分散主义的思想。城市分散主义最早源自乌托邦空想社会主义者思想和霍华德的田园城市思想。他们都反对现代大城市,主张取消大城市。广亩城市理论是对美国化规划思想的倡导,强调城市中人的个性,反对集体主义,是对20世纪初建筑师们对于现代城镇环境的不满反映,以及对工业化时代以前人与环境之间相对和谐状态的怀念。

广亩城市理论否定城市,建议应该建立一种新的、半农田式的社团。赖特呼吁城市应该回到过去的“社会”,这种社会保持着他自己所熟悉的、19世纪90年代左右威斯康星州那种拥有自己宅地的居民们过着的独立的农村生活方式。根据20世纪30年代北美农户们已开始广泛使用汽车,使城市有可能向广阔的农村地带扩展的现状,赖特提出,随着汽车和廉价电力遍布各处,那种把一切活动集中于城市的需要已经终结,分散住所和分散就业岗位将成为未来的趋势。他建议发展一种完全分散的、低密度的城市,即广亩城市来促进这种趋势。具体来说,每户周围都有一英亩(4 047 m^2)土地,足够生产粮食蔬菜。居住区之间以超级公路相连,提供便捷的汽车交通。沿着这些公路,他建议规划路旁的公共设施、加油站,并将其自然分布在为整个地区服务的商业中心之内。广亩城市的设想并不适用于一般城市建设，但它提出把集中性城市分散化却是值得借鉴的城市建设思想。广亩城市规划思想有一些著名的实例，如流水别墅、卢比住宅等。

4.邻里单位[2]

邻里单位是由美国建筑师佩里(C.Perry)于1939年提出的城市居住空间的组织方式，其目的是要在汽车交通开始发达的条件下，创造一个适合于居民生活的、舒适安全的和设施完善的社区居住环境。佩里认为，邻里单位就是“一个组织家庭生活的社区的计划”，因此这个计划不仅要包括住房、周围的环境，还要有相应的公共设施，这些设施至少要包括小学、零售商店和娱乐设施等。他还认为，在当时快速汽车交通的时代，环境中最重要的问题是街道安全。因此，最好的解决办法就是建设道路系统来减少行人和汽车的交织和冲突，并且将汽车交通完全地安排在居住区之外。根据佩里的论述，邻里单位由6个原则组成：(1)规模，一个居住单位的开发应当提供满足一所小学的服务人口所需要的住房，它的实际面积则由人口密度来决定；(2)边界，邻里单位应当以城市的主要交通干道为边界，这些道路应当足够宽，以满足交通通行的需要，避免汽车从居住单位内穿越；(3)开放空间，应当提供小公园和娱乐空间的系统，被计划用来满足特定邻里的需要；(4)机构用地，学校和其他机构的服务范围应当对应于邻里单位的界限，应该适当地围绕着一个中心或公地进行成组布置；(5)地方商业，与服务人口相适应的一个或更多的商业区应当布置在邻里单位的周边，最好是处于交通的交叉处或与临近相邻邻里的商业设施共同组成商业区；(6)内部道路系统，邻里单位应当提供特别的街道系统，每条道路都要与其可能承载的交通量相适应，整个街道网要设计得便于单位内运行同时又能阻止过境交通的使用。根据这些原则，佩里建立了一个整体的邻里单位概念，并且给出了图解。邻里单位的理论在实践中发挥了重要作用，并且得到了进一步的深化和发展。其中以美国新泽西州的新城雷德朋最为著名。雷德朋的设计针对20世纪20年代不断上升的汽车拥有量和行人量、汽车交通事故数量，提出了“大街坊”的概念，就是以城市中的主要交通干道为边界来划定生活居住区的范围，形成一个安全的、有序的、宽敞的和拥有较多花园用地的居住环境。由若干栋住宅围成一个花园，住宅面对着这个花园和步行道，背对着汽车道，这些汽车道连接着居住区外的交通干道。在每个大街坊中都有一个小学校和游戏场地。每个大街坊中，有完整的步行系统，与汽车交通完全分离，这种人行交通与汽车交通完全分离的做法，通常被称作“雷德朋原则”。邻里单位模式体现了《雅典宪章》所倡导的功能主义原则。居住空间的功能被划分为住宅、道路、绿化服务设施，彼此功能划分明确，空间互不交叉。

5.城市类型学[3]

罗伯·克里尔(1975年)将城市空间定义为“包括城镇和地区的建筑中的所有空间类型”，这一范围包括从单位建筑的内庭院到广阔开敞的空间。克里尔将城市视为街道、广场和其他开敞空间互相结合的产物，强调基本的几何构型和空间的美学效果是城市空间的两个重要性质。克里尔肯定了卡米诺·西特对欧洲传统城市纪念性和艺术性的研究，尤其对现代化过程中逐渐丧失的传统城市空间的两个基本要素广场和街道予以强调。坦菲尔德城是克里尔城市类型学理论的具体实践，那里各种类型的建筑相互穿插，丰富了城市的沿街立面密实的街坊和几十种不同街角的空间处理，形成了与一般小城镇不同的城市空间，街道网络在城市空间中被强调，沿街建筑的高度、材料、色彩有着统一的控制要求，以营造欧洲传统城市的街道氛围。

6.模式语言

C·亚历山大(C·Alexander)在1977年出版的《模式语言》一书中提出了城市设计"模式"，对城市建设实践产生了重大影响。亚历山大是美国建筑师协会20世纪70年代颁发的最高研究勋章获得者，其研究小组为城市规划和建筑设计提炼了263个设计模式，通过这些模式，人们可以轻松地设计自己想要的居所，同一区域的人们可以在同一套模式语言引导下，共同规划自己的城市和社区。按此模式设计出来的建筑总能体现出某种相同的"无名特质"，人们在那里能感受到浓浓的生活气息，感叹它与自然、与社区、与人的和谐。它们之所以呈现出共同的"无名特质"，是因为它们都遵循某些相似的"模式"。如果掌握了这些"模式"，就能在任何地方设计出同样具有"无名特质"的建筑，虽然它们的表现形式千差万别，但一眼就能看出它们具有相同的特质。

亚历山大对"模式"的经典定义是：每个模式都描述了一个不断出现的问题，以及该问题的解决方案。通过这种方式，你可以无数次地使用那些屡试不爽的解决方案，无需每次都"重新发明汽车的轮子"。模式语言就是当掌握了足够的建筑设计模式并弄清了模式之间的关系之后，就可以像灵活运用语言一样设计出丰富多样的建筑，模式的借鉴避免了大量的重复设计。模式语言有着许多的工程实践，像伯克利的住宅、秘鲁利马的住宅、墨西哥住宅等。

(二)国内城市建设理论

1.建设现代城市

改革开放后，随着我国城市化水平的不断提高，我国国民收入的50%、工业产值的70%、工业利税的80%都基本产生于城市，90%以上的科技力量和高等教育集中在城市，高科技产业、通讯、交通、金融、信息等均以城市作为主要载体，城市已经名副其实地成为区域政治、经济、文化、科技和对外交流的中心。城市的主导地位日趋突出，国民经济发展在很大程度上取决于城市经济的发展，城市经济已成为社会发展的主要动力，建设现代城市已经是历史发展的必然趋势。

现代城市是由工业生产、商品流通、交通运输、财政金融、科教文卫、信息网络、公共设施、居民生活、园林绿化、行政管理等多种体系组成的具有多层次和多功能的复杂有机体，城市发展的各个方面需要相互协调、平衡发展。为此，我国政府在1994年提出的

《中国21世纪议程》中明确提出:中国政府将把城市环境综合治理和住区建设列为可持续发展的一个重要领域。由此开始,我国的城市建设不仅注重城市化的加快发展,同时也将城市化与环境治理、城市建设与人民生活舒适度结合起来考虑,不仅注重城市的经济效益,更加重视城市建设中的社会效益和生态效益。

2.山水城市

山水城市是我国著名科学家钱学森1993年3月28日在北京召开的"山水城市——展望21世纪的中国城市讨论会"上宣读的《社会主义中国应建设山水城市》的论文中提出的城市建设思想。山水城市的设想是中外文化的有机结合,是城市园林和城市森林的结合,是城市与大自然的结合,其中,山水泛指大自然环境,城市泛指人工环境。建设山水城市不仅要把大自然还给城市,还要把艺术的美赋予城市。城市的核心主体是人,建设山水城市就是要建造一个宜于居住、利于人类活动、有益于人的健康成长的、生态平衡、环境优美的城市。其后,北京大学教授陈传康进一步提出应该把"从城市建公园到使城市成为公园"作为城市规划发展的方向及城市建设和发展的最高目标。

3.生态花园城市

钟晓青[4]提出了生态花园城市的概念,认为生态花园城市是以生态经济循环的思想建立起来的无废无污、高效和谐的现代城市建设的科学模式,是一条按生态链关系建立起来的无废无污的、开放式闭合的各种物质循环系统。生态经济型的花园城市应具备3个条件:(1)环境污染(包括三废、噪声和粉尘等)控制在城市生态系统的自净能力(生态容量)之内;(2)具有开放式闭合状的生态经济物质循环系统,并遵循缪尔达尔的循环累积原理;(3)人类直感的吃、住、行、作的清新舒适感。建立生态花园城市体系的具体操作应包括以下几个方面:(1)建立城市生活用水、工业用水、商业用水、清洁用水等用水系统的使用、排放、净化、回归江河的生态经济水循环管理体系。(2)建立城市生活垃圾、工业垃圾、商业垃圾等垃圾的分类收集、人工及机械分选系统,分类回收,循环利用。少用甚至杜绝垃圾的堆肥、填埋、焚烧等传统的方法。(3)建立以公园、绿地、花园式机关单位为"点",沿路、沿边、沿河、沿江绿化为"线",以广大城市居民住宅的屋顶、阳台、庭院为"面"的点、线、面结合的闭合状城市绿化管理体系。(4)建立绿色建筑新体系。(5)以生态经济循环的思想分别建立城市的各种物质系统的管理体系,使系统内部物质和能量得到高效利用,整个生态经济系统保持和谐运转。

二、生态城市建设理论

生态城市建设理论是在各种城市建设理论的基础上,运用生态学的原理,从生态学的角度提出解决城市建设弊病的对策。该理论自产生以来,迅速地与社会学、经济学等人文学科以及物理学等自然学科进行了相互渗透和“杂交”，目前已经成为包括城市生态学、生态经济学、可持续发展、循环经济等理论在内的综合性极强的涉及城市自然生态观、城市经济生态观、城市社会生态观和复合生态观等的综合城市生态理论[5]。

(一)城市生态学理论

城市生态学起源于20世纪二三十年代芝加哥学派的城市社会学研究，复兴于20世纪的环境和资源危机引起的系统生态学研究，繁荣于20世纪80年代的全球变化和可持续发展研究。

城市生态学理论把城市看做是一个由自然、经济和社会复合而成的人工化的生态系统，它不仅包括了生物和非生物因素，还包括了人类和社会经济要素，这些要素通过物质能量的生产代谢、生物化学循环，以及资源供需及废物处理系统，形成一个内在联系的统一整体[6]。城市生态系统具有不同于自然生态系统的一系列特点：以人为主体；系统容量大、流量大、密度大、运转快，且具有高度开放性；具有自我驯化的特点；具有多层次性，各层次子系统的内部都有自己的能量流、物质流和信息流，各层次之间又相互联系，构成一个不可分割的有机整体。要使城市这个复合生态系统能协调持续发展，必须使系统中的各种关系以及整体符合生态原则，遵照生态规律运作。从系统的“流”来看，应保持各种流(物流、能流、信息流)的连续与畅通，使物质的输入和输出保持平衡。如果物质输入过多，输出较少，多数的物质将释放到环境中或滞留在系统中，形成严重的污染问题；如果物质输出过多，而投入较少，将形成严重的生态耗竭问题。从“网”的方面来看，城市是一个通过各种复杂的物理网络、管理网络、交通网络以及产业结构、产品结构、产业布局、土地利用格局和居民点等交织而成的超维人文空间。它们在系统中的关系是网式而非链式。因此，要使城市生态系统持续发展，必须使城市系统中不论是微观的、局部的结构布局，还是宏观的、整体的结构布局都应合理，避免条块分割的链式规划。从“序”即城市的功能方面来看，一个和谐的城市生态系统必须具备良好的生产、生活和还原缓冲功能，具备自组织、自催化的竞争序，以主导城市的发展，以及自调节、自抑制的共生序保证城市的持续与稳定。而这一切的关键取决于人的经营、管理和控制行为。因此，城市生态系统的可持续发展必须要有既符合经济规律又符合生态规律的法制、法规，行之有效的行政管理体制和机制，以及完善的监督体系。

城市生态系统是一个特殊的人工复合生态系统，所以，在城市生态系统理论指导下的生态城市建设目标和方向与传统城市建设目标和方向有所不同。传统的城市建设目标，只追求经济发展速度，而忽视经济增长的质量，只注重经济效益，而忽视社会效益和生态效益，结果造成人与人之间的隔离。而在城市生态学理论指导下的城市建设目标，倡导人与人之间的亲近、人与自然之间的和谐，它不仅注重经济建设，而且注重社会文化建设和环境建设，它追求的是三者之间的和谐共生发展。城市复合生态系统的基本功能见表6-1。

表 6-1　城市复合生态系统的基本功能

功能	经济	社会	自然
生产	物质与精神的原料和产品，中间产物及末端废弃物	人文资源(劳力、智力、体制、文化)	光合作用、化学能合成、第二性生产、水文循环
消费	商品的生产与消费，包括生产资料和生活用品	信息的共享、文化氛围、社会福利和基础设施	诱捕、摄食与寄生、资源消耗与代谢、污染与退化
调节	供需平衡、市场调节、银行干预	保险、治安、法治、伦理、道德、宗教、信仰	自然净化、降解、释放、溶解、扩散与富集、人工处理与生态恢复

注：引自王如松等的《城市生态调控方法》。

(二)城市生态规划理论

城市生态规划是城市规划的一部分，是以生态学原理和城乡规划原理为指导，应用系统科学、环境科学等多学科的手段辨识、模拟、规划与设计城市人工复合生态系统内的各种生态关系，确定资源开发利用与保护的生态适宜度，探讨改善系统结构与功能的生态建设对策，是对城市的社会、经济、技术和生态环境进行全面的综合规划，以便充分、有效和科学、合理地利用各种资源条件，促进城市生态系统的良性循环，为城市居民创造舒适、优美、清洁、安全的生产和生活环境，从而促进人与环境之间的持续协调发展，最终使社会经济持续稳定地发展。

城市生态规划致力于城市各要素间生态关系的构建及维持，城市生态规划的目标强调城市生态平衡与生态发展，并认为城市现代化与城市可持续发展亦依赖于城市生态平衡与城市生态发展。城市生态规划主要包括以下系统的规划：(1)高质量的环保系统，各项环境质量指标均应达到国家先进城市的最高标准；(2)高效能的运转系统，包括通畅的道路交通系统，充足的能流、物流和客流运输系统，快速有序的信息传递系统，相应配套的有保障的物资供应系统和城郊生态支持圈，完善的专业服务系统和污水废物的排放和处理系统等；(3)高水平的管理系统，包括人口控制、资源利用、社会服务、医疗保险、劳动就业、治安防灾、城市建设、环境整治等方面都应有高水平管理，以保证水、土等资源的合理开发利用，及适度的人口规模；(4)完善的绿地生态系统，不仅应有较高的绿地指标，如绿地覆盖率、人均绿地面积和人均公共绿地面积，而且还应布局合理，点、线、面有机结合，有较高的生物多样性，组成完善的复合绿地系统；(5)高度的社会文明和生态环境意识。

总之，城市生态规划是以特定的区域特征为依据，强调经济、人口、资源、环境的协调发展，把城市生态系统当做一个庞大的网状和多级、多层次的大系统，对人工化环境在区域内的布局和利用进行规划和设计。其规划不同于传统的城市环境规划，只考虑城市环境各组成要素及其关系，也不仅仅局限于将生态学原理应用于城市环境规划中，而是涉及城市规划的方方面面，致力于将生态学思想和原理渗透于城市规划的各个方面和部分，并使城市规划"生态化"。同时，城市生态规划在应用生态学的观点、原理、理论和方法的同时，不仅关注城市的自然生态，而且也关注城市的社会生态和经济生态。此外，城市生态规划不仅重视城市现今的生态关系和生态质量，还关注城市未来的生态关系和生态质量，关注城市生态系统的可持续发展，这些也是生态城市建设的目的所在。因此，城市生态规划理论应成为生态城市建设的重要理论依据[7]。

（三）城市可持续发展理论

城市可持续发展理论是可持续发展理论在城市建设领域的具体应用，是一种崭新的城市发展观，是在充分认识到城市在其发展历史中的各种"城市病"及原因的基础上，寻找到的一种新的城市发展模式，它在强调社会进步和经济增长的重要性的同时，更加注重城市质量的不断提高，包括城市的环境质量、城市的生态结构质量、城市建筑的美学质量、城市的精神文明氛围质量等方面，最终实现城市社会、经济、生态环境的均衡发展[8]。城市可持续发展内涵丰富，同时又具有层次性、区域性等特征，它至少包含以下几方面内容[9]。

（1）城市可持续发展具有时空性，在不同的发展阶段、不同区域，城市可持续发展具有不同的内容和要求；不仅要满足当代人、本城市的发展要求，还要满足后代人、其他地区的发展要求。

（2）强调人口、资源、环境、经济、社会之间的相互协调，其中环境可持续发展是基础，经济可持续发展是前提，资源可持续发展是保障，社会可持续发展是目的。

（3）主要通过限制、调整、重组、优化城市系统的结构和功能，使其物质流、能量流、信息流得以永续利用，并借助一定的城市发展、经济社会发展战略来实施，其中城市政府是推动城市可持续发展的首位力量。

（4）具体表现为城市经济增长速度快，经济发展质量好，市容环境美观，生态环境状况良好，人民生活水平高，社会治安秩序优，抵御自然灾害能力强。

（5）就宏观而言，是指一个地区的城市在数量上的持续增长，最终实现城乡一体化；就微观而言，是指城市在规模（人口、用地、生产等）、结构、功能等方面的持续变化与扩大，以实现城市的持续发展。

从城市可持续发展理论的内涵可以看出，它与我们所要建设的生态城市的要求在本质上是一致的。因此，生态城市建设一定要遵从城市可持续发展理论。

（四）生态足迹理论

加拿大生态经济学家 Wiliam 和 Wackernagel 于 20 世纪 90 年代提出的"生态足迹"理论，从一个崭新的角度使人对生态城市有了更形象、更深刻的认识[10]。任何已知人口（一个人、一座城市、一个国家或地区、全球）的生态足迹是生产这些人口所消费的资源和吸纳这些人口所产生的废弃物所需要的生物生产面积（陆地和近海海域）的总和。某区域的生态足迹可通过生态足迹分析法来测算，并可通过其结果度量某区域的可持续发展程度[11]。生态足迹分析法是一组基于土地面积的量化指标。它由两部分组成:一是生态足迹,二是生态承载力。生态足迹模型主要用来计算"在一定的人口与经济规模条件下,维持资源消费和废物消纳所必需的生物生产面积",即在一定技术条件下,为维持某一物质消费水平下的某一人口、某一区域持续生存所必需的生态生产性土地面积;生态承载力则是一个区域所能提供给人类生态生产性土地面积的总和。将生态足迹与给定人口区域的生态承载力比较,可衡量区域的可持续发展状况[12]。

我国学者陈易按照生态足迹的理论,给生态型城市下了一个新的定义,即生态型城市就是在保证城市各项功能正常运行和维持城市居民较好生活质量的前提下，尽量减少人均生态足迹,使城市生态足迹面积尽量缩小的城市。既然生态型城市是指生态足迹尽量减少的城市，因此实现生态型城市的主要方式就是尽量减少城市的人均生态足迹和控制城市人口,亦即尽量减少城市的物质和能量消耗,减少城市的废弃物排放,只有这样才能体现可持续发展的原则。根据生态足迹理论,实现生态型城市应该注意以下几个方面。

(1)奉行正确的消费观念。对生态足迹理论的分析可以得出:"高消费"的生活模式是导致生态足迹增大的主要原因。因此,必须努力从工业文明消费模式过渡到一种与环境相协调、低资源和低能源消耗、高消费质量的生态文明适度消费体系。这是一种可持续发展的消费模式。

(2)发展循环经济,挖掘城市自身的生产潜力。建设生态城市的关键还是要做到城市内部资源的再生及合理利用,以便提高城市自身的生产力。一个生态城市,要考虑的不仅仅是城市自身,更重要的是如何减轻它对其他地区乃至全球的影响及压力。如果能对物质进行合理、充分的利用,就相当于提高了生物生产性土地单位面积上的产出率,这样不仅可以实现城市经济的高效,还会减少废物及污染的产生,自然就会减少生态足迹,减轻城市本身对其他地区的压力。寻求一种能改变资源消耗型的经济增长模式,提高资源利用效率的新的经济增长模式是建设生态城市的关键，因此发展循环经济就成为解决此问题的最佳选择。

(3)构建城市生态交通、生态建筑。从生态足迹理论看,要想建设生态城市,必须建设生态型交通,因为城市交通生态足迹在城市生态足迹中也占有举足轻重的地位,汽车造成的空气污染、噪声污染、能源消耗、交通事故等负面影响也是人类难以承受的。在生态城市建设中还应尝试将新的生态技术运用到建筑的设计与建造过程中，提倡用太阳能、风能、潮汐能、核能等新型能源,使用可再生材料,建设"智能型"的生态建筑。

(4)建构生态文化体系。生态型城市的建设是涉及诸多因素的复杂的系统工程,只有构建生态文化体系,才能使人们时刻感受到生态文化,才能使人们从全球生态危机和可持续发展的角度出发认识城市、建设城市,使生态城市从理想变为现实。

总而言之,要建设生态城市就必须减少城市生态足迹,而且生态城市的建设不仅仅是城市本身的问题,城市生态系统是在整个自然生态系统之中,它与自然生态系统的关系是不能忽视的。在建设生态城市时首先要考虑的是如何不侵占他人的生态足迹,不把城市孤立起来大谈生态城市的建设与评价,一定要立足于世界这个大家庭中。如何做到在保证城市经济高效、生产清洁、生态系统健康安全的情况下缩小生态足迹是生态城市建设首先要研究的问题。

(五)循环经济理论

循环经济的思想萌芽应该追溯到环境保护兴起的19世纪60年代, 它要求以环境友好的方式利用自然资源和环境容量,实现经济活动的生态化转向。循环经济既是生态城市建设的重要组成部分,又是生态城市建设的动力。循环经济是一种以资源高效利用和循环利用为核心,以"减量化、再利用、资源化"为原则,以低消耗、低排放、高效率为基本特征,符合可持续发展理念的经济增长模式,是对"大量生产、大量消费、大量废弃"的传统增长模式的根本变革。循环经济本质上是一种生态经济,它要求遵循生态学规律和经济规律,合理利用自然资源和环境容量,打破企业间单向线性生产方式,按照自然生态系统物质循环和能量流动规律重构经济系统, 使经济系统和谐地纳入到自然生态系统的物质循环之中,从而实现经济活动的生态化。循环经济主要通过在经济活动的3个重要层面上实现物质闭环流动来实现。企业层面上的小循环:坚持生态效率的理念,推行清洁生产,减少产品和服务中物料和能源的使用量,实现污染物排放的最小量化;区域层面上的中循环:按照工业生态学的原理,通过企业间的工业代谢和共生关系,建立工业生态园区;社会层面上的大循环:通过废旧物资的再生利用,实现消费过程中和消费过程后物质和能量的循环。循环经济理论为生态城市建设过程中的经济转型指明了方向。

(六)生态经济学理论

生态经济学理论是研究再生产过程中,经济系统与生态系统之间的物质循环、能量转化和价值增值规律及其应用的科学。能流与物流是社会再生产过程的重要环节,既包括物质循环利用、能量转化,也包括价值转化与价值实现的关系。城市物流涉及经济与生态环境两大系统, 理所当然地架起了城市发展进程中的经济效益与生态效益之间联系的桥梁。传统的发展模式没有处理好两者的关系, 过多地强调了城市发展的经济效益,而忽视了城市环境效益,导致城市整体效益下降。城市的经济效益主要涉及微观和局部利益,而环境效益则关系到宏观与长远利益。现代生态城市的建设,较好地解决了这一问题。生态城市是在保证生态安全的前提下,以可持续发展理念为指导,以生态学原理为依据,对城市中的经济行为、经济规律与生态系统之间的相互关系进行综合分析评价,以谋求在生态平衡、经济合理、技术先进条件下的生态与环境最佳结合为主要目的的一种发展模式。

(七)耗散结构理论

耗散结构是系统存在的一个结构状态,是一个远离平衡态的开放系统,通过不断地与外界进行物质、能量和信息交换,系统内各要素存在着复杂的非线性相干效应时形成的一种时间上、空间上和功能上的有序状态,这种非线性平衡下的有序结构,称为耗散结构。以"熵"来表达系统的混乱程度,处于热力学平衡下的系统是混乱程度最大的。如果系统要向有序的方向发展,远离平衡态,就必须处于耗散结构状态。

一个系统要处于耗散结构,就要符合以下几个条件:开放系统、远离平衡态、非线性结构、涨落。在耗散结构里,在不稳定之后出现的宏观有序是由最快增长的涨落决定的。在远离平衡的非线性区,涨落起着完全相反的非平衡相变触发器的作用,即随机的小涨落通过相干的作用不断增加形成"巨涨落",使系统从不稳定状态跃变到一个新的稳定的有序状态,随着时间的变化,新的状态又变得不稳定,又可以通过涨落形成更有序的结构,即耗散结构。如此循环往复,使系统不断地向更有序的方向发展。这种现象在社会的发展中表现得十分明显, 当生产关系不能满足生产力发展时, 社会就处于不稳定状态,一种社会变革能使原来的社会状态改变,形成新的生产力和生产关系的有序结构,这种状态也是暂时的。随着时间的发展,这种关系又会变得不稳定,于是又导致新的社会结构出现,从而使社会不断向更高程度的有序系统发展。

三、干旱区生态城市建设理论

干旱区在城市建设中处理好生态环境建设规划与城市化进程之间的关系, 是实现区域与城市可持续发展的重要保证。历史实践表明,干旱区城市建设如不进行合理规划和研究,不仅不能保证城市的可持续发展,而且还会影响到区域的生态健康与安全。因此,通过对干旱区城市区域环境特征进行分析,并结合生态城市建设的相关理论指导干旱区城市生态环境建设,对改善干旱区城市与区域的生态环境质量、促进城市与区域的可持续发展具有重要意义。干旱区独特的地域性环境特征,使干旱区进行生态城市建设时除遵循一般城市建设和生态城市建设的基本理论外,更应注重环境特征的影响,处理好环境和资源对生态城市建设的制约问题。而遗憾的是,针对干旱区生态城市如何建设的问题,目前尚没有形成系统的研究理论,但与此相关的论述却散见于许多文献当中。笔者经过梳理整合,认为主要有以下一些理论思想可以指导干旱区生态城市建设。

(一)城市化带动生态化

自有人类经济活动以来就存在着人与自然这一基本矛盾, 而矛盾的主要方面在于人的行为和活动,合理的行为和活动可使自然环境向好的方向发展,反之,则造成严重的恶果。土地沙漠化、草地退化、森林消失、严重的水土流失、湖泊干涸以及各种类型的环境污染等,虽存在自然因素的影响,但主要是人们千百年来不良行为与活动造成的恶果。因此,恩格斯在100多年前就提出了警告:“我们不要过分陶醉于我们对自然界的胜利。对于每次这样的胜利,自然界都报复了我们”,“美索不达米亚、希腊、小亚细亚以及其他各地的居民,为了想得到土地,把森林都砍光了,但是他们做梦也想不到,这些地方今天竟因此成为荒芜不毛之地,因为他们使这些地方失去了森林,也失去了积聚和贮存水分的中心。”[13],这些警告对今天的经济建设仍有十分重要的现实意义。类似的资源与环境破坏的情况也普遍发生在我国西北干旱地区。因此,在西北干旱地区实现生态化,仅靠单纯的生态环境建设与保护,而没有人口因素的控制相配合,不重新调整人口的分布,完成人口的合理布局与规范人们的环境意识及其行为,是难以奏效的。

我国西北干旱地区面积辽阔,人口密度较低,但却干旱少雨,大面积的土地贫瘠、荒漠化与沙漠化状况严重,生态系统比较脆弱。其中,人们生产和生活中的不良行为与活动对环境的破坏是造成干旱地区生态环境恶劣的重要因素之一。因此,调整人口布局,使人口适当集中,降低集中区域以外广大地区的人口压力,减少人类不合理活动给自然界带来的破坏和威胁,是西北干旱地区实现可持续发展的必由之路。为此,西部干旱区应尽快通过发展城市化来带动区域生态化,尽量使绝大部分人口集中分布于城市,仅使少量人口散居在城市以外的广大荒漠、戈壁、草原、林区、山区。这样,一方面可以减少人类不合理活动给自然界带来的威胁和破坏,如开垦、超载过牧、乱砍滥伐、疯狂采集与狩猎等;另一方面也便于对集中于城市的人口进行管理教育,提高其环保意识和规范其社会行为,从而大大缓解人与自然的矛盾。

城市化在干旱区的作用,一是有利于较快地大幅度提高人口素质,提高居民生活水平与文化水平,加速西北干旱区脱贫致富的速度。若在一定时期内通过城市化的发展,使目前70%以上的非城市居民转变70%以上人口分布于现代化城市,这将是一个极为惊人的变化,尤其是对那些分布于沙漠、戈壁、偏远山区、林区的居民,在提高人口素质、改进生活质量上将发挥巨大的作用。通过城市化,集约化经营各类资源,包括土地资源,依靠科学技术的支撑,顺应生态规律,发展城市经济与城市的生态环境建设;在环境承载力不高又无资源潜力发掘的地区绝对控制人畜的承载量与人类活动;在环境承载力较大且有较大资源潜力的地区加大投入,通过建设和集约化管理,增加人畜的分布密度,以适应特殊的生态环境,并与自然界保持相互协调的状态。如将新疆维吾尔自治区1 700万人口中73%的非城市人口通过城市化建设变为城市人口,在南北疆分别形成若干个百万人口的现代化城市,使这些城市居民群体融入现代化城市的管理体系,并使其行为符合现代生态文明的规范,仅保留400多万人分布在南北疆的山地、戈壁、荒漠与草原等地,非常有力地推动了南北疆自然生态的恢复和生态环境建设与保护。二是有利于提高对环境与自然资源集约化管理的水平,因为现代化城市的文化与科学技术必将促进粗放的管理向集约化管理转变,由于城市的功能必将由点到面地发挥作用,这对西北广大地区的经济开发定能发挥事半功倍的作用。三是可以最大限度地发挥公路网与航空网等基础设施的作用,尤其是高速公路与城市间短程航线的作用。

(二)基于城市化和生态环境互动机制的干旱区生态城市建设

冯维波(2006年)通过对城市化与生态环境之间的互动机制的研究发现,两者之间存在着胁迫和制约的相互关系。其互动关系在时间序列上可分为4个阶段:低级协调阶段、抵抗阶段、磨合阶段以及高级协调阶段。并从城市类型、文明类型、经济类型、产业比重、城市化水平、生态环境质量、哲学思考、结构特征、时间尺度、空间尺度和抗干扰能力11个方面对这4个阶段进行了比较(见表6–2)。

表6–2 城市化与生态环境互动机制时间序列分析[14]

类项	低级协调阶段	抵抗阶段	磨合阶段	高级协调阶段
城市类型	传统城市	现代城市前期	现代城市后期	生态城市
文明类型	农业文明	前工业文明	后工业文明	生态文明
经济类型	类循环农业经济	线性工业经济	类循环工业经济	循环经济
产业比重	以第一产业为主,第二、第三产业刚刚起步	第二、第三产业迅猛发展,第一产业下降	第三产业继续发展,第二产业开始下降	第三产业继续上升,第一、第二产业继续下降
城市化水平	很低	快速提高	继续提高	开始放慢
生态环境质量	质量很好	迅速恶化	开始好转	达到优良
哲学思考	自然本体论	人文本体论	开始生态本体论	生态本体论
结构特征	简单	比较简单	比较复杂	很复杂
时间尺度	比较长久	不长久	可能长久	恒久
空间尺度	较小	相对较小	相对较小	相对较大
抗干扰能力	弱	比较弱	开始增强	很强

以上规律性的结论表明,生态城市是人类城市人居环境发展的必然趋势和最高阶段,其建设过程是城市化与生态环境不断磨合、协调的过程,具有复杂性、长期性和阶段性的特点,要将其建成,不但要提高城市化水平,而且要进行生态创新,提高生态阈值。

西部干旱区普遍存在干旱缺水现象明显、土地荒漠化严重、环境污染严重、自然灾害频繁等主要生态环境问题。而生态环境是人类生存、发展的基础,生态环境建设是经济发展的前提和保障。生态建设的目的就是要在干旱区开发建设中,维持生态环境的协调稳定,保障干旱区的生态安全,即人的生活、健康、基本权利、生活保障来源、必要的资源、社会秩序、人类适应环境变化的能力等方面不受威胁。这不仅包括自然生态的安全,也包括生态经济安全和社会生态安全。三大领域的安全有着不同的内涵和特点。对于自然生态安全,主要强调的是自然的土壤、植被、水域、大气、矿藏等组成的自然生态系统的协调程度和稳定性。更大空间尺度上的生态景观格局的安全以及区域生态环境的安全,是自然生态安全的重要组成部分。而由农林牧、工业交通运输以及科技等组成的生态经济系统的安全,是生态安全的又一重要方面。在社会日益进步和文明不断发展的历史背景下，信息、旅游、服务、饮食、居住等与人类生存和社会发展密切相关的社会要素构成的社会生态系统的安全，愈来愈显得重要。通过对自然、社会经济和人文等因素的综合研究，构建西部干旱区生态安全的理论框架，建立生态安全评价指标体系，定量界定区域生态环境质量的优劣程度，揭示生态环境的安全阈值，是西部干旱区生态建设的出发点和立足点。因此，西部干旱区在生态保护和建设过程中，只有遵循可持续发展的总原则，才能寻求一条适合西部特点的人地关系和谐相处的方法与途径。

基于城市化与生态环境的互动关系，干旱区应以维持水资源的循环再生性和生态的可持续性为目标，以现状生态的保护为基础，以水利基础设施建设为保障，综合权衡经济价值与环境需要，稳步推进生态城市建设。在追求区域社会经济有较大程度发展、人民群众的生活水平有较大程度提高的同时，必须使区域生态环境质量有明显改善，即在水资源合理配置及合理利用的基础上，使区域小气候条件改善，风沙灾害减少，土地荒漠化发展态势得到遏制，土壤盐渍化得到控制，区域的河流、湖泊、水库的水质不再继续恶化，天然植被防护效应得到充分发挥，绿洲内部及其外围的环境质量得到进一步提高。为此，在干旱区进行生态城市建设必须处理好以下一些问题。

(1)生态建设效益。生态建设效益的发挥具有明显的滞后性，但生态环境建设又是造福子孙后代的公益性事业，是实现社会经济可持续发展的基础。因此，在干旱区城市建设中，建设初期就应更加注重生态建设效益，对于不同规模、不同建设周期、不同自然地理环境下不同类型的生态环境建设项目，要科学地确定其效益目标，综合权衡区域自然及社会经济状况，强化生态效益的作用与意义，促进多种效益的综合性功能发挥。事实上，生态效益、经济效益和社会效益是相辅相成的，只有因地制宜、因时制宜，才能最大限度地发挥生态环境建设的总体效益。

(2)科学技术的应用。西部干旱区脆弱的生态环境和相对滞后的社会经济发展状况加大了生态环境保护和建设的难度。正因为如此，才更要在城市化建设中加大技术的投入，努力将各种新兴的科学技术应用于生产生活的各个方面，如育种技术、栽培技术、灌溉技术、管理技术、监测技术等。通过科学技术的宣传、引导、示范和推广，切实保障生态建设的科学性、合理性和有效性。通过科技的进步带动城市化建设中生态建设项目的快速进展，使其尽快发挥社会经济和生态效益。

(3)城市化发展模式的选择。干旱区城市化过程的演变轨迹和其他城市的演变轨迹应该有所不同。干旱区城市建设应选择能满足的水资源保障程度和可供选择的最经济、最节水的城市化发展道路。要在科学研究的基础上，选择出在水资源和脆弱生态环境的双重约束下，提高城市化水平的主要手段，努力选择相对耗水最少、成本最低、生态服务价值最高的城市发展手段。研究干旱区生态城市建设，是靠特大城市、大城市拉动，还是由中小城市、小城镇带动等；是选择“节水养城”模式、“借水养城”模式、“退一进二”型城市发展模式，还是要实行“分步到位”的城镇化发展模式等问题，将脆弱的生态环境和稀有的水资源利用结合起来，既保障居民生活在生态环境相对较好、有水源保证和生存保证的城市区域，又要相应地减轻地区生态环境的压力，从而在不断改善地区生态环境的同时，提高西北干旱区城市化发展水平。

(三)水资源合理利用与干旱区生态城市建设

水不仅是干旱区绿洲生态系统构成、发展和稳定的基础和依据，而且是干旱区最关键的生态环境因子[15]。水资源系统与生态环境系统之间的相互联系和相互影响，很大程度上决定了干旱区环境动态和环境状况。近年来，在市场经济利益的驱动下所形成的人类对水资源的过度开发利用，对水资源系统和生态环境系统产生了明显的负面影响，导致了一系列水环境问题，使整个生态系统严重退化[16]。目前，西北干旱区存在的内陆河水量减少、湖泊萎缩、绿洲沙漠化、盐碱化以及植被生态退化等生态环境问题，虽然与干旱区由来已久的干旱气候和沙质土壤有一定的关系，但最主要的原因还是人们对内陆河流域山地—绿洲—荒漠这一复合生态系统和上、中、下游统一的流域水资源系统特征缺乏足够的理论认识，对流域水资源系统缺乏科学论证和实践研究，在经济利益的驱动下，进行盲目地掠夺式开发利用水资源，与流域人口和环境不协调的农业、工业、交通以及矿业等产业片面发展。西北干旱区的生态环境问题实质上就是在人类活动对内陆河流域水资源系统的破坏作用下，形成了局部地区因严重缺水而导致生态恶化，甚至使整个流域生态系统失调或退化[17]。可见，水资源是西北干旱区保证整个流域生态—经济系统和人地关系地域系统稳定持续发展的决定性因素。为此，干旱区城市建设应以流域为单元，遵循流域水资源系统特征，切实加强流域水资源保护和管理，并进行合理的开发利用，实现干旱区流域内水土资源的综合平衡，以实现水资源对整个流域生态—经济系统的持续供应[18]。

首先，要加强山区森林保护、保证流域水源供给。西北干旱区内陆河流域大都发源于祁连山、天山等高山地区，山区是整个内陆河流域水资源系统的径流形成区。高山区良好的植被生态系统是全流域水资源系统和生态系统平衡发展的根本保证。一旦山区森林遭到严重破坏而失去其应有的水源涵养、水土保持、调节气候等生态功能时，内陆河流域整个生态—经济系统将会因缺乏水源供给而受到沙漠化的严重威胁。可以说，高山区森林植被的保护是保证流域常年有水和区域受损生态系统得以恢复与重建的基础。所以，今后在山区森林资源的开发利用中，各级人民政府应时刻保持高度谨慎的态度，认真贯彻执行国家有关“以营林为基础，普遍护林，大力造林，采育结合，永续利用”的林业建设方针，加快组建专门的护林组织，加强森林保护工作；严厉禁止一切毁林开荒和毁林采石、采砂、采土及其他毁林行为，禁止在幼林地和特种用途林内砍柴、放牧；要加大森林防火、防病虫害的工作力度。并且要结合西部经济大开发中生态环境建设战略，加快退耕还林、还草、还牧的步伐，努力实现山区植被生态系统的可持续发展。

其次，要以流域为单元，强化流域统一管理和合理配置利用水资源。西北干旱区每条内陆河流域都是由河流贯穿联系而形成的水资源单元和完整的综合生态系统，流域的社会经济与生态环境相互影响、相互渗透、相互制约。因此,干旱区水资源利用以及生态恢复与重建必须置于内陆河流域的大系统中,遵循上、中、下游统筹兼顾,联合调度地表水、地下水,经济效益、社会效益和生态效益相结合的原则,进行统一规划,合理布局,做到“以水定地、以水定人、以水定发展规模和以水定产业结构”。以流域为单元,积极促进流域水资源统一管理机构的早日建成,科学合理地配置水资源,统筹协调上、中、下游用水关系和农、林、牧、生态与工矿、城市之间的用水关系。只有保持上、中、下游以及各产业之间水资源补充和消耗的平衡,才能确保水资源的可持续利用和正常的相对平衡的生态环境态势。

再次,要以高效节水农业为主,加快建立节水型社会生产体系。农业是西北干旱区最主要的用水部门,但受落后的灌溉技术影响,农业水资源利用率较低,造成了水资源的严重浪费。因此,西北干旱区生态恢复与重建的最关键对策是依靠科技进步,全面开展节约用水。现阶段应以常规节水为中心,结合地膜工程及水定植措施、科学配方施肥、耐旱良种推广、喷灌、滴灌和高效节能日光温室生产技术推广等,形成高效节水型农业生产发展新格局,努力形成包括节水农业、节水工业和节水城市的节水型社会经济体系,满足社会经济发展、资源开发及生态环境建设对水资源的需求。

最后,要依法管水、依法治水。美国早在1972年就制定了“清洁用水法”,实行了“用水许可制度”、“排水许可制度”和“石油储存防污制度”等,其有关水资源方面的法规几乎涵盖了水资源开发、利用、保护和管理的全过程。我国步入法治国家之列,水资源管理法规亟待完善并使其具有可操作性。目前,西北干旱区要根据《水法》、《土地法》、《环境保护法》等有关配套法规加强水资源的统一管理,把水土资源合理利用和生态恢复与重建纳入经济社会发展计划指标,实现统筹规划、综合整治,逐步恢复与重建生态平衡系统[19]。

此外,还应运用市场化手段实施水资源使用管理。通过确定合理的供水价格来促进节约用水和调整用水分配结构,通过开征一定的水资源调节税来支持政府水资源开发管理和水利建设,通过不同税率来限制高耗水、高污染企业,防止非正常用水的扩大,通过不同税率引导适合干旱区特点的水资源利用结构和产业结构的形成[20]。

在干旱区水是生命的命脉,也是城市发展的命脉,而水资源约束却又是西北干旱区城市化进程中的先决条件,一方面干旱区由于自然生态恶劣,水资源相对匮乏;另一方面,干旱区又普遍存在着“缺水不缺地”、“缺水又废水”的矛盾局面。因此,干旱区城市建设必须首先坚持“以水定市”,即以水资源的数量、质量及其分布为依据,确定城市的合理分布、产业的合理布局与适宜规模,其他自然资源的保证程度可居于从属地位。

参考文献

[1] 刘先觉.现代建筑史[M].北京:中国建筑工业出版社,1999.

[2] 中国城市规划设计研究院.城市规划资料集[M].北京:中国建筑工业出版社,2003.

[3] 贡坚.城市建设理论和住宅的发展[J].山西建筑,2005(9):17.

[4] 钟晓青.从田园城市、园林城市到生态城市[J].生态科学,1996,15(1):75-79.

[5] 黄肇义,杨东援.国内外生态城市理论研究综述[J] .城市规划,2001, 25(1): 35-66.

[6] 鲁敏,张月华,胡彦成,等.城市生态学与城市生态环境研究进展[J].沈阳农业大学学报,2002,33(1):76-81.

[7] 王芬,钱杰,唐东雄.生态城市建设理论与实践的再思考[J].上海环境科学,2002(5):265-321.

[8] 石永林,王要武.建设可持续发展生态城市的研究[J].中国软科学,2003(8):122-126.

[9] 吴金星.生态城市建设理论与实证研究[D].长春:吉林大学,2004.

[10] Wackernagel M, Onisto L, Bello P, et al. National natural capital accounting with the ecological footprint concept[J].Ecological Economics,1999,29:375-390.

[11] Haberl H, Erb K H, Krausmann F. How to calculate and interpret ecological footprints for long periods of time: the case of Austria 1926-1995[J].Ecological Economics, 2001,38:25-45

[12] 张志强,徐中民,程国栋.生态足迹的概念及计算模型[J] .生态经济,2000,10: 8-10.

[13] 沈长江.大西北经济开发要走城市化带动生态化的道路[J].中国生态农业学报,2001(6):17.

[14] 冯维波.基于城市化与生态环境互动机制的生态城市建设[J].生态经济,2006(10):53-56.

[15] 方创琳.河西走廊:绿洲支撑着城市化[J] .中国沙漠,2003,23(3):334-336.

[16] 李晓文,方创琳,黄金川,等.西北干旱区城市土地利用变化及其区域生态环境效应——以甘肃河西地区为例[J]. 第四纪研究,2003,23(3):280-290.

[17] 陶希东,石培基,李鸣骥.西北干旱区水资源利用与生态环境重建研究[J].干旱区研究,2001(1):18-22.

[18] 马金珠,高前兆.西北干旱区内陆河流域水资源系统与生态环境问题[J] .干旱区资源与环境,1997,11(4):15-21.

[19] 方创琳,黄金川,步伟娜.西北干旱区水资源约束下城市化过程及生态效应研究的理论探讨[J].干旱区地理,2004(3):5.

[20] 文琦.水资源约束下的银川市生态城市建设研究[D]. 银川:宁夏大学,2005.

第七章 干旱区生态环境承载力评估与检测

一、生态环境承载力分析与评估

纵观人类上百万年的发展历程,人类在原始社会、奴隶社会和封建社会时期掌握的科学知识非常贫乏,因此对大自然的驾驭能力非常低。饱受饥饿和疾病困扰的人类,不可能有较长的平均寿命(当时人类平均寿命远远低于现在的水平),再加上人类发展初期人口基数非常小,世界人口总量一直在较低数量水平徘徊。过去的300多年来(尤其是近100年)科技水平飞速发展,人类抵抗疾病的能力逐渐增强,世界粮食产量稳步提高。之前长期困扰人类的两大问题(疾病和饥饿)已逐渐减弱,世界人口进入高速膨胀阶段。但与此相伴的却是不曾预见的日益严峻的环境问题。

回顾人类近300多年的发展历程就会发现,人类是在未顾及与自然协调发展的前提下,通过向自然疯狂索取逐步走上高消耗下的高速发展之路。这种发展模式直接导致各种资源面临枯竭的局面。自然环境已经不允许我们再按照这种模式发展下去,必须与环境协调发展。协调发展的首要前提就是必须考虑人类生存环境的承载力。

(一)生态环境承载力概念的演变

关于生态环境承载力概念的由来,目前有两种说法。

一种是经济学派的代表说法,认为承载力概念可以追溯到马尔萨斯时代。英国经济学家马尔萨斯是第一个看到环境限制是对人类社会物质增长过程有重要影响的科学家。他认为人口数量是按照等比级数方式增长的,而粮食产量是按照等差级数方式增长的,所以有限的粮食产量必然无法提供给无限膨胀的人口[1],因此必须协调人类与环境的发展。

另外一种说法认为,承载力是借用工程地质领域的概念,其本意是指地基的强度对建筑物承重的能力。生态学最早将此概念运用到该学科领域内,指在某种环境条件下,某种生物个体可存活的最大数量的潜力。20世纪70年代以后,人口、经济、资源与环境等问题在全球范围内日益严峻,人口承载力、资源承载力、环境承载力、水资源承载力等的研究随之产生。20世纪90年代初,加拿大生态经济学家William和Wackernagel提出"生态足迹"(Ecological Footprint)的概念,使承载力的研究从生态系统中的单一要素转向整个生态系统[2-3]。我国在此时期也对承载力进行了研究。任美锷是我国最早注意到承载力研究重要性的学者。在20世纪40年代末任美锷通过对四川省农作物生产力分布的地理研究,首先计算了以农业生产力为基础的土地承载力。1986年中科院综考会(国家计划委员会自然资源综合考察委员会)等多家科研单位联合开展的"中国土地生产潜力及人口承载量研究"是我国当时进行的最全面的土地承载力方面的研究。程国栋[4]对西北水资源承载力进行研究时认为:生态承载力是指生态系统所提供的资源和环境对人类社会系统良性发展的一种支持能力,由于人类社会系统和生态系统都是一种自组织的结构系统,两者之间存在紧密的相互联系、相互影响和相互作用。因此,生态承载力研究的对象是生态经济系统,研究其中所有组分的和谐共存关系。

承载力的研究就是为了更好地掌握经济系统与生态系统之间紧密的相互关系。目前存在的各种环境问题,大多是人类活动与环境承载力之间出现冲突的表现。当人类社会经济活动对环境的影响超过了环境所能支持的极限,即外界的"刺激"超过了环境系统维护其动态平衡与抗干扰的能力,也就是人类社会行为对环境的作用力超过了环境承载力。因此,环境承载力可以作为衡量人类社会经济与环境协调程度的标尺。环境承载力决定着一个流域(或区域)经济社会发展的速度和规模。

(二)生态环境承载力涉及的指标

生态环境承载力涉及的具体指标有很多,具体如下。

1.能量方面,如能值等。

2.生态土地方面,如生态足迹等。

3.社会福利方面,如人均GDP、饮用水水质、人均水资源量、人均耕地面积、人均绿地面积(城市)等。

4.经济技术水平方面,如单位GDP、单位粮食产量、单位GDP排污量、第三产业比重、城镇化率等。

5.生态环境质量方面,如河道断流长度、河道断流时间、湿地面积比、地下水开采系数、河流水质级别、土壤沙化程度、森林植被覆盖率等。

关于生态环境承载力的量化方法有很多种,这里主要介绍能值方法和生态足迹方法。

(三)生态环境承载力的定量评估方法

对于生态环境承载力的定量评估,国内外提出了许多直观的、较易操作的方法。下面主要介绍从“能值”角度和“生态足迹”角度对承载力进行定量评估的方法。

1.“能值”角度度量的承载力

热力学定律告诉我们能量既不能被创造，亦不能被消灭；能量在转化过程是递减的,为单向流动且不可逆。地球上已经形成的任何物质,都是有“价”的,不是无偿获得的,我们必须珍惜一切物质和能量。

正是基于以上出发点，美国著名生态学家 H.T.Odum 于 20 世纪 80 年代首先创立了能值分析方法。能值(emergy)与能量(energy)完全不同。能值是指一流动或储存的能量所包含另一种类别能量的数量。简言之,就是指构成一物质所消耗的能量总数。以小麦为例,一千克小麦的能值就是指这一千克小麦在形成过程中所需要的太阳能、雨水、土壤、肥料等能量的总和。在能值分析中我们把所有物质的能值统一转化为太阳能值,单位为太阳能焦耳/焦耳(或克)。以能值为基准,可以衡量和比较不同类别、不同等级能量的真实价值,进而对地球上所有物质的能值进行计算。能值系统中,有两个重要的概念——“能值投资率(EIR)”和“环境负载率(ELR)”。能值投资率是衡量经济发展程度和环境负载程度的指标;而环境负载率是度量人类所在空间承载力的一个重要指标。

能值投资率等于来自经济的反馈能值除以来自环境的无偿能值输入。反馈能值计算对象包括:燃料、电力、物资、劳务等均需花钱购买的对象。无偿能值计算对象包括:土地、矿藏等不可更新资源和太阳能、风能、水能等可更新资源。能值投资率可以用来确定经济活动在一定条件下的收益,并且可以测知环境资源条件对经济活动的负载率。能值投资率的值越大表明系统经济发展程度越高，其值越小表明经济发展水平越低而且对环境的依赖程度越强。如果某系统的能值投资率大于当地的平均能值投资率,则该生产规模可能已经超出当地环境的承载力。目前全球平均能值投资率为2。

环境负载率为系统不可更新能源投入能值总量与可更新能源投入能值总量之比。环境负载率大小表示对环境造成压力的大小,其值越大,代表对环境的压力越大。为了避免对环境造成太大的影响从而产生不可逆转的功能退化或丧失，系统不能长期处于较高的环境负载率状态。

2.“生态足迹”角度度量的承载力

生态足迹(ecological footprint,EF)或称作生态空间占用,它是一种可以将全球关于人口、收入、资源应用和资源有效性汇总为一个简单、通用的进行国家间比较的便利手段[5]。生态足迹分析将地球表面的生态生产性土地分为六大类：化石燃料土地(fossil energy land)、可耕地(arable land)、牧草地(pasture)、森林(forest)、建成地(built-up areas)、海洋(sea)。

化石燃料土地:人类消费生物化石燃料的同时释放了大量的 CO_2,化石燃料土地是人类应该留出用来吸收 CO_2 的土地。但实际情况是,人类未留出这类土地。

可耕地:就是可以耕作的土地。截至 2008 年 12 月 31 日,中国耕地总面积为 1.217 2 亿 $hm^2$①。2008 年度,全国耕地面积净减少了 1.93 万 hm^2。与 2007 年度全国土地变更调查结果相比,中国耕地面积净减少速度明显放缓,2008 年度全国耕地面积净减少量比 2007 年度下降了 50%。根据此数据全国(不包括港、澳、台地区)人均耕地面积不足 0.093 hm^2。人均可耕作土地面积低于世界水平。联合国粮农组织(FAO)提供的资料显示,2008 年世界人均耕地面积约 0.24 hm^2。

牧草地:人类主要用牧草地来饲养牲畜。

森林:林地包括人工林和天然林。森林除了提供木材以外,还具有涵养水源、防风固沙、调节气候等功能。目前地球上现有森林约 34.4 亿 hm^2,人均面积约 0.6 hm^2。

建成地:人居设施和道路等用地。

海洋:世界上面积最大的区域。海洋生物均生活在此区域。

生态足迹分析的一个基本假设是:六类生态生产性土地在空间上是互斥的。也就是说每一类生态生产性土地有且只能有一种用途。举例来说,一块生态生产性土地被建成商品房,它就不可能同时还是森林、可耕地、牧草地等。已知现在全球人均对这六类土地的拥有量分别为:化石燃料土地 0 hm^2、可耕地 0.25 hm^2、森林 0.60 hm^2、牧草地0.60 hm^2、建成地0.03 hm^2 及海洋 0.50 hm^2。考虑到各类土地之间生产力的差异,分别赋予它们 1.1、2.8、0.5、1.1、2.8、0.2 的权重 ,然后进行加权求和,得到人均拥有约 1.8 生态生产性土地的结果。根据世界环境与发展委员会 (WCED)报告,至少有 12%的生态容量需要被保存以保护生物多样性,这就是说在人均拥有 1.8 hm^2 的数量中需扣除约0.22 hm^2 土地供给地球上其他生物生存所需。这样人类能够使用的面积仅仅剩下 1.58 hm^2/人,此数值就是全球人均总生态承载力。

生态足迹计算必须基于两个事实:(1) 人类能够估计自身消费的大多数资源、能源及其所产生的废弃物数量。(2) 这些资源和废弃物能折算成生产和消费这些资源和废弃物的生态生产性面积。

生态足迹计算分 4 个步骤,最终完成。

(1) 计算生产各种消费项目人均占用的生态生产性土地面积

$$A_i=(P_i+L_i-E_i)(Y_i \cdot N) \ (i=1,2,\cdots m)$$

式中,A_i 为第 i 种消费项目折算的人均生态足迹分量,Y_i 为生物生产土地生产第 i 种消费项目的年(世界)平均产量,P_i 为第 i 种消费项目的年生产量,L_i 为第 i 种消费项目的年进口量,E_i 为第 i 种消费项目的年出口量,N 为人口数,$m = 33$。

在计算煤、焦炭、燃料、油、热力、电力等能源消费项目的生态足迹时,将这些能源消

①中华人民共和国国土资源部 2008 年度土地变更调查。

费转化为化石能源土地面积，也就是说以化石能源的消费速率来估算自然资产所需要的土地面积。

(2)计算生态足迹

$$x_{EF}=\sum \gamma A_i$$

式中，x_{EF}为生态足迹，γ为等价因子。

(3)计算生态容量

包括计算六类生态生产性土地的面积、计算生产力系数和计算各类人均生态容量。最后合计求得各类人均生态容量。

各类人均生态容量=各类生态生产性土地面积×等价因子×生产力系数

(4)计算生态盈余(或赤字)和全球生态盈余(或赤字)

如果生态总容量大于生态足迹，则生态盈余；反之，则生态赤字。生态盈余或赤字就可以作为承载力的最终判定。

3.其他角度度量的承载力

各国学者在同一时期又先后提出一些其他的评价方法和指标体系，比较有影响的有 Meadows 等的世界资源动态模型、Holdren 等的 IPAT 公式、Daly 提出的"可持续经济福利指数"(Index of Sustainable Economic Welfare，ISEW)、Cobb 等提出的"真实发展指标"(Genuine Progress Indicator，GPI)、Prescott-Allen 提出的"可持续性的晴雨表"(Barometer of Sustainability)模型等。

二、可持续发展的检测与评估

谈到可持续发展的检测与评估，必须对什么是可持续发展有一个正确的认识。下面对可持续发展思想的形成作简单介绍。

(一)可持续发展概念的形成过程

20 世纪中期，随着环境污染日趋严重，人类对社会发展模式开始产生疑虑。传统的发展模式给人类造成了各种困境和危机，已从以下方面危及人类的生存。

1.资源危机。据估计，地球上已经探明的矿物质资源储量还可使用一二百年(近代工业文明依赖的主要就是这些非再生性的矿物质资源)；水资源匮乏也已十分严重。

2.土地沙化日益严重。

3.环境污染日益严重。

4.濒危物种面临灭绝，森林面积大量减少。

5.全球气候变暖。数据[6]显示，近百年(1906—2005 年)全球平均地表温度升高了

0.74 ℃,并且升温速率不断加快,导致全球平均海平面不断上升。

这一系列变化给全球生态系统及人类社会经济发展带来严峻挑战。伴随着这些困扰人类发展的问题,可持续发展议题正式出现。在1972年瑞典首都斯德哥尔摩举行的联合国人类环境研讨会上,最先正式对可持续发展进行了讨论。随后形成了很多关于可持续发展的不同定义,但是被广泛采纳的定义,是在1987年由世界环境及发展委员会所出版的《我们共同的未来》报告中的定义,其将可持续发展定义为:可持续发展是既满足当代人的需求,又不对后代人满足其需求的能力构成危害的发展。这一概念对可持续发展进行了全面的诠释。关于可持续发展的度量指标有很多种。

(二)可持续发展指标体系

可持续发展指标主要分为三类:基于生物物理量指标的评价体系、基于系统论构建的指标评价体系、将环境和资源进行货币化估值的评价体系。这三类体系分别从不同的角度进行可持续发展评估。

1.基于生物物理量指标的评价体系

基于生物物理量指标的评价体系主要包括ESI指标和EISD指标、生态足迹指标等。它们均以承载力作为出发点,通过承载力的计算得出当前系统的可持续发展情况。其中ESI指标和EISD指标是以系统能值产出和能值消耗作为唯一指标进行可持续发展判断;而生态足迹指标体系则是通过比较某地区的承载力和生态足迹,得出生态盈余或生态赤字,从而判断该地区的可持续发展程度。

(1)ESI指标和EISD指标

ESI(Emergy Sustainable Index)指标①,中文解释为能值可持续指标,是1998年提出的[7]。能值可持续指标的值等于系统能值产出率与环境负载率之比,即ESI=EYR/ELR。其中EYR为系统能值产出率,ELR为环境负载率。EISD (Emergy Index for Sustainable Development)指标,中文解释为能值可持续发展指标。EISD值越大,意味着单位环境下的经济效益越高,系统的可持续发展性能越好。EISD=EYR×EER÷ELR。其中EYR为系统能值产出率,EER为系统能值交换率,ELR为环境负载率[EYR为系统总产出能值与社会经济反馈能值之比,也就是说系统产出能值与系统购入性输入能值之比。EER是指商品能值(购买者获得的能值)与购买者支付货币相当的能值的比率,也就是系统在对外交换中所获得的能值与换出能值之比]。ESID对ESI进行了部分调整,增加了能值交换率,但其本质仍然是通过对系统能值产出和承载力进行比较,得出可持续发展程度的指标体系。

(2)生态足迹指标

生态足迹理论中有一个重要的指标是生态盈余或生态赤字。

① 由美国生态学家M. T. Brown和意大利生态学家S. Ulgiati提出。

生态盈余=生态承载力-生态足迹(当生态承载力大于等于生态足迹时)

生态赤字=生态足迹-生态承载力(当生态足迹大于生态承载力时)

"生态承载力"是度量人类所在空间承载力的一个重要指标,而"生态足迹"则是反映人类当前所占用的生态容量。生态足迹指标可用来衡量地区的可持续发展程度。某地区的生态盈余可以用来衡量该地区的可持续发展程度,全球的生态盈余可以用来衡量全球可持续发展程度;反之,某地区的生态赤字可以用来衡量该地区的不可持续发展程度,全球的生态赤字可以用来衡量全球不可持续发展程度。

2. 基于系统论构建的指标评价体系

基于系统论构建的指标评价体系主要采用多种因素综合评价经济发展和可持续发展水平。在此类评价体系中,影响力较大的主要有"驱动力—状态—响应"指标体系和SSPS指标体系。

(1)"驱动力—状态—响应"指标体系。该指标体系是联合国可持续发展委员会1996年建立的,依据《21世纪议程》分为经济、环境、社会和制度四大类,共包括140多个指标。它表明了系统的自然属性,突出了环境受到的压力和环境退化之间的因果关系。

(2) SSPS指标体系。该体系是联合国社会和人口统计指标体系,是以人的生命周期为主线,通过对生命中各阶段描述来分析和评价整个社会的发展水平和变化趋势。该体系的优点是条理清晰、结构严谨、反映的信息量大;缺陷是所选取的指标多是社会、人口方面,经济和资源方面的指标没有涉及。

3. 将环境和资源进行货币化估值的评价体系

现行的以GDP为主要指标的国民经济核算体系,不考虑经济发展过程中所消耗的环境成本和资源成本,以GDP的增长作为经济增长、福利增加、生活水平提高的标志。将环境和资源进行货币化估值的评价体系,就是将过去未曾纳入评估体系的以上因素进行货币估算,从而对经济发展做出更全面的评价,以达到反映可持续发展状况的目的。该评价体系主要包括绿色GDP指标体系等。由于传统的国民经济账户不能反映经济发展的可持续性,因此许多学者试图修正传统的国民经济账户,将资源和环境包含在其中,从而产生了绿色GDP核算。就是在GDP核算中,把经济活动中的环境成本,包括环境损害成本、污染治理成本和生态破坏损失从GDP中减除,从而得出经环境调整的GDP,综合反映经济发展和环境损害、资源消耗之间的关系,为经济决策服务。

(三)当前中国的可持续发展历程

中国政府在20世纪编制了《中国21世纪人口、资源、环境与发展白皮书》,首次把可持续发展战略纳入我国经济和社会发展的长远规划。1997年召开的"中共十五大"首次提出把可持续发展战略确定为我国经济建设和经济体制改革必须抓好的关系全局的任务。2002年召开的"中共十六大"提出"实施可持续发展战略,实现速度和结构、质量、效益相统一,经济发展和人口、资源、环境相协调。在经济发展的基础上,促进社会全面进步,不断提高人民生活水平,保证人民共享发展成果"和"可持续发展能力不断增强,生态环境得到改善,资源利用效率显著提高,促进人与自然的和谐,推动整个社会走上生产发展、生活富裕、生态良好的文明发展道路"。2007年召开的"中共十七大"再次强调"全面协调可持续"。2009年11月3日,国务院总理温家宝在人民大会堂作了题为《让科技引领中国可持续发展》的讲话。温家宝指出,要推动中国经济在更长时期内全面协调可持续发展,走上创新驱动、内生增长的发展轨道,就必须把建设创新型国家作为战略目标,把可持续发展作为战略方向,把争夺经济科技制高点作为战略重点,逐步使新兴战略性产业成为经济社会发展的主导力量。我们要从以下几个方面着重发展。

一要高度重视新能源产业发展,创新发展可再生能源技术、节能减排技术、清洁煤技术及核能技术,大力推进节能环保和资源循环利用,加快构建以低碳排放为特征的工业、建筑、交通体系。要努力走在全球新能源汽车发展的前列,尽快确定新能源汽车的技术路线和市场推进措施,推动中国汽车工业跨越发展。

二要着力突破传感网、物联网关键技术,及早部署后IP时代相关技术研发,使信息网络产业成为推动产业升级、迈向信息社会的"发动机"。

三要加快微电子和光电子材料和器件、新型功能材料、高性能结构材料、纳米技术和材料等领域的科技攻关,尽快形成具有世界先进水平的新材料与智能绿色制造体系。

四要运用生命科学推动农业和医药产业发展。积极发展转基因育种技术,努力提高农产品的产量和质量。突破创新药物和基本医疗器械关键核心技术,形成以创新药物研发和先进医疗设备制造为龙头的医药研发产业链条。

五要大胆探索空间、海洋和地球深部,实施好载人航天计划和"嫦娥计划",有效进入并和平利用空间,切实加强海岸带可持续发展研究,促进海洋资源合理开发和海洋产业发展,努力提高地球深部资源探测水平,充分挖掘和利用好各种资源。

从最近十多年党和国家的最高决策中,我们可以明显感觉到,可持续发展已经成为当前和未来各项工作的重中之重。

三、生态文明水平测度

生态一词本身的含义是指生物与生物之间、生物与环境之间的关系,是一个自然科学上的概念,没有文明或者不文明的说法。

文明是指反映物质生产成果和精神生产成果的总和,是人类社会进化状态与进步状态的标志。文明随着人类的产生而产生,并随着人类的发展而进步。

生态文明是指人们在改造客观物质世界的同时，不断克服改造过程中的负面效应，积极改善和优化人与自然的关系，建设有序的生态运行机制和良好的生态环境所取得的物质、精神、制度方面成果的总和。它包括生态环境、生态意识和生态制度。

生态文明作为人类文明的一种形式，它以尊重和维护生态环境为主旨、以可持续发展为依据、以人类的可持续发展为着眼点，在开放利用自然的过程中，人类从维护社会、经济、自然系统的整体利益出发，尊重自然、保护自然，注重生态环境建设，致力于提高生态环境质量，使现代经济社会发展建立在生态系统良性循环的基础之上，以有效地解决人类经济社会活动的需求同自然生态环境系统供给之间的矛盾，实现人与自然的协同进化，促进经济社会、自然生态环境的可持续发展。

生态文明的内涵主要包括以下几个方面：第一，在文化价值观上，正确认识自然的价值，树立符合生态原则的价值需求、价值规范和价值目标。第二，在生产方式上，逐步转变高生产、高消耗、高污染的工业化生产方式，以生态技术为基础实现社会物质生产的生态化，使生态产业在产业结构中居于主导地位，成为经济增长的主要源泉。第三，在生活方式上，不再追求对物质财富的过度享受，转而追求一种既满足自身需要又不损害自然生态的生活。人类个体的生活既不损害群体生存的自然环境，也不损害其他物种的繁衍生存。

(一)社会主义生态文明

胡锦涛总书记在代表中国共产党十六届中央委员会向党的“十七大”作报告时，提出了实现全面建设小康社会奋斗目标的新要求，其中，要“建设生态文明，基本形成节约能源资源和保护生态环境的产业结构、增长方式、消费模式”。生态文明自此正式进入中国。(实际上，中国政府早在20世纪90年代中期，就开始提及生态文明。1999年，时任国务院副总理的温家宝就说过“21世纪将是一个生态文明的世纪”)

胡锦涛的讲话引起了强烈的反响。时任国家环保总局副局长的潘岳认为，“这充分体现了生态文明对中华民族生存的重要意义。”他认为，这个理念有重要的政治意义，是发展经济的抓手，是体现民生的窗口，在文化上与中华传统价值观一致，也展示了中国负责任的大国形象。中央党校哲学部副主任韩庆祥教授认为，“十七大”报告提出生态文明的理念，批判反思了人与自然关系中环境污染的代价，强调要建立人与自然和谐相处的关系。他认为中国生态文明的内涵是：不断提高人的生活质量，建立资源节约和环境友好型社会，不断增强可持续发展能力。另外，物质文明、精神文明是实现生态文明的基础和前提，生态文明反过来又进一步促进前两个文明的发展。

(二)生态文明测度方法

“十七大”后，成立了各种各样的“生态文明研究中心”来进行“生态文明”的相关研究。2009年8月在国家层面已经有国家社科基金项目——“新区域协调发展与政策研究”课题组公布了作为研究成果的《中国生态文明地区差异研究》[8]。其中提到:生态文明水平即生态效率(Eco-efficiency,缩写为EEI),其概念源自20世纪90年代OECE(经济发展与合作组织)和世界可持续发展商业委员会的研究和政策,通常作为企业和地区提高竞争力的有效途径。广义来看,生态文明水平就是指生态资源用于满足人类需要的效率,其本质就是以更少的生态成本获得更大的经济产出。并且提出:生态文明水平的测度主要由公式EEI=GDP/EF为实现。其中EEI代表生态文明水平,GDP代表国内生产总值,EF代表生态足迹。

生态文明水平与国内生产总值成正比,与生态足迹成反比。在生态足迹一定条件下,国内生产总值越高,生态文明水平越高;在地区生产总值一定的情况下,生态足迹越小,其生态文明水平越高。生态文明水平由普遍公认的国内生产总值和生态足迹两个指标直接合成,原理简明、计算方便,易于应用。因此,它是一个表示经济发展的综合生态文明程度的合适指标。

图7-1就是以“EEI=GDP/地区生态足迹”计算出的2008年的全国生态文明水平情况①。

在所有省市区中,北京的生态文明水平值最高。除西藏自治区外,全国各省(市、自治区)的生态文明水平排序为:北京、上海、广东、浙江、福建、江苏、天津、广西、山东、重庆、四川、江西、河南、湖南、湖北、海南、安徽、陕西、黑龙江、吉林、青海、河北、辽宁、新疆、云南、甘肃、内蒙古、贵州、宁夏、山西。

造成甘肃省生态文明水平偏低的因素有很多,主要是甘肃国内生产总值较低,2008年甘肃国内生产总值总量为3 100亿元,而广东是35 696亿元,相差巨大。其次甘肃产业结构不合理,第三产业所占比重比较低,第二产业中单位产值能耗过高(主要是由于第二产业中资源消耗型企业所占比重较大;高科技、高附加值企业所占比重较少)。

因此,甘肃省今后要加快城镇化的发展步伐,加快第三产业发展步伐,大力促进文化旅游与服务业、商贸流通、金融保险、信息服务、现代物流的发展,大力实施节水型社会建设战略,提高水资源利用,以提高生态文明水平。

(三)新中国生态文明成果

新中国成立后,中央领导对生态问题极为重视。1955年,毛泽东向全国人民发出了“绿化祖国”、“实行大地园林化”的号召。1978年年底,中共中央批准了国务院环境保护领导小组的《环境保护工作汇报要点》,指出“消除污染,保护环境,是进行社会主义建设、实现四个现代化的一个重要组成部分”。在邓小平同志的倡议下,1981年12月13日第五届全国人民代表大会第四次会议通过了《关于开展全民义务植树运动的决议》。从此,每到春季党和国家领导同志都参加义务植树,从未间断。

进入21世纪,党和国家对生态建设与环境保护更为重视。2007年10月召开的党

① 数据来源于“新区域协调发展与政策研究”课题组《中国生态文明地区差异研究》。

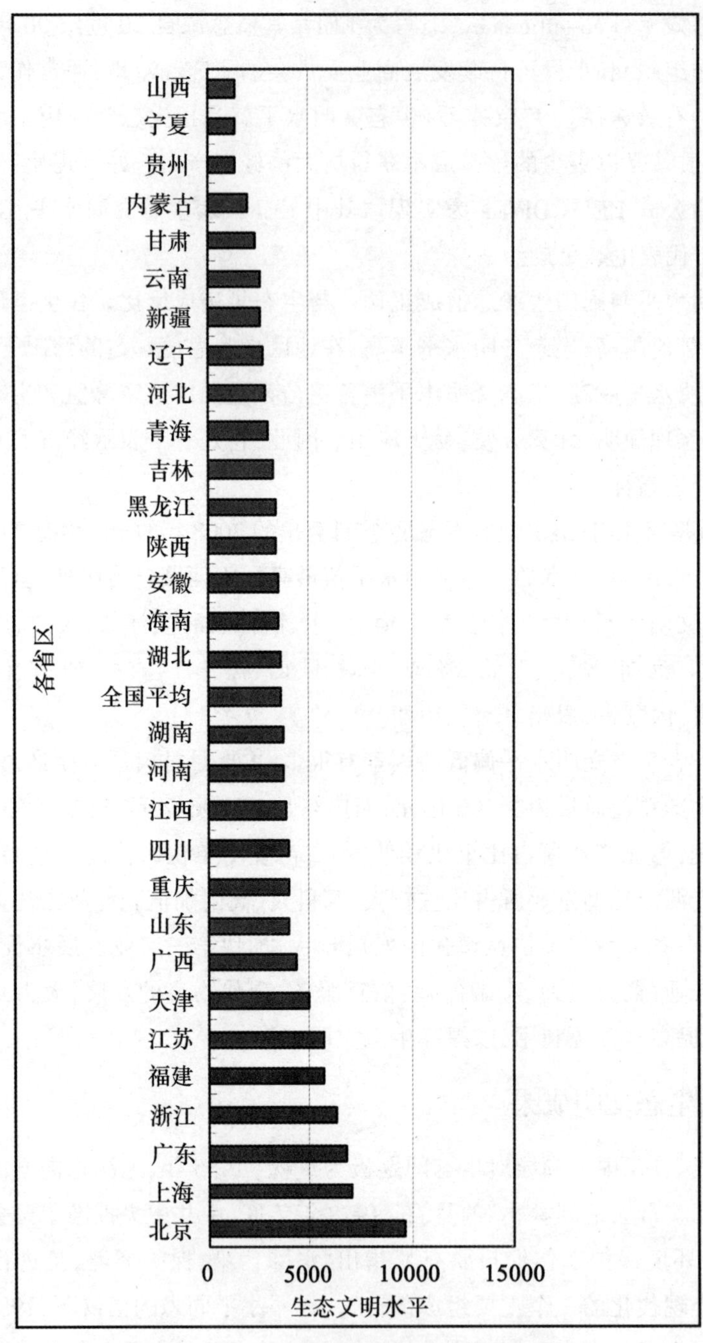

图 7-1　2008 年全国生态文明地区差异情况

的"十七大"首次提出"生态文明"概念，将建设资源节约型、环境友好型社会写入了党章，把建设生态文明作为一项战略任务和全面建设小康社会的目标首次明确下来，提出到2020 年要使我国成为生态环境良好的国家。

在全国上下共同努力下，我国生态环境保护各方面都取得了令人欣慰的成就①：

——主要污染物减排效果显著。1992—2007 年，我国经济总量扩大了 3.3 倍，但工业废水和二氧化硫排放量分别增长 5%和 62%，化学需氧量和工业固体废弃物排放量分别降低了 31%和 54%。2007 年全国化学需氧量和二氧化硫排放量分别比 2006 年下降 3.14%和 4.66%。污染减排首次出现“拐点”，实现双下降。2007 年全国 113 个环境保护重点城市环境空气质量优良天数比例比 2006 年提高 2.3 个百分点。

——生态保护工作取得积极进展。2007 年全国完成造林 520 万 hm^2。湿地保护进一步推进，新增国际湿地 6 处、国家湿地公园 9 处，湿地保护面积不断扩大，约有 47%的自然湿地得到有效保护。新建 19 个国家级自然保护区，全国已建立 2 531 个自然保护区，总面积 15 188 hm^2。林业自然保护区面积达到 1.23 亿 hm^2，占国土面积的 12.8%。草原生态建设与保护有了新的进展。全国人工种草累计保留面积达到 2 820 万 hm^2，新增草原围栏面积超过 665 万 hm^2，禁牧、休牧、轮牧草原面积累计达 8 987 万 hm^2，草原植被得到较好恢复。

——全国城市园林绿地总面积从 1959 年底的 12.821 2 万 hm^2 增至 2008 年底的 174.749 3 万 hm^2。

——积极推动城镇污水处理设施建设和运营，完善水污染防治法律体系，加大水污染防治执法力度，对城市饮用水源保护区进行全面调查，严密防控和妥善处理水污染事件，保证群众饮水安全（全国城镇污水处理率由 2006 年的 57%提高到 2007 年的 60%）。

——农村环境保护全面启动。国家把农村环保放到更加重要的战略位置，积极推进农村环境综合整治。农村累计改水受益人口达到 92.05%，自来水普及率达到 62.71%。

——全国森林面积达 17 490.92 万 hm^2，比第 5 次全国森林资源清查(1994—1998 年)时增加 1 596.83 hm^2；森林覆盖率达 18.21%，比第 5 次全国森林资源清查时提高了 1.66 个百分点；活立木总蓄积 136.18 亿 m^3，森林蓄积 124.56 亿 m^3，人均森林面积 0.132 hm^2，比第 5 次全国森林资源清查时增加 0.004 hm^2。

——环境保护基础能力日益提高。一大批高、精、尖技术在环境保护领域广泛应用。环境预警监测能力显著提高，建立了国家、省、市、县四级环境质量监测网，环境与灾害监测小卫星成功发射升空并投入运行，环境信息化系统建设不断加强。

——2008 年 6 月 1 日，国务院正式颁布“限塑令”，在全国范围内实行购物袋有偿使用制度，并禁止生产和使用厚度小于 0.025 mm 的塑料购物袋。这项举措的重要意义在于，它使得生态文明不再只是一个空洞的概念，而是成为影响人们生活方式的常识。

国际金融危机爆发后，党和国家积极应对。国务院为此出台了 10 项扩大内需、促进经济增长的具体措施，其中第 5 项就是加强生态环境建设。加快城镇污水、垃圾处理设

① 数据来源于中华人民共和国环境保护部《2007 年中国环境状况公报》。

施建设和重点流域水污染防治,加强重点防护林和天然林资源保护工程建设,支持重点节能减排工程建设。共计安排节能减排和生态建设资金达 2 100 亿元,占总投资的比例为 5.25%。目前,国家环保部正在从大力发展“绿色经济”和“绿色产业”、毫不松懈地推进主要污染物减排、充分发挥环评制度的宏观调控作用等方面,积极探索中国特色生态文明道路。到 2020 年我们一定会实现成为生态环境良好的国家这一重大战略目标。

四、西北干旱区生态城市发展指标体系构建

通常将年降水量在 200 mm 以下的地区称为干旱区, 年降水量为 200~500 mm 的地区称为半干旱区。中国科学院自然区划工作委员会以干燥度定义干旱区,干燥度是由经验公式得到的。1977 年联合国粮农组织等机构提出的荒漠化图以干旱指数 P/E 来确定干旱区。P 为降水量,E 为由彭曼方法计算得到的蒸腾量。它综合反映了气温、风和太阳辐射对干旱的影响。$P/E<0.03$ 的地区为极端干旱区,$0.03\leq P/E<0.20$ 为干旱区,$0.20\leq P/E<0.50$ 为半干旱区。从干旱区定义可以看出,水不仅是干旱区绿洲生态系统构成、发展和稳定的基础和依据,而且是干旱区最关键的生态环境因子。

西北干旱区是指北纬 35°以北、东经 106°以西的内陆干旱区,包括新疆全境、甘肃河西走廊及内蒙古贺兰山以西的地区,土地面积约占全国总土地面积的 24.5%。甘肃省的张掖市就位于此区域中。西北干旱区年平均降水量在 160 mm 以下,成为世界上严重干旱区之一[9]。

(一)层次结构的构建

生态城市是一个经济—社会—自然的综合系统。因此,构建西北干旱区生态城市发展指标体系必须从自然、经济、社会三个方面进行考量。由于水资源问题是干旱区最重要的因素,因此首先要考量的就是包含水资源在内的自然生态系统[10]。自然生态系统目标层主要考虑:水资源情况、物种情况、绿化情况、环境质量情况。

其次要考量的就是经济生态系统。经济生态系统目标层主要考虑:经济发展情况。

最后,从社会生态系统方面进行分析,社会生态系统目标层主要考虑:人口情况、物质文化生活情况、社会保障情况。

综合以上因素,最终就建立了 4 个层次的西北干旱区生态城市发展指标体系(见表 7-1)。

表 7-1　生态城市发展指标体系

总目标层	子目标层	准则层	指标层	单位
生态城市发展指标	自然生态系统	水资源水平	年降水量	m^3
			年蒸腾量	m^3
			地下水水位下降	m
			地下水总量	m^3
			地表水总量	m^3
			水资源利用率	%
			河水径流量	m^3/s
			地下水利用率	%
		物种多样性	动物物种种类	种
			植物物种种类	种
		绿化水平	人均公共绿地	m^2
			湿地面积占总面积比例	%
		环境质量	年均蛋白质生产力	g/m^2
			城区环境噪声平均值	dB
			城区大气可吸入颗粒年日均值	mg/m^3
			城区二氧化硫年日均值	mg/m^3
			城区二氧化氮年日均值	mg/m^3
			汽车尾气达标率	%
			每公顷耕地施用化肥量	kg
			每公顷土地使用农药量	kg
		污染治理	环境保护投资经费占 GDP 比例	%
			工业废水排放达标率	%
			工业固体废气物综合利用率	%
	经济生态系统	经济发展	GDP 增长率	%
			人均 GDP	元
			城镇居民恩格尔系数	%
			基尼系数	
			第三产业产值占 GDP 比例	%
			全社会固定投资总额占 GDP 比例	%
			单位 GDP 能耗	吨标煤/万元
	社会生态系统	人口指标	人口自然增长率	%
			非农业人口比例	%
			就业率	%
		物质文化生活	职工平均工资	元
			城市居民人均房屋建筑面积	m^2
			交通运输基础设施投资占 GDP 比例	%
			人均日常生活用水	L
			每万人拥有移动电话数	部
			电视人口覆盖率	%
			学龄儿童入学率	%
			大学生数占总人口比例	%
		社会保障	每万人拥有医生数	人
			年交通事故死亡人数	人
			民政经费占 GDP 比例	%
			年总发案数	件
			刑事案件破案率	%

(二)指标权重的确定

采用层次分析法(AHP 方法,The Analytic Hierarchy Process)进行指标权重的计算。在层次结构中,设上一层元素 C 为准则,所支配的下一层元素为 $u_1,u_2,\cdots u_n$,对于准则 C 相对重要性即权重。这通常可分两种情况:1)如果 $u_1,u_2,\cdots u_n$ 对准则 C 的重要性可定量(如可以使用货币、重量等),其权重可直接确定。2)如果问题复杂,$u_1,u_2,\cdots u_n$ 对于准则 C 的重要性无法直接定量,而只能定性,那么确定权重用两两比较法。其方法是:对于准则 C,元素 u_i 和 u_j 哪一个更重要,重要的程度如何,通常以表 7-2 给出的重要性程度赋值。

表 7-2 重要度的含义

重要度	含义
1	表示两个元素相比,具有同样重要性
3	表示两个元素相比,前者比后者稍重要
5	表示两个元素相比,前者比后者明显重要
7	表示两个元素相比,前者比后者强烈重要
9	表示两个元素相比,前者比后者极端重要
2,4,6,8	表示上述相邻判断的中间值
倒数	若元素 i 与 j 的重要性之比为 a_{ij},那么元素 j 与元素 i 重要性之比为 $a_{ji}=1/a_{ji}$

1.构造两两比较判断矩阵

对于准则 C,n 个元素之间相对重要性的比较得到一个两两比较判断矩阵。

$$A=(a_{ij})_{n\times n}$$

其中 a_{ij} 就是元素 u_i 和 u_j 相对于准则 C 的重要性的比例标度。判断矩阵 A 具有下列性质:$a_{ij}>0$,$a_{ji}=1/a_{ij}$,$a_{ii}=1$。

由判断矩阵所具有的性质知,一个 n 个元素的判断矩阵只需要给出其上(或下)三角的 $n(n-1)/2$ 个元素就可以了,即只需做 $n(n-1)/2$ 个比较判断即可。

若判断矩阵 A 的所有元素满足 $a_{ij}\cdot a_{jk}=a_{ik}$,则称 A 为一致性矩阵。

2.单一准则下元素相对权重的计算

已知 n 个元素 $u_1,u_2,\cdots u_n$ 对于准则 C 的判断矩阵为 A,求 $u_1,u_2,\cdots u_n$ 对于准则 C 的相对权重 $\omega_1,\omega_2,\cdots\omega_n$,写成向量形式即为 $W=(\omega_1,\omega_2,\cdots\omega_n)^T$。

权重计算,将判断矩阵 A 的 n 个行向量归一化后的算术平均值,近似作为权重向量。

$$\omega_{i=}\frac{1}{n}\sum_{j=1}^{n}\frac{a_{ij}}{\sum_{k=1}^{n}a_{kj}}\qquad(i=1,2,\cdots n)$$

计算步骤:第一步,A 的元素按行归一化;第二步,将归一化后的各行相加;第三步,将相加后的向量除以 n,即得权重向量。

3.一致性检验

在计算单准则下权重向量时,还必须进行一致性检验。在判断矩阵的构造中,并不要求判断具有传递性和一致性,即不要求 $a_{ij}\cdot a_{jk}=a_{ik}$ 严格成立,这是由客观事物的复杂性与人的认识多样性所决定的。但要求判断矩阵满足大体上的一致性是应该的。如果出现“甲比乙极端重要,乙比丙极端重要,而丙又比甲极端重要”的判断,则显然是违反常识的,一个混乱的经不起推敲的判断矩阵有可能导致决策上的失误。而且上述各种计算排序权重向量(即相对权重向量)的方法,在判断矩阵过于偏离一致性时,其可靠程度也就值得怀疑了,因此要对判断矩阵的一致性进行检验,具体步骤如下。

(1)计算一致性指标 *C.L.*

$$C.I.=\frac{\lambda_{max}-n}{n-1}$$

(2)查找相应的平均随机一致性指标 *R.I.*

表 7-3 列出了 1~15 阶正互反矩阵计算 1 000 次得到的平均随机一致性指标。

表 7-3 平均随机一致性指标 *R.I.*

矩阵阶数	1	2	3	4	5	6	7	8
R.L	0	0	0.52	0.89	1.12	1.26	1.36	1.41
矩阵阶数	9	10	11	12	13	14	15	
R.L.	1.46	1.49	1.52	1.54	1.56	1.58	1.59	

(3)计算一致性比例 *C.R.*

$$C.R.=\frac{C.I.}{R.I.}$$

当 $C.R.<0.1$ 时,认为判断矩阵的一致性是可以接受的;当 $C.R.\geqslant 0.1$ 时,应该对判断矩阵做适当修正。

为了讨论一致性,需要计算矩阵最大特征根 λ_{max},除常用的特征根方法外,还可使用以下公式。

$$\lambda_{max}=\sum_{i=1}^{n}\frac{(AW)_i}{n\omega_i}=\frac{1}{n}\sum_{i=1}^{n}\frac{\sum_{j=1}^{n}a_{ij}\omega_i}{\omega_i}$$

(4)计算各层元素对目标层的总排序权重

上面得到的是一组元素对其上一层中某元素的权重向量。最终要得到各元素,特别是最低层中各元素对于目标的排序权重,即所谓总排序权重,从而进行方案的选择。总排序权重要自上而下地将单准则下的权重进行合成,并逐层进行总的判断一致性检验。

设 $W^{(k-1)}=[\omega_1^{(k-1)},\omega_2^{(k-1)},\cdots\omega_{k-1}^{(k-1)}]^T$ 表示第 $k-1$ 层上 $nk-1$ 个元素相对于总目标的排序权重向量,用 $P_j^{(k)}=P_{1j}^{(k)},P_{2j}^{(k)},\cdots P_{nkj}^{(k)}$ 表示第 k 层上 nk 个元素对第 $k-1$ 层上第 j 个元素为准则的排序权重向量,其中不受 j 元素支配的元素权重取为零。矩阵 $P^{(k)}=[P_1^{(k)},P_2^{(k)},\cdots P_{nk-1}^{(k)}]^T$ 是 $n_k\times n_{k-1}$ 阶矩阵,它表示第 k 层上元素对 $k-1$ 层上各元素的排序,那么第 k 层

上元素对目标的总排序 $W^{(k)}$ 为：$W^{(k)}=[\omega_1^{(k)},\omega_2^{(k)},\cdots\omega_{nk}^{(k)}]^T=P^{(k)}\cdot W^{(k-1)}$或 $\omega_i^{(k)}=\sum_{j=1}^{n_{k-1}} p_{ij}^{(k)}\omega_j^{(k-1)}$ $(i=1,2,\cdots n)$。

并且一般公式为 $W^{(k)}=P^{(k)}P^{(k-1)}\cdots W^{(2)}$。

其中 W^2 是第二层上元素的总排序向量，也是单准则下的排序向量。

要从上到下逐层进行一致性检验，若已求得 k-1 层上元素 j 为准则的一致性指标 $C.I.j^{(k)}$，平均随机一致性指标 $R.I.j^{(k)}$，一致性比例 $C.R.\ j^{(k)}$（其中 $j=1,2,\cdots n_{k-1}$），则 k 层的综合指标：

$$C.I.^{(k)}=(C.I._1^{(k)},\cdots C.I._{n_{k-1}}^{(k)})\cdot W^{(k-1)},$$

$$R.I.^{(k)}=(R.I._1^{(k)},\cdots R.I._{n_{k-1}}^{(k)})\cdot W^{(k-1)}。$$

当 $C.R.^{(k)}<0.1$ 时，认为递阶层次结构在 k 层水平的所有判断具有整体满意的一致性。

(5)计算生态城市综合指标

采用加权指数法，分别对指标层、准则层、子目标层和总目标层进行加权指数计算，最后得出总目标层指数即为生态城市综合指标指数，依此对城市生态建设状况做出评价。

(三)综合评价

根据计算出来的历年生态城市综合指标指数，得出历年发展情况，包括综合指数增长情况、各子系统增长情况、子系统之间的相互关系等。可以分析得出生态系统的综合状况，从而指导经济发展方向。

参考文献

[1] Odum E P. Fundamentals of Ecology[M]. Saunders :Philadephia,1971.

[2] William E R. The Ecology of Sustainable Development[J].The Ecologist,1990,20 (1):18–23.

[3] 中国土地资源生产能力及人口承载量研究课题组.中国土地资源生产能力及人口承载量研究[M].北京：中国人民大学出版社，1991.

[4] 程国栋. 承载力概念的演变及西北水资源承载力的应用框架 [J]. 冰川冻土，2002，24：361–367.

[5] Wackernagel M, Rees W E. Our Ecological Footprint：Reducing Human Impact on the Earth[M]. Philadelphia: NewSociety Publishers, 1996.

[6] 中科院可持续发展战略研究组.2009 中国可持续发展战略报告——探索中国特色的低碳道路[M].北京：科学出版社，2009.

[7] Brown M T, Ulgiati S. Emergy evaluation of natural capital and biosphere services [J]. Ambio, 1999,28(6):486–493.

[8] 新区域协调发展理论与政策研究课题组. 中国生态文明地区差异研究 [N]. 中国经济周刊，

2009-08-17.

[9] 托马斯·罗伯特·马尔萨斯.人口论[M].北京:北京大学出版社,2008.

[10] 施雅风. 气候变化对西北华北水资源的影响[M].济南:山东科学技术出版社,1995:17-25.

第八章
干旱区生态城市系统的结构与支撑体系

干旱区生态城市系统是指在干旱区城市区域内,以人与自然的和谐相处为核心,以城市生态环境综合平衡为制约因素来促进干旱区城市经济持续高效发展为前提,并以保持经济发展、社会进步、生态保护三者高度和谐,城乡环境清洁、优美、舒适为目标的人工复合系统工程。

一、干旱区生态城市系统的结构

干旱区生态城市系统是一个以人为核心的社会、经济与自然构成的复合人工生态系统,因而其组成包括社会子系统、经济子系统和自然子系统。复合生态系统的结构,是指系统内各组成要素之间有机联系和相互作用方式及诸要素在该系统内的秩序。

干旱区生态城市复合生态系统的组成要素:自然子系统由土(土壤、土地和景观)、金(矿物质和营养物)、火(能、光、大气和气候)、水(水资源和水环境)、木(植物、动物和微生物)五行相生相克的基本关系所组成,由生物地球化学循环过程和以太阳能为基础的能量转换过程所主导;经济子系统由生产者、流通者、消费者、还原者和调控者五类功能实体间相辅相成的基本关系耦合而成,由商品流和价值流所主导;社会子系统由社会的知识网、体制网和文化网三类功能网络间错综复杂的系统关系所组成,由体制网和信息流所主导。

(一)干旱区生态城市系统的构成

干旱区生态城市作为一个有机整体,是由各种相互依存、相互制约的因素构成的巨系统:根据不同的标准,可把它划分为不同的结构关系。这里从生态系统角度考察生态城市的基本结构构成。生态城市是人类在自然环境基础上建设发展的一类以人为核心的人工生态系统，即它不仅包含自然生态系统的各组成要素，更重要的是增加了围绕人类而产生的社会经济系统各要素。因此，可把干旱区生态城市看成是自然环境、社会、经济三个部分构成的复合生态系统。同时，自然环境、社会和经济子系统又由若干子系统构成，而这些子系统又由众多因素组成。三个系统不是相互独立的，而是相互交织、相互联系，共同形成按一定规律组合的相辅相成、相生相克的共生关系。

城市因“城”和“市”，构成人类城市文明的摇篮，沉淀历史文化成果。随着人类社会的进步与发展，“城”的角色相对减弱，“市”的作用逐渐增强。经济在城市中成为人与人之间、城与城之间的重要纽带，成为人类影响自然环境最为突出的作用因素。不同的经济活动构成了城市经济结构，而经济活动落实于一定的地理空间才能实现，相互对应关系构成了城市空间结构。不同的城市空间发展形态，影响着城市未来的经济质量、发展潜力与健康状态；区域内城镇之间的协作与竞争，构成了区域城镇空间体系结构，决定着区域城镇和经济发展形态。城市是区域中的城市，从自然环境中获取城市生存与发展的物质与能源，同时又对自然环境排放各种废弃物，干扰自然生态平衡；城市人工环境与自然环境结构之间的相互融合，有助于从城市发展机理和结构融合方面，探索城市与自然环境协调的根本途径。社会制度、人文传统潜移默化地影响城市的各个领域，并贯穿始终；城市社会结构属城市软组织结构，影响作用深远。城市四个机构之间环环相扣，构成城市的基本框架。基于城市发展规律和生态经济学原理，通过城市建设理念创新，优化各个结构及结构间的相互关系，为生态城市创建搭建基本框架；在此框架下，激发城市生态演化的潜力与内在动力，引导生态城市建设步入正轨。

生态城市这个复合生态系统中，自然环境子系统是基础，显示了自然对人类社会和经济生产的根本支撑作用。经济是社会与自然联系的中介，社会则对系统起导向作用，空间则是系统空间构架，对整个复合生态系统起反馈作用。由于社会、经济两方面是在自然系统基础上建立的，其发展仍然要受到自然基本规律的约束和制约。生态城市的自然及物理组分是其赖以生存的基础；各部门的经济活动和代谢过程是其生存发展的活力和命脉；而人的社会行为及文化观念则是其演变与进化的动力源泉。

(二)干旱区生态城市自然子系统

生态城市环境结构，涉及生物和环境(包括自然环境和人工环境)各要素，包括动物、植物、微生物、太阳、空气、水体、土地、矿藏、气候、自然景观等，以及人工建造的设施如建筑、道路等构成的人工环境。由于城市是人类对自然影响和改造最为突出的地方，同时也是人类文明发展的结晶和进一步发展的起点和基础。人类对自然环境的改造构成了人工环境，人工环境的形成与演化，随时间推移不同时间段呈现不同的特点。而自然环境是城市存在与发展的“本底”。人工环境的演变离不开与自然环境的协调发展，自然环境亦随人工环境的改变而改变，且更多受到人类活动的干扰。创建生态城市，需要处理好人工环境与自然景观之间的关系。

(三)干旱区生态城市社会子系统

在复合生态系统中,“社会”处于能动的地位,是生态城市建设的最终目的。生态城市社会结构是干旱区生态城市中人类及其自身活动所形成的非物质性生产的组合,涉及人及其之间的相互关系,意识形态和上层建筑等领域,包括人口、文化、艺术、道德、宗教、法律、政治以及人的精神状况等。生态城市建设的城市社会结构涵盖内容十分广泛,从影响城市发展演化的角度,进一步认识经济体制、管理体系等制度性结构和文化、人口等非制度性结构对于生态城市建设的影响,基于此,提出优化结构的建议。城市社会结构影响着城市经济结构、空间结构、环境结构的优化和升级,其影响贯穿于生态城市建设的始终和各个领域。

1.制度性结构

制度性结构是影响生态城市发展演化的关键因素,通过产业结构、土地利用结构、生产力空间布局结构,调节和促进城市生产力结构和非制度性结构的优化,推动城市的健康发展。在合理的制度性结构框架下,生态城市发展将成为自发行为,生态观念渐入人心。经济体制在突出经济发展需求的同时,将环境成本纳入经济成本的范畴,按照市场经济规律创建生态城市,增强生态城市的可行性与生命力。城市管理体系,不仅要在容积率、建筑密度、绿地率、基础设施等硬性指标方面加强规制,并要在生态城市理念的创新上,引导城市建设者和全体市民向生态城市努力。

2.非制度性结构

社会文化传统潜移默化地影响着城市的发展演化。文化是塑造城市特色的核心因素,创建生态城市,除了构筑各种有形的结构形态外,更为重要的是营造生态城市的文化氛围,突出生态观念。

人是生态城市的建设主体和生活主角,其结构包括年龄结构、性别结构、人才结构、社会阶层结构等,其中年龄结构、性别结构、社会阶层结构是城市社会发展的结果,也是城市进一步发展的起点,影响着城市发展的潜力。创建生态城市,应根据不同的年龄结构、社会阶层结构,优化和完善相应的公共服务设施,在人的活动与设施配置及文化环境中建立协调一致的关系。

总之,城市发展演化具有人为作用与自然演化相结合的特征。创建生态城市,涉及内容十分广泛,其过程具有长期性、综合性和复杂性特点。生态城市从理论到实践、从理想到现实,需要突破口和实现路径,关键在于找准创建生态城市过程中人类的作用点与作用途径。通过搭建城市生态化演进的结构性框架,实现人为引导与自发演化的完美结合,在合理的框架内引导城市向生态城市逐步演化,即通过人类作用推动生态城市的建设进程,同时避免人类对城市发展演化的过度干预。

(四)干旱区生态城市经济子系统

城市发展以经济发展作为支撑。干旱区生态城市的创建与发展同样应注重和推动城市经济的发展。城市的起源和发展历史表明，经济因素是城市形成和发展的根本原因。生态城市经济结构主要包括知识信息、物质生产和服务系统。涉及生产、分配、流通和消费各环节,包括知识产业、工业、农业、建筑业、商业、金融、贸易、交通、通信、科技等。无论在古代、近代还是在现代,城市经济发展的状况和潜力与城市命运息息相关。能否实现经济的持续发展对于生态城市的发展具有重要的意义。

城市经济主要是指发展什么和怎么发展的问题,前者涉及人们的衣食住行问题,后者涉及人类经济活动方式,决定着城市经济发展质量及对环境的干扰程度。发展什么,构成了城市的产业结构;如何发展,构成了城市产业运行结构。

1.干旱区生态城市产业结构

干旱区生态城市的结构协调机理表明，以产业发展为特征的经济发展是生态城市发展的总牵动力,经济系统发展必须要实现产业发展模式的转变,这也是建设生态城市的关键所在。进行以产业结构调整为核心的经济发展子系统的建设,要根据干旱区城市的实际情况,制定合理的生态经济部署,以产业结构协调、产业链联系顺畅、经济发展态势健康为目标,提升产业优势与增强城市功能互相促进。

按功能,城市产业划分为基础产业和非基础产业;按生产要素,城市产业划分为劳动密集型产业、资本密集型产业和技术密集型产业;按三次产业,城市产业划分为第一次产业、第二次产业和第三次产业。在不同的城市发展阶段,呈现出不同的产业结构。生态城市是城市发展的理想状态,是城市发展高级阶段,产业结构合理,与环境协调共生。从城市初级阶段向高级阶段发展,即向生态城市目标发展的过程中,应依据城市发展规律和自身发展条件,适时对城市产业结构进行调整和引导,使其日趋合理,为生态城市发展打好基础。

近现代以来,干旱区经济发展速度缓慢,在此特定环境下创建生态城市,离不开经济的快速、健康发展,而其前提是要建立科学、合理并富有弹性的城市经济体系与经济发展机制,其中产业结构是最为核心的内容。创建生态城市是城市产业结构逐步升级优化的过程,需从以下几方面引导产业结构趋于合理:第一要做到因地制宜与适度超前。第二要遵循市场化与生态化规律。城市发展与演化具有一定的客观规律性。创建生态城市,须遵循市场经济规律,政策引导与城市自然演化相结合,使城市在市场经济环境下健康运行。产业生态化与发展循环经济是城市生态化发展的有效途径。通过市场化为生态城市创建提供经济基础,通过生态化为生态城市提供与环境协调发展的途径,市场化与生态化的有机融合,促使生态城市建设成为“自觉演化”过程。第三要平衡产业结构与人口就业结构。“人们为了生活来到城市,为了更好的生活而居留于城市。”这是亚里士多德在两千多年前说过的话。城市为人们提供了就业、居住、休憩等功能,生活在城市中的人们需要通过自己的劳动,为城市创造财富,创造城市文明。创建生态城市,保障城市“人尽其才”,必须保持城市中劳动力数量与就业岗位之间的平衡。通过研究城市现有经济发展状况以及城市人口结构特征,实现城市产业结构与就业结构的协调,体现生态城市“保护人、尊重人”的特征。

2.干旱区生态城市产业发展方式构成

在众多人类活动中,经济活动对城市生态影响最为直接、最为明显。建设生态城市,要发展经济,但不能按照传统方式发展,需要采用一种可持续的发展模式。也就是说,建设生态城市,其切入点必须从改变传统经济发展模式入手。干旱区生态环境脆弱,对人类活动的影响更为敏感,因此更要注重经济发展方式的转型与优化。

理论及实践表明,发展循环经济,是一种有效的转变传统经济发展模式的生态化途径,有效调整产业体系及经济发展模式,从根本上协调城市经济活动与城市生态环境的关系,使生态城市的建设建立在经济发展与生态环境和谐的基础上,真正做到经济、社会、自然的和谐统一。

循环经济在生态城市中的作用主要在经济领域,且集中于生产与消费领域。发展循环经济是生态城市建设的重要组成部分,但不是全部。从循环经济在生态城市中的实现层次来看,可分为三个层次,包括企业层面的清洁生产、企业之间建立生态工业园区以及整个市域范围的循环社会构建。

生产企业构成了城市经济活动的基础,同时与自然环境联系最多,既从自然环境获取资源,生产人类所需的各类产品,同时又向环境排放废弃物,干扰自然系统的平衡。在生产企业内部进行循环经济改造,主要是通过清洁生产,从输入端、中间生产过程、产品输出以及副产品四个方面对企业工业和经济模式进行改造, 提高资源与能源的利用效率,提高微观经济系统的生产效率,从源头减少城市经济活动对生态环境的干扰。在消费领域, 加强绿色产品的宣传与应用, 全城协力, 减少对生态环境的干扰。王崇奉(2008年)通过研究可持续发展产业集聚的机理与运作模式,为生态城市创建及产业发展提供了一条新的途径。由于在目前经济水平条件下,单个企业不可能消化或将投入生产的所有资源和能源转化为有效产品,必然产生相应的废弃物和中间产品。在生态城市创建中通过零排放设计、水资源的一体化管理、固体废弃物一体化管理等途径,发展生态城市资源再生产业,在生产经济系统的末端处理好经济活动与自然环境之间的关系。通过建立生态工业园区, 将生态经济学原理、循环经济理念与产业集群运作模式相结合,促进企业间交流与协作,探索生态城市经济发展的实践之路。产业集群的产生、发展与演化,是市场经济行为的结果,而循环经济理念,更多地表现为理性思考和人为改造经济发展方式,将市场经济与循环经济相融合,并在生态工业园区中得以实现,有助于生态城市经济与市场接轨,避免生态城市仅为理论探讨式的“空中楼阁”。

二、干旱区生态城市系统的支撑体系

干旱区生态城市建设是一个循序渐进的发展过程，它涉及不同时空范围的物质与精神各系统层次的方方面面，既要对现有城市的物质环境进行有机更新，又要建设一种建立在合乎生态伦理基础之上的文化和社会经济，从而对整个城市的经济结构、社会结构、文化结构、空间结构等进行根本性改造、创新和重构。干旱区生态城市目前还只能说是一种理论模型和理想目标，但它绝不是不切实际的幻想，在其走向现实的过程中需要逐步建立现实的支撑体系，包括建设干旱区生态城市所必不可少的各种现实基础。

干旱区生态城市作为一种理论模型，本书根据城市发展的一般规律及干旱区生态城市建设的特殊性，将干旱区生态城市建设的现实支撑体系具体分为：自然基础、经济基础、科学技术、文化、社会公正、法律保障以及管理体制七个方面。

（一）自然基础

干旱区生态城市建设必须注重自然基础。城市的自然基础主要是指城市所占据的地表空间、岩石、地质与地形、水、生物、大气与气候等。所有这些以各种形式与市民生活结成密切关系，或间接地给城市生活以影响[1]。干旱区的自然基础为生态城市的发展规定了基本方向、格局和规模，是生态城市发展的基础依据和载体。生态城市的发展焦点是城市系统的承受能力。在自然基础要素中，绿色植被和水域对生态城市的影响最大，因为这两者不仅是城市生态环境重要的组成要素，也直接决定着城市生态系统的运行质量和更新能力，并且受到人类活动的深刻影响。

土地资源、淡水资源和能源是城市得以维持运转、城市中的人群得以生存的前提条件。城市所处的环境状况是城市实体的一个重要方面，也是建设生态城市的一个重要标志。城市的自然亚系统以物理结构和生物结构为主线，包括城市居民赖以生存的基本物质环境，如日光、空气、淡水、气候、土壤、动物、植物、微生物、矿藏及自然景观等，它以生物与环境的协同共生及环境对城市活动的支持、容纳、缓冲及净化为特征。

（二）经济基础

随着经济和社会的发展，一个城市要保持自身的环境质量和生态平衡，其建设成本将不断增加。干旱区生态城市的建设需要一定的经济基础为支撑。经济发展不到一定的水平，一般是很难认识到"生态"的重要意义，也就很难完成建设"干旱区生态城市"的目标。另外，经济支撑也应该包括经济与环境保护双赢的现实例证。也就是说，意在建设"干旱区生态城市"的政府部门要有意识地树立若干个典型，让其他企业看到实现"生态化"生产的实实在在的经济理由，而不仅仅是生态环境方面的理由，使企业在保护环境

"生态化"的同时也能实现经济利益。当然这需要科技、政策等其他条件的配合。从经济和社会生态的角度看,经济基础更是必不可少的。

英国学者大卫·皮尔斯认为,要解决环境问题首先必须解决必要的经济问题。这有三层含义:(1)重视环境问题并不表示忽视甚至反对经济增长,从某种意义上说,解决经济问题是解决环境问题的前提和基础,环境问题的解决必然是一个渐进的过程,一切过激的、极端的、绝对的做法都注定要失败。(2)要为经济增长赋予环境内涵,要消除由于环境资产和服务没有赋予经济价值或由于市场作用不能反映出这些经济价值而造成的曲解,例如通过污染税和其他"经济手段"给商品和服务重新定价,修正主要投资的评估方法,修正用各种衡量国民经济活动方法记载经济进步的手段。(3)经济手段不是万能的,还必须借助其他手段(如社会、政治、伦理、宗教、文化、教育等)的调控作用,才能实现经济、社会、环境的协调发展[2]。

现代化城市只能在现代化大生产的条件下才有可能出现,而生态城市也需要有一定的社会经济基础才能建设好。因此,经济是城市建设的基础性要素。

(三)科学技术

城市的生态问题在一定程度上是科学技术落后或不合理的结果,而生态城市建设从微观上讲是一项技术活动,因此它必须以一定的技术水平作为基础和条件。城市是以技术为支撑的空间文化形态,技术在城市的功能远远高于非城市地域。生态城市的建设过程是传统城市的转型过程,技术也就随之要发生转型,即从局域技术向全域技术转变,这是生态城市建设的重要驱动力或催化力。实践证明,干旱区的生态城市问题在很大程度上是科学技术落后的结果。科学技术的发展是干旱区生态城市建设的重要现实支撑。这是因为:第一,先进的科学技术能扩大自然资源的利用范围和供给量,可以提高资源的利用效率,降低物耗,降低单位产出的排污量。必须积极开发和采用先进的、有利于生态环境保护的技术,有人称之为"绿色技术"。近年来,绿色技术迅速发展,主要集中在三大领域(防治污染、回收资源、节约能源和原材料),服务项目包括开发和销售设备、提供技术、劳务服务和工程承包等。第二,某些既成事实的环境污染只能依靠一定的科学技术才能解决。例如,据研究,城市大气污染与大气中小于 2.5 μm 的颗粒物直接相关。这些颗粒物形成原因十分复杂,危害很大,但过去一直没有引起足够的重视,我国在1998 年才开始研究这些细小颗粒物,而且如何减少或消除这些颗粒物也是一个科学技术难题。第三,技术的选择和对技术的基本态度还直接影响到城市的社会心理因素。技术的采用并无统一的标准,不同的国家、不同的城市应根据自身的特殊情况采用适宜的技术,这其中主要是考虑人的因素。例如,对于许多发展中国家的城市,不能一味地强调发展和采用高科技,还要考虑到市民的就业问题。不能因为采用高新技术而造成大规模的失业。这里强调的是技术的人本标准和人文关怀。对技术的基本态度从根本上决定了技术的发展方向。对于生态城市的建设和发展来说,它需要一种"以人为本"的技术,或者称为技术的“人文主义”。

(四)文化

文化是人类社会区别于动物世界的本质特征。文化具有时代性，受其所处时代政治、经济等因素的制约,又对人类的政治、经济活动产生深刻的影响。从根本上讲,人的一切行动都有其文化依据或文化动因，干旱区生态城市建设也必须有一定的文化环境作为其现实支撑条件。文化环境是指由人们的思想观念、知识结构、心理倾向及民俗风情、社会风尚等构成的精神世界以及某些强烈反映这种精神世界的物质载体(如历史文物、纪念性建筑物、宣传性物品等)。其中特别是占据主流地位人群的风俗习惯和思想观念,对整个社会的生产和生活方式、发展模式和方向都具有相当深刻的影响。

生态城市建设,从更深的层面来理解在于人们思想观念的变革,生态城市这一概念本身就是思想观念变革的产物。因为我们面临的环境危机根源在于追求经济与技术发展时忽略了生态知识。如果说文化是精神的家园,那么,传统就是精神的故乡。传统是一个城市在长期的历史发展过程中形成的独特文化,是一种特殊的精神寓所,给生长于此的人们以归属感和精神寄托。因此传统也是生态城市的文化基础之一,生态城市建设中必须注重对传统的继承和保护。古建筑、古街区是城市传统的重要载体,必须对其加以保护。生态城市建设要求城市进行革命性的变革,但这种变革不是对城市传统的全盘否定,而是在历史传统的基础上进行的。任何历史都不是一句话就可以否定的,即使失败的教训也是一份宝贵的遗产。城市的扩建改造和旧城的保护都不可偏废,因为旧城是城市的历史,城市的文脉,没有了旧城,城市也就没有了自己的文化,没有了灵魂。

(五)社会公正

社会公正是生态城市的要求和特征,也是生态城市建设的重要条件和支撑。在一个不公正的社会里是不可能建成生态城市的。社会的不公正主要表现为社会收入分配不合理造成的贫富悬殊,以及社会正义得不到有效的伸张。社会不公正会带来诸多严重的社会问题,不仅增加了社会的分层及各阶层间的隔阂,而且增大了社会的不稳定性,甚至助长暴力活动的发生。“社会平等、社会公正、社会融合和社会稳定是一个城市社会正常运行的关键。如果没有这些,那不仅会引起社会局势紧张和骚动,而且最终还会导致内战和民族暴力冲突。社会如果不安宁,所有的发展成果就会受到威胁。”因此如果没有社会公正,至少在社会生态方面不可能实现和谐、平衡,也就不可能实现城市的全面生态化。英国学者杜德利·西尔斯强调:“一个没有包含减少贫困、失业和不平等现象诸目标的‘计划’,难以被认为是‘发展计划’。”要实现社会公正,首先在整个社会舆论上要以坚持人人平等、遵守公共道德、惩恶扬善为基本导向,培养一种公正、公平的社会风气。其次,政府要加强对社会公共领域(如社会福利、医疗卫生、教育、住房、市政建设、就业和社会救助等领域)的管理和投资力度,以保证公共领域的条件与整个社会经济的发展水平相适应。再次,要推行教育、福利、税收等社会制度的改革,逐步解决社会收入分配不合理的问题。要全面推行高中义务教育,扩大普通民众的社会保障范围,加强税收征管,防止偷税漏税。建立美好、公正、稳定的社会比发展经济难度更大,但也更重要,这是建设生态城市的必由之路,是生态城市得以建立的现实支撑。当然引起社会不公正和不稳定的原因很多,既有普通的社会原因,也有政局动荡、政策失误及法律不健全等方面的原因。因此,建立公正稳定的社会还需要法律和政策保障。

(六)法律保障

法律的出发点是通过制定使恶的行为受到惩罚的规则,从而抑制人恶的一面显现。如果没有法律,任凭人们恶的一面肆意表现,那么社会将失去基本的协调机制。因此舒马赫强调:“我们必须建立一种非常完善的政治制度,使人的恶行绝迹,不论他或她内心多么邪恶,行为却要端庄。”舒马赫所说的政治制度主要是指法律。伏尔泰也曾形象地论述过法律的重要性和必要性:“如果有一个海岛,岛上自然地产生着食物和一切必需品,而不需要人操劳,那就让我们远远躲开我们讨厌的法律,上那儿过活吧;但是一等到你们在那儿住下了,我们又得回到‘我的’和‘你的’上面去了;对这东西制定法律往往是不愉快的事,但那却是我们无法合理地消灭掉的。”因此,一个城市要保持良好的环境和社会秩序,必须要有法律作为规范和保障。城市法律及其观念的存在成为城市得以存在、发展的真正内在因素。对于生态城市建设这样复杂的系统工程而言,完善的法律体系更是不可缺少的。

法律保障的作用不仅在于“有法可依”,更重要的还在于“有法必依”、“执法必严”、“违法必究”。据报道中国有40%(约92万件)的案件在作了判决之后未能执行。出现这种现象,不论原因如何,其结果都是危害了法律的尊严,法律对违法者和受害者都失去了其应有的效力。特别是破坏生态环境的案件,由于受害者不明确,对破坏行为的诉讼不积极、不强烈,导致“有法不依”、“执法不严”、“违法不究”的现象更容易发生。就现行法律而言,各国大都在维护社会秩序方面制定了比较完备的法律体系,但在保护自然环境和资源方面,法律的漏洞还很多,法律的力量还很薄弱。这对环境和资源的保护是极为不利的。因为从经济的、资本的逻辑来看,除了作为资源仍有经济价值的以外,如果没有法律规制,对于作为大量消费结果的大量废弃物根本不会予以关心。因此,法律应当明确规定各经济主体对于资源和环境的义务和责任,包括环境保护、环境卫生、资源和能源节约利用及物质回收利用等。例如法律不但要规定生产厂商要在生产中尽可能减轻对资源的消耗和对环境的污染,而且要规定其有义务对自己的产品使用后的废弃物进行回收。德国在1991年颁布的《减少包装废弃物行政条例》之《循环经济·废弃物法》中就明确规定了生活废弃物排出责任者在生产者的“生产者责任”。日本国会也于1991年2月通过了《再生资源利用促进法》,并将每年10月定为“回收推进月”。回收减轻城市垃圾处理的沉重负担,也促进了再生资源的利用。再生资源的利用也节省了能量的消耗,防止了自然资源的过度开采。这些法律条例为生态城市建设提供了重要的保障。

(七)管理体制

生态城市规划的最终实施有赖于严格的城市规划管理。良好的管理体制是城市经济、社会、环境良性发展的重要保证。如果没有合格和负责的城市政府管理,那么,城市对经济和社会发展的许多潜在作用就得不到发挥。要充分发挥城市所具有的潜力,就要求政府能够进行良好的管理。良好管理可以带来巨大的经济和社会效益,并减缓环境恶化。在某种程度上也可以把良好管理看成重要的社会指标。对人类居住区进行充分的管理已成为解决环境问题的重要方法。生态城市要实现管理体制的科学化和民主化、系统化和"生态化"。所谓管理科学化和民主化具有很强的一致性,就是要健全立法、执法和司法机构以及规章制度,充分体现出高效率、高责任、高水平,把政府行为扩大为全体市民的行为,吸引包括各企事业单位、民间组织等参与政府的计划和决策。要增加决策的透明度,扩大公众参与的机会,广泛听取各方面的反馈意见,并及时做出反应。政府则主要在宏观上进行调控,在行政、法律、经济、咨询、顾问、宣传教育等方面强化政府的作用。要超越过去那种单纯的服务行政或权力统治的界限,积极地引导城市的经济活动及市民的生活向一定方向发展,推进城市体制改革,逐渐试行具有引导作用的城市行政管理。所谓管理的系统化和"生态化"在内涵上基本一致,生态城市建设是一项系统工程,因此其决策和管理要打破传统的部门和区域之间的条块分割, 从传统的等级式市政管理走向网络式生态管理。建立综合决策机制及相应的综合决策和管理机构,只有这样才有可能做到经济、社会、文化与环境发展的相互协调。尤其要建立区域性的决策、协调和管理机构,从而促进和实现区域整体可持续发展。

参考文献

[1] 矶村英一.城市问题百科全书[M].哈尔滨:黑龙江人民出版社,1988:11.

[2] 大卫·皮尔斯.绿色经济的蓝图——衡量可持续发展[M].李巍.北京:北京师范大学出版社,1996.

第九章
干旱区生态城市自然环境系统建设

干旱区生态城市,人力资源丰富、可再生能源富集,拥有广泛的开发利用空间和发展潜力。但由于干旱区生态城市建设规模的日益扩大,城市化进程不断加快,在追求经济和社会效益的同时,人与自然的矛盾也日渐突显。敏感、脆弱的自然生态系统,严重的水资源短缺问题,土地不断退化以及日益恶化的城市环境等都成为干旱区生态城市建设异常艰难的症结所在。为了干旱区生态城市的未来,一个健康、理想、强大的自然环境系统是干旱区生态城市建设的基础和保障,在其总体的发展战略中,具有重要的意义和价值。干旱区生态城市自然环境建设要以可持续发展理论为前提,以生态环境建设和社会经济协调发展为重点,结合城市总体规划思路,采用生态恢复与重建等手段,创建人与自然和谐相处、生态文明的人类理想城市。

一、干旱区生态城市自然环境分析

相对于其他地区,干旱区生态城市的自然环境脆弱,其主要包括城市地质、土壤环境、大气环境、水环境、绿地和景观环境。在这些构成因素中,有的需要保护,如城市中的绿地、植被等;有的需要控制,如大气污染;有的需要合理规划,如城市水资源。深入了解、科学分析干旱区生态城市的自然环境,不仅具有科学价值,也具有重要的实践意义。它是后续各项规划、保护和建设工作的有力保障,能够减少在具体治理过程中的盲目性,从而尽快寻找到适合干旱区特点的生态恢复与重建途径。

(一)地质特征

干旱区生态城市的地质具有地域性、综合性、动态性和系统性的特征。随着经济的持续发展,干旱区生态城市中可开发利用的土地越来越少,大量城市地表工程建设引起不同程度的地质环境问题,主要表现在以下方面。

1.地下水超采导致地面下沉

干旱区生态城市,面临严重的水资源短缺问题,缺水在一定程度上制约着该地区的经济发展。为了个人及眼前利益,加上经济快速发展的需求,许多地区过度抽取地下水,导致松软的地层压密,造成地面下沉,严重地区甚至出现塌陷。各种地质灾害的发生,严重毁坏了市政设施的建设,甚至出现人员伤亡情况,严重制约着城市建设的发展。由于地面沉降发展缓慢,而且其范围广泛,治理难度大,见效慢,目前,已成为国内外许多城市主要的环境地质问题。

2.大规模建设导致地面过度硬化

干旱地区生态城市建设势必要大规模地利用水泥、沥青、花岗岩、石灰、柏油、高分子化合物等材料构成人工建筑地面来达到城市美化的效果。这种建设方式虽然带来了快捷与便利的城市基础设施,但同时也是城市地表过度硬化的主要原因。硬化的地面,渗透力差,大部分降水难以直接渗入土壤,地下水得不到及时补充;雨季时,大量雨水滞留,造成道路交通瘫痪。同时,雨水携带着大量的污染物流进城市雨水下水道后,便无法得到任何处理,直接排放到当地的自然水系。据研究,城市地表径流中的化学需氧量(COD)可高达 104 mg/L,金属的含量也较高,同时还含有大量的氮、磷等污染物,甚至超过生活污水的浓度。这些受到严重污染的城市地表径流,直接从雨水管道流入内河,污染河水,造成城市地质环境保护的恶性循环[1]。地表的过度硬化也使城市的土壤失去了其原来的作用,无法吸纳空气中的尘土、病菌,无法分解各种污染物;城市中部分植物也因被限制在有限的空间里,无法深入到地下吸取地下水和营养而生命力较弱。

(二)土壤特征

土壤是岩石圈表面的疏松表层,是在岩石风化和成土过程综合作用下形成的产物。干旱区生态城市由于受到气候、植被、成土母质及水文等地理条件的影响,使得该地区的土壤类型正逐渐受到荒漠化、沙化、盐渍化的严重威胁,土壤可利用资源日趋减少,城市的发展也受到严重影响。因此,只有充分认识和掌握干旱区生态城市土壤特性的基础,才能达到因地制宜合理利用土壤资源的效果。

1.沙漠化

干旱地区降水量小而蒸发量大,特殊的气候使风化过程对土壤的影响极为强烈,加上人类对土地的过度开发与利用以及乱砍滥伐导致的水土流失现象,造成了土地生产力下降,极大地加速了土地沙漠化的进程。

2.盐渍化

由于气候干燥、蒸发强烈,因毛细作用上升到地表的水蒸发后,便留下盐分,日积月累,土壤含盐量逐渐增加,形成土壤盐渍化。城市中土壤盐渍化的发生除自然因素外,城市水利工程技术措施不当和不合理的城市排水系统设计,也是导致地下水位升高、地表积水严重、土壤中大量盐分积累的主要原因。

3.土壤污染日益严重

土壤是一个开放体系,并且不断与其他环境要素之间进行着物质和能量的交换。城市化对土壤的侵蚀使土壤的污染源十分广泛,主要包括工业污染源、农业污染源和生物污染源,这些污染源通过各种途径将污染物带入土壤。如城市污水、垃圾、固体废弃物、污泥和厩肥等,来自工业、矿山的重金属、废石、粉煤灰等。土壤污染导致土壤质量严重下降,更为可怕的是土壤对污染物具有富集作用,一些毒性大的污染物,如汞、镉等富集到作物果实中,人或牲畜食用后发生中毒,严重危害人类的身体健康。

(三)空气特征

干旱区生态城市的空气特征与该地区城市化、工业化进程的飞速发展密不可分。由干旱、风沙、扬尘、植被覆盖度低的自然因素加上燃煤、汽车尾气、居民排放污染等人为因素的综合作用造成的干旱区生态城市大气环境,成为制约干旱区经济发展的因素之一。因此,要实现干旱区生态城市的可持续发展,就必须充分了解其空气特征,从根本上解决城市大气污染问题,选择有针对性的措施和途径。

1.颗粒状污染物比例高

由于干旱区城市特殊的地理位置,通常干旱少雨,风沙大,年平均降水量低,空气得不到及时的洗涤和净化;土壤风蚀严重,地表松散干燥,城区周边生态环境脆弱,大风刮过时将大量沙尘卷入空中,形成沙尘天气,导致大气中的可吸入颗粒物含量在短时间内急剧增加,大气环境污染加剧。

2.硫化物含量高

干旱区城市煤炭能源的使用率远高于其他区域,煤炭等化石燃料和其他物质的燃烧及汽车尾气等所产生的废气含有大量的硫化物、氧氮化物、一氧化碳和颗粒物,当其数量超过大气的自净能力时,就会造成大气污染。高浓度的硫化物不仅危害人类的呼吸系统,而且会形成酸雨,导致建筑物、机械设备、钢铁制品等的严重腐蚀,造成巨大的经济损失。

3.空气含氧量低

广大的干旱地区,降水稀少,难以维持植物正常生长和繁殖所需;一定区域内,植被稀疏,覆盖度低,加上人类的高度集中,使得城市空气中的含氧量偏低。有研究表明,与史前时代相比,地球大气层中的氧气含量下降了30%以上,在污染较为严重的城市甚至超过50%。虽然,目前尚没有权威证据表明大气含氧量的降低所带来的一系列连锁反应,但氧气终究是人类呼吸过程中最重要的成分,是维持人体细胞及整个机体作用的必要保证。

(四)气候特征

干旱区生态城市气候是在区域气候的背景上,经过城市化后,在人类活动的影响下形成的一种特殊的局地小气候[2]。气候环境的好坏与城市所在的地理位置、地貌特征、生态系统环境等因素密切相关。分析城市气候特征以及城市化对气候环境的影响,对改善城市生态环境,合理进行城市规划具有重要意义。

1.气温呈上升趋势

城市"热岛效应"是干旱区城市气候的典型特征之一。它是指城市气温高于郊区气温的现象。城市"热岛效应"的程度与城市规模密切相关,其影响因子主要有两方面:一是下垫面性质,包括城市中的建筑群、柏油路面等,它们的折射率小而吸收较多的太阳辐射,奠定了城市"热岛"的能量基础;二是城市中的大量人为热,包括冬季取暖、夏季空调开放、工业耗能散热等,加剧了城市"热岛效应"[3]。在"热岛效应"的作用下,城市每个地方的气温都不一样,形成了一个缓慢的"热岛环流",导致城市周边的云、雾及污染物流向城市中心,加重城市空气污染[4]。在这些有害污染源的作用下,城市中心的居民极易患上严重的消化系统或神经系统疾病,不但影响人们正常的生活和工作,还成为人们生活质量进一步提高和城市进一步发展的制约因素。因此,如何减缓城市"热岛效应"应该是干旱地区协调城市生态系统优先考虑的问题之一。

2.降水呈波动性

干旱区降水稀少是其普遍特征,然而一个地区城市化的发展对其降水机制及降水量的变化是有影响的。由于"热岛效应"的存在,会破坏城市上空气流循环的稳定,易产生热力对流,当空气中的水汽及凝结核增加时,容易形成降水云层,导致降水量增多。有学者认为,城市有使城区及下风方向降水量增多的效用,即"雨岛效应"[5]。有研究证实,大城市及其下风方向"雨岛效应"明显,且城市降水量的增加容易形成大面积积水,甚至形成城市区域性内涝,导致交通瘫痪,市民出行不便。

3.风沙大

在干旱气候的背景下,由于城市周边植被稀疏、生态环境脆弱,加上强烈的风蚀作用,导致大量沙尘在无植被阻隔的情况下,长驱直入到城市空间;而干燥易受热的地表产生不稳定的上升气流,把地面沙尘带到高空,形成沙尘天气。特别是近年来,沙尘暴的肆虐,已成为严重的气象灾害之一。要完全消灭沙尘暴是不可能的,唯一能做的就是减少对干旱地区已有植被的破坏,加大植树造林、退耕还林、还草力度,限制过度放牧,减少温室气体的排放，以此达到控制或减少沙尘暴发生的目的。

4.光热资源丰富

干旱地区大气含水量通常较低，云量稀薄，日照时间长，积温大，昼夜温差大，无霜期长，具有丰富的太阳能资源。在城市规划发展过程中，应加大开发利用太阳能这种可再生资源，为该地区居民提供生活用能，改善居民生活条件。这样既有助于减少城市环境污染，还能促进经济与生态环境的协调发展。

（五）水环境特征

水环境是构成环境的基本要素之一，是人类社会赖以生存和发展的重要场所，也是受人类干扰和破坏最严重的地区[6]。干旱区生态城市水环境不仅是城市生态系统中具有深远影响力的因素，而且是衡量该地区城市居住、投资与旅游环境好坏的重要指标。干旱区生态城市水资源短缺问题和水环境污染的加剧使生态城市建设和发展难以步入良性循环的轨道。研究干旱区生态城市水环境特征是水环境保护、污染防治和生态环境建设的需要，也是生态城市规划的依据和技术支持。

1.水资源贫乏

近年来，由于干旱区生态城市环境的不断恶化、大量不合理的用水需求、盲目的开发和浪费，造成一些内陆河流量减小，断流河段逐渐延长，中下游河道干涸废弃。同时，流域水文生态变化必然导致内陆河地区湖泊萎缩和盐化，减少水资源储量。

任何一个城市淡水资源的总量都是有限的，干旱区生态城市的淡水资源问题尤为突出。内陆河下游地区地表水量的减少迫使人们超采地下水来弥补地表水量的不足。地下水位的下降，造成土地全面退化、沙漠化现象严重、植被大量枯死。人类对水资源的掠夺式开发利用成为干旱区现代沙漠化快速发展的根本原因。

2.水质污染严重

随着城市化和工业化进程的加快、人口的大量增加和人类活动的加剧，干旱区生态城市污水排放总量迅速增加，已远远超过了该地区水体自净的承载能力，各种工业污水、农业污水、城市与居民污水已使干旱区生态城市水质污染日益严重。水体质量不断下降，也给城市中各个行业的用水要求带来许多不利影响，同时危害到人体健康。

3.水资源利用率低

干旱区城市用水多为一次性用水，重复利用率低；城市水资源传输和使用过程中漏失现象严重；农业及工业方面缺乏科学的水资源优化配置方案和高效利用的综合技术；人民节约用水意识淡薄。以上种种均造成了水资源的大量浪费。因此，如何在城市化建设中做好水环境的可持续发展及水资源的高效利用是干旱地区城市生态规划的核心问题。

(六)植被特征

城市植被包括公园、校园、寺庙、广场、球场、医院、街道、农田以及空闲地等场所所拥有的森林、灌丛、绿篱、花坛、草地、树木、作物等所有植物的总和[7]。干旱区生态城市的植被既是重要的环境要素,又是重要的自然资源,其特征与其所处的生境紧密相连。干旱区城市植被环境因城市化的发展而被特化,盲目的城市建设使城市中的植被不断退化,天然植被面积越来越少,人们也逐渐意识到城市建设的飞速发展与城市绿化不和谐的状况。对干旱地区城市植被特征的深入研究是对一系列环境保护与生态平衡问题提出有效措施的保障。

1.植被类型单一

干旱地区由于降水稀少,水资源匮乏,不足以满足植物生长需要,以多年生的低矮、稀落的旱生灌丛构成植被主体,覆盖度低,很难见到郁郁葱葱的绿色生机,呈现出荒凉的景观特色。

2.植被退化严重

植被退化是干旱区城市环境恶化的又一主要原因。人口数量急剧增加造成资源环境压力过大,长期不合理的人类活动对环境的干扰十分强烈。水资源的不合理利用问题仍旧是植被退化的首因。其次,过量的乱砍滥伐、大面积开垦等因素也是植被退化不可避免的诱因。

3.城市景观结构简单

城市生态景观的一个重要组成部分就是不同种类植物的合理配置。在干旱区植被空间分布极不均匀,从完全裸露到稀疏再到密集,形成不同程度的分布格局,导致城市景观中各种绿地斑块的形状、规则简单,无法形成高低错落的复合植物生态群落,不利于城市绿地的功能分区和生物多样性保护。

二、干旱区生态城市自然环境保护与重建途径

干旱区生态城市的环境保护并不是一个单一的环境问题,它与该地区政治经济发展紧密相关。如何才能做到在更好地利用自然资源的同时,深入认识污染和破坏环境的根源及危害,有计划地保护环境,预防环境质量恶化,控制环境污染,掌握解决环境问题的途径,促进人类与环境协调发展,提高人类生活质量,保护人类健康,是干旱区生态城市面临的重要问题。严酷的自然条件和干旱区生态城市的经济发展,要求人们必须深刻认识自然环境保护与重建工作的重要性,这决定着干旱区生态城市未来建设的成功与否。

(一)保护与重建的意义

自然环境是人类生存的基本条件,是城市发展和各个产业经济繁荣的物质源泉。干旱的气候、水资源短缺、土质稀松、植被稀少、荒漠广布、资源耗竭、各种严重的环境污染,都让干旱区生态城市的自然环境处在岌岌可危的状态之中。加上该地区基础设施薄弱、经济结构单一、生产力水平低下、贫困人口数量巨大等社会因素,使得干旱区生态城市的建设不能再以牺牲环境为代价来取得胜利的果实。严峻的事实不断警示着我们干旱区生态城市自然环境保护与重建工作迫在眉睫。如何通过科学多样化的保护手段和途径尽快遏制该地区生态环境的恶化趋势,逐步建设、改善、调控干旱区生态城市的自然环境在整个城市的战略发展规划中具有重要的意义。只有实现可持续发展的自然环境,才能保证城市化建设的稳步发展,才能实现干旱区生态城市建设的预期目标。

(二)主要途径

针对干旱区生态城市自然环境的特征,分别对干旱区城市生态系统中的土壤、大气、水资源、城市废弃物、植被提出有效的保护措施和途径,以期解决干旱区生态城市的环境问题。

1.土壤环境保护

土壤是人类和生物赖以生存的物质基础,也是城市生态环境的重要组成部分及核心位置,承受着来自环境中各方面的污染物。干旱区生态城市土壤环境的好坏直接关系着该地区大气、水体的质量。由于经济高速发展、人口过度增长、污水灌溉、农药和化肥不合理使用,工业废渣和城市生活垃圾随意堆放等因素给干旱区城市生态环境带来了巨大压力。人类逐渐意识到土壤环境治理与研究保护工作将有助于整个生态环境质量的改善与提高,积极探寻城市土壤有效和健康的保护路径对土壤资源稳定发展、提高水平生产力与可持续利用具有重要的意义。

(1)合理规划土壤资源的开发与利用。由于干旱区生态城市建设规模不断扩大,各种自然和人为因素使城市中可以利用的土地面积越来越小。土壤资源的开发与利用应当遵循自然生态规律,以城市生态系统健康发展为原则,对工业、农业、林业、牧业及城市用地进行统一规划,使土壤的生产投入与输出相平衡,使土壤生产力与承受力相适应,以达到土壤可持续发展利用的目的。

(2)防止土壤荒漠化与盐渍化。荒漠化防治:保护城市中现有植被,加强城市绿化建设,坚决抵制各种破坏城市植被的行为;在城市周边及远郊地区广泛开展植树造林,建设有效的生态保护屏障;确定合理的水资源调配制度,实现上、中、下游和生产、生活、生态用水的合理调度和分配;改变畜牧业生产方式和种群结构,大力推行围栏封育、轮封轮牧,大力发展人工草地或人工改良草地,增强生态系统的自我修复能力。盐渍化防治:健全城市地下水道的排水系统,制定分区排水规划;改良农业灌排设施,以通畅排水为主导，控制地下水位，减少因土壤毛细管作用导致的土壤积盐；引种耐盐植物进行洗盐；避免盲目施肥。

(3)减少土壤污染。首先，应严格控制工业"三废"的排放量与排污浓度，鼓励企业采用无害化工艺进行清洁生产。其次，加强农药合理使用的监管力度，大力推广施用高效、低毒、低残留农药，同时，指导农民科学合理施肥，尽量避免不易降解的高残留污物对土壤的污染。最后，通过增加土壤改良剂、抑制剂等进行土壤改良，增加土壤胶体的种类和数量，从而降低土壤污染物的水溶性、扩散性和生物活性，减轻对土壤生态环境的危害。

2.大气环境保护

干旱区生态城市大气污染的类型和受污染程度与当地所处地理位置、自然条件、工业布局、能源利用、交通状况和人口密度等因素密切相关。其大气污染源主要以颗粒物、硫氧化物和碳氧化物为主。防治大气污染的根本方法就是从污染源着手，结合区域环境的整体性，运用各种技术、经济、行政、法律手段对大气污染进行综合防治。这是一个庞大的系统工程，需要全社会的共同努力。

(1)科学规划、合理布局。干旱区生态城市建设应从整体上进行科学规划，注重城市功能区和工业园区的合理布局。充分利用气象学原理，遵循大气污染源扩散和城市主导风向等自然规律，将重污染工业多布置在城市远郊区的下风向，将无污染工业设置在城市主导风向的上风向，轻度污染工业设置在城市边缘和近郊区。同时，在各个功能区之间建设绿化隔离带作为屏障。合理的生产布局能最大限度地减轻区域对大气环境的影响，在有限的大气自净能力下，最大限度地发挥该区域的生产潜力。

(2)改善能源结构、推广清洁生产。干旱地区城市的能源结构主要以煤炭为主，其在燃烧过程中释放出大量的硫化物、碳化物、氮化物和悬浮颗粒等污染物。因此，要从根本上解决大气污染就必须改变能源结构，大力推广使用清洁能源，治理煤烟型和机动车尾气复合型污染。例如运用物理和化学的方法解决高硫煤的燃前脱硫问题，加速发展洁净煤技术；强化机动车污染排放的监管，鼓励发展清洁燃料车和公共交通系统，减少汽车尾气的排放；开发太阳能、水能、风能、地热能等可再生性的清洁能源，以减少煤炭、石油的用量，从而达到区域性大气环境质量的控制，减轻大气污染。

(3)区域集中供暖。据测算，煤炭集中使用产生的烟量仅是分散使用的1/3~1/2，飘尘仅是1/5~1/4。市区内分散的燃煤炉灶、密集的矮小烟囱是烟尘的主要污染源。采用区域性集中供暖，较大规模的供热站有利于高效率除尘设备的使用，提高能源的利用率，同时，高大的烟囱有利于烟尘的高空排放，减轻大气污染。

(4)生物净化。大气污染的生物净化主要是指植被的作用。树木和草坪等绿色植被可以在大面积范围内长时间、连续有效地吸附大气中的粉尘、烟尘及其他有害气体。植物是空气的天然过滤器。良好的城市生态环境，应构筑出一道有效的绿色屏障来削减大气污染对环境和人类造成的危害。绿地系统规划，应根据不同区域的污染特点，因地制宜地选择植物类型以达到理想的净化效果。

3.水环境保护

水是地球上万物的命脉所在，水滋润万物、哺育生命、创造文明。由于干旱区生态城市不断持续的社会经济活动，使水资源逐渐减少，同时污染的加剧改变了水生生态系统的平衡，水质日益恶化，对人民的生存安全构成重大威胁，成为人类健康、经济和社会发展的重大障碍。干旱区生态城市中水源污染的主要来源是未经加工处理的工业废水、农业灌溉污水和城市生活污水。城市水环境的安全与整个国家乃至全球的水资源系统安全密切相关。因此，水环境的保护与防治应多借鉴国内外成熟的水环境治理经验，结合干旱区生态城市水环境与经济、社会之间的关系，制定出行之有效的可持续发展措施。

(1)加强工业污染源的治理。首先，积极调整和优化工业产业结构，大力发展环保技术，实施清洁生产，做到从源头消减污染，减少和控制“三废”的排放量。国内外实践证明要顺利推行污废水排放最小化的清洁生产以达到节能降耗、减污和提高生产效率的目的，就必须建立排放最小化清洁生产实施机制，对企业实行奖励和惩罚政策。其次，运用法律手段严格控制企业的污水排放标准，建立健全水环境保护法律法规。只有这样，工业污水的防治才有可能得到保障。

(2)加快城市污水处理设施的建设。生活污水主要包括厕所冲水、各种洗涤污水、垃圾及其他排水等。污水中主要含氮、磷、硫等无机盐类和各种微生物，容易滋生致病细菌。对于城市废水防治，有效的措施就是城市废水处理设施的建设。因地制宜地选择合适的位置建设废水厂，结合当地实际情况选择适宜的废水处理技术以及完善该地区城市排水系统，都能有效控制城市污水对整体水环境的影响。

(3)废水资源的充分利用。在干旱区生态环境建设中，对废水进行合理充分的利用，不仅解决了干旱区水资源紧缺的问题，同时，也是水环境保护的有效途径之一。对居民来说，经过处理的废水可以用来冲洗马桶、洗车、浇灌花园；对农业来说，处理过的废水可用来进行农田灌溉和养殖；对工业来说，经过处理的废水可以回用于各种工业生产和加工用水。水资源的重复利用，实现了水资源总量的最大化。因此，推进废水资源的利用与开发将是干旱区城市最理想的选择。

4.城市固体废弃物处理系统与再利用

固体废弃物是指人类在生产、生活和其他活动中产生的丧失原有价值或无法利用而被抛弃或丢弃的固体、半固体废弃物[8]。主要包括工业废弃物和生活废弃物。随着干旱区生态城市发展进程的加快，固体废弃物的排放量与日俱增，废弃物的成分日益复杂，由固体废弃物引发的水质、土壤和大气污染事件也逐渐增多。我国结合国内外的经验，于20世纪80年代中期就提出了“减量化、资源化、无害化”的三化原则，作为固体废弃物污染控制政策。目前，固体废弃物的主要处理方法大都采用卫生填埋、堆肥和焚烧。除了这三种常用方式外，许多城市仍在不断寻找固体废弃物的开发、利用与资源化途径,实现城市生态系统的良性循环和经济效益双赢的局面。

(1)开展工业固体废弃物专项整治。工业固体废弃物是指在工业、交通等生产活动中产生的采矿废石、选矿尾矿、燃料废渣、冶炼和化工生产废渣等固体废弃物,其主要来源还是以大、中型的工业企业为主。开展工业固体废弃物专项整治活动,其实质是从源头上真正实现废物的减量化或消灭于生产过程之中。主要的措施有:严格执行企业固体废弃物排放量控制标准;明确实行废弃物管理问责机制;采用经济手段刺激企业开发新工艺、新设备,推行清洁生产;鼓励企业对废弃物的循环再利用。

(2)完善城市垃圾处理系统。城市垃圾首先要经过收集,目前大部分地区的垃圾收集方式均为混合收集,这对垃圾处理的后续工作带来了难题,所以要制定生活垃圾分类收集指导原则,大力倡导居民实行垃圾分类。其次,选择适宜的地理位置建立大型垃圾填埋厂,尽量避免垃圾的中转与运输,把二次污染对城市的影响减到最小。最后,加大对城市生活垃圾处理的投资力度,形成垃圾处理市场化和产业化链条,成立垃圾处理公司,实现制度化管理。城市垃圾管理的任务十分艰巨,并非通过以上几种途径就能彻底解决,需要一个长期的、科学的、有效的治理规划和人类的共同努力来实现。

(3)倡导医疗垃圾全过程监管。由于医疗垃圾具有一定的空间污染、急性病毒传染和潜伏性传染的特征,应当成立专门机构并配备专职人员到医疗机构定时收集和集中处置医疗垃圾,并实行全程监控,逐步完善医疗垃圾控制流程的管理制度,在整个处理医疗垃圾的过程中能够严格按照国家有关标准和技术规定执行。淘汰不符合环保要求的医疗垃圾处理设施,关闭不符合环保要求的医疗垃圾处理场所,严厉打击非法倒卖医疗垃圾的行为。

(4)加强固体废弃物的资源化利用。固体废弃物资源化利用就是对废弃物中有用的物质及能量加以回收和利用,同时,对无用部分进行无害化和减量化处理。这是发展循环经济的重要内容,是实施资源和生态环境的可持续发展的必经之路。固体废弃物资源化利用的途径很多,主要有:①废物转换利用,即通过一定技术,利用废物中的某些组分制取新形态的物质。如城市垃圾、粪便、农业有机废物等经过堆肥处理制成有机肥料;用废塑料裂解生产汽油或柴油等。②废物转化能源,即通过化学或生物转换,释放废物中蕴藏的能量,并加以回收利用。如垃圾焚烧发电或填埋气体发电。③废物回收利用。如化工废渣中有相当一部分是未经过反应的原料和副产品,具有很大的回收利用潜质。固体废弃物的资源化利用是一项具有广阔前景的开发领域,它对减少污染、保护环境、节约能源具有重大的意义。

5.城市植被保护

我们可以将城市中的植被比喻为“城市的肺”,它对城市整个生态环境的保护功不可没。尤其在干旱区,它不仅吸收大量二氧化碳,放出氧气,同时还阻挡飞扬的灰尘,吸收各种有害气体,起到过滤、净化空气的作用。随着人们对城市植被功能认识的不断提高,绿化在城市建设中的作用也越来越明显。然而,干旱区生态城市的飞速发展,已使城市中原有的自然环境逐渐消失,寸土寸金的城市土地,可用来绿化的面积越来越少。如何实现城市的植被保护,为干旱区生态城市添一抹"绿色的新衣",可以从以下几方面来考虑。

(1)因地制宜、合理规划城市绿化建设。干旱区生态城市规划可用于绿地建设的土地十分有限,绿化时应把城市中心区、近郊区和远郊区作为一个整体,结合区域特异性,进行不同内容和形式的绿化,以增加城市绿地环境的多样性。同时,充分利用乡土植物进行绿地建设,以达到稳定的景观效果。

(2)加强城市植物多样性保护。干旱区生态城市绿地建设中的焦点就是城市生物多样性保护。一般认为,多样性是所有生命系统的基本特征,包括地球上的植物、动物、微生物物种以及所有的生态系统及其形成的生态过程[9]。遗传基因、物种和生态系统是生物多样性的三个研究层次,其中物种多样性是生物多样性的前提和保障。由此,加强城市植物多样性保护不仅是绿化建设的需要,也是促进城市生态系统稳定和协调发展的重要基础。主要途径有:①采取有效措施保护城市自然遗留地,以防止人类行为和活动对原有物种多样性的损害;建立城市自然保护区,保护物种资源和群落结构模式的完整性。②选择有可能恢复原来生态系统的次生环境对已经退化的区域进行恢复和重建。③大力推广新物种的引种、驯化和利用,以丰富城市物种的多样性。④注重湿地环境的保护和利用。

6.政府在环境保护中的作用

干旱区生态城市自然环境的保护与重建需要政府发挥其自身的主导作用才能得到有效与彻底的实施。

(1)制定环境保护规划。环境保护是一个庞大的系统工程,不仅涉及城市建设的各个层面,还涉及许多自然因素,必须深入开展环境保护规划的调研工作,避免盲目性和随意性,要制定科学、合理的长期发展规划。规划中应包括环境保护的重点、保护的途径以及保障措施等基本内容,为制定环境保护的政策、法律、法规等提供切实的依据。

(2)健全环境保护的法律制度。政府在加强对已有法律制度执行的同时,制定适合当地的环境保护法规体系,明确企业和公民在环境保护中的责任与义务;确定一些具有根本指导意义和强制执行制度,比如严格执行排污、排废申报登记和许可证制,按核定排污量收取排污费和污染治理费;核定排污单位的排污量,实行排污指标有偿转让制;建立废弃物循环利用制,制定废弃物回收政策,规定各企业垃圾必须分类,容器和包装一定要循环使用等。

(3)提供环境保护的激励政策。政府可以对开展资源节约和综合利用的重点项目给予资金补助和贷款贴息;对积极开展清洁生产、研发高新技术、创新无害化工艺的企业提供发展专项资金、专项扶持资金、科技创新资金等。利用经济刺激手段实现新能源、低能耗、少排污的清洁生产。

(4)构建有效的环境保护监督体系。首先,以增强企业环境保护意识、规范企业生产环境为目标,实行企业环境监督员制度,指导有关企业结合实际,进行污染减排、环境治理等。其次,鼓励公众积极参与环境监督管理工作,扩大公众监督的范围和权利,提高公民参与环境维权的意识,把行政监管和公众监督结合起来,更好地完善环境保护监督体系。

(5)倡导环境保护意识,提高人民素质。积极发挥政府的主导作用,充分利用报刊、广播、电视、网络等媒体,大力宣传环境保护的作用与意义,普及清洁生产、节约资源和保护环境的生活方式与消费方式。广泛发动市民植树种草,充分发掘一切可利用的空间实现绿色化。大力倡导从每一位市民做起,从身边的小事做起,从节约每一滴水、每一度电、每一张纸做起,从垃圾分类处理做起,形成人人讲环保,全社会参与的生态城市建设氛围。

三、干旱区生态城市自然环境建设经验

1971年,联合国教科文组织发起了"人与生物圈计划",提出了生态城市的概念。自此,国内外有许多城市按照生态城市的目标展开了规划和建设的序幕。目前,已有不少城市取得了建设生态城市的经验和效果,这其中不乏自然环境恶劣、经济不发达、建设和发展困难重重的许多干旱区城市。了解国内外干旱区生态城市的发展趋势和基本建设经验,无疑是将要建设或正在建设干旱区生态城市的国家最有力的"助推器"。

(一)国外的建设经验

世界干旱区主要分布在亚洲大部分地区、澳大利亚大部、非洲大部、北美西部和南美西部,而这其中,澳大利亚的怀阿拉市、巴西的库里蒂巴和桑托斯市、丹麦的哥本哈根、印度的班加罗尔都是干旱区生态城市建设成功的典范。深入了解国外干旱区生态城市的基本建设经验,有助于推动我国干旱区生态城市的建设进程。当然,也不能一味地照搬、照抄,还需要结合地区特异性、综合性,探索有益于当地的生态城市建设方法。

1.秉承可持续发展的理念

人口增长、环境恶化、资源短缺,已成为全世界共同面对的严峻问题,只有走可持续发展的道路,才能给我们及子孙后代一个取之不尽、用之不竭的生存环境,才能保证建设一个理想的人居环境。

巴西的库里蒂巴以其堪称典范的可持续发展城市规划而享誉全球,另外还由于垃圾循环回收和能源保护项目以及公交导向的交通系统创新而获奖[10]。澳大利亚怀阿拉市政府认为生态城市首先是可持续的,因此在总体规划中遵循生态可持续发展的原则,

制定了具体的生态城市工程，在工程中运用各种适用和可持续技术。德国的埃尔兰根(Erlangen)则依据可持续发展思想,在城市规划中加强风景规划和环境规划。重视森林、河谷等自然生态区的保护,并且让更多的绿地和绿色廊道遍及整个城市,采用一体化的交通政策以及节约资源、能源的手段等。

2.明确具体的现实目标

面对长期、纷繁复杂的建设过程,各个国家都结合自身的实际情况,制定了详细具体的阶段性目标。比如,丹麦生态城市建设的阶段性环境目标是:试验区内水的消费量减少10%、电消费量减少10%、回收家庭垃圾减少城区垃圾生产、通过建立60个堆肥容器回收10%的有机垃圾制作堆肥、回收40%的建筑材料。新西兰Waitakere建设目标包括建立可持续的、动态的、公平的社会、经济与环境,并根据目标制定了更具体的措施。澳大利亚怀阿拉在其发展战略中提出了7条生态城市建设的战略要点，致力解决其能源和资源问题。

3.强大的科技支撑体系

科学技术的飞速发展是生态城市建设的有力保障。国外许多国家都非常重视新技术的研发与推广。如美国、德国、加拿大都重视生态适应技术的研究,重视发展生态农业、生态工业的优良队伍,落实其专业人才的培养,使得这些国家的生态城市建设处于领先水平。澳大利亚的怀阿拉建立了能源替代研究中心，研究常规能源保护和能源替代、可持续水资源使用和污水的再利用等。

4.突出重点与区域协调

国外生态城市建设的一个突出特点是其问题指向性,它不试图在城市中全面铺开地进行生态城市建设,而是面向问题、抓住重点、逐步推进,针对城市发展中面临的突出问题,如交通拥挤、地面硬化、垃圾污染等问题,集中力量促使一两个问题的解决,并在解决问题的过程中积累经验、培养人才、教育公众、树立形象、凝聚人心,逐渐扩展到对其他问题的解决。同时，城市规划和开发必须与大范围的区域规划乃至国土规划相协调。如美国克利夫兰市的生态城市议程强调区域观思想,强调政府必须在复杂的区域环境中进行协调工作。德国埃尔兰根也非常重视区域的协调，具体体现在该市的风景规划、环境规划以及交通规划上。澳大利亚的阿德莱德则在区域系统分析的基础上合理利用区域资源、能源和资金,以寻求降低能源和材料废物,主张材料和组件的生产应最大限度取自当地。

5.全民参与生态建设

在国外,无论是城市生态建设规划方案的制定,还是项目实施的过程与监督,政府都会鼓励当地居民积极参与。倡导并落实一个生态城市的建设基础就是对民众进行环境教育,提高人们的生态意识。如德国生态城市Erlangen城在建设中,努力与市民一起进行规划，有意与一些行动小组，特别是与环境有关的小组合作，使其成为某些项目的合作伙伴，又使他们保持自由[11]。韩国汉城21世纪议程中，在每个目标中都具体地提出公众参与的领域和途径，有效地保障了项目的实施。日本大阪市每年9月发动市民开展公共垃圾收集活动，并向100万户家庭发放介绍垃圾处理知识和再生利用的宣传小册子。

(二)国内的建设经验

由于我国生态城市建设起步较晚，干旱区城市又大都为经济落后、资源受限严重地区，因此尚处于边建设边摸索的阶段。结合新疆乌鲁木齐、石河子，内蒙古呼和浩特，陕西榆林，青海西宁，甘肃民勤等干旱区生态城市的建设经验，总结出我国干旱区生态城市基本建设的主要经验。

1.树立科学的城市可持续发展观。其核心应当是"社会经济与生态环境的协调平衡发展"。充分考虑干旱区城市经济的发展现状和社会、自然资源条件，合理规划生态城市的发展战略，以生态建设为主，生态经济学理论为辅，指导干旱区生态城市建设的实施，努力实现社会生态和谐与经济可持续发展。

2.建立以循环经济为主的生态经济体系。充分发挥干旱区生态城市的特色和优势，以循环经济理念为主导，坚持走"低开采、高利用、低排放"的建设发展道路，应用生态技术或生态工艺，使物质和能源在经济循环中得到合理和持久利用，实现产业的生态化、集群化、融合化，以把经济活动对自然环境的影响降低到尽可能小的程度。大力推行清洁生产，并通过各种途径严格控制城市中的工业污染、农业污染、城市污染及其他污染源对原本就很脆弱的城市生态系统造成损害。实现城市经济发展与资源环境之间的良性互动。

3.解决好干旱区水资源稀缺的问题。干旱区生态城市的水资源始终是制约生态城市建设的主要因素。水资源的开发与利用需要进行科学合理的资源配置，统筹协调好内陆河流域上、中、下游的用水关系；均衡分配工、农、林、牧、城市及居民的用水需求。加强水资源的监督管理机制，完善干旱区生态城市的水利工程，减少各种污染物对水环境的污染；在遵循该地区人文规律和城市生态系统自然规律的基础上，建立有利于水资源开发利用与生态恢复的补偿机制；全面建设节约型社会，提高各行业全民节水的意识，形成良好节约氛围，逐步实现干旱区生态城市水资源的良性循环。

4.防止植被的持续退化。许多地区的实践表明，以"因地制宜适树适草"为原则，保护干旱区生态城市已有绿地和物种多样性，实行封滩育草、退耕还林还草、建立自然保护区、建植多层次的植物群落、增加绿地景观类型的多样化、结合当地实际情况植树造林、在城市周边及远郊大力营造防护林等对防止干旱区城市水土流失和土壤荒漠化、盐渍化具有显著效果，同时也是改善生态环境，促进社会经济发展的根本措施。

5.扩大公众参与力度，提高公民的生态意识。干旱区生态城市的建设，离不开公众的参与和奉献。公众对环境保护的监督作用不容忽视。政府对环境保护的各项方针政策与解决途径，只有做到公开化、透明化，受到广大公众的监督管理才能有力保障干旱区生态城市自然环境恢复与重建工作的有效实施。同时还要加强公众教育，普及生态文化，提高公民的环保意识，把保护生态环境的观念贯穿到人民群众的日常生活中，实现广泛、高效、自觉的全民生态环境保护。

参考文献

[1] 陈志刚.生态城市建设应避免地面过度硬化——德国城市地质环境保护启示[J].国土资源导刊，2006(6)：29-31.

[2] 周淑贞.城市气候学[M].北京：气象出版社，1997.

[3] 任春艳，吴殿廷，董锁成.西北地区城市化对城市气候环境的影响[J].地理研究，2006，3(2)：233-241.

[4] 陈丹.减缓城市"热岛效应"调节城市生态系统[J].广西气象，2003，6(2)：18-20.

[5] 周淑贞，张超.城市气候学导论[M]. 上海：华东师范大学出版社，1985：128-132.

[6] 杨小波，吴庆书.城市生态学[M].北京：科学出版社，2000：8.

[7] 杨士弘.城市生态环境学[M].北京：科学出版社，1997：45-48.

[8]王文安，杨萍，林桂英.城市固体废弃物处理现状与发展策略[J].河北建筑工程学院学报，2004，12(4)：83-87.

[9] Sollbrig O T.生物多样性——有关的科学问题与合作与建议[M].马克平.北京：科技出版社，1992.

[10] Alley T. Curitiba: AV isit to an Ecological City[J]. Urban Ecologist,1996(4)：20.

[11] Dietmar Hahlweg.德国生态城市 Erlangen[J].规划师，2003，19(1)：29- 30.

第十章
干旱区生态城市经济系统建设

一、干旱区生态城市经济系统特征

干旱区生态城市经济系统通过对各种自然资源的加工和处理，向社会输出产品和服务，把自然系统和社会系统连接起来，在功能上表现为集聚和辐射的结合，在目标上则表现为生态效益和经济效益的统一。

（一）生态目标与经济目标的统一

1.一对伪命题的批驳

人们对生态城市的认识常陷入一个误区，认为生态城市的创建必然以经济代价来换取生态效果，生态目标是居第一位的，而经济目标则完全附属于前者。这种观点承认生态城市的建设存在非经济理性，强调生态保护与经济发展的矛盾，并且对这个矛盾持绝对的生态目标唯一论，颇有“丢车保帅”意味。

与之相反，一个对立的观点认为，“先污染，后治理”是西方发达国家自工业革命至今经济社会发展的经验之谈。心理学理论认为人的需求从低到高依次为生存需要、生活需要、发展需要，解决人类温饱问题的生存需要是最基本的、必须首先被满足的需要，而生态与环保则属于实现更高生活质量的高级需要。从经济学的角度讲，收益的时间价值是不同的，因为折现的原因，远期收益放在基期衡量就必须“贬值”，那么在基期放弃远期生态收益而选择动用一切资源甚至不惜代价来实现经济目标也是应有之义[1]。

必要的经济投入的确是生态建设的前提，但依第一种观点，生态城市经济发展的目标被简化为生态建设，生态目标的绝对化忽视了基础设施建设、科技教育投入以及社会保障制度完善等其他社会公共目标，无异于否认了经济发展的最终目的是满足人类日益增长的物质文化需求。“生态贫民”是一个典型的反例，出于生态保护目的，自然保护区农民不得不放弃世代相传的农牧业和狩猎活动，仅仅依靠政府的微薄补贴，大多数农民因缺少增收渠道而陷入贫困。

而第二种观点的错误在于只看到经济发展对短期内人类物质需求的满足。由于资源的稀缺性，过度开采加速了资源的衰退或枯竭，经济发展难以持续；粗放型资源利用方式造成的许多污染损失是不可逆的，不仅降低了公众生活质量，巨额的“后治理”成本在很大程度上也抵消了“先污染”时期的经济发展成果。英国学者舒马赫[2]曾对这种悖论提出质疑：“如果需要有一个高速增长的经济来与污染作斗争，而污染本身看来又是高速增长的结果，那还有什么希望来突破这种奇特的循环呢？”

因此，生态优先未必就要牺牲经济发展，而经济发展也不能以生态环境的破坏为代价，把生态和经济对立起来的观点是站不住脚的。

2.生态目标与经济目标的一致性

生态保护与经济发展之间更多地表现出一致性，可从两者的目的、关系以及实践等方面来说明。

从根本目的来看，无论是生态目标还是经济目标，都是为了提高人类生活质量。经济发展的直接目的是提高居民收入，在满足公众基本生存需要之余，可以满足人类更高级的物质和精神需求。生态保护则为公众提供一个健康、舒适的绿色环境，在物质层面可以增强居民体质，促进健康，在精神层面可以愉悦身心，给人美的感受。生态目标和经济目标满足人们可持续发展需要的宗旨是一致的。

从辩证关系上看，生态目标和经济目标互为前提和基础，在实现次序上不应有先后之别。一个地区的生态环境是投资环境的重要组成部分，好的生态环境不仅是发展生态产业的基础，并且是地方吸引外来资金的突出优势。反过来讲，生态建设所必需的人力、物力又以必要的经济条件为前提，没有经济投入，生态保护就无从谈起。只有发展经济，保障生态地区居民基本生活需要，才能促使人们提高生态保护意识，从法律法规胁迫下的被动保护生态转变为积极主动投入生态建设。

从产业发展实践看，生态目标和经济目标是互促互进的，最明显的例子莫过于生态产业的发展。这在三次产业中都可以得到证明，如：在农业领域，“无公害农产品”在市场上越来越受消费者的追捧，生态农业成为我国提升农业发展水平、增加农民收入的着力点；在工业领域，企业不仅在生产阶段力推环保节能技术以降低成本，在最终产品上也大打“环保牌”以满足消费者的需要；在服务业领域，旅游业的发展直接受生态环境的影响，优美的生态环境是旅游产品的吸引力所在，国内风景名胜区旅游业的发展，无不印证了生态保护和经济发展的一致性。

当然，对于干旱区生态城市建设，生态与经济的矛盾在局部也有不一致的表现，特别是稀缺的水资源与经济发展的矛盾突出,这通常需要以一定的制度安排来解决。甘肃省张掖市水权制度改革开创了个人之间水权交易的先例。国务院在2000年开展黑河流域治理,张掖以分水方案为基础,核定农户用水定额,根据每户人畜量和承包土地面积分配水权,农户分到水权后到水务部门购买水票,水票既可自用也可进入市场流通。水权制度改革实践证明,这不仅是节约用水、提高水资源利用效率的合理措施,也是处理经济发展与水资源稀缺矛盾的有效手段,对干旱地区用水矛盾乃至其他地区生态与经济矛盾的解决都有典型的借鉴意义。

(二)集聚功能与辐射功能的结合

1.从外围到中心:集聚

追溯城市的出现,可以归结为两个主要因素:规模经济和比较优势[3]。新古典经济学认为,在总固定成本保持不变的情况下,随着产量的增加,平均固定成本趋于下降,这在一定范围内将降低平均总成本;在一定的人口规模限度内,城市单位产出成本会呈下降趋势。李嘉图的比较优势理论从国际角度解释了国家间分工合作实现产量最大化的现象,对特定地区而言,农村利用土地广袤、人口众多等比较优势从事农业生产,城市利用技术、资金、教育等比较优势从事工业生产。规模经济和比较优势在促使城市形成和发展的过程中,同时进一步加剧了人口、资金、资源以及技术等生产要素向城市集聚。

城市经济系统的这种集聚功能与其经济水平呈正相关的关系,地方经济水平越高,集聚功能越强,反之,集聚功能越弱。以劳动力要素为例,假如某企业从市场规模的角度出发,选择某经济实力较强的城市开展生产经营活动,该企业雇员为了降低通勤成本,一般会考虑在附近定居,这就是人口的集聚过程;在企业生产需求和人口需求指向下,一些配套产业、服务业及其从业人员同样会就近选址;更多聚集在一起的人口和经济活动又会产生积极的外部效应,进一步扩大人口集聚效果。在这个人口集聚的过程中,城市经济系统集聚功能的发挥是自发的,资源、资金以及技术等其他生产要素的集聚都可以得到类似的解释。

2.从中心到外围:辐射

城市经济系统同时具有辐射功能,承担着带动周边地区发展的任务。发展极理论认为,在区域经济发展过程中,经济发展不会同时出现在所有地区,总是由少数区位条件优越的点首先成长为发展极,然后通过发展极天然的极化效应与扩散效应,使资金、信息、人才等生产要素向发展极集中,借助这些生产要素的有序流动,把经济动力与创新成果传导到邻近地区,以点带面,点面结合,从而促进区域经济的发展[4]。城市在区域经济中一般具有自然条件和区位优越、规模大、功能全的特点,在地区内部处于发展极的地位,而发展极的极化效应和扩散效应,在城市经济系统上体现为对外围地区的辐射功能。

城市经济系统的这种辐射功能具有层次性，通过城市—农村、中心城市—外围城市两种渠道实现。城市对农村的辐射功能主要表现在城乡一体化上，城市经济水平的提升不仅为农民提供了更广阔的就业渠道，"城市反哺农村，工业反哺农业"也为城乡市场统一化、公共服务均等化奠定了基础。中心城市对外围城市的辐射功能主要表现在城市群或经济带上，中心城市一般是经济实力雄厚的特大城市或大城市，区位优势明显，功能齐全，辐射带动能力强，通常以产业协作为纽带，分别发挥中心城市和外围城市的比较优势，实现整体共赢的经济效果。

3.城市经济系统：集聚和辐射的结合

城市经济系统兼具集聚和辐射功能，两者是并行不悖的。前者从规模经济和比较优势的角度强调生产要素向城市集聚，后者从经济效果传导的角度强调生产要素从城市扩散。其中，集聚功能是辐射功能的前提，只有生产要素从外围向城市集聚到一定水平，才能实现城市向外围的辐射功能，即生产要素的回流。在达到规模经济向规模不经济转化的临界点之前，集聚功能的发挥是自发持续的，同时具有辐射功能，但一旦超过临界点，为实现最大的整体经济效果，必须更加重视中心城市辐射功能的发挥。随着交通条件的完善，物流成为城市集聚和辐射功能的重要载体，加速生产要素双向流动，提高资源配置效率。

（三）自然系统和社会系统的纽带

1.自然系统—经济系统：以输入为主

城市组成要素既包括微观的、静态的、内部的、时间的和物质的内容，又包括宏观的、动态的、外部的、空间的和精神的内容，这些因素有机联系共同构成城市整体[5]。其中，自然系统主要承担向经济系统输入原材料的功能，例如水、土地、矿产以及能源等自然资源是经济系统进行生产活动所必备的生产要素，而地质、气候、水文等自然条件和环境污染状况、大气及水体稀释自净能力等环境因素则是经济系统运行的外在基础。

虽然从整体格局上讲，自然系统与经济系统以前者向后者输入为主，但由于经济系统具有天然的产品创造功能，产出的生态产品和服务又意味着经济系统向自然系统的输出。这种输出的生态产品可能是良性的环境改善、生态保护，如直接投入资金进行生态建设，或企业在生产过程中采用节能工艺减少温室气体排放；也可能是恶性的环境破坏、生态恶化，如自然资源的过度开采、森林的滥砍滥伐以及水土流失等。

2.经济系统—社会系统：以输出为主

城市经济系统接受从自然系统输入的矿产和能源，生产出各种工农业产品和服务，主要向社会系统输出，为社会系统服务。经济系统为公众提供必需的有形产品和无形服务，构成政府、企业、社会团体等社会组织运行的基础，为治安稳定、关系和谐的社会系统提供保障。一个稳定的社会系统和自然系统一样，都是经济系统运行的外在条件，历史上任何一个国家或地区的经济复兴都是以政局稳定、人民安居乐业为前提的。社会系统对经济系统也具有反向输出的作用,这种输出主要是劳动力的输出,是经济系统生产活动不可或缺的生产要素。

通过自然系统向经济系统的输入和经济系统向社会系统的输出,经济系统把自然系统和社会系统联系起来,再加上经济系统和社会系统分别对自然系统、经济系统的反作用,三者共同构成城市的有机组成部分,为城市各项经济社会功能的实现奠定了基础。

对于干旱区生态城市,尤其需要重视的是自然系统与经济系统之间的作用与反作用。评价经济系统有效与否,必须将其与自然系统结合起来考察。如何立足干旱缺水、生态脆弱的自然系统,在有限的自然环境承载力范围内充分发挥经济系统服务社会系统的作用,是一个需要不断探索和完善的重要课题。

二、干旱区生态城市经济发展战略

生态城市建设以经济增长方式转型和生态环境改善为主要目标,与循环经济减量化、再利用、资源化的基本原则一脉相承。以循环经济理念为指导,推动经济增长模式由粗放型向集约型转变,推动经济生产方式由污染型向清洁型转变,促进经济与社会的协调发展,是干旱区生态城市经济发展战略的必然选择。

(一)经济发展的指导思想和原则

1.干旱区生态城市经济发展指导思想

干旱区生态城市经济的发展,必须因地制宜,结合干旱区自然、人口和经济基础的客观条件发挥比较优势,以循环经济理念统揽全局。根据干旱缺水的现实,发展节水型农业,提高工业和服务业用水效率,促进有限的水资源的循环利用;根据海拔高、日照长、温差大的特征,以无公害的特色优势农产品为主导,发展生态农业,带动新农村建设;根据矿产资源丰富的优势,坚持就地开采、就地加工,改变传统的原材料初级加工输出格局,延长产业链条,提高资源产品附加值,发展节能高效的生态工业;根据自然、人文旅游景观独特的优势,以生态旅游业的发展带动服务业整体水平的提升,吸纳人口就业,增加居民收入。

以循环经济理念指导干旱区生态城市经济发展,需要树立“大循环”的意识。即在经济系统内部,不仅要推动三次产业生态化的实现,更要通过经济结构的优化,围绕废水、废气、废渣及其他废料的循环回收,在三次产业间建立起有机的联系,构建经济系统循环体系;在经济系统外部,要着眼于和自然系统、社会系统、城市空间系统等各个城市子系统之间物质、能量循环通道的搭建,以经济发展带动城市生态水平的提升,促进经济与社会、城市与农村、人与自然的协调发展。

2. 干旱区生态城市经济发展的原则

(1)坚持节约用水、循环使用的原则。水是生产生活的必备条件,水资源短缺是干旱地区经济社会发展的最大软肋。干旱区生态城市经济发展必须把节水工作作为重中之重,多举措、多方面推广新型节水技术,发展节水型产业,促进水资源在各产业之间、生产和生活之间的循环使用。

(2)坚持减量化、再利用、资源化的原则。在城市经济发展过程中,以提高资源利用效率为核心,通过结构调整与产业结构升级,使经济活动输入端的资源投入、能源消耗水平明显下降,输出端的废弃物多次回收利用和多级资源化,达到减少废弃物和污染排放的目的。

(3)坚持以人为本、协调发展的原则。经济发展的根本目的在于满足人的需要,这不仅要求经济发展在物质方面以人为本,增加居民收入,改善生活物质条件,还要求经济发展在生态方面以人为本,不能以破坏环境为代价,恶化城乡生活环境。

(4)坚持科学评价、综合考量的原则。评价干旱区生态城市经济发展效果,要从成本和效益两方面综合考察,在一般的经济成本和经济效益之外,更加注重对生态成本和效益的衡量,提升经济发展的生态内涵。

(5)坚持政府引导、市场运作的原则。充分发挥政府的主导作用,引导经济结构调整和产业发展,建设高效、生态的循环经济体系;充分发挥市场的优化资源配置功能,在明晰产权的基础上,通过生态环境权益交易,促进企业主动推广清洁生产,减少污染排放。

(二)经济发展路径选择:循环经济

1.循环经济的内涵

循环经济是指在一定的观念、技术、制度、自然资源等条件的支持下,通过物质和能量在经济系统内部的高效循环利用,实现经济主体的经济效益最大化和环境污染最小化的一种新的经济运行与发展模式[6]。传统的线性经济发展路径在资源利用流程上属于"资源—产品—废品"的模式,而循环经济发展路径的"循环"特色体现在反馈机制上:"资源—产品—废品—资源",经济发展本身不会构成对生态环境的压力。

线性经济发展路径是在经济基础薄弱、科技水平低下,但又具有资源优势的情况下所采用的一种资源依赖型经济发展方式,以资源的高开采、高消耗、高污染为特点,生产效率低,科技含量低。经济发展重量不重质,不仅生产过程中各种废弃物未经处理直接返回生态系统,而且对自然资源的掠夺式开发利用以牺牲后代利益为代价,经济增长空间有限,存在很大的帕累托改进余地,具有明显的阶段性和过渡性。

线性经济发展路径向循环经济发展路径的转变,要求经济增长模式由粗放型向集约型转变,经济生产方式由污染型向清洁型转变。经济增长模式由粗放型向集约型的转变重点在于经济发展的起点,强调资源的开采和利用要讲究效率。滥采滥用资源的粗放型模式虽然在短期内具有成本小、见效快的优势,但资源枯竭之日无疑就是经济发展终结之时,这种经济发展的短视行为与循环经济的可持续性是背道而驰的。经济生产方式由污染型向清洁型转变重点在于经济发展的终端,强调污染的处理和废料的回收利用,经过处理的废料和新开采的资源一样,重新进入产品制造流程,开始又一轮的循环。

干旱区脆弱的生态环境决定了经济发展必须避免走西方国家"先污染,后治理"的老路,不能等资源开发殆尽之后才被动考虑经济增长方式转型。走循环经济发展之路,不仅要有所为,而且必须在资源优势失去之前主动而为,以科学技术为支撑,推动线性经济发展路径向循环经济发展路径的过渡,通过节能技术的应用减少能源消耗,通过生产技术的提高加强资源的回收利用,通过管理技术把企业生产和居民生活有机地衔接起来,构成物质和能量的闭路循环。

2.循环经济作用机制

(1)循环经济的主体

以循环经济推动干旱区生态城市建设,应充分发挥政府、企业和公众三大主体的作用。从角色分工来看,政府是"掌舵者",企业和公众是"划桨者",循环经济的实现需要三者的密切配合[7]。宏观层面上的主体是政府,负责科学规划循环经济发展框架,通过财政货币政策支持循环节能技术研发,引导生态产业发展,并建立经济发展生态考核体系,确保生态目标和经济目标的共同实现。微观层面上的主体是企业和公众,企业要本着对消费者负责、对生态环境负责的态度,在产品设计阶段要考虑到消费后的废弃物循环利用问题,在产品生产阶段中采用新技术、新方法提高资源利用率,减少资源浪费和污染排放,实现产品生产消费全过程的绿色化;公众是循环经济的最广泛参与者,不仅要在日常生活中建设生态文明,还要充当政府和企业的监督者,帮助政府改进生态政策,督促企业履行循环经济发展方针。

在循环经济发展的不同阶段,政府、企业和公众的主体地位是不同的。一般来讲,循环经济发展初期,循环经济理念在社会范围内没有得到普遍认可,企业和公众缺乏生态环境保护的主动意识,往往需要政府在政策和舆论上进行引导,加强生态宣传和教育。随着循环经济的逐步推进和社会对循环经济内涵、本质等认识的提高,企业在循环经济发展中实现了绿色品牌塑造,产品的生态优势转化为利润优势,公众在循环经济发展中感受到了生态环境改善和生活质量提高。当两者都能够自觉遵从循环经济规律时,政府就需要主动弱化自身主体地位,专注于社会循环经济行为的规范,通过市场的自发作用,实现循环经济健康运行。

(2)循环经济的动力

干旱区生态城市经济发展路径从线性向循环的转变过程不是完全自发的,一般来源于内部动力和外部动力两大因素。

从内部动力来看,主要是生态产业的盈利诉求和社会公众的生态诉求。一方面,无公害农牧产品的异军突起,带动农业发展生态化的潮流;通过发展生态工业和服务业,企业从资源的集约利用和生产过程废弃物的回收利用中实现了成本的降低,并且由于生态产品越来越受消费者的欢迎,生态企业的市场占有率逐步提高。生态产业盈利目标的实现进一步吸引其他企业主动加入,循环经济阵容逐步扩大。另一方面,随着温饱问题的解决,城乡居民对生活质量日益重视,公众的生态诉求促成了生态产业的繁荣,而生态产业出于营销目的对绿色消费文化的宣传,反过来又强化了公众对生态的关注。

外部动力是推动干旱区生态城市发展循环经济的力量,主要是法律政策的限制和资源约束。随着环境问题的日益突出,我国逐步颁布了关于自然资源保护、污染和其他公害防治的多项法律法规,不断加强环境管理力度,传统的线性经济增长模式的应用空间不断被压缩,企业不得不向循环经济转型。资源约束对循环经济发展的助推效果更加显著,越是粗放型的经济增长方式,资源的可开采年限越短,只有尽早发展循环经济,加强对资源的集约利用,才能实现经济的可持续发展。

(3)循环经济运行机制

循环经济的运行主要依托生产、消费和保障三大核心体系,通过资源的高效、循环利用,以尽可能少的资源消耗实现最大的经济效益、环境效益和社会效益。其中,"循环生产体系"对应的是企业主体,功能定位为推动传统产业的生态化和培育再生资源产业;"绿色消费体系"对应的是公众主体,功能定位为生态文明推广和生态生活方式普及;"综合保障体系"对应的是政府主体,功能定位为生态政策引导和循环经济发展监督。通过三大体系建设,逐步形成政府有力领导、市场有效驱动、公众积极参与的循环经济运行机制。

生态产业、静脉产业两条主线贯穿生产、消费和保障三大核心体系,两条主线互相交叉,构成连接循环经济各个组成部分的纽带。一方面,三次产业之间相互衔接,生态工业清洁生产过程中的余热发电或供暖,固体废物处理后作为再生资源投入生产过程,废水回收处理后返回生产环节或用做市政建设、湿地及农业用水;农业生产为服务业和居民生活提供粮油、蔬菜及肉蛋等绿色原材料的同时,利用作物秸秆和人畜粪便发展沼气,沼渣、沼液则作为有机肥料返回土地;服务业通过发展现代物流、金融、商贸和绿色交通运输等主要领域,为生态工农业发展提供资金和信息支持,拓展原材料输入和产品输出渠道。另一方面,通过发展静脉产业,在社会上建立污水处理系统、垃圾分类与废旧物资回收利用系统、集中供热供气系统,既承接企业生产与居民生活的废物,又服务于企业生产和居民生活的资源输入。

3.循环经济的模式

循环经济的发展模式是运用循环经济理论和原则组织经济活动的经济发展新模式,由循环经济的内涵和经济活动的组织方式所决定。企业、产业和区域是经济发展不同层次的载体,可以依次说明循环经济模式的具体内容。

从微观层次看,企业内部的物质能量循环是循环经济的基本单元。企业内部的物质能量循环集中在产品生产阶段,主要通过清洁生产实现减量化、再利用和资源化,表现形式为生产链终端到首端的纵向闭合,主要有两条循环途径:一是把生产工序终端的废料处理后从首端重新投入生产流程,二是把某生产工序产生的废料回收后作为原材料投入其他生产工序,至于没有利用价值的废料,则经无害化处理后输出企业外部。

从中观层次看,产业物质能量循环系统是不同企业联合起来的共生组织,彼此通过共享资源、互相交换副产品形成一个物质能量循环的小型网络。这种循环的表现形式为不同企业之间不同生产环节、工艺流程的横向耦合,可以是某个产业内部企业之间的合作,也可以是跨产业联合,实践中典型应用模式是循环经济园区建设,包括生态农业园区、生态工业园区以及生态服务业园区等组成单元。

从宏观层次看,区域物质能量循环系统是循环经济模式的高级形态,是一个城市或地区经济系统各企业、产业、家庭间,经济系统和社会系统、自然系统间物质能量交换的大型网络,物质和能量流动实现了从局部到全局的递进。这种循环的表现形式为社会范围内资源的系统整合。企业和产业层次的物质能量循环主要集中在产品的生产环节,而区域层次的循环中,产品消费以及产品消费后废弃物处理也是不可或缺的重要环节,在内容上和生态城市建设是一致的。

三、干旱区生态城市经济结构

城市经济结构从社会生产关系的总和来看表现为所有制构成的差异,从社会再生产的环节来看包括产业结构、交换结构、分配结构、消费结构以及衍生的技术结构、就业结构等。其中,产业结构既是社会生产的发展水平的反映,其对资源的需求和能源的消耗往往又决定着生态环境质的变更[8]。基于此,下文对经济结构的考察以产业结构为主要研究对象,从产业生态化的角度探讨干旱区生态城市三次产业的发展。

(一)生态农业

1.节水型农业是必然选择

根据干旱区水资源短缺与农业用水效率低下并存的现实,要实现粮食产量稳步增长,排除国家粮食安全隐患,就必须把技术和市场结合起来双管齐下,坚持不懈地走节水型的生态农业发展之路。

技术方面必须摈弃大水漫灌的用水方式,加大力度引进推广喷灌技术、微灌技术、渠道防渗技术、低压管道输水技术、膜上灌技术、改进沟畦灌技术等高效节水方法。但是基于干旱区尤其是西北干旱农业区平原耕地少、产业化经营规模小的特点,上述节水技术大多造价不菲,缺乏在以农户经济为主体的区域大范围推广的现实基础。比较可行的是选择生态农业园区进行试点，随着农业经济从分散走向联合，通过其示范带动作用，进一步扩大节水技术应用范围。

市场节约用水主要依靠价格的杠杆作用，利用这一点，通过用水机制改革，以制度创新来提高农业用水效率。水权交易是通过水资源使用权在不同主体间的有偿转让，提高水资源配置效益，达到节约用水的目的[9]。上文提及的甘肃张掖水权交易主要在个人之间进行，不同行业部门水权交易的典型案例当属黄河干流水权转换。2003年黄河水利委员会在宁夏、内蒙开展行业水权转换试点，由工业部门投资对落后的灌溉渠系进行节水改造，在不增加黄河取水总量的前提下，将农业部门节约下来的灌溉用水有偿转让给工业部门，满足其生产用水需要。

2.生态农业建设目标

生态农业建设目标的确定，必须在农业发展规划的框架下立足地方实际。国家“十一五”规划纲要提出将我国国土空间划分为优化开发、重点开发、限制开发和禁止开发四类主体功能区，依主体功能定位规范空间开发秩序，其后颁布的《国务院关于编制全国主体功能区规划的意见》明确提出“以农业为主的地区，原则上要确定为限制开发区域”[10]。限制开发区域功能定位为生态功能区，必须坚持适度开发、因地制宜的原则，发展资源环境可承载的特色产业，加强生态建设和环境保护。干旱区发展的突出矛盾集中体现在水资源的稀缺上，建立在内陆河灌溉基础上的绿洲经济区具备农业发展条件，应归于限制开发区域的范畴。

无论是根据主体功能区划把干旱区划为限制开发或禁止开发区域，还是干旱区水资源贫乏的客观事实，都决定了干旱区生态农业的建设目标必须把经济效益和生态效益结合起来，促进农业生产良性循环。生态农业建设任务不仅要包括优化农村经济结构和土地结构，确立主导产业发展农村经济，还应把治理水土流失、改善生态环境和农业生产条件作为重要内容[11]。为实现经济与生态兼顾的目的，增强生态农业建设目标的可操作性，干旱区生态农业发展宜采取分步走的战略[12]：近期目标立足各种农业类型示范区建设，基本形成农业生产流程生态化，特色优势农产品在市场具有一定知名度；中期目标定为生态农业规划的落实，生态农业建设逐步从试点示范走向常规化、普及化；远期目标定为发展成水资源高效集约利用、生态环境得到彻底改善、农业经济健康发展的高水平现代化农业，特色优势农产品供给充足，销售渠道畅通，农民收入水平持续增长。

3.干旱区生态农业特色优势产业选择

生态农业要做大做强，必须以特色优势农产品为支撑，充分发挥农业比较优势，加快农业结构调整，形成科学合理的农业生产力布局。在此基础上积极培育具有较高市场竞争力的特色优势农产品产业带，进一步完善农业产业链，推动特色优势突出、技术条件完备的农产品从初级产品供给向加工农业转变，提高生态农业产业附加值，实现农业增效、农民增收。

特色优势产业都是建立在自然资源区域优势的基础上,具有鲜明的地域色彩。干旱区发展生态农业,虽然水资源稀缺的劣势突出,但其海拔普遍较高、日照时间较长、昼夜温差较大的特点,正是发展特定农牧产业的比较优势所在。结合生产集中度、产业关联度、市场发展前景等因素,可以选择经济作物制种、高原夏菜、特色水果、畜产品作为特色优势产业,选择市场份额较大、规模化水平较高的特色优势农产品生产基地,积极培育品牌效应显著、专业化程度较高的特色优势产业带、产业区,分层次、分步骤建立健全干旱区生态农业特色优势产业体系。

增强优势农产品竞争力,提高农业资源利用效率,降低生产成本,需要从多方面综合推进。一是要遵循科技先行方针,着力提高特色优势农产品发展的技术支撑能力,推广成套生态农业技术,提高农业生态管理水平;二是要强调生态农业特点,加强特色优势农产品质量安全和标准化建设,完善动植物疫病虫害防治体系,发展无公害农产品;三是要发挥龙头企业模范带动作用,加强特色优势农产品生产基地与农户、企业之间的联合与合作,推进特色优势农产品的产业化进程,促进优势农产品转化增值。

(二)生态工业

1.生态工业的内涵

西方国家工业发展的历史证明,"先污染,后治理"虽然对工业经济短时间内崛起发挥过重要作用,但由于生态环境的破坏对工业发展基础和居民生活质量的恶劣影响,人们不得不为"先污染"的欠账付出更大的代价。Robert 和 Nicolas 首次提出生态工业园的概念:"在一个封闭的循环系统中,企业根据合作互利的原则,利用对方生产过程中所产生的废弃物作为自己加工的原材料或能源,对环境的影响将大为减少。"[13]1990 年美国国家科学院与贝尔实验室共同组织了首次"工业生态学"论坛,对工业生态学的概念、内容、方法及应用前景进行了全面系统的总结,基本形成了工业生态学的概念框架[14]。在工业生态学学科基础上,生态工业强调在原料输入—加工—销售—消费—废弃物回收整个工业过程中最大限度地集约利用能源和资源,减少污染。

根据联合国工业与发展组织的定义,生态工业是指"在不破坏基本生态进程的前提下,促进工业在长期内给社会和经济利益作出贡献的工业化模式"[15]。Ernest 进一步发展了 Robert 和 Nicolas 的观点,认为生态工业最本质的特征在于企业间的相互作用[16]。Graedel 和 Allenby 对生态工业的解释更具有普遍性:仿照自然界生态过程物质循环的方式,应用现代科技所建立和发展起来的一种多层次、多结构、多功能、变工业排泄物为原料、循环生产、集约经营管理的综合工业生产体系,是一种新型的工业模式[17]。

一个理想的生态工业系统,包括四类主要行为者:资源开采者、制造商、消费者和废料处理者[18]。物质和能量的高效组合利用主要体现在各行为主体间的闭路循环,在理想的状态下可以实现"零污染"、"零排放"。当然,受企业之间工序衔接不尽一致和技术条件的局限,在现实中,工业生产难以实现没有任何废料输出,即便如此,生态工业的物质能量循环系统作用的结果,也会把生产过程中产生的废料降低到最低限度。生态工业系统示意图如图 10-1[19]所示。

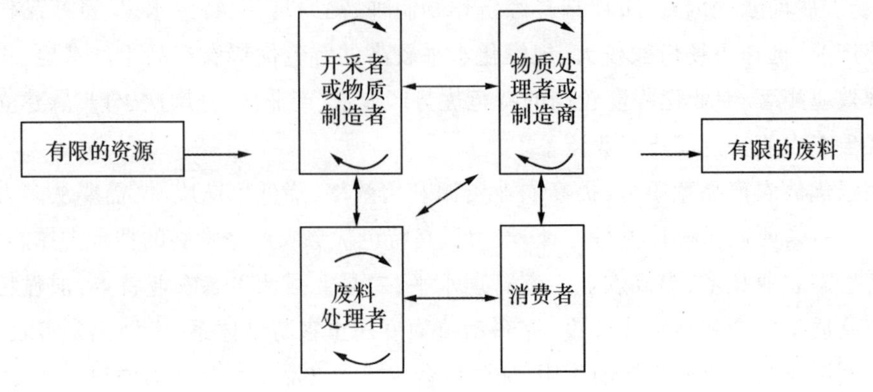

图 10-1　生态工业系统示意图

2.生态工业的特征

从生态工业的定义可以看出，生态工业最重要的特征在于改变了传统工业资源利用的线性形式,实现了物质和能量的周期循环。关于生态工业的具体特征,可以从产品、企业、产业和区域等不同层次作进一步的分析。

从产品来看,生态工业产品从设计、生产、销售到消费整个环节都考虑到循环利用的需要,无论是生产消费还是生活消费都要求有利于资源、能源的节约和环境保护;从企业来看,污染治理和废物处理不再局限于企业内部,企业间的联合是生态工业发展的必要条件,相互割裂、各自为政的企业关系相当于循环通道的"结石",只会阻碍物质和能量在系统内的流动;从产业来看,由于物质和能量的逐级传递,传统产业链开始向生态"产业环"转化,原来平行的不同产业因为"废物"的纽带作用,逐步形成"环环相扣"的生态产业网络;从区域来看,生态工业不受地域的限制,也没有明确的地域界线，只要存在工业生态关系，无论什么地方的企业都可成为生态工业系统中的一个环节，并且由于生态工业系统的开放性,区域内资源、信息共享有利于推动区域性清洁生产的规模化[20]。

3.生态工业理论的实践应用模式

生态工业园区是生态工业理论的实践应用模式。继工业园区和高新技术园区之后,生态工业园区作为第三代工业园区,是指以工业生态学及循环经济理论为指导的,生产发展、资源利用和环境保护形成良性循环的工业园区建设模式,是一个能最大限度地发挥人的积极性和创造力的高效、稳定、协调、可持续发展的人工复合生态系统[21]。

一个设计科学、功能完善的生态工业园区,应满足资源循环系统高效化、废气回收系统专业化、配套设施集成共享化、园区景观环境绿色化和园区服务体系一体化等条件[22]。最早也最著名的工业生态园区当属丹麦的卡伦堡工业园区。卡伦堡是一个位于北海海滨的工业小城市，主要有火力发电厂、炼油厂、硫酸钙厂、生物工程公司和建筑材料公司五家企业。20 世纪 60 年代初，火电厂开始尝试向炼油厂输送原本被浪费掉的热量，两厂联合的双赢效果逐渐吸引其他企业主动加入进来，进一步扩大合作范围，进行蒸汽、水(不同温度和纯净度)和各种"废料"副产品的交换，发展成一种"工业共生体系"，如图 10-2[23]所示。

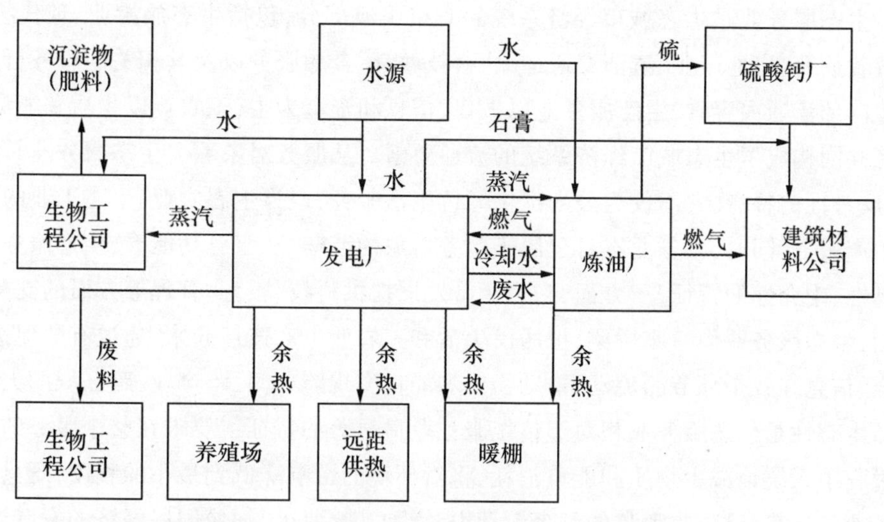

图 10-2 卡伦堡工业园区工业共生体系示意图

关于生态工业和生态工业园区，国内学界已做了大量卓有成效的理论研究，但由于我国生态工业园区建设起步较晚，在实践上与国外还有不少差距。在我国正在建设的 30 个国家生态工业示范园区中，83%位于东部和中部地区，西部仅有的 5 个园区有两个位于半干旱地区的内蒙古包头，其余 3 个都在湿润多雨的贵州、广西和云南等地。西部工业园区目前还处于探索阶段，比较典型的有甘肃武威、张掖、平凉以及新疆阿克苏、石河子等地的实践，国内干旱区生态工业园区建设缺乏现实经验供其借鉴。以张掖为例，民乐县生态工业园区是在高新实用技术开发区基础上规划建设的一个改造型园区，立足地处荒漠戈壁、降水少、蒸发强、气候干旱的自然条件，通过生态治理和基础设施建设，形成了林中有厂、厂中有林，工业废水经过治理循环利用的浓郁特色。由于建设之初就设置了企业入驻的环保门槛，园区内的化工企业已基本实现了粉尘、废气的达标排放和废水、废渣的零排放。依托酿酒、化工、农产品生产加工三大支柱产业，在实现良好经济效益的同时，与项目建设在同期启动的防风固沙绿化造林已收到成效，企业周围的生态环境得到明显改善[24]。

(三)生态服务业

1.生态服务业概述

服务业水平的高低,是衡量一个国家或地区经济活力的重要标准。服务业的发展不像农业那样依赖土地,不像工业那样依赖石油,因而形象地被称为"无烟工业"。但由于服务业内容繁杂,并且往往具有劳动、消费和交通密集的特点,对生态的负面影响也逐步扩大,尤其对城市这种人口高度密集区域造成了沉重的环境压力。

生态服务业是生态城市经济系统的有机组成部分,包括生态旅游业、现代物流业、商贸餐饮业、房地产业、清洁交通运输、科技教育、金融服务以及其相关的服务行业。从产业内部流通内容看,生态服务业以人口、信息和资金为主,工农业以物质和能量为主,三者共同构成了生态城市经济系统的流通要素。从服务对象看,生态服务业具有广泛性、反身性的特点,它不仅为公众提供绿色生活服务,也为生态农业、生态工业的发展提供生产服务,同时,服务业本身也属于服务对象的范畴。从服务功能看,生态服务业具有工具性、中介性的特征,一方面,它为经济发展提供科技、教育、管理等方面的支持;另一方面,生态服务业像一座桥梁,把居民生活和工农业生产连接起来,通过有效促进资源、资金、信息在各个环节的流动,推动物质和能量实现跨部门、跨产业、跨区域的大循环。

生态性是生态服务业相对于传统服务业最显著的特征,要求在整个服务的生产消费过程中系统地减少物质和能量消耗,将对环境的影响降低到最小的程度,既具有传统服务业的优势,能吸收大量的剩余劳动力,增加社会收入,加快国民经济的发展,又能避免传统服务业将会带来的环境负荷,实现服务业的清洁化[25]。根据服务业的内部组成结构,生态服务业生态性的实现必须以基础服务部门、生产生活服务部门及公共服务部门之间运行方式的差异为基础,结合各部门自身物质和能量利用上的特点,系统地减少废物和避免浪费。

2.干旱区生态服务业主要领域

(1)生态旅游业

我国干旱区主要位于西北地区,旅游资源丰富,类型齐全,不仅拥有独特的雪山、草原、沙漠、戈壁、绿洲、湿地、雅丹地貌等地理景观,还有历史悠久的丝路文化、宗教文化、民族文化等人文景观,旅游开发潜力大,市场前景广阔。但同时应看到,干旱区也是我国沙漠和戈壁两大生态脆弱带的主要分布地,旅游发展与生态保护的矛盾决定了必须将两者结合起来,走可持续的生态旅游业发展之路。

生态旅游要求遵循生态适宜性原则,合理确定发展旅游与保护环境的临界点,坚持旅游开发与资源保护并重。作为一种全新的旅游方式,生态旅游把环境教育、科学知识普及与旅游活动融为一体,鼓励游客进行"互动式"体验,使游客以观众的身份得到美的感官享受,同时又以参与者的身份投入到旅游资源的保护中。旅游经济学把旅游活动总结为“吃、住、行、游、购、娱”六大要素,在生态旅游发展过程中,必须把生态理念贯彻到各个旅游要素中,带动周边服务业向生态化的方向发展。

(2)生态物流业

西北干旱地区矿产能源探明储量可观,如新疆准噶尔、塔里木盆地和克拉玛依的石油,甘肃金昌的镍矿,平凉的煤炭等,这些资源的开采利用不管是采取传统的粗加工形式,还是选择延长产业链的深加工形式,都需要借助物流业来实现。不仅如此,物流作为生产和消费的中介,对满足人民群众日益增长的物质文化需求也有重要作用。由于传统物流在包装、流通加工、运输、装卸、保管等环节会产生废水、废气、噪声和废弃物,建设生态城市要求发展高效、便捷、绿色的生态物流业。

生态物流业注重在发货与收货过程中资源投入的减量化,强调物流资源的可重复使用性,通过包装、运输等各个步骤中废弃物的回收处理系统,提高资源利用效率。现代化的生态物流业依托以信息通讯及网络技术为主的物流信息平台,充分发挥系统设计、统筹安排的优势,将物流需求、各个物流节点分布、仓储功能与容量、连接的道路、管网或线路、运输工具纳入整体视野统一规划,通过道路管网的合理设计和智能化管理提高物流效率,减少交通污染排放,实现物流体系的集约化、生态化[26]。

(3)商贸餐饮业

商贸餐饮业是城乡经济的重要组成部分,作为劳动密集型服务业,其在促进就业方面有着独特优势。随着人民收入水平和生活质量的提高,尤其是“假日经济”的繁荣,商贸餐饮业对拉动内需、促进经济持续增长起到了积极的推动作用。在生态服务业的大框架下,商贸餐饮业要着眼于行业内部对废弃物的循环利用和能源的节约使用,采用环保材料完善服务设施建设,通过完整的市场体系为居民生活提供便利、绿色的消费环境。

发展绿色商贸餐饮业要求经营者和消费者双方的配合。经营者作为商贸餐饮服务的提供者,是践行生态文明、减少废弃物排放的主体,在生产经营中要利用联网的计算机、POS 机、商务信息管理系统等现代商贸工具实行绿色营销,通过发展连锁经营提高规模效益,实现服务的品牌化和规范化。对消费者而言,要强化绿色消费意识,培养崇尚自然、追求健康的消费观念,在消费过程中优先选择绿色产品,尽量拒绝或少用一次性物品和过度包装物品,消费结束后重复利用有用的废弃物,对无利用价值的废弃物进行正确的分类,避免二次污染的发生。

四、干旱区生态城市经济制度安排

经济制度缺失或错位的结果往往是资源配置低效、循环经济难以落实、效率与公平难以保障。干旱区生态城市经济发展要围绕资源配置制度、经济法律制度和利益分配制度,优化制度安排,综合运用市场、法律和行政手段,保障循环经济健康运行。

(一)干旱区生态城市的经济制度缺失

恰当的经济制度安排是干旱区建设生态城市的有力保障，不仅可以通过经济系统的健康运行实现物质能量的循环流动，还可以在市场效率的基础上确保公平。当前干旱区生态城市经济制度的缺失，主要集中在资源的优化配置、循环经济法规的完善以及效率与公平的平衡等方面。

生态城市经济发展的核心问题是资源的有效配置，主要依靠价格杠杆来实现。完全市场经济的条件下价格会自发实现资源的优化配置，然而市场盲区的存在导致价格的资源配置作用失效。我国资源基本实行政府定价或指导价，再加上资源垄断经营体制与市场化的偏离造成资源价格与市场供求关系脱节，不能反映资源开采导致的环境成本。由于资源配置制度不完善，资源价格高于市场价则会影响企业的生产积极性，资源价格低于市场价又会导致滥采滥用或催生资源投机行为，从而造成资源市场的混乱，不利于生态城市建设进程。

以循环经济理念推进生态城市建设，必须建立完善的法律体系来规范市场经济行为。改革开放以来我国陆续颁布了一系列关于工业污染防治、清洁生产、节约能源以及环境影响评价的法律法规，对污染采取以预防为主的措施，强调“谁污染，谁治理”，然而对废物的回收利用认识模糊，使其在法律执行上居于从属地位[27]。2008 年通过的循环经济促进法提出了经济发展“减量化、再利用、资源化”的系统要求，但基于我国循环经济发展正处于起步阶段，约束性条款不多，较多条款属于引导、促进的规定，干旱地区暂时还没有配套的地方循环经济法规，循环经济发展有待进一步规范。

关于公平和效率的争论焦点一般集中在效率优先还是公平优先，似乎牺牲效率可以保障公平，或者牺牲公平就可以提高效率。然而，生态城市建设中利益分配制度的缺失或错位往往导致公平和效率的两败俱伤。以流域水资源为例，如果缺乏下游对上游地区水土保持的利益补偿制度，最可能的结果就是上游缺乏生态保护主观动机，滥砍滥伐，水资源被大肆浪费，毫无效率可言，而下游地区则不得不面临无水可用或者水质低劣的结果，公平更无从谈起。

(二)经济系统优化的制度安排

1.资源配置制度

资源配置制度的完善，关键在于通过市场机制作用的充分发挥，有效缓解资源滥用的现象。首先，明晰资源产权是市场化的前提条件，资源产权的国有属性集中体现在所有权，但资源的支配权、收益权才是问题的核心所在，所有权与收益权的偏离不仅造成资源最终所有者(国家)从资源开发和使用中应得的收益未能完全实现，而且导致资源开采者占有收益，而开采过程的环境成本却由资源所在地承担[28]。其次，科学厘定资源价格，将资源开采、环境治理、生态修复、基础设施建设等费用计入资源产品成本，使资源价格和市场供求相符合。最后,通过对循环技术应用的支持,降低再生资源成本,吸引企业从一味索取自然资源转向发展循环经济,开发再生资源。

资源配置的市场化并非意味着政府调控的“大撒把”,尤其是水、电、气等与公众生活密不可分的资源,在不具备市场化条件时应坚持价格管制,尽量避免或减小对公众日常生活的影响。对于矿产、能源等资源,在明晰产权基础上推进市场化运作的同时,要根据建设生态城市的需要,设置环保技术门槛,引导生态产业的发展。此外,要强调资源税对粗放型资源利用方式的惩罚性,加大资源税征收力度,促使企业集约利用资源,税收收益则服务于生态城市建设。

2.经济法律制度

循环经济作为一场对传统生产、生活方式的变革,循环理念在社会范围内得到认可仅仅依靠宣传教育和企业、公众的道德自律,这需要一个漫长的过程去实现。然而不仅资源的稀缺性不允许对粗放型资源利用方式长期漠视,传统线性经济发展模式引致的环境压力也需要尽快普及循环经济思想。在生态环境日益严峻的形势下,利用法律手段对生产生活进行强制性约束,成为快速推广循环经济的必然选择。

循环经济法律制度建设是干旱区生态城市变革传统经济发展模式的支撑和保障。由于循环经济发展的最终目标是区域层次物质能量循环即循环社会的实现,和一般法律相比,循环经济法律法规的主体适用范围更广泛,应覆盖一切从事生产、服务的企业,进行消费的个人以及其他社会组织。在国家循环经济促进法的基础上,干旱区地方政府要因地制宜,积极制定适合地方循环经济发展的细则,将惩罚和奖励措施相结合,将法律手段和行政手段相结合,在内容上兼顾资源的集约利用、污染的减量排放和废弃物的回收处理,推动循环经济发展,促进生态城市建设。

3.利益分配制度

利益分配制度实质上是资源配置制度的延伸,合理的利益分配制度不仅要实现资源分配和利用的效率,还要考虑到公平的因素。对于生态环境和不宜推行市场化开采的自然资源,其公共物品属性衍生出“公地悲剧”、“搭便车”等外部性问题,具体表现为私人成本(收益)与社会成本(收益)不一致,污染成本由他人承担或生态效益由他人享受,这种不合理的利益分配解决之道在于外部性的内在化。一方面,在资源税的基础上开征生态税,污染者为生态修复付费,体现微观上的公平;另一方面,要建立健全生态补偿制度,以中央向地方的纵向转移支付为主,结合生态受益区向生态产出区的横向转移支付,补偿生态建设成本,体现宏观上的公平。

干旱区生态城市经济发展中利益分配的调节,还需要充分发挥财政和货币政策的再分配作用,保障社会公共利益的实现。通过对循环经济投资项目实行税收减免、亏损补贴、贴息贷款等优惠政策,弥补企业在发展循环经济过程中因研发新技术、采用新设备而带来的成本上涨,提高生态产业报酬率,从而吸引社会资金广泛参与,壮大生态产业规模，推动社会范围内污染水平的降低和废弃物的多重利用，实现循环经济市场利益和社会公共利益的双赢。

参考文献

[1] Ernest A. Lowe. Creating By-product Resource Exchange:Strategies for Eco-industrial Park[J]. Cleaner Production,1997(5):57-65.

[2] 舒马赫 E F.小的是美好的[M].虞鸿钧，郑关林，译.北京：商务印书馆，1984:80.

[3] Graedel T E,Allenby B R. Industrial ecology[M].NewJork:Prentice Hall,1995:412.

[4] 常修泽.理顺资源价格必先建立资源产权制度[N].经济参考报，2009-04-15(8).

[5] 池尔敏.我国循环经济产业的理论与政策分析[D].重庆：重庆大学，2006:12.

[6] 董宪军.生态城市论[M].北京：中国社会科学出版社，2002:193-194.

[7] 段宁.清洁生产、生态工业和循环经济[J].环境科学研究，2001(6):4-5.

[8] 冯久田.基于循环经济的生态工业理论研究与实证分析[D].武汉：武汉理工大学，2005:44-45.

[9] 高新才.中国经济改革30年(区域经济卷)[M].重庆：重庆大学出版社，2008:187.

[10] 国务院. 国务院关于编制全国主体功能区规划的意见[EB/OL].[2007-07-31].http://www.gov.cn/zwgk/2007-07/31/content_702099.htm

[11] 霍翠花.生态工业系统结构演化的理论分析与模拟[D].天津：天津大学，2007:2-3.

[12] 劳爱乐，耿勇.工业生态学与生态工业园[M].北京：化学工业出版社，2003:95-123.

[13] Robert Frosch,Nicholas Gallopoulos. Strategies for Manufacturing[J]. Scientific American,1989(9):106-115.

[14] 李伟.我国循环经济的发展模式研究[D].西安：西北大学，2009:31.

[15] 裴真.海南省生态工业发展的几个问题[J].海南金融,2000(9):30-33.

[16] 毛锋，肖劲松，朱高洪.区域生态功能建设规划的原理与模拟探析[J].地域研究与开发，2004(8):5-10.

[17] 沈满洪.水权交易与政府创新——以东阳义乌水权交易案为例[J].管理世界，2005(6):45-56.

[18] 苏杨，从先污染后治理到循环经济[J]. 资源与人居环境，2008(5):51-52.

[19]周欣华，赵旭.西方工业生态园区的发展及对我国的启示[J].中国工业经济，2001(3):67-70.

[20] 孙婷.关于发展贵阳市南明区生态服务业的几点思路[J].特区经济，2007(5):202-204.

[21] 田均良，梁一民，刘普灵.黄土高原丘陵区中尺度生态农业建设探索[M].郑州：黄河水利出版社，2003:30-32.

[22] 王江.循环经济与环境保护立法[M]//毛如柏，冯之浚.论循环经济.北京：经济科学出版社，2003:274-279.

[23]董宪军.生态城市论[M].北京：中国社会科学出版社，2002:193-194.

[24] 谢文蕙，邓卫.城市经济学[M].北京：清华大学出版社，1996:12-14.

[25] 殷尚清.民乐县加强生态工业园区建设见闻[N].甘肃日报，2007-04-17(3).

[26] 张金萍，张金环.发展循环经济的制度主体角色定位与角色转换[J].商业研究，2006(06):

126–128.

[27] 周万龙.延安黄土高原区生态农业的实践和探索[M].西安:陕西人民出版社,1995:39–40.

[28] 周伟林.城市经济学[M].上海:复旦大学出版社,2004:19–26.

第十一章 干旱区生态城市社会系统建设

一、干旱区生态城市制度性结构

制度是要求大家共同遵守的办事规程或行动准则。在许多情况下,制度也是某一领域的制度体系,如我们通常所说的政治制度、经济制度、法律制度和文化制度等。按照道格拉斯·诺斯(Douglass C. North)[1]的定义,制度从根本上说是由非正式的约束、正式规则和这两者的实施特征组成的。换言之,制度涉及社会、政治、经济行为和观念等各个方面,是一个比经济体制内容更为宽泛的概念,它既包括以宪法为基础,以法律、制度、政策为主干的正式规则,也包括以传统文化为基础,以观念、习俗为特征的非正式规则。新制度经济学认为,制度因素是经济发展的关键,有效率的制度安排能够促进经济的增长和发展,无效率的制度安排则会抑制甚至阻碍经济的增长和发展。制度因素对生态城市的建设主要反映在与生态城市建设直接相关的正式制度安排上,如城市的建设规划、城市的生态产业建设,而且通过城市生态环境建设保护机制及相应的城市管理制度安排,作用于产业结构的转换和各种经济要素的流动过程, 进而促进或延缓生态城市的建设过程。

(一)干旱区生态城市建设规划

建设生态城市,实现生态城市的发展目标,必须以科学的城市建设规划作为指导。城市建设规划是城市建设的前提和基础,城市建设规划为城市的建设发展、管理提供了科学的依据,是一切工作的总体指导原则。

1.生态城市建设规划基本理论

生态城市建设规划,是一个复杂的系统工程,必须以生态学原理为基础,对城市发展的经济、社会、环境进行完善、科学、全面的规划。

(1)生态城市建设规划的内涵

生态城市建设规划,是以科学的发展观为指导,以人与自然的和谐相处为目标,运用各种综合的技术和手段,协调城市中经济系统、社会系统和生物系统的关系,合理配置各种资源,从而达到人、自然、城市和谐共存、持续发展的目标。

(2)生态城市规划的原则、程序与主要内容

生态城市是联合国在“人与生物圈”计划中提出的概念,旨在促进城市的可持续发展。在该计划中,生态城市的规划应遵循五项总体原则:生态保护策略,包括自然保护、动植物及资源保护和污染防治;生态基础设施,即自然景观和腹地对城市的持久支持能力;居民的生活标准;文化历史的保护;将自然融入城市。

具体地说,城市生态规划首先强调协调性,即经济、人口、资源、环境的协调发展,这是规划的核心所在;其次,强调区域性,这是因为生态问题的发生、发展及解决都离不开一定的区域,生态规划是以特定的区域为依据,设计人工化环境在区域内的布局和利用;第三,强调层次性,城市生态系统是个庞大的网状、多级、多层次的大系统,从而决定了其规划有明显的层次性。

城市生态规划需遵循的设计原则主要有以下几个方面:

①社会生态原则。即生态规划设计要重视社会发展的整体利益,要着眼于社会发展规划,包括政治、经济、文化等社会生活的各个方面。

②经济生态原则。经济的发展决定着城市的发展,生态规划在促进经济发展的同时,还要注重经济发展的质量和持续性。这一原则要求规划设计贯彻节能减排,提高资源利用效率以及优化产业经济结构,促进生态经济的形成。

③自然生态原则。城市是在自然环境的基础上发展起来的,这一原则要求生态规划必须遵循自然演进的基本规律,维护自然环境的基本再生能力、自净能力和稳定性、持续性,将人类活动保持在自然环境的承载能力之内。规划设计应结合自然,适应与改造并重,减少对自然环境的消极影响。

④复合生态原则。城市的社会、经济、自然系统是相互关联、相互依存、不可分割的有机整体。规划设计必须将三者有机结合起来,综合考虑,使整体效益提高。规划设计要利用这三方面的互补性,协调相互之间的冲突和矛盾,努力在三者之间寻求平衡。

⑤城市的成长性原则。城市是动态发展的,城市规划要为未来的发展留下足够的空间。

⑥生态承载力原则。从生态学的角度来看,生态系统所能承受的人类活动强度是有极限的,自然生态环境是限定城市发展规模的主要因素,因此,要科学地估算城市生态

系统承载能力，以此来控制城市人口的总数、密度、构成以及产业数量、种类、结构。

生态城市规划的程序：

美国华盛顿Steiner曾于20世纪60年代末提出，资源管理生态规划的程序包括七个步骤，即明确规划目标—资源数据清单分析—区域适宜度分析—方案选择—规划方案实施—规划执行—方案评价[2]。生态城市的规划不应仅限于土地利用和资源管理，而应综合社会、经济、自然等多方面的信息，根据生态城市建设的目标进行各专项规划。

生态城市规划的主要内容：

对生态城市的规划，应该主要涵盖生态基础设施对城市的承载力，主要包括水资源的利用与保护规划、土地资源利用与保护规划、能源发展战略规划、交通规划、生态绿地系统规划等，此外，还包括空间规划和生态产业规划及人居环境规划。

2.干旱区水资源利用与保护规划

水是干旱地区最为宝贵、无法替代和不可或缺的自然资源，是绿洲生命生存和生产的基本前提条件。而城市水资源又是人类生存和城市发展的重要条件。随着城市经济的发展和人们生活质量的提高，对水的需求量急剧增长，而水资源却是有限的。因此水资源的系统规划是解决城市水资源问题的关键所在。对水资源的利用应坚持“资源节约型”的方向，走节水、省水型农业发展道路，使经济发展与生态环境呈现良性循环。

甘肃河西走廊位于35° N以北，106° E以西的西北内陆干旱区，由于地处欧亚大陆腹地，平原降水量在160 mm以下，是世界上最严酷的干旱区之一。河西走廊水资源利用率已达到72%，远远超出世界干旱区水资源利用率30%的水平。水资源的过度开发利用，已引起干旱区湖泊面积大幅度萎缩和趋于干涸、水质盐化、植被生态退化，土地荒漠化、沙尘暴灾害等一系列生态环境问题。因此，水资源的开发对西北干旱区脆弱的生态体系具有决定性的影响。“有水是绿洲，无水是沙漠，水多盐渍化”。因此，水资源的开发利用，应以生态环境的可持续发展为原则。按照“以水定地，以水定人口，以水定发展规模”的原则，进行水资源的合理规划、利用和配置。按照流域是一个完善的地表水和地下水相互联系的生态系统的观点，统筹协调上、中、下游用水关系，农林牧、生态、城市用水关系，地表水与地下水联合开发的关系，以实现水资源的可持续高效利用。

水资源利用与保护规划的主要内容是：制定上游水源涵养林和水土资源保护规划；进行城市水网的建设、水资源开发与污水处理；禁止乱围垦，保护鱼类和其他水生生物的生存环境；保护水源地、城市污水处理和再生利用的新技术；兴建一批跨流域调水工程和调蓄能力较大的水利工程，恢复水生态平衡；健全水土资源保护和管理制度，制定相应的政策、法规[3]。

3.干旱区土地资源利用与保护规划

城市土地是城市存在和发展的物质前提，是社会、经济运行的物质载体，城市的发展依赖于一定地域范围内的土地空间的利用。因此，城市土地资源是生态城市建设的重要基础,也是最为稀缺的自然资源。

城市土地利用的空间配置直接影响到城市生态环境质量的优劣，合理的土地利用规划是维护城市生态系统平衡,保持其健康发展的保障。故无论是新建城市还是改建城市的生态规划都必须因地制宜地进行土地利用布局的研究。除应考虑城市的性质、规模和城市产业的构成外,还应综合考虑用地大小、地形地貌、山脉、河流、气候、水文及工程地质等自然要素的制约。

城市用地一般可分为工业用地、生活居住用地、市政设施用地、道路交通用地、绿化用地等,它们各自对环境质量有不同的要求,本身又给环境带来不同特征、不同程度的影响。因此,在生态城市的规划中,应综合研究城市用地状况与环境条件的相互关系,按照城市的规模、性质、产业结构和城市总体规划及环境保护规划的要求,提出调整用地结构的建议和科学依据,促使土地利用布局趋于合理。

干旱区土地资源利用与保护规划,第一要注意严格控制城市规模,诱导城市向非耕地区发展,既有利于城市生态环境的改善,又有利于耕地的保护。第二要合理调整城市用地结构,将那些占地面积大、污染严重的工业从城市搬迁到地价较低、空间广阔的城市边缘地带,保证城市土地资源在可持续生态环境条件下发挥最大效益[4]。第三要提高城市土地利用效率，适当缩减城市工业用地特别是城市重工业用地比例，适当扩大绿化、道路等城市基础设施用地比例,实现城市土地可持续生态环境下的最大利用率。最后要进一步完善土地政策法规,严格城市用地管理:一要依法管地、依法用地,加大土地部门的监察执法力度及其对违法用地的执法力度;二要用动态的眼光管理城市土地,在规划限制下严格土地用途管制,严格执行农用地转为非农用地的审批制度,严格执行建设用地的一书两证制度;三要理顺土地管理体制,建立和完善土地收购储备制度;四要完善城镇土地有偿出让、转让的有关法规政策,在出让、转让过程中坚持公平、公正、公开的原则,对土地的出让、转让采用以拍卖招标为主、协议为辅,以获得城市土地的最大效益。

4.干旱区能源发展战略规划

能源是国民经济发展的动力,决定了城市发展的方向和趋势,能源紧缺影响和制约了城市发展的水平和速度。城市能源的构成、利用效率及其他特征,不仅对城市的社会经济发展和城市生态环境起着重要的作用,而且对国家和整个人居环境质量产生重要的影响。

生态城市建设中的能源发展对策:

(1)长期坚持节能降耗、提高能源利用率的战略。把节能降耗、提高能源的利用率作为能源发展的目标。要以较少的能源投入实现经济增长的目标,很大程度上取决于节能潜力的挖掘。因此,应将节能放在能源战略的首要地位,持之以恒地坚持节能降耗、提高能源利用率的战略。

(2)加速能源结构调整,大力发展清洁能源的战略。为了保护环境,实现能源、环境、经济的协调发展,世界各国都非常重视洁净能源的发展,以加速能源结构调整步伐。自2005年2月16日《联合国气候变化公约京都议定书》(以下简称《京都议定书》)正式生效后,二氧化碳减排额成为一种商品在世界流通。目前中国二氧化碳排放量已位居世界第二,其他温室气体排放量也居世界前列。如不加以控制,在将来受到具体减排指标约束时,很多行业会大受冲击,不得不花费大量资金向排放量较小的国家购买排放权。《京都议定书》在更深层次上推动了中国能源结构的变革,为新能源产业的发展提供了很好的机遇,能源结构调整将是中国新世纪能源战略的主题。

(3)积极开发和利用可再生能源的战略。《联合国气候变化框架公约》及《京都议定书》签署以来,全球对于应对气候变化达成了许多共识,并积极促进可量化减排指标的形成,世界各国特别是发达国家受到了切实的减排压力,进而大力促进低碳甚至无碳的可再生能源发展。根据联合国政府间气候变化委员会(IPCC)的最新评估报告,可再生能源在未来(2030年)的温室气体减排中,将占到10%的份额。随着技术和管理水平的不断提高、产业规模的不断扩大,可再生能源在保障能源供应、实现可持续发展等方面将发挥越来越重要的作用,而且越来越受到各国政府的重视。开发利用可再生能源已经成为世界能源可持续发展战略的重点,成为大多数发达国家和部分发展中国家21世纪能源发展战略的重要组成部分。国际能源机构预测,到2020年,可再生能源在全球能源消费中的比例将达到30%。面对即将到来的可再生能源时代,各国正在迅速前进。干旱区生态城市应大力发展风电和太阳能发电。风电和太阳能发电都是一种干净、安全、可靠的可再生能源,要通过制定补贴和扶持的电价政策,积极开发和利用这两种可再生能源。

(4)建立城市节能型产业。《中国可持续能源项目》指出,先进的建筑节能标准和家用电器能效标准,将使中国在降低能源使用量的同时,形成一个新型的节能产业。目前,国家已颁布了一系列节能法规,给发展节能产业带来了良好的契机。

5.干旱区交通规划

城市交通作为生态城市这个复杂系统的一个子系统,其发展必然是向生态化方向演化。以生态学为理论基础,考虑生态极限的约束和满足交通需求的前提下,在城市交通规划与建设中,最大限度地降低因交通系统正常运转所造成的环境污染和资源消耗,形成向生态化演化的城市交通系统,即城市生态交通。

城市生态交通规划中除了常规的规划内容之外,还必须综合考虑交通环境问题。通过预测在不同政策、措施和技术条件下,各规划方案的服务水平和环境状况,根据交通环境容量和交通环境承载力两个关键指标,制定交通发展方案及相应的发展对策、建议。

鉴于我国不同城市的交通运输和土地开发状况,建设干旱区生态城市,当前应采取以下措施:一是坚持改善城市交通运输体系,对城市的土地综合开发利用进行统筹规划，提高城市交通运输效率和土地开发利用率；二是调整传统交通结构，优先发展公共交通系统，以城市土地的开发利用为公共交通的发展创造条件，并采取政策措施鼓励人们利用城市市区公共交通；三是应适度控制私人汽车在城市市区的使用，加快完善自行车专业设施，如开辟专用车道或兴建专用道路等，改善当地步行环境，实现资源节约，减少环境污染。

6.干旱区城市绿化系统规划

(1)城市绿化系统规划的内涵

城市绿化系统泛指城市区域内一切人工或自然的植物群体及具有绿色潜能的空间，它由一定数量和质量的各类绿地组成，具有重要的生态、社会和经济效益，是城市生态环境及可持续发展的重要基础。城市绿地是城市生态化的核心内容。根据2002年《城市绿地分类标准》，中国将城市绿地分为公园绿地、生产绿地、防护绿地、附属绿地及其他绿地5类。

城市绿化系统规划，就是根据城市发展的要求，通过对规划区内综合分析和评价，应用城市生态学、城市规划学、建筑学、园林学、环境工程学等相关学科的基本原理，确定各类绿地的类型、指标、用地范围，合理选择植物的种类和结构，合理安排各类绿地的布局，达到改善城市生态环境、创造优美的城市景观的目的。

(2)城市绿地系统规划的主要内容

①确立绿化目标。按城市的地位及条件，制定国内领先的绿化目标，包括绿化量、城市绿地率、覆盖率和人均绿地面积等。

②合理科学布局。完善绿地结构的生态功能，通过绿化达到解暑降温、净化空气和保护生物多样性等生态环境功能。按现代旅游发展需求趋势，充分挖掘潜力，建造各种类型的旅游开发用地以补充与完善城市公园体系。通过合理布局绿地以减少汽车尾气、烟尘等环境污染源。考虑生物多样性的特征，为生物栖息和迁移预留空间。

7.干旱生态城市的空间规划

空间规划是经济、社会、文化的地理表达。它从空间上改善居民的生活质量，合理组织人类的活动；它为区域发展创造健康的、高质量的环境。空间规划以可持续发展的理念为核心，用长远和广阔的视野看发展；同时综合考虑社会政治、经济、历史文化、生态环境、地域差别和发展的不平衡，采取相应的政策、措施共同发展，求同存异。空间规划旨在保证每个地区自身生态系统的正常运转，它是实施具体生态技术的前提。

干旱区生态城市空间规划的主要内容：

(1)推进新城开发。快速有效地推进新城开发是保护老城和绿色开敞空间的基础。开发新城要注意按城市空间发展时序，以达到扩张规模、提升承载能力的目的。

(2)改造旧城，保护老城，促进功能的提升和进行结构调整。对旧城的改造，尤其是“城中村”的改造，能有效解决城区区域割裂问题。对老城，要实行保护，将发展的重点从规模扩张转向结构和功能调整:一是通过土地置换,逐步搬迁老城内的污染企业,仅仅保留小部分无污染的都市型工业;二是增加绿地,完善市政配套设施,改善老城交通状况和人居环境质量;三是逐步完善为社区服务的公共服务设施,但对大规模高档次的大型公共设施集中在老城建设的行为必须严格控制。

(3)保护绿色开敞空间。绿色开敞空间系指存在于城市建筑实体空间之外的开敞式、融于自然的、具有公益效益的绿色空间。一般来讲,它包括河湖水系、园林绿地、中心广场、城市森林公园、动物园、防护林带、果园、基本农田保护用地、闲置空地、草原、湿地以及道路广场、停车场用地等,是具有生态、生活休闲、文化交流、调节气候、景观价值等功能的必要空间,是人与环境协调发展的基本空间。保护规划划定的绿色开敞空间,首先,对于划定的绿化隔离带内的零散的农村聚居点,要严格控制其开发建设行为,同时研究制定多管齐下的对策,包括生态移民、生态产业的引导以及土地置换制度等。其次,制定绿色植被的保护制度,将绿色开敞空间划定并赋予法律地位,用城市管理条例的形式予以明确并保护。

(4)保护独特空间。城市空间,还包括历史文物、青山碧水、风景名胜和古树名木等,这是城市独有的自然风貌的象征和见证,是城市空间有别于其他空间的表现,是城市独有的宝贵财富和遗产,是不允许被破坏或拆除重建的独特空间。随着人们文化素养和生活水平的提高以及国内外交流和旅游事业的发展,城市独特空间的重要性会越来越大。

(5)开发潜在空间。城市空间不仅指地面空间,还包括地下空间。地下空间是指埋在地表层以下的可挖掘利用的空间和潜在工厂车间以及山洞和黄土地区的下沉式窑洞民居等。地下空间具有隐蔽性、节能性、不影响地面生态环境的特点。中国城市地下空间的开发利用具有巨大潜力,是一个不容忽视的有待开发的空间。城市的潜在空间,除地下空间外,还有城市的荒山秃岭、荒芜的土地等,对这类空间若根据其特性进行加工开发,也会收到较好的效果。

8.干旱区生态城市的产业规划

产业规划是对产业发展布局、产业结构调整进行整体布置和规划。

产业结构是指生产要素在各产业部门间的比例构成和它们之间相互依存、相互制约的联系,即一个国家或地区的劳动力、资金、各种自然资源在国民经济各部门之间的配置状况及相互制约的方式。产业结构一般划分为第一产业、第二产业、第三产业,这是目前较通用的划分产业结构的权威方法。

产业布局是产业结构在地域空间上的分布形态,不同的产业部门具有不同的分布形态。产业布局的合理与否,关系到一个区域的整体经济效益。布局合理,有利于发挥资源优势,有利于降低市场经济成本,有利于提高城市经济的整体竞争力。

干旱区生态城市产业规划要在全面客观地分析城市产业现状的基础上,立足生态化、现代化的发展要求,高起点、高标准、科学地设计城市产业。要以生态化的示范产业园区为平台,建设以高科技产业为主导,以循环经济为特色的生态型工业体系。同时,要努力发展旅游、教育、医疗、物流文化、信息、房地产等产业,建立生态产品开发设计孵化中心,逐步实现现有产业的调整和改造,实现产业的生态转型,提高生态经济的比重。

9.干旱区生态人居环境规划

(1)生态人居环境规划的目标和原则

理想的人居环境是人与自然的和谐统一，生态人居环境规划的目标是建设可持续发展的、人与自然和谐相处的环境。生态人居环境规划要坚持以下几方面原则:

①以生态理念为中心。人居环境的建造和维护以生态的原则为标准和依据,对整个环境的基础设施的打造、产业选择、项目设计、功能布局、景观构造、技术运用、文化主题、生活模式等都以生态目标和经济目标的实现为前提,同时体现尊重自然与保护自然的理念。

②整体和谐。人与自然及整个系统保持和谐,强调整个生态人居环境中生态状态、生存状态、生活状态的完美和谐。

③生物多样性。不仅是保护生物的多样性和复杂性,而且还包括社会组织结构和阶级层次的多样性,使其在自然生态、经济生态和社会生态这三个不同的圈层达到一种完美的和谐。

④尊重地方文化和民俗。延续地方文化和民俗,充分利用当地材料,结合地域气候、地形地貌。

⑤安全性原则。居住区环境不仅要保证居民日常生活安全,还要考虑突发情况下的安全,如火灾、地震、洪水等,因此要有防灾设施和避难场所。

⑥方便性原则。居住区环境对居民提供的方便性服务主要体现在居住区的内外交通、内外系统关系、配套公共服务设施和服务方式的便利程度上。

(2)生态人居环境规划的内容

①安全与健康的人居环境。构建完善的生态人居水资源利用系统,建立垃圾和废弃物处理系统,加强城市生态系统的保护,创建空气清新的居住环境。

②建设宜人的生态人居环境。优化居民的住房条件,建设高品质的生态住宅,做好环境绿化工作,保护绿地资源。

③建立功能完备的配套设施和服务设施。服务设施应满足居民物质生活和文化生活的需要,具有合理的服务半径,方便日常生活和活动。一般来讲,居住区级主要包括专业性服务设施,如各类会所、医院、银行、邮电局和居住区级行政机构,合理服务半径为800~1 000 m;居住小区级包括菜市场、综合商店、饮食、油粮、幼托、小学、中学等,合理服务半径为400~500 m。

(二)干旱区城市的生态产业建设

生态产业是按照生态学原理和生态经济规律,因地制宜地设计、组装、调整和管理产业生产和经济的系统工程体系。利用传统产业精华和现代科技成果,通过人工设计生态工程,协调发展与环境之间、资源利用与保护之间的矛盾,形成生态上与经济上的两个良性循环,实现经济、生态、社会三大效益的统一。与传统产业相比较,生态产业具有显著特征,见表11-1[5]。

表11-1 生态产业与传统产业的比较

类别	传统产业	生态产业
目标	单一利润、产品导向	综合效益、功能导向
结构	链式、刚性	网状、自适应型
规模化趋势	产业单一化、大型化	产业多样化、网络化
系统调和关系	纵向、部门经济	横向、复合型生态经济
功能	产品生产+环境影响	产品+社会服务+生态服务+能力建设
经济效益	局部效益高、整体效益低	综合效益高、整体效益大
废弃物	向环境排放、负效益	系统内资源化、正效益
调节机制	上部控制、正反馈为主	内部调节、正负反馈平衡
环境保护	末端治理、高投入、无回报	过程控制、低投入、正回报
社会效益	减少就业机会	增加就业机会
行为生态	被动、分工专门化、行为机要化	主动、一专多能、行为人性化
自然生态	厂内生产与厂外环境分离	与厂外相关环境构成复合生态体
稳定性	对外部依赖性高	抗外部干扰能力强
进化策略	更新换代难、代价大	协同进行快、代价小
可持续能力	低	高
策略管理机制	人治、自我调节能力弱	生态控制、自我调节能力强
研究与开发能力	低、封闭性	高、开放性
工业景观	灰色、破碎、反差大	绿色、和谐、生机勃勃

1.干旱区生态工业

(1)生态工业的内涵

目前在学术界尚无普遍为人们所接受的生态工业定义，根据联合国工业与发展组织的定义,生态工业是指“在不破坏基础生态进程的前提下,促进工业在长期内给社会和经济作出贡献的工业化模式”。Allenby认为在生态工业系统中,各生产过程以物质循环的方式来规划工业生产系统。在生态工业系统中,各生产过程不是孤立的,而是通过物料流、能量流和信息流互相关联,一个过程的废物可以作为另一过程的原料而被加以利用。生态工业追求的是系统内各生产过程从原料、中间产物、废物到产品的物质循环,达到资源、能源、投资的最优利用。中国也有学者将生态工业定义为“合理地、充分地、节约地利用资源，工业产品在生产和消费过程中对生态环境和人体健康的损害最小以及废弃物多层次综合再生利用的工业模式”[6]。

(2)生态工业的实质

生态工业的实质就是以生态理论为指导,模拟自然生态系统各个组成部分(生产者、消费者、分解者)的功能,充分利用不同企业、产业、项目或工艺流程等之间的关系以及资源、主副产品或废弃物的横向耦合、纵向闭合、上下衔接、协同共生的相互关系,使工业系统内各企业的投入和产出像自然生态系统那样有机衔接，物质和能量在循环转化中得到充分利用,并且无污染、无废物排出。

2.干旱区生态农业

(1)生态农业的内涵

生态农业指遵循生态学和经济学的原理和规律,按照系统工程的方法,运用当代先进的农业科技和现代管理手段建立的人类生存和自然环境间相互协调、相互增益的经济、生态、社会三方效益协调发展的现代化农业体系。生态农业是全面规划、总体协调、良性循环的整体性农业,是无废弃物、无污染、集约、高产、优质、高效农业。生态农业的目标:一是积极增产粮食;二是促进农村综合发展,增加农村劳动力的就业机会和收入;三是合理利用和保护资源,改善生态环境。

(2)干旱区发展生态农业的基本原则

①适宜性原则。西部干旱区地域辽阔,农业气候类型复杂多样,自然条件、地域差异显著,社会经济基础和人文背景差异大,在发展生态农业和选择生态农业模式上要因地制宜,适应当地的生态环境,与当地的生产条件和传统生产方式相结合。

②整体高效性原则。干旱区农业的分布大都以流域为单元,一个流域不论大小,都是一个完整的生态系统,各流域间相互联系,相互制约。建设生态农业不仅要从干旱区这个大系统考虑经济、环境的建设,还应兼顾上游和下游。避免一地开发影响周边地区的发展,上游开发影响下游发展。区域布局要发挥各地的特色,避免雷同。另外,干旱区的开发在对资源的合理分配利用特别是水土资源的利用上,一定要谨慎。扩大流域生态绿洲面积,将破坏荒漠生态系统的平衡,且造成绿洲农田的沙化和盐碱化。因此,高效利用资源是发展绿洲生态农业的关键。

③社会稳定性原则。建设生态农业是干旱区农业可持续发展的必由之路和长期奋斗目标,需要全社会的参与。生态农业可持续发展要求农业生态系统和农业经济系统具有稳定性,增强抵御自然灾害和化解市场风险的能力。根据生态学和经济学原理,增强农业生态系统的有效方法之一是实行多种经营,合理布局,优化农业生态系统结构和农村经济结构。发展农业社会化服务是生态农业可持续发展的重要条件。

(3)干旱区生态农业发展的重点

①生态环境治理与恢复。干旱区生态环境治理与恢复的重点是水土保持、防沙治沙

和草地建设。

水土保持:治理水土流失是环境建设的主要内容。在水土流失较轻的地区,实施封山育林育草;在水土流失严重的地区,结合工程措施进行植被重建。干旱区植被重建以植草为主,也可以种植灌木(如沙棘),在水分条件好的地方可种植乔木。

防沙治沙:西部土地沙化形势非常严峻,防沙治沙任务艰巨。在土地沙化发生的时间短、规模小、局部严重的地区,主要实施封育保护,禁止放牧和开垦;在沙化严重的地区,结合工程措施进行植被重建,植物以灌木为主,结合灌草;在有耕地和人工草地的地方,应建立与主风方向垂直的防风固沙体系;在沙漠绿洲区,要建立综合防风固沙体系,绿洲边缘建立乔灌结合的防沙带,绿洲外围封沙育草,绿洲内部建立护田林网,耕地实施草田轮作。

草地建设:草地退化是我国草食畜牧业发展的瓶颈,必须加强草地建设与保护,严格控制草地载畜量,禁止开垦草地种粮;大力发展人工草地,提高产草量。

②农林牧复合生产经营。农林牧复合生产经营应该是生态农业发展的主要模式。复合生产系统通过植物在空间上(垂直、水平)和时间上的合理配置,结合动物的转化,具有资源利用率高、土地生产率高、劳动就业率高的优势。设置复合生产系统要因地制宜,宜农则农、宜林则林、宜牧则牧。在干旱区,土地的利用方式应该以牧为主,复合生产系统重点发展农(种草)牧型、林(种植饲料灌木)牧型。在地形平坦、水分条件好的地方可建立适合当地发展的各种复合生产模式。

③水资源高效利用。干旱区缺水问题比较突出,农业要持续发展,关键是要高效利用水资源。旱地要进一步发展集雨技术和人工节水滴灌,通过各种工程措施和高效的旱作技术,发展西部旱地农业。

④设施农业。干旱区发展设施农业具有得天独厚的气候条件,光能资源丰富,温度适宜,病虫害少。发展设施农业有利于满足当地市场的需求,有利于增加农民收入,有利于解决农村剩余劳动力,变冬闲为冬忙,提高土地生产力。

⑤绿色无公害农业。干旱地区发展绿色无公害农业具有生态环境优势和资源优势。生态环境优势主要表现为环境污染较轻,西部地广人稀,多属山地地形,污染范围受到限制,许多地方没有污染,是生产绿色无公害食品的理想基地。资源优势表现为西部地区有许多天然的可食植物、动物、微生物资源以及药用植物,如杜仲、魔芋、猕猴桃、沙葱、沙芥、苦菜、蕨菜、松仁、食用菌、甘草、麻黄、冬虫夏草、肉苁蓉等,还有许多天然矿泉水资源。

3.干旱区生态服务业

生态服务业,也就是服务业生态化。

服务业按发展过程可以分为以批发、零售、餐饮、旅店、交通等为代表的传统服务业,以金融、地产、物流、旅游、会展、咨询、信息科技等为代表的现代服务业;根据服务对象可以分为以服务生产为主的生产型服务业,包括金融、通信、运输、物流配送等以及为满足人们生活服务的非生产型或消费型服务业。

随着城市经济的发展,生产型服务业中的运输、物流配送等以及非生产型服务业中的批发、零售、餐饮、旅店、交通等传统服务业项目,对资源和环境系统冲击较大,能源利用较多,废弃物较多,对环境影响也日趋严重。必须采取措施改变其经营观念,将生态经济的思想融入整个服务业的发展进程中,采取循环经济的发展模式,建立低耗、低废、高效、和谐的产业组织结构。

服务业生态化建设的途径有以下几点。

(1)贯彻生态理念,服务主体生态化。服务业的服务主体在服务产品与设施的设计和开发中需要消耗一定的资源和能源,不可避免地产生废弃物。服务主体要主动贯彻生态理念,应该采取ISO14000环境管理体系认证、环境标志认证、生态文化创建等企业生态化的措施,从企业自身层次上贯彻生态经济理念,实现物质循环流动并抑制污染发生。此外,服务业主体也要进行清洁生产实践,例如大中型贸易市场或商场采取连锁经营、建设绿色市场、建立市场废弃物回收再生利用机制、扩大市场上商品带有绿色标志或环境标志产品的比例、用可降解塑料袋替代长期使用的难降解塑料袋、推行包装简单化和绿色化、使用节能电器和节水器具等措施促进服务主体生态化建设。

(2)服务途径清洁化。服务企业通过一定的方式和途径为人们日常生活提供服务,服务方式和服务途径的选择是服务企业展示服务质量的重要方面,更是服务企业生态化建设的重要内容。因此,服务途径清洁化是服务企业实现生态化转向的重要标志之一。在传统强势服务行业中,批发零售贸易业可通过开展绿色营销、大力发展电子商务、开辟绿色采购通道、引导绿色消费等来开辟清洁化的服务途径;在餐饮宾馆业中,推出"绿色客房"、开设绿色餐厅、提供打包服务、按顾客意愿提供一次性用具等是清洁化服务途径的主要形式;在交通运输业中,可以通过发展轨道交通、合理规划行驶路线、使用电动车和混合动力车辆等形式的现代绿色交通工具来实现服务途径的清洁化。因此,必须根据不同服务行业的服务特点开展不同形式的服务途径清洁化活动。

(3)培养绿色消费意识,推行绿色消费。推行绿色消费是服务企业生态化建设的重要途径之一。所谓的绿色消费有三层含义:一是倡导消费者在消费时选择未被污染或有助于公众健康的绿色产品;二是在消费过程中注重对废弃物的处置,不造成环境污染;三是引导消费者转变消费观念,向崇尚自然、追求健康方向转变,在追求生活舒适的同时,注重保护环境、节约资源和能源,实现可持续消费。

(4)完善法律体系,加大执法力度。首先,制定和完善法律法规体系。根据保护环境的需要,适时增加新的法律法规和实施细则,争取在影响和破坏环境之前就有章可循。其次,加大执法力度,有法必依。对犯法者,一旦发现,就应该进行严厉的经济处罚,维护法律的尊严。

4.干旱区城市的生态景观建设

(1)生态景观的内涵

生态景观是自然景观、经济景观、人文景观的多维耦合,是由自然的、社会的、经济的及文化的组分相互作用形成的人与自然的复合生态体系。它不仅包括有形的地理和生物景观,还包括无形的系统生态联系。它强调生态系统内部与外部环境之间的和谐,系统结构和功能的耦合以及时间和空间的关联与融洽。

(2)生态景观的特征

城市作为一个复杂的复合生态系统,其中包含各种构成要素,这些要素共同作用形成具有当地特色的人居环境,而一个人居环境舒适的城市,其生态景观具有和谐性、整体性、多样性、安全性和可持续性等特性。

(3)城市生态景观的构建原则

构建城市生态景观,首先要坚持以人为本的原则,要以人的需求为出发点,满足人的各种生理和心理需求,营造优美的人居环境。

其次要坚持尊重地域和历史文化的原则,突出历史文化和风土民情特色,保持原有的城市风格。

第三要坚持尊重自然、保护生态原则。自然环境是人类赖以生存和发展的基础,要尊重自然,保护自然景观,使人文景观与自然景观有机结合,增加景观多样性。

第四要坚持保持整体性原则。即要以城市布局的整体出发,使景观结构、格局和比例与区域自然特征和经济发展相适应,谋求生态、社会、经济效益的统一。

第五要坚持多样性原则。针对城市景观中自然生态系统少的特点,适当补充自然成分,注意补充物种的多样性,协调城市景观结构。同时,规划时将形式多样的廊道、嵌块体相结合,宽窄廊道相结合,大小嵌体集中与分散相结合,与城市的建筑、功能布局、空间安排紧密协调。

二、干旱区生态城市非制度性结构

干旱区生态城市的非制度性结构主要通过生态文化建设和生态城市的管理来促进干旱区生态城市的建设过程。

(一)干旱区城市的生态文化建设

生态文化就是从人统治自然的文化过渡到人与自然和谐的文化。这是人的价值观念的根本变化,这种转变解决了人类由中心主义价值取向过渡到人与自然和谐发展的价值取向的问题。生态文化的重要特点在于用生态学的基本观点去观察现实事物,解释现实社会,处理现实问题,以科学的态度去认识生态学的研究途径和基本观点,建立科学的生态思维理论。通过认识和实践,形成经济学和生态学有机结合的生态化理论。生态化理论的形成,使人们在现实生活中逐步增加生态保护的色彩。

1. 城市生态文化的意义

(1)支持生态城市建设并提供理论依据。生态文化的发展程度决定和体现着生态城市的水平。因此,建设生态城市,必须有生态知识和理论作为指导。同时,生态文化不断创新,生态学、环境科学的发展,将加深人们对生态规律的了解,从而更科学地指导生态城市建设。

(2)提供强大的精神动力,并推动生态城市建设。生态文化的形成和发展将凝聚起巨大的精神力量,为生态城市建设提供强大的精神动力。如生态文化中的生态制度约束人们遵循生态规律,促进人们保护和建设生态,并最终化为自觉的行动,实现生态城市。

(3)为生态城市建设提供创新的手段。生态技术的创新将为生态城市的可持续发展提供有效的手段、途径、工具和方法,从而更好地促进生态城市建设。

2. 生态文化的特点

生态文化作为一种新的文化选择,它表现在文化的三个层次上。

(1)生态文化的制度层次

生态文化,通过社会关系和社会体制改革,改革和完善社会制度和规范,按照公平和平等的原则,建立新的人类社会共用体以及人与自然界的伙伴共同体。这种选择要求改变社会不具有公平调节社会利益的机制,不具有自觉保护环境的机制,而具有自发的两极分化机制和破坏环境保护机制的社会性质,从而使公平和平等的原则制度化、环境保护和生态保护制度化, 使社会具有自觉保护所有公民利益的机制以及保护环境和生态的机制,实现社会的全面进步。

(2)生态文化的精神层次

生态文化确立生命和自然界有价值的观点,摒弃传统文化的"反自然"的性质,抛弃人统治自然的思想,建设"尊重自然"的文化,按照"人与自然和谐相处"的价值观,实现精神领域的科学、经济学、哲学等一系列转变。

(3)生态文化的物质层次

生态文化,摒弃掠夺自然的生产方式和生活方式,学习自然界的智慧,创造新的技术形式和能源形式,采用生态技术和生态工艺,既实现文化价值,为社会提供足够多的产品,又保护自然价值,实现人与自然和谐相处的双赢局面。物质层次是生态文化的载体,它促进了传统文化与现代文化的结合。

3. 生态文化建设策略

生态文化建设重点在于人们的观念和综合素质的全面提升, 在建设的途径上应该以教育和宣传手段为主,建立完善的生态体制,并借助经济手段,鼓励采取生态行为。

(1)普及生态教育

通过生态教育的普及,积极培育生态意识。生态教育应是面向全社会公众的,既有面向儿童普及初级教育,又有面向大众的广泛社会教育。

环保普及初级教育主要针对中小学生,进行较为系统的环保科普知识、环保法律法规知识和环境道德伦理知识教育。学校可以结合自然、生物等相关学科的教学活动向学生渗透环保知识。同时还可以开设特色课程,并组织业余环保团体,丰富第二课堂的环保教育内容。

面向大众的广泛社会教育应采取多种渠道和方式,如公益电视、报纸广告、各种环境宣传短片及宣传手册等,向大众普及相关的知识和理念。此外,在城市中要加强对社区的生态教育,通过在社会社区超市设立绿色产品专柜以及在小区放置不同颜色的垃圾桶等措施,来鼓励小区居民进行绿色消费和垃圾分类等。其次要提高居民对政府和企业行为的监督能力,使公众能够参与环保,积极投身生态建设。

(2)扩大生态宣传

通过扩大生态宣传,加强引导生态意识。宣传手段信息量大,涉及面广,可以很好地弥补环境教育的不足。媒体作为信息流动的主要渠道,对社会舆论和民众生活的影响日益扩大,成为影响民众生活方式的主要因素之一。一方面加强对环境政策的宣传,提高环境管理的透明度;另一方面,利用媒体对公众消费的导向作用,引导人们的消费行为向绿色消费转化。

(3)建立生态体制

通过建立生态体制,确保生态文化的推行。城市的发展离不开政府的正确引导,城市生态文化建设同样离不开生态体制的保障和支撑。政府应该从城市总体规划到具体的经济、社会发展决策中体现绿色的体制机制,为构建城市生态文化搭建一个绿色平台,使城市生态文化能切实在各个层次顺利开展。

首先,要在城市总体发展规划的高度确立生态城市建设的目标;其次,调整经济结构,倡导经济发展;再次,进一步完善环境法规,加强环境保护力度。

(4)鼓励生态行为

政府应采取补贴等经济手段,或采取减税、贴息等补偿政策有效激励企业和居民采取生态行为,保护生态环境,从而推动生态文化建设。

(二)干旱区生态城市管理

生态城市管理是指把生态城市视为一个复合系统,运用系统科学的理论和方法,对生态城市实施全面的控制和管理。生态城市管理是一个系统工程,它涉及城市管理的方方面面。

1.干旱区生态城市管理的目标

干旱区生态城市管理应达到生态良性循环、社会和谐安定、经济稳定增长的目的。

2.干旱区生态城市管理的基本原则

(1)整体规划、统一管理原则。只有从生态城市的整体着眼,统筹安排、整体规划、统一管理才能达到布局合理,整体效益最佳。

(2)以人为本、和谐发展原则。城市的管理,也要最大限度地满足居民的需求,为居民创造一个美好的生活和工作环境,并且处理好经济发展与环境资源承载力的关系,达到人与自然和谐相处、持续发展的目的。

(3)综合效益最大化原则。对城市的经济活动、社会活动、环境条件做全面的综合规划管理,使城市的社会效益、经济效益、环境效益实现共赢。

(4)动态、开放原则。生态城市是一个动态和开放的发展系统。生态城市的管理系统要充分考虑到动态、开放的特征,不断地根据外界条件进行优化调整,从而达到动态的平衡。

3.干旱区生态城市管理的主体

干旱生态城市管理的主体是城市管理体系的基本组成部分,主要由城市的政府、居民、社区和社会团体等组成。

政府是城市管理的代表和主导者,是城市管理的组织者和指挥者,政府通过依法制定行政规章,发布行政命令,采取行政措施手段,对社会公共事务进行管理。一般来说,城市政府的管理职能主要体现在以下几个方面:

一是提供城市的公共物品。政府作为城市管理的主导者,必须提供足够的公共物品来满足城市发展的需要。

二是干预要素空间流动,使其实现合理的空间布局。

三是制定城市发展战略。根据城市自身资源和区域优势,制定科学的、适合城市发展的战略。

居民是城市生态系统最基本、最重要的组成部分。居民不仅是城市管理的对象,也是城市管理的主体。城市的一切活动都围绕着居民开展并服务于居民,因此,要加强对居民的教育引导,着力提高城市居民的文化水平、道德水平、法制观念等,充分调动其积极性和主观能动性,让居民真正成为城市的主人和管理的主体。

社区是居民的共同聚集体,是由居住在一定地域范围的人群组成的、具有相关利益和内在互动关系的地域性社会生活团体。作为管理主体之一,社区是居民与社会服务之间沟通的桥梁,同时,又是联系政府和居民的纽带,借助社区的桥梁作用,政府可以与居民建立起相互理解、相互信任、和谐共生的良性互动关系,政府的管理模式也从单纯的行政管理向全体社会居民参与城市管理的生态城市管理模式转变。

社会团体是执行某种社会职能,具有一定的组织程序和组织目的,相对独立的非赢利性居民组织,非赢利性和公益性是其主要特征。社会团体的性质、宗旨多种多样,活动领域十分广泛,直接参与社会政治、经济、文化、社会生活,社会团体能够使居民的个体行为转变为团体行为，也是城市管理的一支基础力量。

4.干旱区生态城市管理的对象

城市是由经济系统、社会系统、生态系统组成的一个复合系统，因此，城市管理的对象就包含了城市社会管理、城市经济管理、城市生态环境管理三个方面。

(1) 干旱区生态城市社会管理

在生态城市系统中，社会生态处于核心位置，因此，社会管理是生态城市管理最重要的对象。重点应包括以下几个方面。

①根据环境的承载力控制人口数量，优化人口结构。人口的规模应与城市环境的承载力相平衡，因此控制人口的规模是实现可持续发展的前提。此外，生态城市必须加大在教育、文化、卫生等方面的投入，提高人口素质，优化人口结构，把人口控制与环境保护、资源利用结合起来，实现人口、经济、资源和环境协调发展。

②建立完备的法律体系，使城市的生态发展实现法制化、制度化。生态城市管理也要根据城市的实际，制定和实施适合城市特点的地方性法律法规和规章，建立适应城市生态化发展的法律综合体系。

③加强生态教育，打造生态文化。教育是社会发展的助推器，要确立教育在城市发展政策中的优先地位，同时，加强生态教育，树立尊重生命、热爱自然的城市生态道德准则，让生态观念深入人心，培育共同遵守生态道德规范的良好社会风气。

④建立健全的社会保障体系和制度。社会保障制度是重要的社会经济制度之一。它的主要作用在于保障全社会成员基本生存与生活需要，特别是保障公民在年老、疾病、伤残、失业、生育、死亡、遭遇灾害、生活困难时的特殊需要。由社会福利、社会保险、社会救助、社会优抚和安置等各项不同性质、作用和形式的社会保障制度构成了整个社会保障体系。国家必须制定社会保障法律规范，保证社会保障制度真正得到贯彻实施，主要包括社会保险制度、社会福利制度、社会救济制度、社会优抚制度等。建立健全与经济发展水平相适应的社会保障体系，是经济社会协调发展的必然要求，是社会稳定和国家长治久安的重要保证。

⑤建立完善的社区服务体系。把社区服务体系作为社区建设的核心，为居民提供就业、教育、医疗、保健等各方面的服务，实现社区服务的专业化、产业化、社会化，促进社区服务体系的建立和完善。

⑥推进城乡统筹发展。城乡统筹，其内涵是要坚持以人为本，使农村居民和城市居民同步过上全面小康的幸福生活，最终目标是使农村居民与城市居民一样，享有平等的权力、均等化的公共服务、同质化的生活条件。统筹城乡发展的重点，一是统一城乡基本制度，建立城乡统一的财产制度、土地制度、户籍制度、劳动就业制度、教育制度、福利保障制度和公共服务制度等；二是统一制定城乡规划；三是统筹城乡产业发展；四是注重城乡基础建设；五是统筹城乡公共服务。

(2) 干旱区生态城市经济管理

经济建设是城市发展的直接动力。生态城市的经济建设与管理决定着生态城市的发展方向、发展速度。生态城市经济管理主要包括制定和实施经济发展计划、优化城市产业结构、发展生态经济、对经济活动进行有效监督和控制、维护城市市场秩序、制定城市建设的财政税收制度和投融资制度等任务。

(3)干旱区生态城市生态环境管理

城市生态环境管理,是指运用政策、法规、经济、技术、行政教育等手段对城市生态环境及各种生态关系进行调节控制,协调城市中人类社会经济活动与环境的关系,限制或禁止损害环境质量的行为。可见,城市生态环境管理是联系社会系统、经济系统与自然系统之间的纽带,通过规范人的行为来实现管理目标。其管理重点是对自然资源的管理,主要包括空气、土地、水、各种生物、矿物资源等。

环境质量是生态城市建设的基础和条件。建立政策主导、市场推进、执法监督、公众参与的环境保护新机制是生态城市建设的保障。政府应成为生态城市建设的主导力量,有效引导、规定、维护、激励整个生态环境保护和建设的行为,制定和实施生态城市建设的相关政策,在西部干旱区进一步建立高效节水农业,建立生态补偿机制,建立以生态建设为导向的综合评价指标体系。在环境保护中建立和推广市场机制,通过税、费和环境产权的手段明确人与自然的关系以及企业与自然的关系,配合宣传教育提高公众和企业的环保意识,以达到降低资源消耗和减少污染的目的。

参考文献

[1] 道格拉斯·诺斯,罗伯特·托马斯.西方世界的兴起[M].北京:华夏出版社,1989.
[2] 程胜高,罗泽娇,曾克峰.环境生态学[M].北京:化学工业出版社,2003.
[3] 陆燕宁.城市水资源的保护与合理利用[J].污染防治技术,2005,18(3):36-38.
[4] 江艺明.城市土地可持续利用的对策研究[J].现代农业科技,2006(S):182-183.
[5] 王如松,周涛,陈亮,等.产业生态学基础[M].北京:新华出版社,2006.
[6] 李树. 促进我国生态工业发展的策略选择[J].甘肃社会科学,2002(5):24-26.

第十二章
干旱区生态城市空间结构

一、城市空间结构与生态城市

(一)城市空间结构

1. 城市空间结构的含义及特征

城市是聚集了一定数量的人口,主要从事与第二、第三产业相关的经济、社会活动的聚集地,在自然系统上融合了人类的社会、经济、文化等系统,是人工系统和自然系统的综合,是人类社会活动的载体。城市不是一朝一夕的产物,是社会生活、历史文化、自然环境、科学技术等方面的不断积累和变迁的产物。由于自然环境、历史文化、社会经济发展的不同,城市呈现出多种形态,城市不是均质的空间,有着复杂的空间结构。

(1)城市空间结构的含义

城市空间结构是城市要素在空间范围内的分布和联结状态,是城市社会经济存在和发展的空间形式,是城市的立体影像,包括土地利用结构、经济空间结构、人口空间分布、就业空间结构、交通流动结构、社会空间结构、生活活动空间结构等。城市空间结构可分为城市内部空间结构和城镇空间结构。城市内部空间结构指以城市为中心的城市中心区域空间结构,而城镇空间结构指以城市为中心的城市及周边区域的空间结构。

富勒(Foley)在1964年提出了"四维"城市空间结构:①城市空间结构包括文化价值、功能活动和物质环境三要素;②城市空间结构包括空间和非空间两种属性,前者指上述三种要素的地理空间分布,后者指在空间中进行的各类文化、社会等活动和现象;③城市空间结构包括形式和过程两个方面,形式指城市结构要素的空间格局,过程指要素的空间作用模式;④城市空间结构具有时间特性。因此可将城市空间分为物质空间、社会—经济空间和感知空间三大系列[1]。物质空间是自然要素在空间上的实体表现形态,如土地利用空间分布形成城市空间结构的物质骨架;社会—经济空间是由人文社会现象形成的相互联系的空间结构,构成了城市的功能空间结构,如城市地域中的工业、商业等围绕某一中心形成的联结状态;感知空间是非物质的空间结构,是社会文化空间结构,往往是“以物质空间为依托形成的象征性空间(如感应空间、意境空间等)和流动性空间(如通勤空间、购物空间、生活活动空间等)”。

城市社会经济的本质特征就在于其空间性和聚集性。城市空间结构可从城市密度、城市布局、城市形态三个方面去描述。

城市密度是构成城市的诸要素在城市空间范围内表现的一定数量而形成的综合密度。因此城市密度是否合理将决定城市经济、社会、自然与人类活动是否相协调,合理的城市密度将优化城市空间结构。城市布局是构成城市的诸要素在空间上的分布状况。合理的城市布局将提高城市人流、物流、信息流、资金流的效益,提高城市土地利用效率,加强人类活动与自然的和谐。城市形态是城市诸要素在数量和空间上的综合反映,是城市整体外观的三维展现。

(2)城市空间结构的特征

在人类历史长河中,人类的栖居地——城市随着人类社会的发展而发展,城市的空间结构不断地进行调整以适应人类对其栖居地的要求。城市空间结构的变化受自然、历史、社会等多因素的影响,呈现出一定的特征。

①城市空间结构具有功能性。城市空间结构是为了满足人类生活需要的,具有基本的功能,如居住、交通、休憩、工作、消费、娱乐等,同时,随着社会的进步,城市空间结构将呈现出特殊的和新的功能,如满足回归自然的功能,城市功能区在不断地进行调整。

②城市空间结构具有异质性。城市空间结构不是均质的,首先受自然条件的约束,城市的发展因地制宜,依赖于自然环境的影响,而地域不同,自然环境差异很大,导致城市空间结构不同;其次,即使在同一自然条件下,文化历史的不同、社会经济发展水平的不同将导致城市空间结构不同;再次,城市空间结构受政府引导的影响,政府偏好不同将导致城市空间结构的差异性。

③城市空间结构具有动态性。城市空间结构是随着人类社会的发展不断变化和发展的。不同的历史时期,城市空间结构在多因素的影响和作用下呈现出不同的形态。特别是随着人类对生存环境的需求不断更新,城市结构在不断地调整。

④城市空间结构具有自然和谐性。人类征服自然,改造自然,从自然中掠取资源,人类无法摆脱自然而存在,人类源于自然,归于自然,所以人类对居住环境有回归自然的要求,城市的空间结构必须依赖自然,融入自然,这才是城市可持续发展之道。

2. 城市空间结构的演变

城市空间结构的演变揭示了城市演化的规律,并彰显着城市未来的发展方向,但多受自然环境、文化历史等因素的影响。

(1)城市空间结构的演变历史

城市空间结构的演变受自然历史因素的影响,不同的历史时期,人类征服和改造自然的手段和方法不同,随着人类社会的发展,人类对自然、对所居住环境的意识均在发生变化。人类社会经历了农业经济时代、工业化时代、后工业化时代,相应的城市空间结构在不同的时代具有不同的特征。

前工业社会:马克思认为"城市是社会生产力发展到一定阶段的产物"。手工业和商业从农业中分离出来,出现了以手工劳动和商业经营谋生的人群居住地——城市。但此时的城市体现出较强的自然性,人类对自然是遵从、顺应的。在五千多年的农业社会中,我国城市空间结构秉承了道家的"天然合一"的思想,体现出"凡立国之都,非于大山之下,必于广川之上。高毋近旱而水用足,下无近水而沟防省"。城市布局更多就地取材,遵循自然生态原有规律,城市与自然悠然共处。"城郭不必中规矩,道路不必中准绳",此时的城市多是自发而成,因地制宜。城市结构与形态随着人类改造自然能力的不断提升,在不断地调节和改进。但总体来说,城市空间结构呈现出与自然相适应的特点,是与自然简单、直接的结合,简单、封闭是此时城市空间结构的特点。《周礼·考工记》中《匠人·营国》所载"匠人营国,方九里,旁三门,国中九经九纬,经涂九轨,左祖右社,前朝后市,市朝一夫"是其真实写照。

工业社会:18 世纪 60 年代的第一次工业革命使人类改造自然的能力有了飞跃式的提高,人类征服自然的欲望空前高涨,大规模的工业生产、集聚的人口增长、大量掠夺自然资源,使城市空间结构更趋于人类的需求,更加强调城市的经济、社会的功能性。城市空间结构渐渐地脱离原先依赖自然的现状,而转向人为控制的功能模块的拼凑。体现较为突出的是各功能区围绕城市中心分布的同心圆模式。而在我国近代历史中,城市的空间结构发生了较大变化,从麦吉模式(二元经济的城市空间模型)、多区拼贴模式向圈层模式、功能分区模式转变,逐渐出现同心圆扩展、多核扩展、轴向扩展等新的城市发展格局,摆脱原有的封闭式、单中心式,向开放式、多中心式的空间结构转变。

后工业社会:20 世纪 70 年代,随着第三次产业革命的发展,西方国家完成了从工业社会向后工业社会的过渡,工业以第三产业为主。伴随着经济的发展和产业结构的调整,人类在征服和改造自然中追求的目标发生了转变,不仅有衣食住行简单的物质需求,而且有了对生存环境的更高的要求,人类开始关注赖以生存的环境,开始关注生存环境的质量,开始关注人与自然的和谐。人类在引导城市建设过程中更注重其生态效应,尊重自然,引入自然,使城市重新回到自然中。城市空间结构出现了亲近自然、郊区化、分散化的特点,出现了较为开敞的空间结构,如在城市功能模块间穿插着绿带、绿楔等，而城市也不止一个中心，形成了功能分散的多中心模式，使自然环境与人工环境相协调。城市空间结构走向多元化，强调风格，尊重差异，尊重地方性，尊重历史，尊重文化，尊重自然。

人类社会在经历了前工业社会、工业社会、后工业社会后，进入信息化社会时期。城市空间结构在知识成为经济发展核心的社会中呈现出大分散、小集中的特点，城市功能内部分散化，功能边界模糊化。“分散的结果是城市规模扩大，中心区的聚集效应降低，城市边缘与中心的聚集效应差别缩小，城市密度梯度的变化曲线日趋平稳，城乡界限变得模糊”[2]，城市景观向区域蔓延。

从城市生态系统的社会效益、经济效益、环境效益三方面进行综合分析，前工业社会城市有着良好的自然生态环境，但是处于社会较为落后、经济不发达的状态，因此空间结构总体效益较为低下，生态系统处于较低水平。而工业社会中城市社会经济取得了长足的发展，社会、经济效益得到了极大的提高，但环境效益急速下降，生态环境破坏严重。虽然空间结构的总体效益比前工业社会高，但是仍处于一种较弱的生态状态。后工业社会城市则在工业社会的水平上向三效益同步迈进，空间结构向生态态势演变。

(2)城市空间结构的演变因素分析

纵观不同时期的生态理念和城市空间结构的演变分析可以看出，城市空间结构形态受社会经济、科学技术和思想文化等多方面的影响，是一定时期城市社会形态的表现形式。

城市空间结构演进在城市密度上表现为要素集聚—拥挤—分散—新的集聚的过程。而在这一过程中，人类社会的发展必然带动经济结构、产业结构的变化和调整以及交通网络的拓展，从而在城市布局上表现为城市功能模块的不断完善、更替，在城市形态上彰显出城市的不同发展阶段，展现出城市空间结构不断变化的历史画卷。自然环境包括地形、地貌、水文、气候等，是城市空间扩展与功能布局的基础条件。自然环境具有先天性和地域性的特点，是城市空间结构的先决条件，不依赖于自然环境的城市空间结构如同空中楼阁；文化历史是人类前进的足迹，不仅影响城市的物质空间和社会—经济空间，而且决定着感知空间；经济发展方面，产业结构调整将推动城市空间结构的调整以适应社会经济的发展。在城市伴随人类发展历史不断演进的过程中，城市的空间结构的演进不仅受到自然、历史等因素的影响，同时一直存在着有意识的人为干预，人类通过对城市的合理规划使其更适合人类发展的要求。在不同的历史时期，人类所追求的目标、人类活动的主题都在发展变化，这些在一定程度上决定了城市的空间结构。

城市空间结构形态受社会经济、科学技术和思想文化等方面的影响，是一定时期城市社会的表现。随着人类对衣食住行基本生活的需求向更高的生活质量需求转变，特别是返璞归真欲望的增强以及在征服自然、改造自然的过程中，人对自然观念的转变，未来的城市空间结构形态必将向具有更高生态水平的形态转变，生态城市作为信息化社会的理想城市模式，其城市空间结构形态，即生态城市空间结构也将是城市空间结构发展的必然。

3. 城市空间结构与城市功能之间的关系

城市空间结构并非一成不变,而是在不断地进行更新和变化,正是由于不断演变,才使得城市空间结构在我们面前呈现出各种不同的景观。这种演变的本质是人类社会进步对城市功能的要求在不断变化,是城市功能和城市空间结构矛盾关系不断演变的结果。

“城市功能是指城市在区域社会经济发展中所承担的任务和发挥的作用。它是城市的本质特性,也是城市存在的意义和发展的前提”[3]。城市空间结构是城市各功能区的地理位置及其分布特征和组合形态,是城市功能组织模块在空间上的投影。各种功能活动在一定的地域内形成了特定的功能区,各种不同功能区的有机组合便构成了城市。而功能区及功能区间的联系纽带便构成了城市的空间结构。随着社会的进步和经济的发展,城市功能和空间结构都需要不断地更新以适应新的发展要求。两者并不是孤立的,而是密切联系的,城市功能是主动引导者,它受社会经济发展的直接引导,而城市空间结构被动适应,即城市功能的更替通过改变土地利用方式、功能布局引起城市空间结构的调整和重构。城市的发展是量变与质变交替发生且相互统一的过程。当外部环境变化不大,城市处于相对稳定的发展阶段时,城市功能也处在不断充实和完善的量变阶段,空间结构不会作大规模的调整,具有维持原有组织结构稳定性的趋向,表现出短暂的静态性;但当外部环境剧烈变化,城市处于全面快速转型的发展阶段时,城市功能将迅速置换和转型,进入质变阶段,城市原有的空间结构与新的城市功能发生矛盾,新的城市功能将导致城市空间结构作剧烈的调整以适应城市发展的需求。总之,“城市空间结构演变的本质是结构不断适应城市功能变化的要求”[4],合理的空间结构是城市功能正常发挥的保障。

城市功能对城市空间结构不断进行创新性破坏,使城市空间结构不再适应城市功能的要求,从而进行调整。两者间在适应—不适应—适应的过程中协调发展。目前,我国正处于社会经济的全面转型时期,城市的发展面临新的机遇。这些新的机遇对城市功能提出了新的要求,引起城市功能的转型,打破了城市原有的“功能—结构”间的稳定关系,使城市空间迫切需要结构调整。正确分析城市功能的转型方向,预测城市空间结构的变化趋势并加以合理的引导,是当前城市空间结构调整的当务之急。

(二)生态城市空间结构

“城市从前工业社会、工业社会、后工业社会,到信息化社会,生态思想同期经历了生态自发、生态失落、生态觉醒,又向生态自觉发展,城市将迈向人与自然和谐相处的状态,即生态城市。生态城市是21世纪信息文明和生态文明的结晶,是具有生命活力、健康持久、天人合一的理想人居环境。”[5]党的“十七大”报告提出了2020年我国生态文明的战略:“建设生态文明,基本形成节约能源资源和保护生态环境的产业结构、增长方式、消费模式。循环经济形成较大规模,可再生能源比重显著上升。主要污染物排放得到有效控制,生态环境质量明显改善。生态文明观念在全社会牢固树立。”[6]生态城市成为城市发展的必然,城市空间结构要适应城市功能的要求,转向生态城市空间结构。

1.生态城市空间结构发展的必然性

(1)生态城市要求与之相适应的城市空间结构

生态城市是生态文明时代的产物,是城市中人与环境和谐共生的结果,是基于对工业城市的反思和生态文明的觉醒提出的更高级的人类生存空间系统。工业革命后,城市化迅速发展,“改革开放以来我国城市化率由1979年的8.5%提高到2006年的43.9%”[7],城市出现了交通拥挤、环境污染、生态破坏等一系列问题,于是国际社会从生态学角度建立了一个崭新的城市发展概念——生态城市。

生态城市的形成是以城市功能的转变、城市空间结构的调整为手段的,以满足生态城市的功能需要和达到生态城市的目的。1971年联合国教科文组织开展的一项研究计划“人与生物圈计划”提出了城市生态化发展的结果:是社会和谐、经济高效、生态良性循环的人类居住形式,是自然、城市与人融合为一个有机整体所形成的互惠共生结构,从自然生态和社会心理两方面去创造一种能充分融合技术和自然的人类活动的最优环境,诱发人的创造力和生产力,提供高水平的物质和生活方式。因此生态城市要满足的功能和目的是:“资源高效利用、环境和谐、经济高效、社会兴旺、发展持续的,社会—自然—经济以及人与自然和谐统一。生态城市既要保证城市持续增长,更要保证城市发展的质量,既要满足城市发展对资源环境的需求,更要满足居民的基本需求。”[8]形成环境清洁优美,生活健康舒适的人居环境。

在生态城市的功能和目的的要求下,城市空间结构必须转向以技术与自然充分融合,人的创造力和生产力得到最大限度的发挥,居民的身心健康和环境质量得到最大限度的保护,物质财富、能量、信息高效利用,生态良性循环为目的的紧凑、充满活力、节能与自然和谐共存的结构形态。生态城市空间结构必须具备“优美、协调的城市环境;合理化、高级化的城市经济结构和产业体系;高素质、多样化的城市社会生态文明;高水平、现代化的城市基础设施”[9],在生态城市空间结构构建中强调人与环境的和谐共生,实现人类可持续的、更高品质的生活和发展。

(2)城市生态系统是生态城市空间结构的系统环境

城市是人类重要的聚集地,城市生态系统是以人群为核心,是由城市居民和城市环境系统组成,是有一定结构和功能的有机整体。环境由自然环境和社会环境组成,如图12-1[9]所示,不仅包括其他生物和自然环境,而且包括由建筑、道路、管线、其他生产和生活设施组成的人工环境。自然环境包括生命群落和非生命群落的斑块,廊道等;社会环境包括政治、法律、经济及文化教育等,表现在城市空间结构中的功能模块。生态城市是由两环境和谐共生形成的适宜人居的系统。

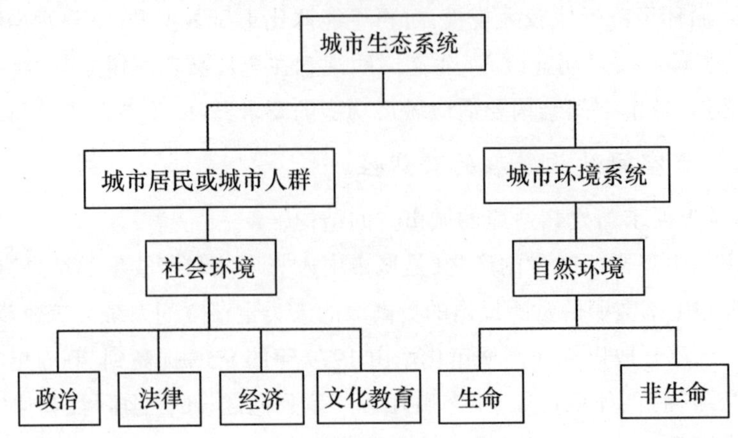

图 12-1 城市生态系统结构

生态城市这种社会—经济—生态复合巨系统的要素、结构和功能最终都要以城市空间结构为载体,城市空间结构的优化是建设生态城市的关键。在生态城市的建设过程中,对原有的城市生态系统人工环境的空间布局进行调整,基于城市景观和生态系统的和谐改变城市空间结构。生态城市的发展要求合理地利用城市地域内的山水等自然环境条件,营造生态基质,架构城市生态廊道网络,开辟绿色斑块,形成空间开敞、完善、高效的"斑块—廊道—基质"的城市空间结构。城市生态系统是城市空间结构的系统环境,生态城市空间结构就是要对城市生态系统进行合理化调整,使社会环境和自然环境和谐共生,以实现生态城市的功能和目的。

2.生态城市的空间结构与形态

生态城市是21世纪城市可持续发展的必然选择。生态城市将以和谐共生、安全有序、可持续发展的生态景观满足人类对居所的需求。景观是指由相互作用的生态系统组合而成的异质性的区域,生态城市的景观是由生态基质、生态斑块、生态廊道构成的,生态城市的空间结构更强调三者紧密联系、相互作用、相互协调。

(1)生态基质

生态基质主要是由森林、绿地、农地、水面等自然、半自然状态的相连面状空间构成。衡量基质主要从其动态控制程度、相对面积和连通性进行判定。生态城市是具有相当比例的"自然空间",这便是基质,是景观中面积最大、连接性最好、起控制作用的部分。它是城市生态系统中最活跃、最有生命力的部分,对城市环境有着重要的作用,它调节城市的生态环境,增强城市的环境容量,其生态功能包括保持水土、固碳制氧、维持大气成分稳定、调节气温、增加空气湿度、改善小气候等。

(2)生态斑块

斑块是在外观上与周围环境不同的区域,可以是生命的,如生命群落,也可以是非生命的,如城市中的建筑物、裸露的岩石等。斑块从斑块的面积、形状、数量和空间构型来衡量。

(3)生态廊道

生态廊道是生态功能体中作为城市景观生态格局的斑块、生态功能体内部间及其与生态基质发生联系的通道。廊道是线形或带形的景观生态系统空间,它肩负阻隔、流通与辐射的作用。生态廊道的功能可以概括为:栖息地功能、通道功能、过滤器功能、源的功能、汇的功能。生态廊道有自然廊道,如河流、行道树等,其主要作用是限制城市无节制发展,吸收、降低和缓解城市污染。还有一种生态廊道是人工廊道,包括道路、沟渠、管网等,是人、物、信息的通道。不同形式、不同规模的绿色廊道将斑块与斑块相连,将基质与斑块相通,构成一个统一的有机体,形成生态、休闲、流通和社交的功能。

生态城市更加注重人与自然亲近,通过更多的生态化的、自然的、和谐的流通体系,改善传统的人、物、信息流通模式,为城市的生物群落营造良好的生存与发展环境。基质、斑块、廊道是生态城市空间结构的三要素,三者的结构是否合理、布局是否得当、关系是否协调将决定城市空间结构是否适应生态城市发展的要求。

3.生态城市空间结构的特征

住所与住区离不开周围的环境,室内外环境的布局对居民心理及行为产生一定的影响。人类对环境的要求从功能至上到强调人的主观能动性,更加注重人与自然的和谐共生。

生态城市具有结构合理、功能高效和关系协调的城市生态系统。结构合理主要是指适度的人口密度,合理的土地利用,良好的环境质量,充足的绿地系统,完善的基础设施,斑块与廊道的完美结合;功能高效是指资源的优化配置,包括人力资源的充分发挥,物流的畅通有序,信息流的快速便捷;关系协调是指人和自然协调,社会关系协调,城乡协调,资源利用和资源更新协调,环境胁迫和环境承载力协调。生态城市空间结构必须满足生态城市的功能:环境洁净优美,生活健康舒适,人尽其才,物尽其用,地尽其利,人和自然协调发展,生态良性循环。这就要求生态城市空间结构中的社会空间生态化、经济空间生态化、自然空间生态化。

(1)生态城市空间结构是社会、经济、自然复合生态系统的承载体

生态城市不单是自然生态上的协调,还是社会、经济、自然复合系统上的生态协调,是将“生态化”的思想贯穿于城市的空间结构形态之中的,城市空间结构是城市复合生态系统的空间承载体,是城市生态系统的物质外壳。

(2)生态城市空间趋向于融合化、网络化、立体化与有机化

生态城市使城市空间结构由过去隔绝的、内部同质的功能空间结构向各种功能空间相互融合、紧密关联、网络化的方向转变。生态城市的融合包括自然空间与人工空间的融合及各种功能空间的融合。随着城市人口压力超出城市用地的承载力,对空间的合

理利用显得更为重要。生态城市的空间结构将会从“扁平化”向“立体化”方向演变,城市各种功能空间也都趋于融合。要在有限的城市用地上完善生存空间,使其发展成为一个多层次、全方位、生态化的有机的立体空间。

(3)生态城市通畅廊道形成,使城市空间结构呈多中心布局

社会技术进步,交通不断完善,使城市的功能分散化,城市向多中心发展,并形成较为分散的城市空间结构,可持续发展的生态城市空间结构需要更有效率的公共交通来支撑,使多中心布局成为可能。

(4)生态城市空间结构发展合理

城市空间发展应是合理的,空间结构形态是对环境用地、农田和来自土地的各种资源进行保护而不是破坏。重视重新开发城市化地区,通过建设环城绿带,建设城市增长边界等方法控制城市发展的模式和城市密度,保持城市生态系统和谐,使城市具有可持续发展性。

(三)打造生态城市空间结构,构建和谐人居环境

人的种种亲近自然的行为,无论是“在自然中猎奇探险”还是“在绝色景观中流连忘返”,其主旨皆是对“回归自然”的渴望。现代的生态城市是现代性与自然性的完美融合,让人们在“水泥森林”中也能享受“生态休闲”的幸福和快乐。生态城市空间结构与功能主义倡导的功能模块拼贴模式是完全不同的。

功能主义以20世纪20年代雅典宪章的制定为标志。雅典宪章强调城市明晰的结构组织,注重功能分区化、单用途化,追求统一的视觉空间秩序,将城市机械地分割为4项基本功能,即居住、工作、交通和休闲,按功能进行分区,并强调等级区别,功能区间再以交通网彼此联系。美国建筑师佩里(C. Perry)在1929年提出的邻里单位理论是典型的按阶级进行组织的空间结构。它以四周的交通道路为边界,形成不被外界交通穿越的,内设必要公用设施、日照通风景观条件良好的居住空间,其组织结构具有等级化递减性。居住空间的功能被划分为住宅、道路、绿化、服务设施,彼此功能划分明确,空间互不交叉,在一定程度上改变了工业革命后住宅空间拥挤、恶劣的居住环境,是现代城市空间结构“形式服从功能”的真实写照。功能主义注重按功能分区,不关注人对自然环境的要求,不考虑人的行为认知和行为控制能力,忽视了人对居住空间的主体能动性。这种城市空间结构难以适应人对自然的向往,生态城市空间结构将功能模块与自然环境完美结合,实现社会空间结构合理化,经济空间结构高效化,环境系统可持续性,文化空间结构继承发展性,打造人居环境的新境界。

1.生态城市社会空间结构合理

在经济和自然环境承载范围内,人口规模和结构是合理的,人口密度及其分布合理,社会组织和谐安全,社会保障体系和服务体系健全,公共服务设施完善。

2.生态城市经济空间结构高效

生态城市的产业结构应是复合共生的,是多种产业类型的高效集成,其拥有朝阳主导产业,具有自我创新能力,发展循环经济,打造生态产品良性循环的经济空间结构。

3.生态城市环境系统具有可持续发展性

城市的自然环境和人工环境相融合,人与环境和谐共存。重视环境的生态健康和生态潜力,城市的开发模式与生态景观、原生态形式相适应,保护物种多样性,维护环境的可持续发展。

4.生态城市文化空间结构富有继承和发展性

生态城市文化是健康、积极、和谐、可持续发展的文化。人们有自觉的生态意识、创新意识,将保护和继承历史文化遗产并尊重居民的各种文化和生活与人们的社会经济生活结合起来,形成丰富的生态城市的特色文化。

现代社会人类开始逐步追求"高品质"的居住环境和生态导向的城市空间结构,崇尚自然之趣,追求自然之美,将自然引入城市,让城市回归自然,强调人工环境与自然生态环境相协调,经济、社会、环境和文化的生态化是人类迈向高品质生活的体现。

二、干旱区生态城市内部空间结构

(一)干旱区城市空间结构发展的制约因素

我国西部干旱区是指贺兰山以西、昆仑山系以北、总面积达 250 万 km^2 的广大地区,有着广阔的空间、丰富的资源,是世界上尚未大规模开发的资源宝库之一,也是我国 21 世纪重要的资源接替区。然而,支撑资源开发的生态环境极为脆弱,自然灾害频繁,人类活动诱发的土地沙漠化、土壤盐渍化、草地退化、河湖水质恶化、生物多样性减少等一系列生态环境问题日趋严重,使资源的开发利用受到了严重制约,直接影响到我国西部以资源为中心的经济发展格局,影响到西部地区人居环境的适宜性。

西部干旱地区不仅经济发展滞后于其他地区,城市空间结构相对于其他地区也有着本质的不同。

1.生态环境限制了城市化的进展,影响了城市空间结构的调整

在干旱地区,水资源短缺,城市发展和城市化进程受到水资源和生态环境的严重限制和约束。以 2006 年城市自来水供应为例,甘肃省为 65 099 万 t,而河南省为 181 590 万 t,江苏省为 472 128 万 t,分别是甘肃省的 3 倍和 7 倍左右。河西走廊大量古城兴起与湮没的历史均证明水资源及生态环境是制约干旱区城市发展的重要因素。一方面,维

持生态系统的运转需要大量的水资源和土地资源;另一方面,城市经济的发展大量挤占水资源和土地资源。在水资源短缺、自然条件恶劣的情况下,干旱区城市发展对周围生态环境的胁迫作用较其他地区剧烈。反过来,脆弱的生态环境又制约城市发展和城市化的发展,两者协调不好往往产生恶性循环,导致城市化过程中人口集聚、空间扩张、经济增长和结构优化等对生态环境产生严重破坏;而被破坏了的生态环境通过水资源、土地资源、大气环境和生物环境等要素又反作用于城市。

城市空间结构的调整与生态环境变迁有着复杂的关联性,自然生态环境是城市空间结构生成、发展的重要基础,必然要求我们对生态资源、水资源永续利用。楼兰古城因生态环境退化、变迁而衰亡就是例证。城市空间结构与生态环境直接相关,必须依赖自然环境而发展。

2.城市空间结构重经济功能,轻人文功能

城市环境与经济是相互促进、相互制约的。经济快速、持久和稳定地发展,需要有良好的环境作为基础;而经济的发展又为环境的保护和改善提供物质基础和条件。环境的破坏和污染,最终将影响经济的发展;经济发展受阻,必然减弱保护和改善环境的能力,导致环境质量进一步恶化。在"先发展,后保护"的意识指引下,传统城市空间结构更多侧重于经济功能,而忽略人文功能,忽略对自然的破坏。我国干旱区城市深居中国内陆,干旱少雨,风大沙多,生态环境脆弱与经济发展落后、经济结构不够合理并存,在以经济为中心的城市发展中,干旱区城市依赖自身的资源优势相继建立起了较为单一的工业城市,但付出的代价是惨重的,如资源耗竭,污染严重,生态系统遭到破坏等。而功能较为单一的工业城市随着资源的枯竭,其可持续发展面临严峻的威胁。

3.城市规模较小,功能混合

干旱区由于受自然环境的制约,城市化进程较慢,城市规模较小,依托于绿洲的城镇凸显出"逐水土而发育,随井渠而扩展,环盆地而展布,沿山前而盘踞,都分散而偏小,趋集聚而增大"[10]的特点。城市的干旱区特征明显:以某一工业区为核心形成了较为封闭的单中心模式。在单中心模式中,城市功能混合现象明显,这种模式导致了干旱区城市结构的同质性,中心城市与周边城市功能雷同,竞争加剧。

4.城市空间结构以资源型单中心模式为主导

在干旱区,受自然环境因素、经济发展因素的影响,城市空间结构以资源型单中心模式为主导,随着资源的消耗,城市的可持续发展受到严重的挑战。

城市作为人类的重要栖居地,高度聚集了各种非农产业部门,是人类把周围环境里的自然资源最终转化为满足生存需要的生活资料的加工厂,与所处的自然环境有着密切的关系,两者相互作用,相互制约。随着城市化的发展,城市工业发展和城市人口迅速增加,人口、资源、环境之间的矛盾日益突出,突出的矛盾又制约了城市的发展,因此在干旱区寻求城市与自然和谐共生的可持续发展之路迫在眉睫,在本就脆弱的自然环境

中,城市的发展必须结合和依赖自然环境,保护自然环境,融入自然环境,以期实现城市的可持续发展,生态城市是干旱区城市建设最好的方向。

(二)干旱区生态城市内部空间结构

1.干旱区生态城市空间结构

城市作为区域社会、经济发展的中心,其空间结构合理与否关系着城市与自然能否协调发展。城市景观是城市空间结构中人工系统与自然系统综合的表现。城市景观的格局影响城市生态健康与安全。干旱区城市所在区域的各种景观要素在空间上镶嵌分布,有机地结合在一起,形成了干旱区城市空间的特征表现。

(1)生态城市空间形态

在水源的驱动下,表现出沙地—"农、林、草、聚落"—河渠廊道的景观模式。聚落点多分布在水源涵养较好的地区,具有明显的沿水系分布的特点,且聚落密度随河流级别的增大而增大。景观空间的斑块稀少,斑块密度小,且斑块粒径较大,表现出景观格局的粗粒化特征。人工与自然景观的异质性明显。干旱区存在一定的自然景观,但分布较为分散,规模较小。城市景观往往是人为形成的景观。两者的异质性明显,协调度较差。城市景观在区域空间中往往以一个突出的绿化斑块或绿化空心点出现;区域景观格局的分散性明显,表现为景观斑块(牧草地、林地、农耕地、聚落等)与廊道(防护林带、河渠、道路等)的连接性差,廊道的通道功能有待加强。

(2)生态城市用地空间结构

西北干旱区拥有全国4.13%的耕地,人均耕地约0.31 hm^2。工业除石油、化工、建材和交通运输外,以农产品加工为主。大部分城市以单一资源性工业为依托,如金昌市,一个企业构成了一个城市,城市用地重在工业、住宅,其他功能用地较少且较为分散,尚难形成较大的生态化斑块,如绿带、绿楔等。从城市建成区面积和城市绿地、公园状况方面进行比较,见表12-1,甘肃城市园林绿地面积是河南的1/5,是江苏的1/16,公园面积也较东中部地区少很多。

表12-1 三省城市相关指标比较

省份	城市园林绿地面积(hm^2)	城市公共绿地面积(hm^2)	城市公园面积(hm^2)	城市园林绿地面积(hm^2)	城市建成区面积(km^2)	城市市区人口密度(人/km^2)
江苏	152 885	9.60	10 608	152 885	2 583.0	2 363.8
河南	47 120	7.93	6 587	47 120	1 678.6	5 305.7
甘肃	9 198	6.95	1 899	9 198	523.8	3 890.6

注:数据来源于中国经济统计数据网。

(3)生态城市密度

城市密度是构成城市的诸要素在城市空间范围内表现的一定数量而形成的综合密度。由于干旱区城市规模较小,结构较为单一,且封闭性强,城市密度存在着不合理的分布。各要素较为分散,要素联系较少,表现城市密度不和谐。如表12-1所示,甘肃城市建成区面积较河南和江苏小,但是城市人口密度却大于江苏省。同时,甘肃的城市中的生态绿地比率远小于江苏省和河南省。

2.干旱区生态城市空间结构的影响因素

(1)对水源的依赖性。干旱区城市多为河谷型城市或近邻水系型城市,河流与水域成为城市景观重要的组成要素。水资源较好的地区形成人类聚集的绿洲,而水资源较差的地区多是戈壁、荒漠。

(2)受城市发展历史与社会经济因素的影响。干旱区城市多为小城市,城市未能形成合理的景观分区,降低了城市景观的生态质量。干旱区经济发展落后,多为资源型主导城市,可持续发展性差,加之多民族地区特色,城市规模小,景观连续性差。

(3)城市景观不协调。在干旱区城市的发展过程中出现的新城或新建城区形成新的景观生态特征,新老城区的景观格局差异明显,整体城市景观的协调性差。

(4)受自然条件与传统的城市景观生态文化的影响,新城区的绿化景观建设相对滞后,无法充分发挥城市绿化斑块与廊道在改善城市生态环境质量中的作用。

(三)干旱区生态城市空间结构发展趋向

1984年,联合国在其"人与生物圈计划"报告中提出了生态城市规划的5项原则:生态保护战略,包括自然保护、动植物区系保护、资源保护和污染防治;生态基础设施,即自然景观和腹地对城市的持久支持能力;居民的生活标准;文化历史的保护;将自然融入城市。另外,在生态城市规划上,还应考虑四个基本问题,即人口问题、资源合理利用问题、经济发展问题和环境污染问题。

随着社会的发展,城市发展与生态环境保护之间的问题也日渐凸显。社会经济的发展加快了城市人工环境的改善,但城市生态环境承载力却在不断下降。大自然是人类赖以生存的基本条件,当我们的生存、发展以牺牲自然环境资源为代价时,城市中的我们离自然就越来越远,我们的家园也将不再美好。保护环境,选择可持续的生产和消费方式已成为21世纪社会文明发展的主流。面对新的形势和历史机遇,党和国家提出了科学发展观和建设社会主义和谐社会的总要求,这对我国的城市发展提出了新的更高的要求,也为西部干旱区重建美好生态环境提供了契机。利用西部干旱地区地域优势构建人与自然完美融合的生态城市是西部干旱地区城市发展的必然选择。

1.扩大城市内涵,将人工环境与自然环境相融合

在城市内部扩大斑块规模,促进斑块向基质转变,构建"绿色社区"和"生态社区",形成多层次、多类型的社区服务网络,便利居民的交通、就学、购物和休闲等活动,同时改善廊道,加强廊道的作用,优化城乡空间结构与城乡生态环境,将人工环境与自然环境相融合。城市与其周围乡村地区之间不断进行物资、能量和信息交换,相互作用,相互

依存。城乡是一个复合生态系统，打破行政区界限制定城乡社会、经济、生态一体化规划，以便疏通物流渠道，实现城乡生态环境的良性循环，这对城市经济的发展、城市形态的发展和生态环境质量的提高有重大意义。

2.增强生态环境保护意识，将城市发展与生态环境保护相结合

使广大群众明确自然资源的价值、自然环境的功能及人与自然的关系，从而促进其自觉保护生态环境，积极参与生态城市的建设。建设生态城市，改变传统观念，把人与自然之间主仆、征服与被征服关系的传统观念更新为和谐共处关系的观念，把资源一次利用的观念更新为多次循环使用的观念，树立"人和自然协调与和谐"的观念，将城市发展与生态环境保护相结合。

3.重拾历史瑰宝，将自然资源与历史文化资源相连接

西部干旱区城市若干年前多是文明古城，丝绸之路从中穿越，留下了丰富的、别具一格的历史文化遗产。在发展现代文化产业上，将现代文化与历史文化连接起来，构建生态文化平台，用生态文化理念丰富现有文化产业的内涵，融合历史文化遗产，相互补充，相互促进，打造独特的地域特色文化。

4.弘扬地域特色，将古代文明与现代产业合璧

干旱地区虽然气候条件恶劣，自然环境脆弱，但具有得天独厚的地域资源，如古丝绸之路、戈壁、沙漠、冰川、雪峰，同时，特殊的气候条件滋养了稀有物种，弘扬地域特色，"宜农则农，宜林则林，宜渔则渔，宜牧则牧"，尊重自然规律和市场经济规律，将古代文明与现代产业合璧，发展特色农业、生态农业，开发特色旅游业，形成观光型、品尝型、休闲型、体验型、综合型等农业生态旅游产业，构建合理的产业结构，发展循环经济，促进人与自然的和谐发展。

(四)生态城市空间结构使干旱区人类活动与地理空间在城市内完美结合

1.功能主义的城市空间结构不能满足人类对环境的要求

工业时期，我国形成了以工业用地为主导，各项功能用地相拼接的格局，城市功能趋向于复杂化，加之农村人口不断涌向城市，城市规模不断扩大，城市呈现出高密度集中式的发展，这种情况在干旱区也不例外，只是发展速度比其他地区慢。在干旱区的城市构造中，通常以一资源型工业为核心，形成单一产业支撑的单核型城市空间结构。但城市功能较为复杂，承担着居住、工作、休憩、交通、消费等功能。这种功能主义的城市空间结构强调城市功能区的拼贴，满足人的物质生活需求。近年来，人们开始追求"生态休闲"以期通过它满足精神需求，但传统的生态休闲依赖城市功能模块的扩展，而不是真正的生态休闲系统。"生态休闲式的人居环境强调居住环境能够集合地形、水系、气候、民俗、人文、历史、时代品位、信息集散、聚合人群等因素，持续而不失高效，闲适却不失

现代,宁谧又不乏畅谈。寻求人、自然与居所间的完美平衡,让你根本分不清,哪里是景观的开始,哪里是建筑的结束;哪里是心灵的开始,哪里是本我的归处。应是山清水秀,草长莺飞;应是性本丘山,鸿儒笑谈。以可持续、保护自然及人文生态资源与环境为宗旨,以享受自然、探究文化特征、回归本我为目的,满足人的最大效用为基本原则的特殊思路。"[11]这种人居环境与在原有功能模块中镶嵌景观模块是不同的。

2.人类对回归本我意境的追求

人的生存之地是自然,人归属于自然,对自然的征服与改造是人为了在自然环境中更好地生存,但仅把自然作为人生存的环境而不是根基就犯了本末倒置的错误。在后工业社会人的生态意识有了很大的进步,到了生态自觉阶段,这是人未忘生存之根本。在世界范围内城市化水平已经超过了50%,越来越多的人生活在钢筋水泥中,面临着工业文明带来的越来越多的烦恼、越来越大的压力、越来越坏的自然环境。人们开始关注生存之根本——自然,回归自然、返璞归真的情结日益强烈。人们不再习惯"老死不相往来"的淡漠的邻里关系,而是向往"鸡犬相闻"的亲近邻里;人们不再愿意欣赏毫无文脉的缺乏地域特色的时尚建筑,而是追求融入自然、与自然浑然一体的自然之居;人们不再愿意为追求物质利益而承受巨大的精神压力,奔波于"水泥森林"之中,而是开始关注内心的精神世界,关注工业化给精神世界带来的污染,向往自然,向往广阔天空、鸟语花香,向往在自然环境中自我放松,实现自我价值。人们追求本我的愿望越来越迫切。

物质文明填补不了人精神上的空虚,商业繁荣满足不了人实现自我价值的愿望。马斯洛将人的需求从高到低分为5个层次:物质需求(衣食住行的基本生存需求)、安全需求、社交需求、尊重需求、自我实现需求。他强调5个层次的需求同时存在,但存在着主次关系。随着物质需求不断被满足,人的需求开始向更高层次的非物质需求转变,即人对本我的需求一直存在,无论富裕与贫穷,这种需求随着社会的进步会越来越强烈。亚里士多德在其《伦理学》第12卷中指出,"幸福在于闲暇之中",因此古代雅典人上午办公,下午享受自然之乐。在中国众多文人墨客引领人们领略"子非鱼,焉知鱼之乐"的内涵,感悟"醉翁之意不在酒,在乎山水之间也"之意境,追求"谈笑有鸿儒,往来无白丁"之超脱。人类对回归本我意境的追求,绝不是将自然纳入技术范畴,为休闲而改造自然,也不是只在乎自然环境本身,而是将自然环境之美与人自身感受融为一体,"一切休闲皆艺术"!为欣赏自然之美而使自然成为人的附属物,是偏离了自然美的意境;忽略人的自身感受而纯粹追求自然环境之美,是背离了人的理性需求。回归本我在于人和自然浑然一体。

3.生态城市:在功能块区间寻求自然之美,享受自然之乐

生活在现代城市中的现代人无法脱离现代工业提供的便利,衣食住行依赖于现代文明的产物,但这些城市功能模块只能满足人的物质需求,难以填补人的精神空虚,生态休闲成为现代人的时尚。"生态休闲是指以大自然生态系统内的自然景观为主体,融

合区域内人文、社会景观对象,让居住者通过与自然、与人的交流,同时达到放松、娱乐、个性发展和回归自然的多重目的。"[11]在沐浴阳光中捕捉灵感,在与他人轻松自如交流中获得信息,在游历山水间感悟文化底蕴,达到发现自我,流露真实自我的目的。在繁忙工作后,一片绿草可以使人放松心境;穿梭嘈杂街头后,一块山石可以给人片刻宁静;享受物质生活的丰富后,一汪溪水、一潭游鱼给人幽静气息。在竞争日益激烈的今日,人们渴望片刻的宁静与安逸,来放松自我。生态城市不仅提供了满足人们物质生活需要的功能区,更为人们提供了"生态休闲"。

但生态城市的生态系统不是人化的自然,不是大的广场设施,不是雕像的堆砌,不是假山的林立,而是将人居环境融于真正的自然之中,人与自然协调发展,各得其所,"孟夏草木长,绕屋树扶疏,众鸟欣有托,吾亦爱吾庐";不是将鸟圈于笼中,不是将树植于院中,而是将屋置于林中,引千鸣百啾。人在自然中欣赏自然之美,享受自然之乐,学会"除了脚印,什么也不留,除了摄影,什么也不取";动植物在自然中自然地栖息繁衍,形成可持续的人居环境。

西部干旱区虽然经济发展和城市化水平较东部和中部地区慢,但西部干旱地区拥有其他地区所没有的地域优势——特殊的生态系统,它形成了别具特色的干旱区生态景观。将干旱区的城市建设融入自然生态系统,是将干旱区人类活动与地理空间在城市内完美结合,这将是西部干旱区城市发展的明智选择。

三、干旱区区域城镇空间结构

1949 年 2 月,毛泽东提出:"从现在起,开始了城市到乡村并由城市领导乡村的时期,党的工作中心由乡村移到了城市。"2006 年 3 月,十届全国人大四次会议通过了"国民经济和社会发展第十一个五年规划纲要",将促进区域协调发展,促进城镇化健康发展作为主要内容,提出了"逐步形成以沿海及京广京哈线为纵轴,长江及陇海为横轴,若干城市群为主体,其他城市和小城镇点状分布,永久耕地和生态功能区相间隔,高效协同可持续的城镇化空间格局"的新思路。

(一)区域城镇空间结构

1.区域城镇空间结构的演化

随着人类社会的发展,城市内部空间结构不断发展变化,城镇空间结构也在不断变革和演进,由墙内是城、墙外是乡的二元模式,向由大型城市和大量中、小城镇及周围的生态农业地区所构成的大城市地区或城镇聚集区结构演变。

霍华德提出"田园城市"理论,开始了对城镇空间布局模式的探索。1898 年,英国社会活动家霍华德在《明日:一条通向改革的和平道路》中提出了著名的"田园城市"理论。

他提出的“城乡磁体”阐明了城乡融合的观点。1933年,德国地理学家克里斯·泰勒在对德国南部城镇调查分析中提出了著名的中心地理论,指出了一个区域(国家)内城镇等级、规模、职能间的关系及其空间结构的特征。有机疏散理论是沙里宁在1934年针对城市弊病提出的将城市各功能进行分散化,使人居住在一个城乡兼备的环境中的理论。1960年,邓坎等在《大城市和区域》中首次提出了“城镇体系”这个概念,并阐明了城镇体系研究的实际意义。进入20世纪90年代以后,美国规划大师莱特与斯泰因等人提出了自然生态空间融合的区域城市,科特勒提出“动态多核心城镇群体模式”。这些研究使人们的视野从城市内扩展到城镇体系中,同时也说明了城镇空间结构在不断变化和发展。

哈格特将城镇空间结构分为六要素:他认为由于空间结构的异质性,不同的城市人群需要交易、交流,因此空间结构的第一个要素是“运动的模式”;运动需要路径,所以空间结构第二个要素是路径或网络;网络有边缘和交点,它们称作“节”,节点是空间结构的第三个要素;空间结构的第四个要素是空间节点的层次;第五个要素是地面,在地面上布满了节点和网络,在不同的地面,有不同的土地利用方式;变化会导致空间结构重组,变化的主要原因是发生空间扩散,因此空间扩散是组成空间结构的第六个要素。他提出的六要素正是我们今天分析的生态城市中的基质、斑块、廊道及其之间的关系。

英国经济学家杰里夫·怀特海德在其著作《经济学》中从社会生产力发展角度分析区域空间结构的演化过程:刚开始是从家庭发展到村落或部落,接下来从乡村发展到中世纪的自治市和城镇,随后由城镇发展到地区,最后从地区发展到全国。按照这一过程,可将城镇空间结构发展分为四个阶段。

(1)低水平均衡阶段:生产力水平较低,以手工业为主,经济活动较少且分散,经济要素流动性差,城镇规模较小,乡村为单一的农业社会。

(2)极核式集聚发展阶段:生产力水平得到提高,经济活动增多,发生聚集效益,出现极化现象,同时产业增多,经济要素流动性增强,出现了以某一城市为中心的极核模式。

(3)扩散均衡发展阶段:随着生产力的不断提高,单一极核难以满足经济要素的不断扩张,大量要素开始涌向极核外部,向城镇扩散。新城镇出现,城镇规模等级日益复杂。

(4)高级均衡阶段:城市与城镇的区别日益缩小,联系紧密,交通网络发达,区域向一体化阶段发展。呈现出以网络化、均衡化、多中心为特征的空间结构。这一阶段多为后工业化社会和信息化社会。

2.干旱区区域城镇空间结构的特点

西部干旱区因空间广阔、资源丰富及所处的战略地位显得更加突出和重要。中国西部干旱区是指贺兰山以西、昆仑山系以北,包括新疆全境、甘肃河西走廊、青海柴达木盆地以及内蒙古和宁夏的贺兰山以西地区,总面积达250万km^2的广大地区。占全国土地面积的1/4,人口为全国总数的1.7%[12]。

这一区域特殊的自然和社会经济条件决定了干旱区区域城镇体系的空间发展现状为"地域城镇空间结构呈现出较强的'大分散、小集聚'的内在趋势:一是呈环状、带状、串珠状和零星状分布在沙漠边;二是大多沿同一河流流域形成城市群带;三是依托交通干线集聚。无论是古代的丝绸之路还是现代化综合交通网络,都对绿洲城市的集聚布局产生深远的影响"[13]。

(1)地域狭长,环境容量有限。干旱区聚集地多集中于水系周围,所以形成地域狭长的城镇体系结构。在狭长的城镇空间中,由于工业的发展对自然环境的破坏,使原本脆弱的生态环境承载力更为有限,城镇发展速度较慢成为必然。

(2)水资源短缺。水是生命的根本,缺水的自然环境一定是恶劣的。而干旱区水资源严重短缺,这无论对经济、社会还是对自然环境都产生了严重的影响。在水资源短缺的情况下,城镇体系的发展对水的依赖性更为突出。

(3)结构趋同,市场封闭。干旱区城镇体系,是在特定的绿洲荒漠条件下,受制于自然条件和资源、社会经济条件的综合影响而形成的有机群体,与一般城镇体系相比具有明显的趋同性。由于绿洲被沙漠所阻隔,无法形成相对连续的人类活动空间,导致同一片绿洲上的城镇之间的内生性联系密切,而与外部其他绿洲上城镇的外向性联系弱。

(4)城乡二元化结构明显。自然环境恶劣,经济发展滞后,城市化水平较低,导致西部干旱区大部分的城镇体系仍是二元化的结构,形成墙里是城、墙外是乡的格局。

(5)交通网络匮乏。西部干旱区由于受到经济发展的影响,交通网络很不完善,见表12-2,干旱区以甘肃为例,与东部的江苏省、中部的河南省相比,无论是公路交通、铁路交通,还是城市交通,甘肃省均落后于另外两省。干旱区受其自然条件和经济发展的影响,交通网络仍旧相当匮乏,这又反过来阻碍了城市化进程,阻碍了干旱区的经济发展。

表12-2　三省交通状况

省份	公路里程(km)	铁路营业里程(km)	高速公路里程(km)	城市出租汽车数(辆)	城市每万人拥有公共交通车辆(标台)
江苏	126 972	1 616.1	3 354	42 032	8.61
河南	236 351	4 038.7	3 439	45 975	7.09
甘肃	95 642	2 435.4	1 060	17 073	6.08

注:数据来源于中国经济统计数据网。

(二)生态区域城镇空间结构是人类活动与地理空间完美结合的外延

"西北干旱区城镇体系是指在特定的绿洲荒漠条件下,受制于自然条件和资源、社会经济条件的综合影响而形成的,由职能不同、规模不等的一系列城市和城镇按照一定秩序和结构组成的等级各异、职能不同的有机群体。"[14]城镇是人对周围自然环境选择的产物，古丝绸之路开创了干旱区城镇体系的原始布局，工业社会的发展和矿产资源的空间布局对干旱区城镇空间结构进行了调整，加之技术进步，交通条件改善，行政干预等多方面因素的作用，形成了今天的西北干旱区城镇体系。在干旱区城镇空间结构中，城市的等级规模较小，城镇密度偏低，经济实力薄弱，城镇化水平较低，城镇职能单调，多以资源加工为主。

在残酷的现实中，西北干旱区城镇空间结构不能任由工业社会摆布，必须在地域特色的基础上引入生态观，因地制宜，发展生态的区域城镇空间结构。这样不仅增强了自然环境承载力，同时优化了人居环境，构建了人与自然和谐的西北干旱区域城镇空间结构。

塞外江南、丝绸之路、桑麻之地、鱼米之乡、冰川雪域、河流湖泊、大漠戈壁、森林草地，这些词汇听起来就让人向往，更何况能身处其中呢！然而生活在"水泥森林"中的人们却难以再觅其踪迹。我们能否将现代化的城市和原始的、枯寂的穷乡僻壤联系起来，将现代城市的功能和自然环境完美地结合起来，将俊秀的自然风光和雄伟的现代建筑融合起来，将经济社会和自然界完美地链接起来，将人类活动和地理空间完美地结合起来，将决定我们能否把西部干旱区建成生态城市。我们需要做的是在现代城市和自然环境间寻找失落的空间，将其用现代化的技术手段去描绘。

参考文献

[1] 柴彦威.城市空间[M].北京：科学出版社，2000.

[2] 周春山.城市空间结构与形态[M].北京：科学出版社，2007.

[3] 石正方.城市功能转型的结构优化分析[D].天津：南开大学，2002：13.

[4] 姜石良，崔建甫.信息时代城市空间结构的演变趋势探讨[J].规划师，2006(7)：94.

[5] 李海梅，朱喜刚，袁雯.基于生态理念的城市空间结构演变研究[J].山西建筑，2008(12):17.

[6] 程汉鹏.十七大报告提出"生态文明"理念的重大意义[N].光明日报，2007-10-17.

[7] 牛桂敏，陈柳钦.城市的生态觉醒[J].中国城市经济.2008(7):14.

[8] 鞠美庭.生态城市建设的理论与实践[M].北京：化学工业出版社，2007.

[9] 罗钰，彭利，孙浩轩.生态城市建设的理论探讨[J].环境科学与管理.2009，34(6):150-154.

[10] 韩德林.新疆人工绿洲[M].乌鲁木齐：新疆卫生出版社，2001：143-157.

[11] 李钰.生态休闲——人居环境建设的完美之旅[J].山东林业科技，2006(2):76-78.

[12] 马媛，师庆东，潘晓玲.西部干旱区生态景观格局动态分析[J].干旱区地理，2004，27(4)：516-519.

[13] 杜宏茹，刘毅.我国干旱区绿洲城市研究进展[J].地理科学进展，2005(3)：71.

[14] 胡序威，周一星，顾朝林，等.中国沿海城镇密集地区空间集聚与扩散研究[M].北京:科学出版社，2001：82-88.

下 篇

实证研究
——张掖市生态城市建设

谁要想把火地岛的政治经济学和现代英国的政治经济学置于同一规律之下，那么除了最陈腐的老生常谈以外，他显然不能揭示出任何东西。

——恩格斯

理论是灰色的，而实践之树常青。

——列宁

绿荫丛外麦毵毵，竟见芦花水一湾。不望祁连山顶雪，错将甘州当江南。

——罗家伦

甘州城北水云乡，每至秋深一望黄。穗老连畴多秀色，实繁隔陇有余香。

——郭绅

第十三章
张掖市生态城市建设概述

一、张掖市概况

(一)历史渊源

张掖市位于东经97°20′~102°12′、北纬37°28′~ 39°57′,东西长210~465 km,南北宽30~148 km,属温带大陆性干旱气候区。7月平均最高气温22.2 ℃,1月平均最低气温-7.6 ℃,年均气温8.1 ℃。年降水量127.8 mm,蒸发量149 mm。全年日照时数2 998.5 h,月均249.9 h,日照时间可谓充足。全市辖5县1区,65个乡(镇),840个行政村,43个居委会,土地总面积3.94万km^2。辖区位于全国地形第二阶梯的中心,南接青藏高原,南北依山,地域狭长,形似“奔马”。祁连山强烈的褶皱隆起和走廊带的大幅度沉降,造成了南北高、中部低的地貌特征。境内最高点海拔5 565 m,最低点海拔1 200 m。

张掖,别称甘州,西汉时设置郡,位于甘肃省河西走廊中部,是古“丝绸之路”上进入河西走廊的重要驿镇,是中原通往西亚东欧各国进行经济文化交流和友好往来的要冲。张掖历史悠久,文化灿烂,山川秀丽,民风淳朴,水草丰美,素有“塞上江南”、“金张掖”的美誉,至今已有两千多年的历史。

在市境内黑水国遗址出土的新石器时代的石斧等文物证明,早在上古时代,人类就在这里过着狩猎、游牧的生活。张掖在远古属雍州之地,夏商时为羌族所居。周时,戎、狄两族在这里居住,春秋战国时期乌孙、月氏人在这里繁衍生息。战国时建立城邑,修筑长城,今张掖一带还留有秦长城遗址。

后乌孙被月氏赶走，迁逃新疆的伊犁，张掖归“控弦者可一二十万”的月氏族所属。月氏都城(今民乐永固城)与昭武城(今临泽县境内)当年同是月氏聚居在黑河两岸的中心城市。

西汉时期，匈奴南下，驱逐月氏人，占领今张掖地区。汉武帝派兵驱逐匈奴，为“开疆扩土、交通西域”，“断匈奴之臂，张中国之掖(腋)”，于武帝元鼎六年(公元前111年)置张掖郡，为张掖名称之始，领昭武、觻得、骊靬、居延等10县。东汉献帝兴平元年(公元194年)，并金城、张掖、酒泉、敦煌四郡而置雍州，州治觻得。

西晋初改觻得为永平县(今甘州区)。东晋隆安元年(公元397年)，段业建北凉国，张掖郡为北凉属地。北凉永安元年(公元401年)，沮渠蒙逊杀段业，自领凉州牧，称张掖公，定都永平，在张掖置凉州，武威置秦州。后州治几经更迭，于北魏太延五年(公元429年)，拓跋焘攻灭北凉，凉州治所移回永平，始有西凉州之称。孝明帝正光五年(公元524年)，正式置西凉州，领张掖、西郡、临松、建康、酒泉、凉宁、敦煌等7郡。

西魏废帝三年(554年)，改西凉州为甘州，始有甘州之称，辖张掖、酒泉两郡。张掖郡领4县：永平、临松、删丹[①]、弱水，其中永平为州、郡治所。

唐德宗建中二年(781年)，吐蕃攻陷甘州，置军镇。宣宗大中五年(851年)，归义军节度使张义潮收复甘州，归唐。懿宗咸通十三年(872年)，回鹘攻陷甘州，设牙帐，建立汗国。北宋仁宗天圣六年(1028年)，西夏国主李元昊灭甘州回鹘，设甘肃军司，置甘州军司、镇夷郡、宣化府，张掖为郡、府治所。南宋理宗宝庆二年(1226年)，成吉思汗攻陷甘州，甘州隶属蒙古唐兀忒省。元世祖至元十二年(1277年)，移行中书省于甘州，至元二十三年(1286年)，置甘肃行省，省会甘州。

明洪武二年(1372年)，置甘肃卫；洪武二十三年(1390年)改称甘州卫；洪武二十六年(1393年)，陕西行都司自庄浪移至甘州，领12卫；永乐年间置甘肃镇，派总兵驻甘州。清代基本沿用明代建制。

民国2年(1913年)，废甘州府，张掖县属甘肃省河西道。

建国后，1949年置张掖分区，1955年10月，置张掖专区，辖永登、天祝、古浪、景泰、武威、民勤、永昌、山丹、民乐、张掖、临泽、肃南、高台、酒泉、金塔、玉门、安西、敦煌、肃北、阿克塞等县，治所张掖。1956—1961年曾数度撤县设市，1985年，撤销张掖县，设立张掖市(县级)，属张掖行政。2002年经国务院批准，撤销张掖地区和县级张掖市，设立地级张掖市，辖原张掖地区的山丹、民乐、临泽、高台县和肃南裕固族自治县及新设立的甘州区。

① 删丹是山丹的原名。

(二)自然资源

1.水资源

张掖市主要水源有黑河、酥油口河、大野口河、山丹河四条内陆河流和26条季节性小沟小河,发源于祁连山和合黎山,市内流域总面积约13 579 km^2,全市山泉总径流量为24.662 4亿m^3。

张掖市地下水资源丰富,地下含水层厚度较大,储量亦多,天然补给丰富。地下水埋深3~400 m。地下水主要补给来源为地表水,因而与地面水的丰歉期一致,补给水中沟谷潜流量为0.44亿m^3/年,河道渗漏量及小沟谷洪水渗漏量为4.05亿m^3,山水灌区渠道渗漏量为4.69亿m^3,田间灌溉渗漏补给量为0.5亿m^3,大气降水渗入量为0.198亿m^3。

市域内有丰富的泉水资源,主要分布在黑河洪积扇前沿,黑河、山丹河及马虎子河两岸,形成六个溢出带,境内泉水溢出总量为8.43亿m^3,可利用山泉为1.66亿m^3,是乌江、三闸、靖安泉井灌区的主要水源。目前,全市地下水开采量为0.78亿m^3,机井的大量开采使地下水位有普遍下降的趋势,在保持地下水补采均衡的前提下,近期可开采地下水1.26亿m^3。

2.生物资源

张掖市大体可分为高山、中低山和走廊平原三大地貌单元。市域东南部和西南部为祁连山地,约占总面积的1/3,分属祁连山中段和东段。由于新构造运动的强烈褶皱和流水地质作用的急剧下切,形成了峰锐、坡陡的地貌景观,海拔在3 500~5 565 m之间,如祁连主峰素珠琏峰(5 565 m)、黑大坂(4 773 m)、班塞尔山(5 329 m)、镜铁山(5 202 m)等。山间谷地有石油河谷地、白杨河谷地、北大河谷地等,峰峦起伏,沟谷纵横。市域北部为中低山地,属合黎山,海拔在1 500~3 633 m,主要有合黎山、龙首山、东大山等。市域中部为走廊平原地带,成冲积扇形,由东南向西北展开,主要有洪积砾石戈壁平原、冲洪积砾石戈壁平原、冲积细土平原和沙丘等四种地貌形态。这也造成了张掖市植被资源地理规律和种属地理时空分布上的明显分异,具有古老和现代的特征,随不同生态地域而组成了平原和山地的森林、灌丛、草原、荒漠、草甸和沼泽等不同植被类型。

植被资源有经济价值的种类不多,主要有:(1)森林,如东大山林区有青海云杉、圆柏、山杨等,平原地区有杨、柳、槐、沙枣等;(2)药用植物,麻黄、甘草;(3)野生纤维,如芦苇、友艾草、马莲等;(4)食用植物,如发菜、木耳等。

野生动物因受人为经济活动和自然条件限制,种类很少。平山湖、东大山地区有少量雪豹、黄羊、青羊、旱獭;山泉地区有野鸭、天鹅;平原地区还有燕子、野鸽、黄鹏、布谷鸟、野兔等。

3.矿产资源

目前境内已探明的矿产资源有:铁、锰、铬、钛、铜、铅、钨、钼、金、银、汞、锑、萤石、芒硝、盐、钾盐、石膏、石灰石、石英石、大理岩、硫铁矿、花岗岩、黏土、煤等33种，矿床(点)151处。铁矿储量为89 308万t，钨金属量为50万t，钼金属量为102万t，煤炭储量为10.38亿t。

4.农业资源

张掖有黑河水灌溉，地势平坦，土壤肥沃，物产丰饶，以乌江米为最，盛产小麦、玉米、水稻、油菜、胡麻等农作物，为全国重点建设的12个商品粮基地之一。土特产品有圆葱、苹果梨、乌江米、红枣、发菜、丝路春酒等。

瓜果、蔬菜种类多，品质好，年产60多万t，洋葱、辣椒、茄子、西瓜及新引进的精细瓜菜畅销全国20多个省、市、自治区，是著名的西菜东运基地。红枣、苹果、苹果梨、桃子、葡萄及其他优质杂果颇负盛名。同时还出产姜活、麻黄等80余种中药材。

5.能源

张掖市有较丰富的太阳能、风能等再生能源可供开发，利用潜力大。甘肃省太阳总辐射量约在4 800~6 400 MJ/m^2，年日照时数在1 700~3 300 h之间，其中河西走廊地区太阳能最为丰富，是实施“大漠光电工程”的理想地区。甘肃省也是全国风能资源较丰富的省区之一，全省风能资源理论储量为2.47亿kW，技术可开发量在4 000万kW左右，其中河西走廊是甘肃风能资源最为丰富的地区，年平均有效风能密度在150 W/m^{2}以上，有效风速时数在6 000 h以上。目前，甘肃省已经展开对风能和太阳能这两种新能源的大力开发。

(三)旅游魅力

张掖历史悠久，文化灿烂，旅游资源丰富。境内石窟、寺庙、古城、墓葬、烽燧等名胜古迹遍布，各个时代的文物点816处，其中被公布为国家级文物保护单位的有7处，省级文物保护单位的有45处。现有馆藏文物23 000余件。1986年被国务院公布为中国历史文化名城。2005年被国家旅游局命名为中国优秀旅游城市。

张掖市名胜古迹众多，人文景观奇特，造型各异的古建筑，构建精巧，绚丽多姿，古有“一湖山光，半城塔影，苇溪连片，古刹处处”之美景。有大佛寺、西来寺、土塔、镇远楼、山西会馆、明粮仓等古代建筑，黑水国遗址、汉墓群、古城墙、长城烽燧等历史足迹，还有甘泉公园、沙漠公园、黑河山庄、大野口自然风景区等融南国秀色与塞外风光为一体的绚丽的自然景观。其中，隋代木塔、明代镇远楼、黑水国遗址等古迹享誉中外，特别是保存完整的西夏大佛寺，以其精湛的建筑艺术和现存全国最大的室内卧佛名扬海内外，大佛寺卧佛身长35米，为全国室内卧佛之最，是国家级重点文物保护单位。

张掖市博物馆馆藏《大明三藏圣教北藏》为目前国内保存最为完整的明代官版初刻初印佛经。其中600卷《大般若波罗密多经》，用泥金书写绘制而成，历史、艺术价值较高，有“张掖金经、国之瑰宝”之美誉。市中心镇远楼造型雄伟、比例协调，可与西安钟楼媲美；高 32.8 米的隋代九层木塔，结构精巧、巍巍壮观，历来被视为古城之象征。

著名的旅游区山丹军马场闻名遐迩，勾画出独具西部特色的绚丽画卷，它位于张掖地区山丹县南 55 km 处的祁连山区大马营草场，是目前世界上历史最悠久、亚洲规模最大、世界第二大马场。山丹军马场地势平坦，水草丰茂，夏季绿草如茵，冬季一片金黄，是马匹繁衍、生长的理想场所。早在三千多年前，这里就已养马。自西汉以来，这里以当地蒙古马为基础，又引进了各种西域良马，杂交培育出的山丹马驰名天下，这里遂成为历代皇家军马养殖基地，经久不衰。山丹马体形匀称，粗壮结实，雄健剽悍，耐粗饲，适应性良好，速度和持久力俱优，是驮、乘用的良骥。游客到大马营后，继续东行 50 km 到军马场一游，可举行骑马旅游、野营，观看赛马或马术表演，并游览自然风景名胜。

（四）经济发展

2008 年，张掖市实现生产总值 169.86 亿元，比上年增长 11.3%。其中：第一产业增加值 49.23 亿元，比上年增长 5.5%；第二产业增加值 65.03 亿元，比上年增长 15.8%；第三产业增加值 55.60 亿元，比上年增长 11.8%。全市人均生产总值达 13 285 元，比上年增长 11.3%。产业结构进一步优化，三次产业结构由上年的 30:37:33 调整为 29:38:33。大口径财政收入 12.7 亿元，比上年增长 20.1%；地方一般预算收入 5.6 亿元，比上年增长 17.5%；农民人均纯收入 4 515 元，比上年增加 378 元；城镇居民可支配收入 9 315 元，增加 720 元；社会消费品零售总额达到 47.5 亿元，比上年增长 20%；财政支出完成 37.5 亿元，比上年增长 31.2%。省、市政府为民承诺的实事全部落实，节能减排、安全生产、劳动保障、人口和计划生育、国土资源管理等责任指标全面实现。

1.农村经济

2008 年，张掖市完成农林牧渔及服务业增加值 49.23 亿元，比上年增加 5.4 亿元，可比增长 5.5%。全市完成农作物播种面积 292.33 万亩，比上年增加 4.17 万亩，增长 1.5%。农作物播种面积与上年相比增幅较大的依次是马铃薯面积 31.58 万亩，增加 4.81 万亩，增长 17.97%；制种玉米面积 59.64 万亩，增加 4.41 万亩，增长 7.98%；油料面积 24.09 万亩，增加 5.16 万亩，增长 27.26%。全年粮食作物播种面积达到 198.2 万亩，比上年增加 5.12 万亩，增长 2.65%；经济作物面积达到 77.54 万亩，比上年增加 3.94 万亩，增长 5.35%；青饲料面积 16.59 万亩，比上年减少 4.89 万亩，下降 22.77%。粮经饲结构由上年的 67:26:7 调整为 68:26:6。2008 年张掖市夏秋粮食总产量达到 94 857.9 万 kg，比上年增加 1 867 万 kg，增长 2%；油料总产量达到 5 235 万 kg，增长 27.2%；棉花产量达到 914.7 万 kg，增长 9.5%；蔬菜产量达到 99 363.9 万 kg，增长 2%。全市大牲畜存栏达到 57.71 万头，比上年增长 6.8%；猪饲养量达到 122.27 万头，增长 7.2%；牛饲养量达到 58.7 万头，增长 15.2%；羊饲养量达到 308.91 万头，增长 2%；家禽饲养量达到 831.4 万只，增长 7.5%，畜禽养殖业规模不断扩大。2008 年，张掖市完成农村固定资产投资 88 844 万元，比上年增加 8 906 万元，增长 11.1%。共落实惠农政策补贴总额7.23 亿元，其中，落实粮食农资综合补贴 15 632 万元，落实农机具补贴 1 790 万元，落实良种补贴 962 万元，落实退耕还林补贴 8 967.99 万元。中央、省、市各级财政支农惠农政策的落实到位，极大地改善了农业生产条件，进一步提高了农民从事农牧业生产的积极性。

2.地方工业和建筑业

张掖市全力推进工业强市战略，突出项目建设，深化企业改革，靠实目标责任，狠抓工作落实，工业呈现出持续快速增长的强劲势头。2008 年，张掖市工业企业实现增加值 50.58 亿元，比上年增长 20.5%。规模以上工业企业完成工业增加值 40.9 亿元，比上年增长 22.6%。其中国有企业完成增加值 6.53 亿元，增长 36.08%；集体企业完成增加值 0.81 亿元，增长 65.56%；股份制企业完成增加值 32.61 亿元，增长 20.77%。轻工业完成增加值 19.24 亿元，增长 29.16%；重工业完成增加值 21.66%亿元，增长 20.03%。工业生产效益明显回落，2008 年，规模以上工业企业实现主营业务收入 73.43 亿元，比上年增长 13%，产品销售率为 91.47%，比上年下降 0.18 个百分点。实现利税总额 7.7 亿元，下降 0.19%。亏损企业亏损额 1.0 亿元，同比上升 41.88%。全年规模以上工业企业盈亏相抵后，实现利润总额 3.78 亿元，比上年增长 2.43%。

建筑业保持稳定发展。2008 年，张掖市建筑业实现增加值 14.45 亿元，比上年增长 2%。张掖市开工建设重点项目 13 项，建成投产地方重点工业项目 26 项，火电二期、钨钼深加工等 10 个重点前期工作项目取得了一定进展。2008 年开工建设各类项目 607 项，比年初计划增加 186 项。招投标制度逐步完善，市场管理进一步规范，施工质量明显提高。

3. 国内贸易

2008 年，张掖市实现社会消费品零售总额 47.5 亿元，增长 20%。其中：市的零售额 22.4 亿元，县的零售额 12.3 亿元，县以下零售额 12.8 亿元。分行业看，批发零售贸易业实现零售额 35.6 亿元，住宿和餐饮业实现零售额 7.5 亿元。全市拥有各类交易市场 61 个，基本形成了以甘州区为中心，辐射全市其他县、河西地区乃至省内外的市场网络体系。2008 年，全市接待国内外游客 102.1 万人(次)，实现旅游综合收入 4.53 亿元，占第三产业的比重为 7.1%。

当然，张掖的经济发展也存在一些矛盾和问题，如产业结构还不尽合理，整体经济运行质量有待进一步提高，农民增收缓慢，社会保障体系还不完善，就业和再就业压力较大等。

（五）基础设施

2008 年，张掖市完成全社会固定资产投资 78.51 亿元，增长 11.08%。分城乡看，城镇固定资产投资完成 70.21 亿元，增长 11.09%；农村固定资产投资完成 8.30 亿元，增长

11.05%。分产业看，第一产业完成投资11.94亿元，增长101.67%；第二产业完成投资32.84亿元，增长5.0%；第三产业完成投资33.73亿元，增长0.74%。房地产业完成投资4.84亿元，增长3.36%。

交通运输业不断发展。张掖市区地处甘肃腹地，河西走廊中部，交通比较便利。城市有东、西、南、北四个方向五个出口，分别通往肃南、青海、西宁、大野口、草滩和兰州。甘州区城区有着较好的旧道路格局，即"三横三竖加一环"的城市道路体系，使城市有了良好的基本骨架。2008年，张掖市完成客运周转量82 911万人千米，比上年增长7.0%。货运周转量110 195万吨千米，比上年增长8.0%。全市客运线路达334条，乡镇、村社通公路率和通班车率均达到100%。

邮电通讯业持续较快增长。2008年，张掖市完成邮电业务收入37 995万元，增长8.8%。其中邮政业务收入3 741万元，下降13.6%；电信业务收入34 254万元，增长12%。2008年末，全市固定电话(含小灵通)用户达到33.56万户，移动电话用户达到49.42万户，电话普及率达到64.7部/百人。计算机互联网用户达3.6万户，增长10.4%。

(六)人民生活

近年来，张掖市人民生活水平有了显著提高。2008年，城镇居民可支配收入9 315元，增加720元；农民人均纯收入4 515元，增加378元，增长9.1%；农民人均工资性收入为1 154元，增长13.2%，占全部纯收入的比重为25.6%，比上年上升1个百分点。农民家庭经营费用支出人均3 054元，增长10.6%；农民人均生活消费支出3 136元，比上年增加344元，增长10.5%。同时，扶贫攻坚力度加大，小康建设步伐加快，完善和落实扶持就业的各项政策措施，努力开展城镇零就业家庭和困难人员再就业援助工作。国有企业下岗职工基本生活费、企业离退休人员基本养老金及时足额发放。城乡社会救助体系初步建立，有效保障了受灾群众、困难群众、残疾人和社会弱势群体的基本生活。

(七)社会事业

张掖市教育系统强化基础教育，全面推进素质教育，形成了普通教育、职业教育、成人教育、信息技术教育协调发展，结构比较合理的教育体系。全市拥有本科院校1所，专科学校1所，成人高校1所，普通中学100所，中等职业学校13所，小学580所，幼儿园501所，特殊教育学校1所。小学学龄儿童入学率达到100%；初中入学率为99.8%。2008年向全国各类高、中等专业院校输送新生10 265人，高考录取率为72.68%。

科技事业有新进展。2008年末，张掖市国有企事业单位拥有各类专业技术人员2.04万人，拥有科研机构5个。全市科学技术支出3 145万元，比上年增长14.53%。全年共取得科技成果40项，科技成果在工农业生产建设中取得了明显的经济和社会效益。

文化艺术事业健康发展。2008年，张掖市共有各种艺术表演团体6个，文化馆6

个,公共图书馆6个,博物馆6个,档案馆7个;广播电台1座,电视台1座,电视发射机19部,广播调频发射机40部,有线电视用户23.73万户。2008年末广播综合人口覆盖率为97.51%,电视综合人口覆盖率为97.07%。

医疗卫生条件继续改善。2008年末,张掖市共有各类医疗卫生机构428个,其中,医院、卫生院112个,县以上医院13个,中心卫生院31个,疾病预防控制中心(防疫站)7个,妇幼保健院(所、站)7个。卫生技术人员5 017人,其中执业医师和职业助理医师2 150人,注册护士1 582人。医院和卫生院床位4 527张。社区卫生服务中心(站)17个。农村有医疗点的行政村866个,乡村医生和卫生员1 263人。城乡医疗卫生机构整顿取得实效。

(八)社会保障

2008年末,张掖市社会劳动者人数79.95万人,其中,城镇从业人员15.92万人(含自由择业人员),比上年减少0.03万人,城镇登记失业率为2.89%,低于省政府4%的控制目标。全年新增就业人员16 461人,比上年增长18.3%;安置下岗失业人员6 978人,比上年增长27.5%,其中,就业困难人员就业3 385人。全市共筹集再就业资金3 821万元,比上年增长6.8%;支出再就业资金3 775万元,比上年增长9.8%。全年为符合条件的2 021名下岗失业人员发放了“再就业优惠证”,有95户零就业家庭每户至少1人实现了再就业;为符合条件的754名下岗失业人员和9户小企业发放小额担保贷款2 122万元。

2008年末全市参加养老保险的职工为54 847人,比上年末增加9 257人,增长20.3%;企业离退休人员19 108人,比上年末增加875人,增长4.8%;离退休人员月人均基本养老金993元,比上年增加172元,增长20.9%。全年基本养老金总收入28 317万元,比上年增长25%;基本养老金支出23 086万元,比上年增长27.7%;企业离退休人员养老金按时足额发放率、社会化发放率均达到100%。年末全市参加失业保险的人数达63 157人,比上年末增加4 081人,增长6.9%;年末全市领取失业保险金人数1 708人,比上年末减少117人。全年失业保险基金收入1 736万元,比上年增长13.3%;失业保险基金支出587万元,比上年下降16.8%。

2008年末全市参加医疗保险人数109 516人,比上年末增加18 544人,增长20.4%,其中在职职工参保79 746人,退休人员参保29 770人。全年基本医疗保险基金收入11 569万元,比上年增长46.9%;医疗保险基金支出8 549万元,比上年增长37.3%。继续推进城镇居民基本医疗保险。全市参保人数达14.41万人,全年筹集资金2 092万元,医疗保险支出1 126万元。

2008年全年输转农村劳动力22.41万人,其中,有组织输转12.14万人,占输转总数的55%,境外输出668人。实现劳务收入13.45亿元,比上年增长11.1%。共培训农村劳动力19.35万人,其中引导性培训15.67万人,技能培训3.68万人。建立劳务基地542

个,其中在东南沿海建立劳务基地125个,建立示范性乡镇劳务培训基地25个,建立乡镇劳动力市场25个,建立市级劳务输出示范村26个。

(九)环境保护

2008年,张掖市城市空气质量达国家二级标准,全年空气质量1级天数50天,2级天数303天,3级天数13天。全年空气质量良好以上天数比例较2007年上升5.4个百分点。黑河干流各监测断面水质达标率100%,莺落峡断面1类水质,水质状况优;高崖水文站、六坝断面3类水质,水质状况良好。黑河干流水质保持相对稳定。张掖市污水处理厂运行正常,年处理污水量909万t,城镇生活污水处理率61.32%。2008年张掖市工业固体废物年产生量123.46万t,主要为炉渣、粉煤灰、冶炼废渣和尾矿。工业固体废物综合利用率72.39%,比上年提高7.96个百分点。"三废"综合利用产品产值23 957.7万元。张掖市城区生活垃圾产生量11.02万t,全部进行了卫生填埋。张掖市建成区绿化覆盖总面积6.65 km^2,比2007年增加1.06 km^2,绿化覆盖率达到了34.1%。

2008年,张掖市全年共审批118个建设项目环境影响评价文件,完成了106个建设项目"三同时"环境保护验收。各类环保投资3.27亿元,占全年GDP的1.94%。完成限期治理项目63项,投资额111 517.1万元,其中工业污染治理项目42个,投资额8 147万元。

二、张掖市城市生态化的发展历程

生态城市是一个类似自然界生态系统的具有自组织、调节能力的开放性的社会—经济—自然的复合系统,强调结构合理、功能和谐、动态平衡,追求在一定条件下的整体最优化发展。1971年,联合国教科文组织(UNESCO)发起"人与生物圈计划",第一次提出了"生态城市"这一概念,提出要从生态学角度来研究城市问题和城市生态系统,推动了生态城市的研究。在这一计划的倡导下,世界上许多城市如罗马、法兰克福、华盛顿、东京、莫斯科以及我国的北京、天津、上海等都开展了相应的研究和实践。

(一)理念的形成

生态城市尽管是20世纪80年代才开始迅速发展的,但生态城市的思想自城市出现就已经有了,其理念渊源可追溯到古老的中国和西方世界。在中国,古代圣哲们倡导的"天、地、人合一"或"物我齐一"等理念,就反映了古代城市建设中的生态思想。而古希腊柏拉图的《理想国》中提出的一系列理论和主张,则反映了古代西方生态城市的思想。一般认为现代生态城市思想直接起源于霍华德的"田园城市"理论,但在16世纪,英国空想社会主义者莫尔的《乌托邦》等著作中就已经蕴含了城市社会的思想。我国生态城市的理论与实践自20世纪80年代以来迅猛发展,至90年代已经形成了一套以社会—经济—自然复合生态系统为指导的建设理论与方法体系。进入21世纪,随着我国经济社会的发展,许多城市都提出了“建设生态城市”,开始按生态城市目标进行规划和建设,而生态城市的思想也在不断升华。

党的“十七大”第一次明确提出了建设生态文明的新理念,既是科学发展、和谐发展执政理念的升华,也是为广大人民群众谋福祉理念的重要体现。随着我国城市化速度的日益加快,城市生态问题越来越受到人们的关注,城市建设也越来越多地引入生态环境理念,生态城市建设已成为众多城市建设的重要内容。

张掖,这片有着两千多年厚重历史的沃土,因为祁连山的孕育和黑河水的润泽,拥有独特而美丽的自然资源和人文历史,并且以其无与伦比的富庶和如诗如画的景色,被世人冠之以“金张掖”的称号,赢得了“塞上江南”的美誉。历史上包括张掖在内的河西走廊地区之所以有过空前的繁荣,与这里有丰富的水资源、良好的生态环境是分不开的。张掖南有祁连山丰富的水资源涵养林、天然草原和雪山冰川,中有长流不息的黑河水,地势低洼,湿地广阔,地下水资源和矿产资源相对丰富,北有营造多年的防风固沙绿色屏障。因此,张掖在河西乃至全省来讲都具有独特的自然生态优势,具有建设生态城市的良好自然物质条件。

张掖是坐落在湿地上的城市,张掖水文化具有悠久的历史和丰富的内涵。可以说,水文化是张掖最具特色的文脉,也是历史上张掖的城市特色所在。为合理利用黑河水资源和协调用水矛盾,国务院第94次总理办公会议在听取了水利部关于“黑河水资源问题及其对策”的汇报基础上,提出了加强生态建设,加快治理步伐,用三年时间实现批准的分水方案,尽快遏制生态系统恶化趋势的要求。根据这一指示精神,水利部编制了《黑河流域近期治理规划报告》,规划突出了黑河流域下游的生态环境保护和中游的节水问题,并于2001年8月得到国务院正式批复后启动实施。

为切实保障黑河流域综合治理规划目标的全面落实，同时实现张掖市社会经济的持续稳定发展，水利部结合全国节水型社会建设的实践要求，会同甘肃省人民政府于2002年10月批复同意将黑河流域治理的关键区——张掖市作为全国首个节水型社会建设试点。力图通过该典型地区的试点建设,探索西北内陆河流域水资源开发利用和经济发展模式,同时为全国节水型社会的推进积累经验和提供示范。

国家西部大开发战略中确立了生态环境建设是西部大开发的根本和切入点，而张掖市在其制定的《张掖地区实施西部大开发战略规划(2000—2020年)》中,提出了“以生态和基础设施大建设,实现山川秀美目标”,把抓好祁连山生态保护和黑河流域生态环境治理等生态建设工程列为加快实施的十项工程之一,并指出“当务之急是加强基础设施建设和生态环境建设,必须下更大的决心,以更大的投入,先行建设,适当超前”。

在《张掖市国民经济和社会发展第十一个五年规划纲要》中,张掖确立了加强基础设施建设、改善生态环境、不断夯实可持续发展基础的发展方向和工作重点。规划中还指出要以水利建设为突破口，构建节水型社会；以黑河流域二期治理为契机，改善生态环境[1]。2007年，张掖市政府常务会议讨论通过了《张掖市环境保护第十一个五年规划》的专项规划，科学规划未来五年环境保护蓝图，制定了“十一五”时期环境保护的总体要求和发展目标，确定了环保工作的主要任务和工作重点，并从多方面制定了环保工作的保障措施，以促进张掖市经济社会和环境保护全面协调可持续发展。

2008年版张掖市城市总体规划在《张掖市城市总体规划(2004—2020年)》的基础上，结合城市发展，把生态优先作为规划的指导思想之一，制定了重视生态环境保护、贯彻以人为本思想和坚持可持续发展的三条规划技术路线。该规划还在综合考虑区域自然、人文等旅游资源及社会经济平台、发展趋势等因素的基础上，确定张掖市的性质为：国家级历史文化名城，生态良好、旅游资源丰富的河西地区中心城市之一。突出强调了城市的生态建设既是环境意识的觉醒、发展观念的变革，也是城市发展的方向。

2008年7月，张掖市二届四次全委(扩大)会议召开，确定了“坚持特色方向，走好三条路子，实施三大战略，推动科学发展”的总体思路，特别强调“举特色旗、打湿地牌、做水文章、立生态市”的发展路径。张掖市委、市政府在遵循科学发展观和充分认识市情的基础上，将“顺应自然，建设生态张掖，塑造张掖新形象”作为“三条路子”中的首要之路，提出“生态立市”战略和打造西北地区“戈壁水乡”、“湿地之城”、“文化名城”的发展定位，以生态文明的理念来实现经济社会的可持续发展，把张掖建设成为富有湿地水韵风情的西部生态城市，建设成为西部欠发达地区生态文明建设的样板城市。这是张掖市第一次把建设生态张掖作为发展战略，将生态建设放在发展张掖特色、推动经济战略实施、实现科学发展的战略体系中。建设生态张掖的发展思路，真正抓住了张掖可持续发展的关键和重点，遵循了张掖的自然规律，彰显了张掖的自然禀赋和历史积淀。2009年，张掖市委、市政府再次肯定了走以生态张掖建设为引领的城市发展路子，强调必须坚定不移地走好和拓宽以建设生态张掖为引领的城市发展路子，并指出保护生态，不全是为了生态，是想通过生态建设彰显张掖城市特色，促进第二、第三产业发展，乃至影响和反哺第一产业。该战略的实施将重塑张掖形象，再添张掖金色，对张掖经济社会的发展具有重要的现实意义和深远意义。如何加快张掖的生态城市建设，已成为张掖城市建设中的一个重大理论和实践课题。

(二)具体的实践

近年来，张掖认真贯彻落实科学发展观，牢固树立生态文明新理念，积极推进城市森林建设，致力打造生态和谐张掖，促进经济社会与生态环境可持续发展。至2008年，张掖市对城区生活垃圾全部进行了卫生填埋；黑河干流各监测断面水质达标率100%，水质保持相对稳定；城市空气质量达到国家二级标准，一级天数50天，二级天数303天，三级天数13天；全市有自然保护区4个，总面积268.2万 hm^2；建成区绿化覆盖总面积6.65 km^2，绿化覆盖率达到34.1%，市区人均公共绿地面积近12 m^2；各类环保投资

3.27 亿元，占全年 GDP 的 1.94%。张掖市先后荣获“中国历史文化名城”、“中国优秀旅游城市”、“甘肃国土绿化先进单位”、“甘肃退耕还林先进城市”、“甘肃园林城市”、“甘肃绿化模范城市”、“甘肃卫生城市”等称号。张掖市还被确定为全国防沙治沙六个地级示范园区之一，临泽县荣获“全国绿色小康县”、“中国枣乡”等称号。1992 年 8 月和 2000 年 6 月，江泽民先后两次视察张掖，写下了“金张掖”和“再铸金张掖辉煌”的题词。

张掖在经济社会发展过程中，始终把生态建设放在重要地位，作为基础性工作常抓不懈，按照“城乡一体、统筹发展”的原则，把创建国家森林城市和国家生态市紧密结合，把保护生态环境与优化人居环境紧密结合，着力打造西北地区生态宜居城市，促进经济、社会、生态协调发展。

1.营造绿色屏障，改善城乡人居生态环境

张掖地处腾格里和巴丹吉林沙漠边缘、黑河流域中游，全境东西长 210~465 km，南北宽 30~148 km，区域内绿洲、农田、牧场和湿地、沙漠、戈壁交错分布，两条大沙带横穿全境，风沙线长约 400 km，植被稀疏，干旱少雨，风大沙多，生态环境十分脆弱。面对严酷的自然条件和脆弱的生态环境，历届党委、政府带领全市广大干部群众以百折不挠、坚忍不拔的精神，因地制宜，科学规划。从 20 世纪 80 年代起，市委、市政府始终坚持“南保青龙、北锁黄龙、中建绿洲”的生态建设战略，按照“南北封育、中间改造、周边退耕”的总体布局，实施项目强林、科技兴林、依法治林，切实加强生态保护和绿色屏障建设。先后组织实施三北防护林、天然林保护、退耕还林、湿地保护、生态公益林保护等国家重点生态建设工程，坚持不懈地加大绿色通道建设、林网更新改造和荒漠化综合治理力度，大力开展群众性义务植树活动，沿 312 国道和北部风沙线建起了总长达 440 km 的 15 条防风固沙基支干林带，65%的道路和 80%的渠系实现了林网化，市区周边沙化较重的 4 667 hm^2 荒滩经过围栏封护，植被覆盖度已达 42%，绿洲内 9 处沙窝得到有效治理，灾害性天气明显减少，受风沙危害产量低而不稳的 2 万 hm^2 以上的农田由于绿色屏障的保护，粮食单产提高 10%~20%，防护效益十分显著。目前，城市外围已形成以农田林网化为主体、带片网点相结合、渠路林田相配套的防护林体系，为改善城乡人居环境构筑起了一道道“绿色长城”。

2.实施园林绿化工程，构建城乡绿化一体化

张掖市的园林建设虽然起步晚，但规划超前，起点高，以创建甘肃省园林城市为动力，坚持园林绿化建设与改善城乡生态环境，提高人民生活质量相结合的原则，统筹兼顾，坚持科学发展观，城市形象与日俱佳。一是深入实施城区道路绿化工程。坚持高起点规划，高标准设计，高质量建设，因地制宜，乔灌草花结合，绿化美化道路景观。市区主次干道绿化普及率达 100%，新建道路绿化达标率达 95%，共建成园林景观路 20 多条，高标准特色绿化路 70 多条，道路绿化面积达 73.63 hm^2，形成了三季有花、四季常青、一路一景的道路绿化景观。二是深入实施亲民绿化工程。积极推行拆墙透绿、拆违建绿、见缝

插绿和退硬还绿,大力建设以各类公园、公共绿地为主体的休闲绿地,实施“30万盆(株)鲜花进市区”,积极动员沿街单位及门店摆放盆花造景,全面提升了城市品位。城市建成区共建设公共绿地50多处,总面积达265.3 hm^2,形成了总量适宜、功能完善、景观优美、生态良好的公共绿地系统,基本实现了市民出门见绿、500米见园,能够满足广大市民的游憩等需要。三是深入实施单位及庭院绿化工程。以单位和居住小区为重点,广泛开展绿化达标创建活动,提高城市绿化总量。全市城区共建设单位及居住区绿地187.1 hm^2,创建“国家级绿化模范单位”1个,“省级绿化模范单位”5个,市级园林化单位69个,花园式单位45个。四是深入实施城市外围防护林工程。依托“三北”防护林工程,在城市外围营造了长204 km、面积3 120 hm^2的6条防护林带,城郊99.3%的耕地实现了林网化,城市建成区共建设防护绿地328.49 hm^2。市区依托城郊九龙江、西城驿、红沙窝三个国有林场,在高速公路、312国道两侧和黑河、山丹河沿岸实施城郊外围防护林体系建设工程,共完成人工造林1 000 hm^2,封滩育林1 053 hm^2,形成了环绕于城市外围的绿色防护圈[2]。五是深入实施生态乡村绿化工程。大力实施绿色通道、新农村绿化示范点建设,全市乡村道路已普遍实现绿化,共绿化四级道路4 968 km,建成省级新农村绿化示范村7个,市、县级新农村绿化示范村18个,乡镇驻地绿化覆盖率达35.7%,村屯绿化覆盖率达32.86%,探索出了大通道、宽林带、多树种、乔灌草相结合的乡村道路绿化模式,并与城市主干道相互连接,形成了较为完善的城乡一体化绿色生态廊道。六是积极培育城乡生态文化。注重挖掘古树名木的文化传承价值,对3 757株古树名木进行了普查建档、挂牌保护,使其成为追寻甘州遗址史迹的绿色标志。依托5个省级森林公园、4个自然保护区(国家级1个、省级3个)和正在规划建设的张掖国家湿地公园,挖掘并弘扬黑河文化、湿地文化,利用野生动物标本馆、沙漠科技馆以及各类纪念林、公仆林、护林碑刻等生态科普教育基地,广泛开展主题突出、内涵丰富、贴近生活和富有感染力的生态文化活动,增强市民的生态意识,直接或间接地促进了生产方式、生活方式和思想观念的根本转变,为构建绿色和谐张掖、建设生态文明奠定了基础。

3.建设节水型社会,坚持农业可持续发展

2000年初,张掖成为全国第一个节水型社会的试点地区,时至今日,节水型社会建设已成为今日张掖的“金”字招牌,声誉已响彻甘肃。

张掖市在各灌区开展的节水型社会试点中,狠抓水资源管理,落实水权制度改革措施,建立用水总量控制和用水定额两套指标体系,制定各种管理制度,形成“总量控制、定额管理、以水定地(产)、配水到户、公众参与、水量交易、水票流转、城乡一体”的水权运行机制,大大提高了水资源使用效率。张掖市在试点工作的有益探索和在水权改革过程中已经形成了规范化的管理制度和运行体系,主要包括节约用水管理办法、农业用水交易指导意见、水价管理办法等制度和包括黑河干流分水方案、农业用水定额、生态用水定额、工业用水定额、城镇生活用水定额在内的宏观总量控制体系、微观定额指标

体系以及各行业节约用水的规划体系。

水权制度改革是推进节水型社会建设的重要管理手段，为节约水资源起到了重要作用，但农业产业结构的调整才是节水的根本，为此张掖市委、市政府提出实施低耗水高产出的高效农业战略思想。首先，积极推进农业区域布局调整，实现中游地区由耗水型的产业大区向节水型的草畜产业强区跨越。其次，大力调整农业经济结构，把耗水高产能低、粮食占主导的农业结构变成用水少效益高，以草畜、果蔬、制种、轻工原料为四大主导产业，多种特色产业并存的结构。再次，政府积极提倡改善种植物结构，积极推广先进的栽培技术，使得高效农田特色纷呈。最后，政府参与推动产业链向高端延伸，实现农业产业化经营新的跨越。张掖的试点为全国开展节水型社会建设提供了有益的经验，同时也为国家全面开展"节约型社会"建设奠定了基础。目前，张掖市节水农业发展已经形成了一定规模，有了很好的基础，正在努力通过进一步配套完善基本农田水利基础设施，落实节水措施，千方百计提高单方($1\ m^3$)水的产出效益，走出北方干旱地区发展现代农业的路子，建设更高水平的节水型社会。

4.合理开发利用水资源，促进黑河流域协同发展

自2001年《黑河流域近期治理规划报告》启动实施以来，张掖市在"十五"期间完成了规划的主要建设内容，即：甘州区、临泽县、高台县的渠系、机井、高新节水、退耕还林还草，肃南的生态工程建设及相应的平原水库废止，中游引水口门改造和中游渠系调整。这项工程，国家规划投入资金14.748亿元，实际完成投资近12.0亿元，节出水量4.5亿m^3，增加正义峡下泄水量2.15亿m^3。在张掖的大地上看到了纵横排列的渠系工程和高新节水工程，同时，肃南的生态工程建设有效改善了水源涵养林。这些工程的完成和节出的水量，为如期完成年度分水任务、建设节水型社会创造了条件。

张掖市依照国务院的水量分配方案，完成了到2003年，当上游来水15.8亿m^3时，向下游下泄水9.5亿m^3的指标任务。在这一过程中张掖市牺牲本市的一定利益，并通过多期调水实践表明我国有能力协调国内跨省河流的水量分配与调度，编制完成了《黑河干流水资源配置方案》及各县区配置方案，全市依法实施取水许可制度。张掖市委、市政府从黑河全流域和谐发展的高度，正在不断加强同上下游地区的联合协作，充分利用建设节水型社会和在黑河一期治理中形成的良好工作基础，积极借助权威专家学者的力量，共同做好争取立项工作，同时以积极的态度对待2009年开始实施的黑河流域综合治理二期工程项目。

为了梳理水系，重塑城市水脉，张掖市编制和实施了城市水系统恢复规划，投入巨资，实施"引水入城"(引黑河水入城)、环城水系统恢复、清污分流等多项水系恢复工程；利用废弃的沙石料场，建成了面积约133 hm^2的湖，成功实现了与城市原有水系的对接，成为城市兼具生态和旅游功能的最大水域。通过城市水系规划的实施，初步形成了水系畅通、水文化丰富的脉络体系，使戈壁水城的原生态特征重新显现。

5.围绕黑河湿地做文章，打造“湿地之城”

2008 年，市委、市政府提出的“顺应自然，建设生态张掖”的发展思路，促使人们更加深入地认识了天然湿地对张掖未来发展的意义。为了充分发挥黑河绕城而过对城市生态建设的推动作用，市委、市政府提出把保护黑河湿地作为推进生态张掖建设的支撑点、经济发展的增长点和科学发展的新亮点，启动实施规划总投资 36.3 亿元、被列为全市“十大工程”之首的“中国黑河流域(张掖)湿地保护工程”，力图通过实施湿地保护工程，建设张掖国家城市湿地公园、张掖国家湿地公园，建立张掖黑河流域湿地国家级自然保护区，强力推进包括滨河新区在内的张掖市北部生态新区建设。

2008 年 8 月至 10 月，张掖市委常委、甘州区委书记杨继军先后两次带队，会同市区建设、规划、林业、宣传等部门前往宁夏、浙江、山东、大庆等地考察国家级湿地公园建设，前往黑河下游的金塔、额济纳旗考察黑河下游生态建设；市区政府、政协也组织党政干部和专家考察团外出学习取经，积极为湿地工程建设献计献策。在广泛进行实地考察和学习交流中，考察团进一步明确了黑河湿地保护工程的定位，也更加明白了张掖国家湿地公园建设的目标和意义。目前，已经编制完成了《张掖城市北郊湿地资源调查报告》和《张掖城市北郊湿地资源调查分析评价报告》，绘制了张掖市北郊湿地资源分布图、张掖市北郊湿地土地利用现状图等，完成了张掖市国家城市湿地公园规划招标工作，为工程的规划及实施提供了基础资料。同时，投资 2 982 万元的“张掖黑河流域湿地恢复工程项目”正在积极衔接和争取之中。2008 年 10 月至 11 月，甘州区组织专项治理小组，开展退耕还湿地工作，将湿地项目核心区域的约 173 hm^2 开荒地整体退耕，围栏保护，恢复为湿地，使张掖国家城市湿地公园核心区湿地集中连片达到 1 733 hm^2。随后，黑河湿地保护工程以最快的节奏，开始了滨河新区施工建设[3]。“金张掖”已经站在了历史的制高点上重新布局，“中国黑河(张掖)湿地保护工程”和国内最大的城市湿地公园“张掖国家湿地公园”的宏伟构想已经精彩开篇。

张掖国家城市湿地公园的建成，将会使张掖市城区面积由原来的 26 km^2 增加到 46 km^2，可进一步完善城市的功能，增强城市承载力。张掖城市湿地公园与老城区相连的过渡区土地附加值将成倍增加，可形成最具活力的特色经济发展“黄金区”，吸引客商入住，发展水岸经济，辐射带动第二、第三产业。湿地保护工程将成为带动城市发展的支撑点、经济发展的增长点和城市体系新的核心竞争力。通过这一工程，将全面恢复湿地原生态，打造集城市湿地、农耕湿地、文化湿地于一体的生态张掖；打造集佛教文化、西域文化、汉唐文化于一体的人文张掖；打造集湿地特色、丹霞地貌、森林草原、红色旅游于一体的休闲张掖；打造集天蓝、地绿、水清、气爽为一体的生态宜居张掖，充分体现城市与环境的有机融合，再现“半城芦苇半城塔”和“塞上江南”美景，提升城市品位，提高生活品质。

三、张掖市城市生态化的重要意义

走生态化的城市发展道路是历史的必然选择，以经济利益最大化为唯一目标的发展观已经与当今的社会发展观相冲突。张掖市地处生态脆弱的西部地区,生态环境的保护显得尤其重要,传统的城市发展道路显然不适合张掖市的长远发展,走生态城市的发展道路是张掖市在总结过去的发展经验的基础上,立足本区域的发展现状,放眼未来的必然选择。张掖市城市生态化的意义重大,主要有如下几点。

(一)落实科学发展观

生态城市是城市发展的全新模式,是一个包含自然环境和人文价值的综合性概念,生态城市的内涵包括3个方面,即社会生态化、经济生态化和环境生态化。科学发展观和生态城市理论的内涵具有较强的相关性:一方面,生态城市的发展观是强调内容上的协调性和时间上的可持续性的发展观;另一方面,科学发展观是以生态文明为发展原则的发展观,是解决全球尤其是城市生态问题的重要理论和方法[4]。

将张掖市建设成为生态文明城市是张掖市人民群众的共同愿望。通过生态文明城市建设,着力改善民生,创造良好的居住环境、人文环境、生产环境、生态环境,符合广大人民群众的根本利益。通过城市生态化,不仅可以谋求人与自然环境的和谐,而且可以实现人与人之间的和谐。因此,张掖市城市生态化是落实科学发展观,建设“资源节约型和环境友好型”社会的重要举措。

(二)发展绿色生产力

张掖市城市生态化可以不断减少社会得以存在和发展的社会生产和再生产过程中的环境退化和资源降级等负效应,即实现生产的绿色化,发展绿色生产力。发展绿色生产力可以通过调整产业结构、依靠科技进步等手段来实现,而这些手段正是实现城市生态化的途径。就产业结构来说,不同的产业的GDP产值对能源的边际需求有着明显的差别,如重化工产业的单位GDP能耗要远远高于旅游等服务产业。这也就导致了产业结构对生产力绿色程度的直接影响。因此，不同产业主导的产业结构就决定了不同经济体和区域内的生产力绿色化水平[5]。张掖市要实现城市生态化就必须提高生产力绿色化水平,进行产业结构的调整和升级,使经济增长方式从粗放式向集约式转变,使产业结构从传统的高能耗、高物耗、高污染、低效率的“三高一低”发展成“三低一高”。同时,在这个过程中,让高新技术渗透到传统的工业、农业中去,渗透到社会生活的各方面,不断提高劳动生产率,降低生产力本身对资源和环境的依赖程度,从而提高生产力的绿色化水平,使张掖市的绿色生产力得到进一步发展。

(三)促进城乡一体化

城乡二元结构是我国普遍存在的现象，这种二元结构不仅表现在城乡经济发展上，而且更多地表现在社会和环保事业上。要改变目前这种城乡二元的发展态势，必须要更新发展观念，选择一条城乡协调、持续的发展道路。

城市生态化将城乡作为一个统一体，其本身即为一个区域性概念，是建立在区域平衡基础之上的，而且城乡之间是相互联系、相互制约的，只有城乡平衡协调的区域才有平衡协调的生态城市[6]。因此，城市生态化的思想与城乡二元思想是相悖的，城市生态化是一条通往城乡协调、持续发展的康庄大道。

首先，通过走城市生态化的道路，打破以往的行政区划，充分认识各地区资源和环境优势，并以此为依据，在空间上总体调配资源，疏通城乡之间以及各城市之间的资源流通渠道，便于资源的流通，最终提高资源的利用效率。其次，城市生态化有利于保护城乡生态环境，对于那些生态脆弱、急需保护的地区，圈定保护范围，以免在经济发展的过程中对其造成不可恢复的伤害。再次，城市生态化必然加强城乡之间的各种联系，通过运用生态经济学的原理，可以实现各种经济流、思想流在城乡之间的平衡。如在城市中所存在的大量的难以自身消化的有机废弃物，经过无害化处理后，可以用到农业生产过程中去，这不仅为农业生产提供了生产资料，而且有效地保护了城市的生态环境，同时，农村地区也可以通过发展“生态、绿色”农业为城市提供更多的无公害、无污染的生活资料。不难看出，走城市生态化的道路，有利于打破张掖市的城乡二元结构，促进城乡一体化的实现。

(四)提高区域竞争力

区域综合竞争力涉及区域的众多因素，既包括经济发展的内部系统的竞争力，又包括经济发展外部支持系统的竞争力。要提高一个区域的综合竞争力，必须同时提高该区域经济发展的内部和外部支持系统的竞争力水平。

张掖市城市生态化实际上是一种可持续的发展模式，城市生态化一方面要求张掖市调整和优化现有的产业结构，打破现有行政区划的界限和分工模式，充分发挥各地区的资源和环境优势，加强各区域之间的经济合作，同时提高科技在经济增长中的贡献率，使经济朝着生态化的方向发展，经济可持续发展内部系统得到优化，竞争力得到增强。另一方面，城市生态化还要求社会、环境的生态化，用可持续发展的观点来说也就是要求经济发展的外部系统支持力得到优化，提高经济可持续发展外部支持系统的竞争力水平[7]。因此，张掖市城市生态化就是要提高居民的生活水平、质量，实现社会公平和正义，为居民创造良好的社会生活环境；保护和合理利用现有的自然资源，对于那些生态脆弱、对人类经济活动敏感、不适宜开发的地区，应当限制并保护起来，为经济发展和居民生活创造良好的自然生态环境。综上所述，走城市生态化道路的张掖市，其经济发展的内部系统和外部支持系统的竞争力都得到增强，这势必提高张掖市的区域综合竞争力。

（五）产生综合长远效益

张掖市城市生态化能够产生综合长远效益。从综合效益来看，张掖市在城市生态化过程中调整和优化现有的产业结构，使产业结构朝着良性的方向发展；从全局出发，调控和优化资源的配置，提高资源的利用效率；充分发挥"无形的手"对市场的自动调节作用和"有形的手"对市场的管理引导作用，有效维护市场秩序；大力提高劳动者的素质，为经济的发展提供智力支持。上述举措无疑会极大地提高张掖市的经济效益，经济效益的提高则会为提高社会效益和环境效益提供经济和物质基础，通过将经济增长所带来的好处在社会各阶层、城乡之间合理地进行分配，能够提高居民的生活质量，也能够在一定程度上缓和社会各阶层之间的矛盾，提高社会的和谐度，产生社会效益。城市生态化追求经济、社会和环境的生态化，其生态效益不言而喻，张掖市地处巴丹吉林沙漠和腾格里沙漠边缘，地区生态环境脆弱，通过城市生态化，一方面改变传统的掠夺式的开发方式，减少对大自然的掠夺；另一方面，将不宜开发、过度开发的地区保护起来，有利于这些地区的恢复，同时营造人工生态环境，极大地保护自然生态环境，提高生态环境效益。不难看出，张掖市城市生态化能够产生综合效益。从长远来看，由于经济、社会和环境之间的关系是协调的可持续的，其产生的综合效益不是暂时的，而是为以后效益的提高埋下了伏笔。

（六）提高人民生活质量

随着经济和社会的发展，人们对生活的水平、质量的要求也逐渐提高，过去那种单纯追求数量的生活方式，必将被追求质量的生活方式所取代。人们的生活必将从追求物质型向物质和精神并重型转变，生活空间也将从室内型转向室外型，人们对生活的休闲适宜度的要求也将越来越高。

城市生态化是一个涉及自然、社会和环境的综合体，着眼于经济的生态化、社会的生态化和环境的生态化。经济的生态化通过可持续的经济发展模式，实现清洁生产和文明消费，降低能耗，提高资源的利用水平，最终提高经济增长的数量和质量。可见，经济的生态化为广大居民提高生活质量提供了物质基础。社会生态化表现为人们有自觉的生态意识和环境价值观，生活质量、人口素质及健康水平与社会进步、经济发展相适应，有一个保障人人平等、自由、接受教育、人权和免受暴力的社会环境，而这样的社会生存环境，势必是以人为本的、和谐的，它可以扩大广大人民的精神生活空间，也能为个人的发展提供更多的可行空间。环境生态化表现为发展以保护自然为基础，与环境的承载能力相协调，自然环境及其演进过程得到最大限度的保护，合理利用一切自然资源和保护生命支持系统，开发建设活动始终保持在环境承载能力之内[8]。这样宜人的生态环境为人民提供了舒适的室外休闲空间。

参考文献

[1] 王军.甘肃省张掖市:合理规划　顺应自然　建设生态宜居家园[J].城乡建设,2009(7):40-41.

[2] 李天义,谢继忠.对张掖市湿地资源保护与合理利用的思考[J].河西学院学报,2009(2):38-40.

[3] 许自学.从城市规划的角度浅谈生态张掖建设[J].中国科技信息,2005(11):185.

[4] 冉永军,丁丽萍,李庆会,等.论西部大开发中张掖市生态环境建设问题[J].干旱地区农业研究,2003(21):159-162.

[5] 张云彬. 科学发展观与生态城市理论的内涵相关性[J].华中农业大学学报,2007(3):402-406.

[6] 郭东清,于家傲. 黑龙江省生产力绿色化研究[J]. 国土与自然资源研究,2007(2):21-22.

[7] 张新生,唐成努,傅家旺.长株潭城市生态化建设初探[J]. 民族论坛,2009(5):42-43.

[8] 黄光宇,陈勇.论城市生态化与生态城市[J].城市环境与城市生态,1999(6):28-31.

第十四章
张掖市建设生态城市的目标与思路

孤身行进在千里河西走廊时，沿途只是大漠戈壁、荒山野岭，留下记忆的只是明长城遗址、烽燧、沙枣、红柳、胡杨等。这很难与江南水乡的青湛碧绿、妩媚宜人的景色相提并论。当到达河西走廊中部时，张掖的地势平坦、土地肥沃、林茂粮丰、瓜果飘香与戈壁荒漠相映成趣。它既有南国风韵，又有塞上风情，留下了“绿荫丛外麦毵毵，竟见芦花水一湾。不望祁连山顶雪，错将张掖认江南”①的历史佳句；留下了“半城芦苇半城塔，三面杨柳一面湖”的历史追忆。

改革，涌动着“快速”，经济社会的迅速发展，人口的快速增长；然而，生态环境的自我适应是“缓慢”的。放眼张掖30年来改革开放的成绩，我们看到：张掖经济的发展加快了城市人工环境的改善，但是，城市生态环境承载力却日渐薄弱。城市盲目建设，导致地表和地下水系堵塞形成“堰塞湖”，造成城中地下水位上升，北郊湿地水位开始下降，湿地面积减少，生态自我修复和更新机能开始减退。“塞外江南”和“沙漠绿洲”的城市特色在张掖市现代化进程中渐渐模糊，城市发展面临新的问题和挑战。

如何化解城市发展与生态环境之间的矛盾，这是张掖市委、市政府长期思考的重大问题。面临张掖生态环境进一步恶化的趋势，市委、市政府审时度势，重新思考了张掖城市建设的问题所在，重新定位了张掖未来的城市发展模式，将“生态”理念放在了张掖城市建设的首要位置。用“生态”指导张掖城市建设，将张掖城市建设的重要生态要素——“水资源” 放在了走活张掖发展大棋局的首要位置，把张掖城市建设的重要生态载体——“湿地建设”列为实现张掖又好又快发展的首要目标。

湿地是一种功能独特的生态系统，对维护地球生态平衡具有极为重要的作用，被称为“地球之肾”。黑河流域(张掖)湿地保护工程不仅可为数以十万计的鸟类野生动物提

① 该诗出自民国年间国民党元老罗家伦的《咏五云楼》。

供一个栖息家园，还可为张掖居民提供一个休闲度假的风景胜地。除此之外，它还是一个重要的防洪、泄洪工程。经过近年的倾力打造，如今的张掖，湿地建设已初见成效，张掖国家湿地公园已初见雏形。“甘州城北水云乡，每至秋深一望黄。穗老连畴多秀色，实繁隔陇有余香。”①张掖生态城市建设的新目标——“湿地之都”带领张掖城市建设走向一个新的起点。

一、张掖市建设生态城市的目标

回顾张掖的历史，我们可以看到：张掖充沛的水资源一直是带动张掖发展的不竭动力；张掖市北郊的复合湿地生态系统，一直以来都发挥着涵养水源、调蓄水资源、净化水质、维护湿地生物多样性、防止沙漠化和改善区域气候等重要的生态功能，对维系张掖绿洲以及黑河流域下游区域生态安全具有重要的意义。

破解当前张掖城市建设的难题——水脉不通，需要我们着眼于湿地在张掖的“生态地位”——区域生态支撑体系，着眼于张掖湿地建设的生态环境特点——沙漠戈壁环绕之下的绿洲湿地，着眼于张掖湿地建设的地域特征——全国最大的城郊型湿地的总体特征，将内陆干旱区独特的绿洲湿地景观与张掖城市建设相结合，打造一个具有典型特征的干旱区生态城市，塑造一个具有鲜明生态文明特点的“湿地之都”。

(一)历史回顾：塞外江南，因水得名

张掖古称甘州。史书记载：禹分天下为九州时，张掖属雍州管辖，后有西戎、氐羌、乌孙、月氏、匈奴等族居住。公元前111年，汉武帝戡定边患，开拓疆域，始设张掖郡。此后，张掖开始成为古丝绸之路的咽喉重镇和中西交通的重要门户。先人们选择张掖建城的原因可能是多种多样的，是由自然、政治、文化等多重因素导致的。但从生命繁衍的角度看，在干旱地区生存，充沛的水资源无疑是首先要考虑的问题。据《张掖市志》记载，前人兴建张掖城就是找到了弱水(今山丹河)与羌谷水(今黑河)汇合处的三角地带，围绕“甘泉”而建。因为有了丰富的水资源，张掖才有了“桑麻之地”、“鱼米之乡”之美称，才有了风景秀丽、鱼肥稻香的“金张掖”美誉。这也是前人选张掖建城的根本原因。

因水而名，则是因为张掖兼得了“南国风韵”和“塞上风情”。祁连山横亘南野，黑河水自祁连山冰川汹涌而下，绕城蜿蜒西去。据史料记载，历史上甘州水多湖广，湖和沼泽约占全城面积的1/3，湖中芦苇丛生，春天碧波涌翠，夏天芦苇成林，秋天涤荡翻浪，冬天琉璃一片，四季景色各异。正是因为有丰富的水资源，才有孕育生机的湿地，才有“半城芦苇”的美景，才有“塞外江南”的美誉。

① 该诗出自明代诗人郭绅对张掖的描写。

充沛的水资源孕育了生态系统，也赋予了张掖湿地无限生机。当你沿着湖边的小路走进黑河湿地深处时，周围一望无际的美景让人动心。清澈的湖水泛起点点银光，芦缨摇曳，成群结队的鸥、鹭在湖中繁殖、栖息、嬉戏，茂密的苇塘在微风中奏响了大自然瑰丽的乐章，勾画出一幅人与自然和谐相处的美丽画卷。据统计，在张掖市境内依托黑河形成的湿地面积有 210 400 hm^2，占全市土地面积的 5.02%。其中，黑河干流流经的张掖市甘州区、临泽县和高台县三个县区湿地面积为 41 000 hm^2。区内动植物资源丰富，分布有湿生植物 55 科 221 属 385 种，包括黑鹳等在内的国家一级保护动物 6 种、二级保护动物 22 种、国家“三有”鸟类 126 种，是我国候鸟三大迁徙的西部路线之一，是候鸟的天堂。

城市的发展需要突出特色。特色是城市的神韵，是城市最宝贵的财富。城市的自然禀赋和历史积淀是形成特色的重要前提和条件。张掖地处北方干旱地区，城市北郊广袤的湿地资源是国内其他城市无法比拟的优势。水天一色、湿地连片是张掖的灵气所在，是张掖的特色所在。

（二）困顿现状：水脉不通

昔日的张掖，如同一幅绚丽的画卷，描绘出我们心中美好的愿景；回头凝望今天，张掖改革 30 年来经济快速发展，人口迅速增长，城市建设规模扩张，城市发展的步伐却与我们曾经的理想渐行渐远。

改革开放以来，黑河流域人口不断增长，城市建设规模迅速扩张，湿地周边盲目开发，填湖建房，随意排放污水，倾倒垃圾，导致湿地水位持续下降，部分沼泽湖泊干涸，湿地面积逐步萎缩，涵养水源功能不断退化。一方面，张掖大片的湿地开始因断水而干涸，成为新的戈壁荒漠；另一方面，由于城市规划设计的不科学，在城市改建和大兴土木之时，并未考虑到张掖独特的地形特征，将城市中原有的九大明渠和部分暗渠堵截，导致城市地表和地下水系堵塞，形成“堰塞湖”现象，城市地下水位上升，淹没了许多地下设施。湿地的缺水和城市的水患形成矛盾。“水脉不通”导致了张掖生态环境的进一步恶化，城市特色逐渐消失，昔日的“塞外江南”日渐消退，城市呼唤新的生命力。

回顾张掖改革 30 年的发展，我们可以看到：丰富的自然资源、优越的交通条件、独特的区位环境为张掖的经济发展奠定了良好基础。然而，作为一个传统农业大市，一方面，城乡二元结构特征还比较明显，农业生产、经营结构还不尽合理，优质农产品相对较少，与市场关联度较低，缺乏地方性主导产品和支柱产业；另一方面，产业结构不合理，技术水平落后，资源消耗较大，粗放型经济增长方式严重地制约了张掖经济社会的持续健康发展。昔日古道商埠开始远去，城市需要新的支撑力。

基于“生态”理念，张掖市委、市政府敏锐地把握住了湿地工程保护和张掖城市建设的最佳突破口和结合点，提出了实施“中国黑河流域湿地保护工程”，总的框架是：围绕生态张掖建设，坚持“因地制宜、因势利导、自然和谐、持续发展”的原则，以湿地恢复与保护为切入点，对境内 210 420 hm^2 湿地合理划分核心区、缓冲区和实验区，进行有效保护；利用距离城市最近的北郊湿地资源，建立国家湿地公园，发挥湿地保护和生态教育作用；依托黑河滩约 733 hm^2 荒滩地，建设滨河生态新区，不断改善生态环境，优化人居条件，把张掖建设成立足河西、面向甘肃、辐射青海和内蒙古等周边省区的最佳宜居城市，再扬金张掖"戈壁水乡"之美誉。通过国家城市湿地公园及滨河新区建设，最终实现以保护湿地引领城市建设，以挖掘历史文化再造城市品牌，以滨河新区的建设扩大城市知名度和影响力，打造具有张掖特色的"湿地之都"[1]。

延伸阅读一

张掖国家湿地公园介绍①

张掖国家湿地公园，地处张掖城北郊，占地约 4 107 hm^2，是沼泽湿地、湖泊湿地、河流湿地和人工湿地的复合体，有野生鸟类 116 种、植物 195 种。《张掖黑河国家湿地公园总体规划》中，合理划分了湿地体验区、湿地利用区、宣传教育区、湿地封育区四个部分，打造离城市最近、全省一流的湿地公园，重现张掖历史文化名城"一城山光，半城塔影"的美景。从 2009 年 3 月开始，张掖市通过实施退耕还湿地、水系疏浚、植被恢复、植物造景、观景栈道、非机动车道、园林建筑小品等建设工程。现已完成重点区域退耕还湿地约 207 hm^2，补种芦苇、红柳、沙枣等植物近 200 hm^2，建设湿地栈道 4.8 km，湿地非巡护车道18.2 km，建成水系疏浚工程围堰堵坝 11 道 8.6 km，形成水面约 147 hm^2。张掖市林业局局长伏世祖介绍说，下一步他们计划在湿地公园内建设大片湿地保护封育区，以原生态湿地为众多水生动植物提供栖息之地，建成鸟的天堂，让游人在观鸟亭欣赏群鸟纷飞的景象；在湿地体验区建设湿地博物馆、宣教中心和农家乐生态园；依托水面、芦苇、沙枣林、草地等湿地资源合理造景，勾勒"湿地之城"的美好画卷。

延伸阅读二

张掖滨河新区介绍②

面对张掖长远发展的历史选择，顺应自然，提高城市功能，彰显城市特色，提升城市品位，重塑城市文化，再造城市品牌，扩大城市知名度和影响力，增加城市魅力，精心打造西部新区，张掖市滨河新区作为张掖市西北部的门户，其城市形象和城市职能显得尤为重要。

可以这样说，滨河新区是张掖市一号工程——中国黑河流域湿地保护工程的前期"创新"、"创业"工程，也是张掖市当前和今后一段时间实现发展思路转变的"集中"体

①节选自田葆华的《保护"地球之肾"——甘肃张掖倾力打造黑河国家湿地公园》。

②节选自《张掖市滨河新区修建性详细规划》。

现,这对张掖市实现生态兴城、以水融城、以文名城的发展愿景具有"里程碑"的意义。

为此,滨河新区的定位是:体现城市现代风貌,展示城市文化特色的张掖市的西南部门户景观区;带动城市发展,完善城市的功能和塑造城市特色的景观中心;服务市民,美化和改善环境,引领时尚,生态居住的休闲娱乐中心。

张掖滨河新区规划区位于张掖市主城区的西北侧,张掖市国家湿地公园的西南侧,西面紧邻黑河,距张掖市中心约4 km,地理位置较为优越,同时城市外环道路和北环路从中间穿过,对外交通十分便捷。

在规划和建设中,遵循"绿色核心、生态新区"的核心理念,可持续发展的生态理念,"天人合一"的和谐发展理念,"以人为本"的居住区设计理念,突出"地方性"的特色理念。同时,还遵循了如下三个原则。(1)因地制宜原则:水系、构筑物、道路、桥梁的改造和修建必须考虑经济性、可行性和合理性,因地制宜地作出合理的安排。(2)以人为本原则:居住区和接待中心的空间尺度应该满足人的行为所需要的安全性、方便性、交流性和属地性,人处处感受到服务的便利及尺度的宜人,体现对人的细致关怀。(3)生态性原则:规划区属于生态敏感区,因此不适宜大规模地安排城市建设,以最大限度地保留和恢复湿地和黑河的生态系统,使规划区形成一个完整的生态循环系统,维护生态廊道和生物群落进入一个良性循环系统。

根据设计理念和总体构思,各功能区构思为:

——"园林式"的会展及接待中心。商业金融业用地围绕地形和水面形成开放式公园布置,体现"生态兴市"的基本理念。

——"玉带环绕式"商住综合型小区。开发地块开辟连接湿地公园和湖面出水沟渠的水道,创造出碧水环绕式的生态型商住小区设计意向。

——"栖水式"生态型居住小区。沿北二环路结合规划区所形成的水面,开发高档生态型别墅区,提升和改善居住区的生态环境,打造城市新的居住区亮点。

呈现出了"一心、一带、三区"式的空间结构:

一心——会展中心。滨河新区的景观核心,作为滨河新区的地标性建筑和景观性建筑。

一带——以北二环及贯穿商住区和接待中心的景观带。

三区——高档别墅住宅区、商住综合区和会展及接待中心区。

(三)城市愿景:湿地之都

站在历史与愿景的交汇点上,张掖的现状、辉煌的历史促使市委、市政府思考张掖的未来发展问题。经过无数次深入调研、无数次专题讨论,张掖发展的优劣势渐渐显出,塞外江南的特色渐渐清晰,"金张掖"的发展方向已日趋明朗。"坚持特色方向,走好三条路子,推动三大战略,实现科学发展"的总体战略浮出水面,实施"十大工程"的具体部署深入人心。

这一基本思考既保持了原来工作思路的连续性，又站在新的历史条件下进行了新的探索性的认知和谋划。实施三大战略的举措基本涵盖了第一、第二、第三产业，涵盖了经济发展的各个方面，符合张掖实际，符合时代要求和群众意愿。“走好三条路子”是与实施三大战略相对应的发展途径，具体来讲，就是“顺应自然，建设生态张掖，塑造张掖新形象；开放创新，围绕钨钼、农畜资源，夯实工业强市基础；举‘节水旗’，发展现代农业，加快新农村建设”。

走“顺应自然，建设生态张掖，塑造张掖新形象”的路子，是张掖强力推进“生态张掖”建设的重要思路。城市特色至关重要，好的城市各具特色，湿地正是张掖的特色。为什么要建设“生态张掖”呢？

首先，就张掖所处的生态环境而言，干旱区生态环境决定了张掖经济社会发展必然要以“顺应自然”为基础。张掖由南向北依次由高山、冰川、森林、草原、河流、走廊绿洲、北部荒漠戈壁架构出相对独立的生态系统，处于农牧、林牧、农林和荒漠复合交错带，区域内气候干旱，具有典型干旱区特征。近些年，受全球性气候变暖的影响，祁连山雪线开始上升，水资源相对短缺，祁连山生态系统的水源涵养功能明显下降。此外，天然草原“三化”(退化、沙化、碱化)严重，载畜能力下降；植被退化且覆盖率低；表土流失，土地沙化，土壤侵蚀强度大；人均耕地少，集约化经营率低；天然湿地锐减且功能退化；生物多样性受损等生态问题都影响和破坏着张掖所处环境的生态稳定性，并且，生态环境的自我恢复功能也开始明显下降。

其次，就张掖自身生态特征而言，张掖南部以祁连山冰川融水及自然生态系统为保障，中部借黑河水系诸河流之利，成就了悠久的农耕文化和辉煌的经济历史。祁连山水源涵养林，黑河水系诸河流，湖泊沼泽，森林草原，210 400 hm^2 类型多样的天然和人工湿地资源，与城市紧紧相连的近 2 000 hm^2 湿地，独特的水、热、光、土自然条件，较为丰富的生物多样性、自然地理景观和历史人文景观，以占全省 5%的耕地提供全省 35%商品粮的经济地位，是张掖区域生态系统稳定和经济社会可持续发展的最关键因素。

再次，建设生态张掖，还可以提升城市品位。城市品位是一个城市综合竞争力的重要标志，其在很大程度上取决于城市的文化氛围和生态环境。张掖悠久而丰富的历史文化资源构成深厚的文化资本，良好的生态湿地资源形成可观的生态资本。建设生态张掖，意义将不仅仅在于生态本身，也不是简简单单的生态建设，而是彰显生态城市个性和特色，提升历史文化城市品位，塑造西部城市新形象，促进张掖环境、社会、经济协调和可持续发展的一项系统而宏大的工程。

在解答完“为什么要建设‘生态张掖’”之后，市委、市政府又面临一个新的问题，即建设一个怎样的“生态张掖”呢？我们审时度势，深入思考了这一问题，决定顺应自然，把恢复环境系统和挖掘生态环境亮点相结合，将生态学理论与张掖自身实际相结合，以保护湿地引领城市建设，以疏通水脉塑造城市崭新形象，以挖掘历史文化再造城市品牌，走出一条经济、社会、环境协调发展的路子。

打造“戈壁水乡”、“湿地之都”、“塞上江南”，将使张掖人民从生态文明发展中得到更多的实惠，从优美的生态环境中享受到绿水青山、莺燕竞翔、碧草芳原的田园风光，从安全的生态环境中享受到空气清新、饮水优质、食品安全、景观优美的生态服务。憧憬张掖城市建设的美好未来，我们不禁写道：

丝路
一条回荡千年的古道
丝路上的张掖
记载着它的多少旋律和篇章

湿地
勾勒希望的塞外江南
丝路上的张掖
记载着“半城芦苇半城塔”的诗情画意

湿地之都
我们心中的城市意向
我们脑海中逐渐远去却又渐渐清晰的城市印象
我们心中挥之不去招之即来的金张掖美好形象……

在建设“生态张掖”具体目标表述上，中共张掖市委、张掖市人民政府在《关于全力推进生态张掖建设的指导意见》中提出：科学统筹环境保护、社会发展、经济增长三方关系，在保持国民经济平稳健康持续增长的同时，森林、草原和湿地面积扩大；植被覆盖率提高；自然生态系统和区域性重要物种得到有效保护，生物多样性增加；祁连山水源涵养林功能进一步提高；黑河流域退化的自然生态系统得到恢复；适宜治理的土地得到不同程度的治理，农业生态环境进一步好转，生态环境质量明显改善；区域可更新资源不断增值，可再生能源开发利用比重显著上升；生态产业、循环经济成为主导产业并有序、协调发展；黑河水质稳定控制在功能区划指标以内，确保水环境的安全，城市环境空气质量稳定保持并优于国家二级标准；区域经济、社会、生态复合系统结构基本合理，系统服务功能呈现持续、稳定态势，综合竞争能力明显增强；生态文明融入社会各个层面，生态文明道德成为全社会风尚，绿色消费模式基本建立；人与人、人与自然、人与社会和谐发展。张掖以独具历史文化魅力和现代生态文明的西部湿地水韵城市，重现“戈壁水乡”、“湿地之都”、“塞上江南”的“金张掖”特色。

延伸阅读三

张掖市十大工程介绍

中共张掖市委二届四次全委(扩大)会议提出实施“十大工程”,具体内容为:

一、中国黑河流域湿地保护工程。黑河流域湿地保护工程是目前全国唯一与中心城市建设紧密结合的生态保护工程,对改善城乡生态系统,优化人居环境,促进经济社会可持续发展具有十分重要的意义和作用。要科学规划,准确定位,积极争取将黑河流域湿地保护纳入全国重点湿地保护规划,启动实施二期续建项目,建设湿地保护设施。要抓紧编制《黑河流域省级湿地自然保护区区划》,力争使黑河流域湿地早日纳入省级自然保护区范围。要以甘州东北郊万亩原生态湿地保护工程为重点,建立湿地保护补水机制,积极实施“引水入城”工程,着力打造张掖独特景观,进一步提升城市品位和知名度,强力推进城镇化建设,带动旅游等相关产业发展。

二、中国钨钼产业基地。钨钼矿产是我市最具开发潜力的优势资源。发展特色产业,钨钼当属首位。要把钨钼资源开发作为最重要的经济增长极来培育,着力引进一批国内知名大企业和战略投资者,在现有60万t钨矿采选的基础上,新建500万t钼矿采选和1万t仲钨酸铵加工项目,推动精深加工,延伸产业链条,力促钨钼加工向硬质合金方向发展,形成采选、冶炼、加工一条龙的产业格局。

三、河西风电走廊500万kW发电工程。张掖市水能、风能、太阳能、生物质能资源十分丰富。省委、省政府大力推进“建设河西风电走廊、打造西部陆上三峡”战略,为我们发展基础能源产业提供了难得的机遇。要坚持水电、风电、火电建设并举,在现有水电装机54万kW的基础上,加快大孤山、宝瓶河等电站建设,力争“十一五”末全市水电装机达到150万kW以上;突破火电二期项目前期工作,力争早日立项,尽快开工建设,使火电总装机达到300万kW;加强风能资源数据收集和评估工作,促使山丹、高台、临泽、肃南县50万kW风电项目早日付诸实施,实现水、火、风电总装机500万kW发电工程建设目标,建成“河西风电走廊”的重要支点、全省重要的电力生产大市。同时,以电能开发带动花草滩、长山子、三岔、平山湖煤田开发,为经济社会发展提供有力的能源支撑。

四、中国金张掖玉米制种基地。张掖市具有发展玉米制种得天独厚的自然条件和产业优势。要合理确定制种面积和区域布局,大力推广先进种植技术,建立标准化、规范化的种子生产、质量检测体系,提高种子质量和单位面积产量;依法加强种子许可证管理,实行地理标志产品保护,支持企业培育具有自主知识产权的优良品种,打造全国知名的玉米良种品牌;制定企业准入标准和行业规范,对现有制种企业进行以属地化管理、原产地纳税为主的清理整治,鼓励公平竞争,优化制种环境,建立企业、农民、政府“三赢”的种业发展长效机制。

五、中国西部马铃薯加工及种薯繁育基地。爱味客、德农等一批国际国内知名企业的落地，有力地带动了马铃薯加工和种薯繁育，具备了做大做强马铃薯产业的基础条件。未来几年，要充分发挥现有龙头企业特别是爱味客、德农等企业的生产加工能力和技术、管理、品牌优势，做大基地、做强龙头、做优产品、做响品牌，推动种植标准化、品种专用化、生产集约化和加工精深化，形成 3 000 万粒微型薯、4 000 hm^2 良种繁育基地、40 000 hm^2 标准化种植基地和 100 万 t 加工能力，基本构建起良种扩繁、精深加工、鲜薯贮藏、市场营销“四位一体”的产业发展格局，把张掖建成全省最大的种薯繁育供应基地和全国一流的马铃薯精深加工基地，使马铃薯产业成为推动沿山地区经济快速发展、农民持续增收的支柱产业。

六、现代农业示范工程。坚持用工业化的思维谋划农业发展，充分利用张掖优越的水土光热资源条件，按照“多采光、少用水、新技术、高效益”的原则，科学规划布局，规范标准生产，推广配套技术，主攻单棚效益，带动规模扩展，加速“三品”(无公害产品、绿色产品、有机产品)开发，培育名优品牌，大力发展日光温室和钢架大棚等设施农业，示范带动农业发展方式转变，使之朝着“平面向立体、分散向集中、粗放向集约、传统向现代”的方向发展，增创农业新优势，全面提升农业竞争力。以甘州区、临泽县、高台县为主，发展连片日光温室、钢架大棚和高原夏菜，建设优质蔬菜生产基地；以山丹、民乐和川区沿山乡镇为主，发展连片设施葡萄产业，拉长鲜果上市期，形成设施葡萄产业优势带。

七、河西百万头肉牛基地。张掖市饲草资源丰富。要从“品种改良、规模养殖、集中育肥、龙头带动、打造品牌、服务保障”等方面入手，推进畜牧科技与优势资源的有效整合，打通活体出口渠道，发展肉、奶及副产品加工，推动牛产业逐步向规模化、标准化、公司化发展。力争经过 5 年努力，全市牛饲养量达到 100 万头以上，出栏达到 25 万头以上，农民养牛人均纯收入达到 500 元以上，使之成为我市农村经济结构调整和农牧民增收的新亮点。

八、黑河流域综合治理工程。要从国家全局利益的高度着眼，按照国家黑河流域综合治理的目标要求，突出增水、涵水、节水，做好水文章。在上游祁连山区要重点抓水源涵养和植被、冰川保护；在中游绿洲区要重点抓农业结构调整，积极发展高效节水农业，加快打造无公害绿色食品基地，推进农业生产方式转变，走出北方干旱地区发展现代农业的路子，建设更高水平的节水型社会。通过增水、涵水、节水，改善绿洲生态环境，增强可持续发展能力，支持和促进下游生态环境进一步得到恢复，实现全流域人口、资源、环境与经济社会的可持续发展。

九、30 万农村劳动力技能培训工程。要把农村劳动力技能培训作为解放农村生产力，转变农业生产方式，发展壮大劳务经济，推动农村第二、三产业发展，增加农民收入的战略性措施来抓，打破行业部门界限，整合各类培训资源，完善机制，扩大规模，提升层次，每年培训农村劳动力 6 万名，5 年内使 30 万左右的农村劳动力得到系统的技能培训，使新增劳动力、在岗人员掌握就业、创业技能，使农、林、畜新技术、新机具得到大面积推广应用，为富余劳动力向非农产业、向城镇转移创造条件，为加快推进新农村建设、促进农民持续稳定增收奠定基础。

十、城乡就业、医疗、社会保障一体化工程。要把城市和农村的就业、医疗、社会保障作为整体，统一规划，通盘考虑，统筹解决，使城乡人民就业充分、病有所医、老有所养、失有所助、伤有所偿，共享改革发展成果。

二、张掖市建设生态城市的思路

科学发展观的基本要求是以人为本，全面协调可持续发展。推进张掖经济社会的可持续发展，必须以生态环境的良性循环为基础，必须全力化解潜在的生态危机。进一步讲，就是要发挥张掖自然生态禀赋优势，把发展与生态的良性循环紧密联系起来，使经济社会的发展建立在环境要素的良性平衡运动基础上，实现生态良性循环、环境优美舒适、经济高度发达、社会繁荣昌盛、人们安居乐业。

(一)指导思想

大自然是人类赖以生存的基本条件。保护环境，选择可持续的生产和消费方式已成为21世纪社会文明发展的主流。良好的生态环境是城市可持续发展的必然要求，城市的生态建设既是环境意识的觉醒、发展观念的变革，也是城市发展的方向。抓住张掖的生态资源优势，也就抓住了张掖可持续发展的核心，这既是科学发展观的客观要求，也是张掖面对长远发展所作的历史选择。

建设生态文明是党的“十七大”提出的新要求，是贯彻落实科学发展观的应有之义。走好“顺应自然，建设生态张掖，塑造张掖新形象”之路，就要用全新的视角来审视城市的发展观念和指导思想，用创新的发展思路来调整城市的发展方向和发展步伐，将湿地保护与张掖的城市建设相结合，通过湿地保护引领城市建设，彰显城市特色，提升城市形象，搭建发展平台，从而形成自然、城市与人融为一体，互惠共生，社会和谐、经济高效、生态良性循环的新时期城市发展模式。

“顺应自然”是建设生态张掖的基本思路，一方面，要用“顺应自然”的思路认识人与自然的关系。人与自然和谐相处是人类反思资源过度利用、生态严重破坏之后思想上的一次重要飞跃。当人类的生产能力达到一定水平之后，在处理人与自然的关系时，不能只追求个别团体的利益，不能只追求当前的利益，而要有意识地追求人与自然的和谐相处，绝对不能以牺牲后代的生存条件为代价来谋求当前的暂时发展。对黑河流域湿地的保护、改善和治理，正是为了实现人类社会和自然的和谐相处，实现生产发展、生活富裕、生态良好的发展境界。

另一方面，要按照“顺应自然”的思路解决建设“生态张掖”的过程中出现的问题。黑河流域在发挥巨大的生态效益的同时，也暴露了一些生态危机。在解决这些问题时，要以“顺应自然”指导实践。比如，在解决黑河流域水资源的利用问题上，常规做法多是靠修建水库、多储水来解决水资源的时间分布不均问题，靠调水来解决水资源空间分布不均的问题。“顺应自然”则要求建设节水型社会，从根本上解决这一问题。在解决黑河水系水土流失问题时，“顺应自然”就是要求我们重视生态的自我修复功能，通过采取退耕还林、封山禁牧来实现生态的自我修复；在解决黑河水系的水污染问题时，“顺应自然”就是要求我们严格控制污染总量，在具体的策略上，可以通过市场的方法，通过对污染权的交易来实现。

总体而言，建设“生态张掖”的指导思想就是以科学发展观统领全局，顺应自然，遵循严格保护、积极发展、持续利用的方针，坚持以人与自然和谐，推进环境、社会和经济协调、持续发展为主题，以运用生态学理论全方位规划环境、社会和经济，维护绿洲生态系统稳定安全，强化生态环境承载能力为基础，按照区域生态特点，科学制定生态张掖建设战略目标和建设规划，在全社会及发展战略层面上实现传统发展模式的生态转型，构建资源配置科学、生产力及结构布局合理、功能高效的生态产业体系、循环经济体系、生态环境体系、生态人居体系、生态文化体系，自然资源可持续利用的保障体系、生态环境监管及能力保障体系，形成环境、社会、经济全面协调和可持续发展的生态文明社会。

（二）基本原则

顺应自然是建设“生态张掖”总的指导思想，在具体建设“生态张掖”，打造“湿地之都”时，遵循的原则主要有以下几点。

1.全面推进原则

抓住城市的生态和文化两大优势元素，大力发展高新生态科技、商贸流通和旅游服务产业，从经济与人口、资源、环境、社会的相互协调中推动经济建设的发展，并在发展过程中带动人口、资源、环境和社会问题的解决，从而实现经济、资源、生态、社会的可持续发展。在具体落实上，要强化各级政府在推动环境、社会、经济全面协调和可持续发展综合决策的主导作用，明确部门责任，落实工作任务，配套激励政策，引导社会参与，形成全社会、全方位、多层次建设生态张掖的大格局。

2.环境优先原则

尊重自然，做到开发以保护好自然生态为前提，发展以环境容量为基础。严格保护湿地、水域等城市生态敏感资源，以资源环境承载力评价为前提，合理确定城市发展方向，优化产业结构，调整工业布局，布置城市空间规划结构，保持环境、社会和经济相协调，保障经济社会的可持续发展。

3.统筹兼顾原则

立足现实条件，根据近期建设和远期发展的必要性和可能性，处理好不同发展时序的关系,处理好局部与整体的关系,处理好开发与保护、局部与整体、近期与长远、城市与农村、少数与多数之间的关系,以利于城乡发展的科学和高效。城市发展建设的目标切实可行,并留有余地。

4.传承发扬原则

既要遵循"天人合一"、"回归自然"的纯朴生态观,又要发扬现代社会生态文明观;既要传承勤俭节约、艰苦朴素的传统美德,又要弘扬资源节约、环境友好的发展理念;既要把环境资源的节约、保护和有效配置放在优先位置,又要科学利用,推进张掖经济社会又好又快发展。

5.开发与保护、建设与恢复并重原则

正确处理环境、社会和经济发展的关系,采取更加有利于经济社会发展、生态平衡的政策和措施,决不以牺牲环境为代价换取经济的一时发展,决不以降低环境门槛作为招商引资的条件,决不走先污染后治理的失败之路。把生产活动和社会活动对环境的影响控制在生态环境的承载力之内,严格环境管理,严把环境准入关。以新科技、新工艺促进清洁生产、循环经济及低碳经济的发展和产业结构调整,减少污染物排放,实现经济发展与环境保护互促共进。

(三)需要妥善处理好的关系

当前,在建设"生态张掖",打造"湿地之都"时,需处理好以下关系。

1.湿地自然景观与张掖新形象的关系

从历史的角度看,曾经的张掖是"不是江南胜似江南"的优美画卷,是一个四时景色各异、坐落在湿地上的城市。但是,在张掖城市建设的过程中,八大明渠几近被衬砌或回填,这说明在这一转变过程中,我们还是选择了城市给我们带来的舒适和便利,而不是将城市的美景放在首位。现在,在改革开放30年之后,我们又重新确立了建设"湿地之都"这一目标,这说明我们走的已不是过去的老路子,是对张掖历史的传承与创新,但是,走好这条路子,必须处理好物质文明的发展问题,必须以张掖的经济发展为基础,以人均生活水平提高为后盾。

2.国家城市湿地公园与滨河新区的关系

张掖黑河流域湿地保护工程位列全市"十大工程"之首,现阶段,主要包括两项内容,一是滨河新区的建设,二是张掖国家湿地公园的建设,两者被列为推进城市建设的支撑点、经济发展的增长点和科学发展的新亮点。建设张掖国家城市湿地公园,是张掖城市的"后花园",是提升张掖城市的品位、扩大知名度和影响力的重要途径,解决的是张掖长期发展的问题;而滨河新区的建设,则是现阶段张掖市政府不得不着力做好的重点,要通过湿地的整治来提高北郊土地附加值,带动相关产业的发展,这是为建设张掖国家湿地公园提供资金支持的自我支持的一条重要途径。两者是相辅相成的关系，都不可偏废。

3.湿地保护与开发利用的关系

湿地保护的重要前提是“顺应自然”，要注重生态的自我修复功能；而开发利用在以往意义上，多是对资源的售卖，两者好像是背道而驰的。但是，实施张掖黑河流域湿地保护工程，我们要用开放的眼光看待这个问题，要用创新的方法解决这个问题，要使两者可以兼得。湿地虽是一个原生态的环境，一旦遭到破坏，有些功能将永久不能恢复。但是，只要管理得当，湿地的观光及在湿地周边修建住房都是对湿地自我修复功能影响甚微的，这也是符合城市长期发展理念的。

4.城市水位上升和湿地缺水的关系

史料显示，张掖市区曾有八大明渠，全长16 km，然而后来由于城市建设中的种种原因，八大明渠几近被衬砌或回填，城市的水位明显升高，而北郊却产生了湿地缺水现象。为此，要采取以下措施：(1)渠系疏浚，对于城区渠系疏浚，通过探寻城区过去形成的护城河、进水渠和排污沟，对八大明渠进行疏浚，恢复原有渠系，打通城区通往湿地的水循环系统，实现城区地下水自然排放，降低城区水位，补充湿地水源；对于城市北郊湿地的水系，通过修建桥涵、沿等高线开挖渠系等措施，打通各个区域的水系，使湿地内纵向联通，横向补水，整个湿地水文系统循环稳定。(2)排阴沟回填，按照上通下堵、修复湿地的思路，对湿地内部分人工开挖的排阴沟、部分污水渠进行回填，使湿地水位自然回升，实现湿地面积扩大和功能恢复。(3)污水治理，健全污水处理收集配套管网，将雨水、地下水和污水分流，使雨水、地下水直接排入湿地，污水进入污水处理厂净化。对于湿地水源涵养区内不能达到现有排放标准的工业企业，实行“关、停、并、转”。(4)适时补水，按照补水需求，利用现有灌溉渠道，从盈四支一分支引水至原河西水电办公楼附近，再向东到东芦苇池，分别进入东泉、阿薛渠系，适时补水[2]。

三、张掖市建设生态城市的途径

建设“生态张掖”是一项庞大而长期的系统工程，根本目的是实现张掖生态环境的良性循环，实现经济、社会、环境的协调发展，重点是实现发展质量(速度、结构、效益)的协调，发展要素(人口、资源、环境)的协调，发展动力(投资、消费、服务)的协调和发展格局(城市、农村、区域)的协调。

(一)科学编制建设规划，构筑“生态张掖”发展格局

建设“生态张掖”内容涵盖经济、社会和环境三大方面，需要在评估区域生态环境

承载力的基础上，根据经济社会发展战略目标，以绿洲经济社会禀赋为条件，以生态良性循环为基础，以生态文化为内涵，以生态湿地城市为特色，以生态型循环经济为纽带，以创建生态文明区（片、带）为载体，从生态产业体系建设、自然资源可持续利用的保障体系建设、生态环境体系建设、生态人居体系建设、生态文化体系建设、生态环境监管及能力保障等方面，编制科学、高水平、高质量的生态张掖建设总体规划、国土开发利用规划、人口控制及生态人居城镇建设规划、经济社会可持续发展规划和生态产业发展规划。

为此，在今后张掖的发展格局上，应具有以下特点：(1)开怀接纳，完善形态。考虑北部湿地重要的生态因素，规划调整城市组团形态，将北侧大面积的生态绿地引入城市用地中心，并同时塑造联系西北、东北两个片区的湿地廊道，充分体现张掖的生态特色，形成相互融合渗透的有机体系和生态格局。(2)梳理水系，重塑水脉。对现有水系、湿地进行梳理，对外塑造黑河生态环境，打造城北湿地公园，对内恢复城市原有环城河道，形成水系畅通、水文化丰富的脉络体系。(3)以建设湿地公园为契机，通过用地布局的调整为商贸流通和旅游服务业的扩张预留发展空间，并减少现有工业用地对湿地生态环境的影响，引导城市走生态保护、旅游开发与城市建设互动共生，良性循环的发展之路。(4)产业升级，腾笼换鸟。置换工业用地，塑造"城园分离"布局形态，以生态科技产业代替污染工业，以高新生态科技产业聚集带动园区产业发展，引导城市工业走生态科技之路。(5)城市形态。新时代下的张掖背依辽阔腹地，面向广袤湿地，如飞鸟般振翅欲飞。城市新的总体布局形态可以概括为"一体两翼"。"一体"指城市的中心城区，在城市发展中处于主体地位，具有交通发达、资本聚集、人才荟萃、配套齐全等综合优势，发挥着承东启西的作用。"两翼"指城市向东北、西北方向的两个发展片区，它们具有一定的资源环境优势，是带动城市向生态文明和高新产业发展迈进的主要动力。只有"一体"带动"两翼"，"两翼"支撑"一体"，城市才能协调发展。"一体两翼"不仅指城市的新形态，也代表了城市发展的一种新姿态和新策略。

（二）大力发展生态产业，夯实"生态张掖"经济基础

产业是城市发展的基础，是建设"生态张掖"的排头兵。为此，要以发展生态产业为主要支撑，夯实"生态张掖"的经济基础。

1.大力发展绿色工业和生态工业

一方面，通过科技创新，广泛运用高新技术、先进实用技术，按生态理念对传统工业进行改造。建设生态工业园区，引进"三高"（高科技、高附加值、资源高转化率）优化产业结构。贯彻落实国家促进产业调整的规定，大力发展对资源和不可再生资源依赖少、环境污染轻、技术含量和附加值高的绿色工业，推进生态工业集约化发展。

另一方面，强力推进"十大工程"。"十大工程"是建设"生态张掖"的产业基础。要加

快建设河西风电走廊500万kW发电工程和150万kW水力发电工程。大力发展绿色农副产品加工业,积极培育中国西部马铃薯加工基地和果蔬加工基地,鼓励区域联合、集约经营,把张掖建成全国一流的马铃薯精深加工基地,使马铃薯产业和果蔬加工产业成为推动区域经济快速发展、农民持续增收的支柱产业,辐射带动其他特色产业生态化发展。以能源和资源循环利用、生态环境及时恢复、污染严格控制为前提,强力推进中国钨钼产业基地建设,形成采选、冶炼、精深加工一条龙的循环产业链条。积极推动新型建材工业发展,以日产5 000 t新型干法水泥熟料生产线为主线,构建节能环保、综合利用、产品多样的新型建材工业格局。

2.大力发展生态农业

充分利用张掖市优越的水土光热资源条件,按照"多采光、少用水、新技术、高效益"的原则,科学规划布局,推广先进科学技术,推动农业生产方式向生态型转变。大力发展节水农业、设施农业、循环农业,延长农业产品的生产和增值链。提升农业生产中物质、能量的多级和综合利用水平,促进农业生态系统内部物质、能量循环。大力推广"粮农—林果—草牧"型生态农业模式,发展农牧型、农果型生态户。立足秸秆优势积极发展畜牧产业,实现秸秆多级利用,提高土壤有机质含量,实现"沃土"目标。巩固提升果蔬产业,积极发展绿色无公害果蔬和精细果蔬,拓展深加工生产链。积极引进和推广生物技术、无公害技术,加速建设国内外市场需求的高标准高水平的无公害、绿色、有机农产品生产基地,培育名优品牌,全面提升农业产业竞争力。

3.大力发展生态畜牧业

推行以草畜平衡为特征的草原生态畜牧业,积极推广胚胎移植、青贮饲料、暖棚养畜等畜牧业适用增产技术,实现良种、良法、良料、良舍的有效结合,缓解天然草场压力,维护草原生态平衡。开展耐旱抗寒草种的开发研究与优质牧草的改良推广, 推广草原(场)病虫害和鼠害的生物防治技术。积极推进牧业制度改革,改变靠天养畜,实行种草养畜、轮封轮牧、科学养殖。推进以农户小规模饲养和废物资源化利用为特征的生态畜牧业发展模式,加快畜牧业生产结构调整及传统畜牧业向现代化畜牧业的转变。扎实推进百万头肉牛基地建设工程,延伸畜产品深加工产业链。

4.大力发展生态旅游业

完善生态旅游开发和经营体系,坚持开发与保护并重、开发服从保护的原则。以本地特色生态资源为基础,有效利用张掖本地人文资源,围绕森林公园、湿地公园、丹霞和雅丹地质公园积极开发自然旅游产品、绿色旅游产品、人文理念旅游产品,积极推进"生态张掖"旅游产业发展。

(三)严格管理,构建"生态张掖"环境安全体系

严格管理是建设"生态张掖"的有效措施,要从张掖的生态环境入手,多角度、全方

位地展开有效管理，把建设“生态张掖”落到实处。

1.加强组织领导

各级党委、政府要切实加强建设生态张掖的组织领导，把建设生态张掖作为落实科学发展观的重要内容和实践载体，纳入国民经济和社会发展总体规划，体现在政治建设、文化建设、社会建设、环境建设和经济建设的全过程。积极探索和推行绿色GDP体系。建立生态文明综合评价指标和考核体系，把建设生态张掖的目标和任务纳入党政领导班子和领导干部“三位一体”考核范围。建立、完善政府部门联席会议决策机制和督办、督察机制。大力引进和培养高层次人才，为建设生态张掖提供高水平的智力支持。

2.切实加强污染防治

重点做好：(1)加大城市污水处理与中水利用和重点水污染行业污染防治重点工程的实施力度，加快黑河、山丹河流域污染综合防治步伐，确保水环境安全，提高水资源功能等级和多级、综合利用水平。(2)强化火电、冶炼、化工、建材等重点行业二氧化硫综合治理。加大城市烟尘、粉尘治理力度，确保大气环境安全及人居环境质量明显改善。(3)防治土壤污染。严格执行基本农田保护政策和制度，研究开发土壤污染治理和修复技术，推进有机农业发展，预防和控制农业及工业生产对土壤环境的污染。

3.切实保护祁连山水源涵养区

祁连山水源涵养区是维护绿洲经济社会最基本的要素，对维护黑河流域生态系统有着决定性的作用，必须把祁连山水源涵养区放在决定黑河流域存亡的战略位置予以保护。要坚决贯彻落实《甘肃祁连山国家级自然保护区条例》，禁止在保护区核心区、缓冲区开展旅游和生产经营活动。加大天然林和生态公益林保护力度，加快封山育林、封山育草步伐。通过人工造林、饲草料基地建设、围栏封育、舍饲养畜、生态移民等综合措施，不断恢复和扩大祁连山植被覆盖度，提升水源涵养功能，确保区域生态环境主体长期稳定、良性循环。

4.切实保护黑河湿地生态环境

黑河湿地强大的生态调蓄功能和丰富的自然资源对维护整个河西绿洲生态系统的稳定及平衡、改善张掖城乡生态环境、优化人居环境、促进经济社会的协调发展以及黑河下游航天城乃至全流域生态安全至关重要。要强化黑河流域湿地环境全方位保护监督管理，积极争取将黑河流域湿地保护纳入全国重点湿地保护规划，全力以赴推进“中国黑河流域湿地保护工程”建设，全力以赴将黑河流域湿地列为国家级湿地自然保护区范围，及早实施保护、恢复及建设。同时，积极调整张掖城市总体规划，将甘州东北郊2 000 hm^2 原生态湿地纳入城市规划范围，以张掖国家城市湿地公园项目引领生态城市建设。强化城市环境综合整治、城市环境保护及人居基础设施建设，积极打造城市独特生态景观。通过生态建设提升城市品位和知名度，使之成为创造投资项目、聚集生产要素、优化配置资源的有效平台和辐射中心,引领并有力促进张掖环境、社会、经济协调和可持续发展。

5.切实保护农业生态环境

积极优化农业经济结构,提高单位面积效益,遏制通过开荒造田增加农业收益的错误做法。实行农村环境保护监管村民自治制度,建立村规民约,合理调整农业施肥结构,实行配方平衡施肥,科学施用化肥,推进有机肥工程。推广农业环境保护新技术,推广可降解农膜,加强农药安全监管,推广低毒高效农药和生物防治等技术。严格控制乡镇工业污染、水源污染和土壤污染。发展农村清洁生产,统筹规划畜禽规模化养殖,推进畜禽养殖小区建设,强化农业生产、农副产品加工以及农村生活废弃物多级和综合利用,促进农业生态系统物质、能量的多层次利用和良性循环。强化农田林网建设,持续创建生态县、环境优美乡镇和生态村,全面治理农村人居环境,促进农业与农村生态环境协调发展。

6.切实加强北部山前荒漠区保护

充分认识北部山前荒漠区植被保护对防止绿洲退化、保障基本农田安全的重要意义。强化荒漠封育管护,限制人为扰动,禁止在划定的植被保护区内开发建设。继续加快防风固沙林、生态林网体系建设,使其有效发挥防护绿洲的重要生态功能。

(四)开展生态文明理念教育,建立"生态张掖"文化体系

开展生态文明理念教育是建设"生态张掖"的微观基础,是切实推进"生态张掖"建设的长远基础。

1.建立生态文明的道德文化体系

一方面,积极弘扬生态文化,为建设"生态张掖"提供强大的舆论支撑。生态文化是人类发展进步的一个重要标志,是人类发展观质的飞跃。要在全社会培育"生态和谐,珍惜资源"的生态科学价值观;培育有利于科学发展的"经济与环境融合观";培育人人享有满足生存发展需要的神圣不可侵犯的环境的权利,人人都有平等享有环境资源的权利,不允许任何人有过量消费资源的特权,人人都有环境权益受到侵害时要求停止损害并获得补偿的"环境权益观"。以生态学的理念和规律指导人类社会的一切活动(包括文化性和经济性活动),建设人与人、人与自然、人与社会和谐共存的文化环境,结合"金张掖"的绿洲文化底蕴,构建生态张掖建设的文化基础和社会基础。

另一方面,大力开展生态文明理念教育,通过学校教育、社区宣传、舆论引导、媒体传播、专题讲座、环保科普展览等多种形式,广泛开展生态知识普及教育,宣传生态文明建设的新事物、新典型,积极反映生态保护及建设新成效。建立生态文明教育的长效机制,完善文明教育体系,通过家庭教育,形成生态文明家风;通过学校教育,普及生态文明知识;通过社会教育,提高公众的生态文明素养,促进全社会整体生态文明意识的提

高,使维护生态安全和保护环境成为人们的自觉行为。

2.建立可持续的消费文化模式

贯彻实施政府绿色采购制度和环保标志认证制度,完善绿色消费的政策措施,建立绿色消费的服务体系,提高公众的绿色消费意识。以节能、节水、节材、节地、保护生态环境为重点,引导公众改变不良的消费方式,倡导购买绿色产品和有机产品,提倡绿色出行,开展“无车日”活动,减少一次性用品的使用。建立和完善生活垃圾分类、清运和回收利用机制。以绿色消费带动绿色生产,以绿色生产促进绿色消费。

3.建立生态文明的道德文化规范

从社会公德、职业道德和家庭美德等不同层面入手,制定和实施推进生态文明建设的道德规范,培育环境保护道德、伦理观,以环境道德伦理影响力和感召力将生态文明伦理道德观转化为人们尊重自然、崇尚科学、善待生物、保护环境、节约资源、清洁生产、爱护公物、邻里和谐的生活行为准则。

参考文献

[1] 王海峰. 升华认识　坚定信念　加快建设张掖国家城市湿地公园及滨河新区[J].张掖发展,2009(2):7-9.

[2] 周全民.实施中国黑河流域湿地保护工程要处理好六大关系[J].张掖发展,2008(5):30-31.

第十五章
张掖市生态城市建设基础分析

一、张掖市生态环境承载力分析与评价

生态承载力指的是生态系统所能容纳的最大种群数量，是生态系统的自我维护、自我调节能力，资源与环境的共荣能力及其可维系的社会经济活动强度和具有一定生活水平的人口数量[1]。对城市而言，生态承载力强调的是生态系统对人类活动的承载能力[2]。

（一）张掖市生态环境现状和存在的问题

张掖市位于甘肃省西部，黑河中游，河西走廊中段，总面积为41 924 km²，耕地面积约253 467 hm²，园地面积27 460 hm²，森林面积约449 333 hm²，草原面积2 546 500 hm²。全市土地总面积中14.4%为山区，51.1%为川区，34.5%为荒区。主要矿产资源中煤炭资源量10.5亿t、铁矿资源量89 308万t。张掖市地处干旱内陆河流域和西北内陆干旱荒漠地带，属温带干旱大陆气候，降水少蒸发强，生态环境极端脆弱，基本上处于干旱荒漠自然景观地带。全市年降水量和季节分配很不均匀，年均降水量为129 mm，蒸发量却高达2 047.9 mm，干旱指数高达10.3(E601蒸发量)。张掖市年日照长，温差大，盛行西北风，其次是东南风，伴随大风常有沙暴或浮尘天气出现。本区风沙地形较为复杂，主要分布在张掖市西南、南部石岗墩、朝元寺滩和西城驿一带。张掖市水资源比较丰富，水资源总量是16.63亿m³，其中，地表可利用水资源量16.28亿m³。地表河流主要有黑河、酥油口河、大野口河、山丹河4条内陆河流和26条季节性小沟小河，发源于祁连山和合黎山，是张掖市主要水源。市内地下水资源丰富，地下含水层厚度较大，储量亦多，天然补给丰富。其中泉水资源主要分布在黑河洪积扇前沿，黑河、山丹河及马虎子河两岸，溢出

总量为 8.43 亿 m^3,可利用量为 1.66 亿 m^3。张掖市有较丰富的太阳能、风能等可再生能源可供开发，利用潜力大。张掖市植被资源在地理规律和种属地理时空分布上分异明显,随不同生态地域而组成了平原和山地的森林、灌丛、草原、荒漠、草甸和沼泽等不同植被类型。植被资源有经济价值的种类不多。在森林区主要分布着青海云杉、圆柏、山杨,平原区分布着杨、柳、槐、沙枣等。药用植物主要有麻黄、甘草;野生纤维有芦苇、友艾草、马莲等;食用植物有发菜、地耳等。

近年来,由于自然环境变化及人类活动强度增加、社会经济发展和人口迅速增长,张掖市出现了地下水位下降、水资源短缺、草场退化、土地盐渍化、荒漠化、环境污染严重等一系列生态环境问题。张掖市对地下水超采,导致水位下降、矿化度增大。使用这种高矿化度水灌溉后,部分地区土壤盐渍化面积不断扩大,基本上是沿着开垦、灌溉、种植、盐渍化、弃耕方向演进。由于张掖市水资源时空分布不均,调蓄工程少、能力差,来水利用不充分,给农业生产带来困难,大片耕地不能保灌,农业缺水问题严重。草原超载过度放牧导致草场退化。戈壁荒滩的开发使天然荒漠植被遭到破坏,生态环境恶化速度加快。土壤风蚀严重,致使农业减产。张掖市北部地区自然条件恶劣,植被稀疏低矮,土地退化严重。南部祁连山林区是我国重要的水源涵养林区,也是张掖市生态环境的屏障和黑河的发源地,由于森林生态系统的特殊性和历史上人类活动的过度干扰,其生态系统脆弱,土壤不断盐渍化,植物群落衰减,生物生产力下降,草场退化,草原载畜能力下降。黑河沿岸各城镇工业废水、居民生活污水未经净化处理或不达标直排,使水体受到严重污染。总之,生态退化严重影响和威胁了张掖市生态环境安全。

(二)张掖市生态承载力评价方法的选择

1.生态承载力评价方法简介

对生态承载力的研究主要有以下几种方法[3]:自然植被净第一性生产力测算法,此法操作性强,反映了自然体系的恢复能力,但净第一性生产力测算法未能反映生态环境承受人类各种社会经济活动的能力。资源与需求的差量法,是对生态环境承载力的度量方法进行了简化,提出了一种基于供需关系的度量方法,这种方法简便、可操作性强,但只是瞬时评价,不能反映区域内社会经济状况及人民生活水平。状态空间法,是一种时域分析法,通常由表示系统各要素状态向量的三维状态空间轴组成,但状态空间法定量计算及构建承载力指数都较困难,所需资料较多。综合评价法,主要是把生态承载力分为生态系统的弹性力、资源与环境系统的供容能力以及具有一定生活水平的人口数三个层面,并从理论和方法上进行系统剖析,这种方法结果明了、准确性强、具有针对性,但要求资料较多、对数据的处理要求高、分值和权重的确定具有随意性和主观性。生态足迹法[4-6],是 20 世纪 90 年代提出的一种度量可持续发展程度的方法,它是一组基于土地面积的量化指标。这一指标衡量的是在一定经济技术条件下,一定人口或每个人消耗所占用的生物生产性土地面积的大小,从而判断其对自然生态环境造成的影响。该方法主要从需求方面计算生态足迹的大小,从供给方面计算生态承载力,通过二者的比较,评价研究对象的生态可持续发展状况[7]。这种方法较准确地判定评价对象的可持续发展状况,结果直观明了,具有区域对比性,注重区域生态的可持续性,因此被广泛应用[8]。

2.张掖市生态承载力评价方法的选择

根据生态承载力研究方法的内涵和张掖市的实际情况,决定选择生态承载力研究方法中的生态足迹法对张掖市的生态承载力进行研究[9]。

(1)生态承载力模型及计算[10]

①人均生态承载力

$$ec=\sum_{j=1}^{6} a_j \times r_j \times y_j$$

式中,ec 为人均生态承载力,单位为 hm^2/人;a_j 为实际人均占有的第 j 类生物生产土地面积;r_j 为均衡因子;y_j 为产量因子;$j=1,2,\cdots 6$ 表示六种生物生产(分别是耕地、草地、林地、建筑用地、化石能源地和水域)面积。

②区域生态承载力

$$EC=N \times ec$$

式中,EC 为区域总的生态承载力,N 为区域人口数。

(2)生态足迹模型及计算

①各类消费项目的人均生物生产土地面积分量计算

$$aa_i=\frac{c_i}{p_i}=\frac{(P_i+I_i-E_i)}{(P_i \times N)}$$

式中,i 为消费项目商品类型;aa_i 为人均占用 i 种交易商品折算的生物生产土地面积;c_i 为 i 种商品的人均消费量;p_i 为 i 种商品的世界平均生产能力;P_i 为第 i 种消费项目(商品)的年生产量;I_i 为第 i 种消费项目的年进口量;E_i 为第 i 种消费项目的年出口量。

②生态足迹计算

a.人均生态足迹

$$ef=\sum_{j=1}^{n} r_j \times (aa_i)=\sum_{j=1}^{n} r_j (c_i / p_i)$$

式中,ef 为区域人均生态足迹;r_j 为均衡因子,$j=1,2,\cdots 6$ 表示六种生物生产面积。

b.区域总生态足迹

$$EF=N \times ef$$

式中,EF 为总生态足迹;N 为总人口。

(三)张掖市甘州区基于生态足迹法的生态承载力计算过程

根据上述的生态足迹分析方法，对张掖市甘州区 2008 年生态足迹进行计算和分析。主要从张掖市甘州区 2008 年生物生产面积,生态足迹中的生物资源账户、能源账户方面研究张掖市的生态承载力。将张掖市 2008 年的生物生产面积从耕地、草地、林地、水域四种类型对生物土地面积进行分类[10-11],进而计算出这四种类型土地的人均占有面积以及四种类型土地分别占全区土地面积的比例。张掖市甘州区能供给的生物生产面积的类型及数据见表 15-1。

表 15-1　甘州区 2008 年生物生产面积

土地类型	土地面积(hm^2)	占全区总面积(%)	人均面积(hm^2)
耕地	47 586.667	11.18	0.092 161 9
草地	126 600.000	29.76	0.245 188 2
林地	37 507.600	8.81	0.072 641 6
水域	12 133.330	2.85	0.023 498 8

注:数据来源于《甘州区统计年鉴 2008》。

张掖市甘州区生态足迹中的生物资源主要从农产品(粮食作物、经济作物)、动物产品(肉禽蛋类)、水果、林业产品(木材)和水产品方面研究张掖市甘州区的生物资源的生态足迹。从粮食作物看,张掖市地处河西中段,是我国著名的商品粮基地,为甘肃省提供了约 70 %的商品粮,因此张掖市的小麦、水稻、谷子产量都很高。近些年来张掖市着力发展“十大工业”,其中的玉米制种、马铃薯工业基地是张掖市要大力发展的产业,因此玉米、马铃薯的供给和需求都十分突出。张掖市的经济作物中油料作物、甜菜产量和需求量也很大。张掖市的畜牧业供求量所占比重较大,尤其是对牛羊肉的需求。木材供给、需求量相对较小,这是张掖市近些年来森林植被破坏严重、森林覆盖率低、林带多达到近熟龄或成熟龄、林木生长衰退、森林萎缩等原因所导致的。张掖市甘州区生态足迹中生物资源的计算见表 15-2。表 15-2 中甘州区生物资源生产面积折算的具体计算采用联合国粮农组织 1993 年计算的有关生物资源的世界平均产量资料。

表 15-2　甘州区 2008 年生态足迹计算中生物资源账户

种类	全球平均产量(kg)	甘州区生物量(t/hm^2)	总的生态足迹(hm^2)	人均生态足迹(hm^2)	生产面积类型
小麦	2 744	59 247.60	21 591.69	0.418 170	耕地
水稻	2 744	885.00	322.52	0.025 000	耕地
谷子	2 744	1 087.42	396.29	0.000 768	耕地
玉米	2 744	226 334.58	2 483.45	0.159 747	耕地
蚕豆	1 856	96.98	52.25	0.000 101	耕地
马铃薯	12 607	25 530.43	2 025.10	0.003 922	耕地

续表 15-2

种类	全球平均产量 (kg)	甘州区生物量 (t/hm²)	总的生态足迹 (hm²)	人均生态足迹 (hm²)	生产面积类型
胡麻籽	1 856	2 268.00	1 221.98	0.002 367	耕地
油菜籽	1 856	3 633.00	1 957.44	0.003 791	耕地
葵花籽	1 856	780.00	420.26	0.000 814	耕地
甜菜	18 000	30 335.00	1 685.28	0.003 264	耕地
蔬菜	18 000	422 130.00	23 451.67	0.045 419	耕地
瓜类	18 000	16 056.00	892.00	0.001 728	耕地
苹果	3 500	35 100.00	10 028.57	0.019 422	林地
梨	3 500	28 521.00	8 148.86	0.015 782	林地
红枣	3 500	39 090.89	11 168.83	0.021 631	林地
水产品	29	1 040.00	35 862.07	0.069 455	水域
猪肉	74	20 097.00	271 581.08	0.525 975	草地
牛羊肉	33	12 695.00	384 696.97	0.745 049	草地
禽肉	764	3 955.00	5 176.70	0.010 026	草地
羊毛	15	1 352.88	90 192.00	0.174 676	草地
禽蛋	400	7 839.00	19 595.50	0.037 955	草地
牛奶	502	12 288.00	24 478.09	0.047 407	草地
木材	1.99 m³	1 787.00 m³	897.99	0.001 739	林地

注:数据来源于《甘州区统计年鉴 2008》。

张掖市甘州区生态足迹的能源账户中能源消费转化为化石燃料生产面积时，以世界上单位化石燃料生产土地面积的平均发热量为标准进行折算。能源账户中根据资料列出了如下几种能源:煤、焦炭、汽油、煤油、柴油、燃料油、液化石油气和电力。计算足迹时将能源的消费转化为化石燃料土地面积，以世界上单位化石燃料生产土地面积的平均发热量为标准,将当地能源消费的热量折算成一定的化石燃料土地面积。张掖市甘州区生态足迹中能源的计算见表 15-3。

表 15-3　甘州区生态足迹计算能源部分账户

主要消费类型	全球平均能源足迹 (GJ)	折算系数 (GJ/t)	总消费量 (t)	人均消费量 (GJ)	人均生态足迹 (hm²)	生产面积类型
原煤	55	20.934	1 042 864.31	42.281 070	0.768 747	化石燃料土地
焦炭	55	28.470	54 849.77	3.024 323	0.054 988	化石燃料土地
汽油	93	43.124	542.14	0.045 279	0.000 487	化石燃料土地
煤油	93	43.124	0.00	0.000 000	0.000 000	化石燃料土地
柴油	93	42.705	2 158.93	0.178 559	0.001 920	化石燃料土地
燃料油	71	50.200	9.96	0.000 969	0.000 014	化石燃料土地
液化石油气	71	50.200	86.48	0.008 408	0.000 118	化石燃料土地
电力	1 000 kW·h	11.840	75 804.77	1.738 258	0.001 738	建筑用地

注:数据来源于《甘州区统计年鉴 2008》。

(四)张掖市基于生态足迹法的计算结果与讨论

1. 张掖市甘州区 2008 年生态足迹的计算结果分析

张掖市甘州区生态足迹的需求总面积中人均耕地总面积 0.290 409 hm^2,人均草地总面积 1.541 088 hm^2,人均林地总面积 0.117 672 hm^2,人均化石燃料地总面积0.828 012 hm^2,人均建筑总用地 0.001 738 hm^2,人均水域总面积 0.069 455 hm^2。均衡因子的选取来自世界各国生态足迹计量研究报告。耕地以粮食单位面积产量计算,草地以牛羊肉单位面积产量计算,建筑用地的产量因子取与耕地相同的值,因为根据生态足迹理论,人类一般定居在肥沃的土地上。其余依据文献中的计算取值。在生态容量的计算中,根据收集的资料,计算出张掖市甘州区各类生态生产性土地的人均面积,并根据联合国环境和发展委员会在《我们共同的未来》中的建议扣除了12%的生物多样性保护面积。最后计算出张掖市甘州区生态足迹需求中各类用地的均衡面积,见表 15-4,张掖市甘州区的人均生态足迹总需求为 2.642 715 hm^2,人均生态足迹总供给为 1.180 950 hm^2,需求是供给的 2.5 倍,人均总生态承载力为 1.039 236 hm^2,人均生态赤字为1.603 552 hm^2,生物多样性保护(12%)为 0.141 714 hm^2/人,总的可利用足迹为 1.039 236 hm^2/人。

表 15-4 甘州区 2008 年生态足迹计算与分析

单位:hm^2/人

土地类型	生态足迹的需求			土地类型	生态足迹的供给		
	总面积	均衡面积	均衡		总面积	均衡面积	均衡
耕地	0.290 409	2.8	0.813 145	耕地	0.092 162	2.53	0.652 876
草地	1.541 088	0.5	0.770 544	草地	0.245 188	3.04	0.372 686
林地	0.117 672	1.1	0.129 439	林地	0.072 642	0.02	0.001 598
化石燃料	0.828 012	1.1	0.910 830	CO_2	0.000 000	0.00	0.000 000
建筑用地	0.001 738	2.8	0.004 866	建筑用地	0.021 046	2.53	0.149 090
水域	0.069 455	0.2	0.013 891	水域	0.023 499	1.00	0.004 700
总计			2.642 715	总计			1.180 950

生态赤字的存在表明人类活动对生态环境的压力超出了当地生态承载力的范围。张掖市甘州区存在着生态赤字,说明生态足迹的供给小于生态足迹的需求,是通过枯竭自然资源存量或依赖从外部输入生态足迹来获得当前发展和弥补生态供给不足的,其发展处于一种生态不可持续的状态。从各类生态生产性土地的生态足迹需求与供给来看,张掖市甘州区的耕地、草地、林地、水域、化石燃料用地表现为生态赤字;张掖市甘州区的建筑用地表现为冗余。张掖市甘州区的生态赤字最大的为化石燃料用地,其次为草地、耕地、林地,赤字最少的为水域。说明张掖市甘州区人均化石燃料用地生态赤字很大,这是因为目前张掖市甘州区并没有留出专门用来吸收能源消费过程中排放的 CO_2

的用地，同时，张掖市甘州区的化石燃料足迹需求 0.910 830 hm²/人，比甘肃省 2004 年平均的化石燃料足迹需求 0.910 4 hm²/人都高[12]。张掖市甘州区的草地资源数量不足且质量不高，再加上城市的草地多数并不提供畜牧业产品，而是用来观赏和娱乐，提供生物资源的能力差。耕地的需求是供给的 1.2 倍多，反映出张掖市甘州区城市人多地少、城市人口比例较大的事实。林地的赤字是由于张掖市甘州区森林覆盖率低，林带多达到近熟龄或成熟龄，林木生长衰退，导致森林萎缩。水域的赤字与甘州区地势东南高西北低，城市引排水渠系不畅，造成湿地水源补给不足，加之污水处理厂建于湿地下段，地势较低，处理后的中水在湿地区域内无法引用等一系列问题有关。张掖市甘州区建筑用地表现为生态冗余，反映出张掖市甘州区还有较大空间可供利用。

2.张掖市 2008 年生态足迹的计算结果分析

由于张掖市 2008 年生物生产面积、张掖市 2008 年生态足迹计算中生物资源账户、张掖市生态足迹计算能源部分账户均可由生态足迹法公式做出如表 15–1 至 15–3 形式，此处就不再重复列出上述三个表格，仅列出张掖市 2008 年生态足迹计算与分析(见表 15–5)，得出张掖市生态承载力的实际情况，生物多样性保护(12%)为 0.162 0 hm²/人，总的可利用足迹为 1.188 1 hm²/人。由计算结果得出张掖市的人均生态足迹需求为 2.855 9 hm²，人均生态承载力为 1.188 1 hm²，人均生态赤字为1.667 8 hm²。

表 15–5 张掖市 2008 年生态足迹计算与分析

单位：hm²/人

土地类型	生态足迹的需求			土地类型	生态足迹的供给		
	总面积	均衡面积	均衡		总面积	均衡面积	均衡
耕地	0.653 668	2.8	1.830 2	耕地	0.195 637	0.95	0.520 4
草地	1.563 885	0.5	0.781 9	草地	1.562 216	0.60	0.468 7
林地	0.036 112	1.1	0.039 7	林地	0.288 207	0.34	0.107 8
化石燃料	0.158 975	1.1	0.174 9	CO_2	0.000 000	0.00	0.000 0
建筑用地	0.001 793	2.8	0.005 0	建筑用地	0.039 035	0.95	0.040 8
水域	0.121 030	0.2	0.024 2	水域	0.075 862	1.00	0.212 4
总计			2.855 9	总计			1.350 1

张掖市存在着生态赤字，说明生态足迹的供给小于生态足迹的需求，是通过枯竭自然资源存量或依赖从外部输入生态足迹来获得当前发展和弥补生态供给不足的，其发展处于一种生态不可持续的状态。从各类生态生产性土地的生态足迹需求与供给来看，从整个张掖市各类生态生产性土地的生态足迹需求与供给来看，生物生产土地的人均生态足迹逐渐增大，其中耕地、草地、化石燃料地表现为生态赤字，林地、水域、建筑用地表现为生态冗余。从整个张掖市的需求与供给的数量来看，张掖市生态赤字最大项为耕地，其次为草地，最后为化石燃料地。张掖市的耕地需求面积有逐年增加的趋势，这与张

掖市是全国重点建设的12个商品粮基地之一、甘肃省粮食生产重要基地的事实有着重大关系。张掖市积极响应国家退耕还林还草政策,但是,张掖市草地的生态需求仍存在赤字,说明张掖市对肉类食品和奶产品的需求在稳定增加,饮食结构逐渐向以肉食为主发展,但也同样说明了城镇人多地少、城镇人口所占比重较大这一共同现象。张掖市的化石燃料用地也存在生态赤字,化石燃料用地需求增加,反映出张掖市能源使用量不断加大的趋势,同样,张掖市并没有留出专门用来吸收能源消费过程中排放的工业废弃物的用地。张掖市的林地、水域表现为生态冗余,主要是由于张掖市制定了对现有水系、湿地进行梳理的规划,确定湿地的补水涵养河道走向,引水入城,恢复原有环城河道,疏通水系,增强排泄地下水的能力,并将城内水系与北部湿地公园水系融为一体,解决城北湿地的补水问题,从而达到地下水资源与水环境的动态平衡。引水入城可以充分利用黑河流域丰富的水资源,有效地改善张掖市的林地生态足迹的供给面积,又由于张掖自古因水而名,北郊湿地的引入以及城市水系的重新梳理,为构建独具特色的城市绿地体系"水绿交融"创造了客观条件。张掖市建筑用地表现为生态冗余,反映出张掖市甘州区还有较大空间可供利用。

3.张掖市甘州区与张掖市生态承载力的比较分析

从各类生态生产性土地的生态足迹需求与供给来看,无论是张掖市甘州区还是张掖市,其耕地、草地、林地、水域、化石燃料用地都表现为生态赤字。张掖市甘州区的建筑用地表现为冗余。张掖市的林地、水域、建筑用地表现为生态冗余。张掖市的林地与水域之所以出现生态冗余是由于张掖市北郊具有大片湿地,张掖市又制定了水域、湿地的相关保护政策,确保湿地的补水,同时,疏通水系,充分利用黑河流域丰富的水资源,有效地改善了张掖市的水域、林地生态足迹的供给面积。

张掖市的人均生态赤字是张掖市甘州区的人均生态赤字的1.07倍之多,说明张掖市甘州区的生态承载力水平好于整个张掖市的生态承载力水平。但无论是张掖市甘州区还是张掖市,都存在着生态赤字,说明二者的生态足迹供给都小于其需求。影响生态赤字的要素主要有消费水平、单位土地面积的生产力、人口密度。因此,为减少生态赤字,应高效利用现有资源量,在不降低生活水平的基础上改变人们的生产和生活消费方式,建立节约型的社会生产和消费体系;积极利用高新技术,提高单位土地面积的生产力;控制人口,以减轻区域发展对生态环境的压力。

二、张掖市可持续发展水平测度与评估

1987年联合国世界环境与发展委员会提出"可持续发展"概念,该思想现已成为人类共同追求的发展理念和发展模式。城市可持续发展是一种先进的城市发展观,它强调城市在增长的同时更注重城市质量的提高,包括城市的生态结构质量、环境质量、建筑

美学质量以及精神文化氛围质量等方面，最终实现城市社会经济与生态环境的均衡发展。立足当前发展的现状，通过对张掖市可持续发展现状的测度来谋划城市发展的未来,从而实现人口、经济、社会、资源、环境的协调发展[8]。

(一)张掖市可持续发展现状

改革开放以来,尤其是近10年来,张掖市经济社会各项事业迅猛发展,人民生活水平显著提高。全市GDP年均增长率高达10%以上,2004年高达12.3%,高于同期全国GDP年均增长量。人均GDP逐年攀升,2008年高达13 285元，高于同期全省人均GDP(12 110元)。与全国及甘肃省的固定资产投资增长率相比,张掖市固定资产投资增幅波动较大,2002年高达55.02%，近三、四年来增幅明显下降,2007年降至6.3%,2008又表现出上升态势。在人均财政收入和财政收入增速方面,张掖市低于同期甘肃省和全国水平,2008年全国和甘肃省人均财政收入分别为4 629元、1 796元，张掖市仅为995元。

2006年以前,张掖市农民人均纯收入远高于全国及甘肃省水平。2007年以来,张掖市农民人均纯收入略低于全国水平,但仍远高于甘肃省水平。2008年张掖市农民人均纯收入为4 515元,略低于全国水平4 761元,仍高于甘肃省水平2 724元。然而,城镇居民可支配收入均低于全国及甘肃省同期水平,2008年张掖市城镇居民可支配收入为9 315元,同期甘肃省和全国城镇居民可支配收入分别为10 969元、15 781元。

从三次产业在国民生产总值中所占的比例来看,张掖农业基础好,耕种条件优越,灌溉农业发达,第一产业所占比重较高。2000年张掖市三大产业比例为41.9:27.8:30.3,同期甘肃省三大产业比例为18.4:40.1:41.5,全国为15.1:45.9:39.0,可以看出,第一产业在国民生产总值中所占比重明显高于全省及全国水平。近年来，张掖市政府为了大量转移农业剩余劳动力,减轻农业对水资源的压力,大力实施工业强市战略,第二产业在国民生产总值中所占比重逐渐上升。2008年张掖市三大产业结构为29.0:38.0:33.0,与甘肃省及全国三大产业构成比例相比较,第一产业所占比重明显偏高,第二、三产业所占比重则较低。

张掖矿产、能源资源比较丰富,开发前景广阔。已探明钨、钼、煤、铁、铜、石灰石等矿产33种,其中稀有战略性资源钨钼,远景储量在全国排前三位,属中国西部钨矿资源丰富的地区之一,是张掖兴办采选、冶炼、加工一体化大型工业项目的基础。张掖市依托丰富的煤炭、水能、风能和太阳能资源,以矿产、能源开发为重点的工业正在起步。横贯而过的全国第二大内陆河——黑河，是全市126万人民赖以生存和发展的母亲河,是全市工农业生产和发展的血脉。全市90%以上的国内生产总值依靠黑河产出。张掖是典型的资源型缺水地区,人均水资源量、亩均水量分别为全国平均水平的75%和29%。长期以来,水资源的供求矛盾一直是制约张掖经济社会发展的重要因素,加上用水结构不合理、水资源配置不科学,造成水资源利用率低。黑河流域生态恢复与重建,不仅事关流域内水资源开发可持续利用、经济可持续发展的大局，也关系到整个西北地区，乃至华北地区生态系统保持与改善的大局，关系到民族团结、社会稳定、国防建设的大局[13]。

近年，张掖市在就业、社会保障、新型农村合作医疗、环境治理、降低能耗等方面均取得了较好的成绩。2008 年张掖市就业再就业形势较好，城镇新增就业 16 461 人，安置下岗失业人员 6 978 人，比上年增长 53%。年末城镇登记失业率为 2.89%，比上年末下降0.11 个百分点。社会保障体系进一步完善，年末全市参加城镇基本养老保险人数为54 847 人，比上年末增长 21%；参加城镇居民基本医疗保险人数为 144 128 人，比上年末下降 2%；参加失业保险人数为 63 157 人，比上年末增长 7%；参加工伤保险人数为54 687 人，比上年末增长 21%，其中参保农民工人数为 21 095 人。年末领取失业保险金人数为 1 708 人，比上年下降 7%。全市享受城镇最低生活保障的居民为 48 052 人，享受农村最低生活保障的居民为 59 818 人。全市 6 个县(区)开展了新型农村合作医疗工作，90.38 万农民参加了新型农村合作医疗，比上年增长 2.7%，参合率达 93.8%，比上年提高 2.8 个百分点。新型农村合作医疗基金累计支出总额 7 916 万元，比上年增长89.9%，累积受益人数 82.65 万人次，增长 7.2%。

2008 年全年完成环境污染治理项目 112 个，项目总投资 18 583 万元。全市用于环境污染治理、环境管理、污染防治科技投入达 32 700 万元，环保投资指数 1.94%。重点流域和区域污染防治工作以及城区废气和水源污染治理成效明显。全年全社会综合能源消费量为 329.59 万 t 标准煤，比上年增长 8.14%，万元 GDP 能耗为 2.09 t 标准煤，同比下降 5.3%。规模以上工业企业综合能源消费量为 171.5 万 t 标准煤，比上年增长6.37%。规模以上工业万元增加值能耗为 4.40 t 标准煤，同比下降 13.24%。

多年来，张掖市坚持打生态牌，做水文章，走特色路，充分发挥黑河绕城而过对城市生态建设的推动作用。通过实施中国黑河流域(张掖)湿地保护工程，建设张掖国家城市湿地公园、张掖国家湿地公园，建立张掖黑河流域湿地国家级自然保护区，强力推进包括滨河新区在内的张掖市北部生态新区建设，以此全面带动城市生态环境建设。

(二)张掖市可持续发展水平评价方法选择

1.可持续发展评价方法综述

目前存在的可持续发展评价方法有真实储蓄法、模糊综合评判法、生态足迹法、综合评判法、时间系列法、层次分析法、空间分析法、功效系数法、隶属度函数法、线形加权法和主成分分析法等方法，其中真实储蓄法、模糊综合评判法、生态足迹法在现今使用最为广泛[14]。

真实储蓄法从历史的眼光看待可持续发展问题，强调各子系统之间的相互关系和相互补充的属性，提供了一种动态的系统分析方法。但其具有一定的理论难度，而且需要以一定的时间为前提，所以说真实储蓄法有时对可持续发展状况的描述会存在一定的滞后性。真实储蓄法计算的起点是世界上通用的GDP,具有可比性的优势。但因为对不同的资源和环境因子边际成本的确定还存在争论,缺乏统一的标准,并且存在某些指标统计数据不全等问题，所以该方法更适合在城市可持续发展评价中使用[7]。

模糊综合评判法应用了模糊数学理论,符合可持续发展评判的随机变化规律。采用模糊综合评价法进行区域可持续发展水平评价,具有层次分明、逻辑清晰、形象直观、符合实际的特点。但模糊综合评判法也存在着权重选取偏于主观性,隶属函数的确定具有任意性且评价标准集的设定也具有主观性和不确定性等缺点，目前人们还在不断探索改进该模型的途径。该方法应用范围十分广泛,不仅可以用于城市的可持续发展评价,还可用于区域中单项指标的环境评价[15]。

生态足迹模型首次基于"全球平均生态生产性土地面积"这一简单、直观的公用单位对各种自然资源的统一描述,并引入当量因子(或均衡因子)、产量因子(或生产力因子),使得特定人口不同尺度区域的各类土地面积可加、可比,使我们能明确知晓现实距离可持续性有多远,从而有助于监测可持续方案实施的效果。但生态足迹法也有它自己的缺点,比如现有的生态足迹分析中有关污染的生态影响很少;由于生态足迹法是基于静态的分析,无法反映未来的趋势,不足以监测变化过程。因此,可以说生态足迹分析是一种测度人类消费与自然供给持续性的生物物理量衡量方法，仅从生物生产这一角度度量了区域发展的生态持续性,并非包罗万象的综合评价指标[15]。

上述三种方法各有利弊,我们在进行区域的可持续发展评价时,常常遵循因地、因时制宜的原则,并且根据被评价目标的实际情况和评价要求来确定使用哪种评价方法。

2.张掖市可持续发展评价方法选择

根据可持续发展思想的内涵,并结合张掖干旱区绿洲农业的地域特色,构建了测度张掖市可持续发展现状的多层指标体系。在反复斟酌以上诸方法优缺点的基础上,按照简单易行、便于操作的原则,本文选择综合评价法对张掖市可持续发展状况进行综合测度。综合评价法(Comprehensive Evaluation Method)是指运用多个指标对多个参评单位进行评价的方法,称为多变量综合评价方法,或简称综合评价方法。其基本思想是将多个指标转化为一个能够反映综合情况的指标来进行评价。综合评价法的特点:评价过程不是逐个指标顺次完成的,而是通过一些特殊方法将多个指标的评价同时完成的;在综合评价过程中,一般要根据指标的重要性进行加权处理;评价结果不再是具有具体含义的统计指标,而是以指数或分值表示参评单位"综合状况"的排序或参评单位历年的动态变化趋势。

综合评价法的计算步骤如下:首先建立综合评价指标体系,其次对原始数据进行无量纲化处理,然后对多层指标体系的各个可操作性指标赋予相应的权重,进而运用公式

$S_i=\sum_{j=1}^{n} W_j\, x_{ij}'$计算评价结果($W_j$为第$j$个指标的权重值,$x_{ij}'$为标准化矩阵中第$i$个样本第$j$项评价指标接近度),最后对张掖市可持续发展状况作出总体评价。其中,为了避免主观因素的影响,选取熵值法给各指标赋予权重。熵值法是根据各项指标指标值的变异程度来确定指标权数,这是一种客观赋权法,从而能避免研究者主观因素对评价结果的影响[16]。

(三)张掖市可持续发展水平评价指标体系构建

目前,不仅相关政府部门已经颁布了可持续发展评价的指标体系,国内学者在相关领域的研究著作、论文也颇为可观,但大致可归纳为以下几个方面:经济、资源、环境、人口、社会[17]。许多学者则根据具体研究的需要,在体现可持续发展理念和遵循指标体系基本构建原则的基础上构建了具有某种纬度偏向性的指标体系。我们在参考诸多城市可持续发展评价指标体系的基础上,运用统计取舍法、极大不相关筛选法等指标体系的选取方法,按照体现可持续发展思想内涵、突出地域特性、数据资料易收集、可操作性强等原则,将可持续发展思想从社会进步、资源环境支持和经济发展三个维度展开,构建了包含33个可操作性指标的四级指标体系[7],详见表15-6。

表15-6　张掖市可持续发展指标体系

一级指标	二级指标	三级指标	四级指标
发展可持续系数和发展协调指数	社会进步指数	人口指数	市区人口密度(人/km²)
		生活质量指数	城镇居民人均可支配收入(元)
			农村居民恩格尔系数(%)
			每万人拥有医生数(人/万人)
		科技教育指数	每万人专业技术人员数(人)
			地方财政中教育事业费支出占GDP比值
			每万人中高等学校在校学生数(人/万人)
		基础设施水平指数	人均城市道路面积(m²)
			人均居民生活用电量(kW·h)
			货运周转量(万t/km)
			人均家庭生活用水量(t/人)
		社会安全系数	城镇登记失业率(%)
		城乡统筹	(全市)城市化水平(%)
			城乡居民收入比(以农为1)

续表 15-6

<table>
<tr><th>一级指标</th><th>二级指标</th><th>三级指标</th><th>四级指标</th></tr>
<tr><td rowspan="9">发展可持续系数和发展协调指数</td><td rowspan="4">资源环境支持指数</td><td>资源支持指数</td><td>人均耕地面积(亩)
森林覆盖率(%)</td></tr>
<tr><td>生态建设指数</td><td>城市绿化覆盖率(%)
人均公共绿地面积(m^2)
环保投资与 GDP 比值(%)</td></tr>
<tr><td>环境污染指数</td><td>工业二氧化硫排放量(t)
工业废水排放量(万 t)</td></tr>
<tr><td>环境治理指数</td><td>工业废水排放达标率(%)
工业固体废物综合利用率(%)</td></tr>
<tr><td rowspan="5">经济发展指数</td><td>经济发展指数</td><td>人均 GDP(元)
GDP 增长率(%)
社会固定资产投资增长率(%)</td></tr>
<tr><td>经济结构指数</td><td>GDP 中第二产业产值所占比重(%)
GDP 中第三产业产值所占比重(%)</td></tr>
<tr><td>经济繁荣指数</td><td>人均社会商品零售总额(元)
人均地方财政收入(元)</td></tr>
<tr><td>经济集约指数</td><td>全社会劳动生产率
单位 GDP 电耗(亿 kW·h)</td></tr>
<tr><td>经济外向指数</td><td>进出口总额(亿美元)</td></tr>
</table>

(四)张掖市可持续发展状况评价

在此,以张掖市 2003 年至 2007 年的数据为基础,对张掖市可持续发展状况进行动态综合评价。文中理想值的选择以张掖市十一五规划的数据为主,规划中没有的数据根据熵值法中正向指标和负向指标的处理方法,选用原始数据矩阵中每项指标极值,利用熵值法计算公式得到信息熵、效用值和指标权重[18],见表 15-7,其中,社会发展系统指标组的权重为 15.887 3%,资源环境支持系统指标组的权重为 60.191 1%,经济发展系统指标组的权重为 23.921 6%。

表 15-7 张掖市可持续发展指标体系权重表

	指标	信息熵	效用值	权重(%)
社会发展系统指标组	市区人口密度(人/km^2)	0.997 58	0.002 42	2.091
	城镇居民人均可支配收入(元)	0.995 72	0.004 28	3.699
	农村居民恩格尔系数(%)	0.997 58	0.002 42	2.091
	每万人拥有医生数(人/万人)	0.982 08	0.017 92	15.486
	每万人专业技术人员数(人)	0.987 66	0.012 34	10.664
	地方财政中教育事业费支出占 GDP 比值	0.992 62	0.007 38	6.377
	每万人中高等学校在校学生数(人/万人)	0.987 04	0.012 96	11.199
	人均城市道路面积(m^2)	0.995 72	0.004 28	3.699
	人均居民生活用电量(kW·h)	0.979 60	0.020 40	17.629
	货运周转量(万 t/km)	0.995 72	0.004 28	3.699
	人均家庭生活用水量(t/人)	0.981 46	0.018 54	16.021
	城镇登记失业率(%)	0.996 96	0.003 04	2.627
	(全市)城市化水平(%)	0.996 96	0.003 04	2.627
	城乡居民收入比(以农为 1)	0.997 58	0.002 42	2.091
	合计		0.115 72	100.00
资源环境支持系统指标组	人均耕地面积(亩)	0.990 76	0.009 24	2.108
	森林覆盖率(%)	0.995 72	0.004 28	0.976
	城市绿化覆盖率(%)	0.990 76	0.009 24	2.108
	人均公共绿地面积(m^2)	0.990 14	0.009 86	2.249
	环保投资与 GDP 比值(%)	0.915 12	0.084 88	19.360
	工业二氧化硫排放量(t)	0.974 64	0.025 36	5.784
	工业废水排放量(万 t)	0.995 72	0.004 28	0.976
	工业废水排放达标率(%)	0.734 08	0.265 92	60.654
	工业固体废物综合利用率(%)	0.974 64	0.025 36	5.784
	合计		0.438 42	100.000
经济发展系统指标组	人均GDP(元)	0.986 42	0.013 58	7.794
	GDP 增长率(%)	0.978 98	0.021 02	12.064
	社会固定资产投资增长率(%)	0.944 26	0.055 74	31.990
	GDP 中第二产业产值所占比重(%)	0.996 96	0.003 04	1.745
	GDP 中第三产业产值所占比重(%)	0.998 20	0.001 80	1.033
	人均社会商品零售总额(元)	0.985 80	0.014 20	8.150
	人均地方财政收入(元)	0.978 98	0.021 02	12.064
	全社会劳动生产率	0.978 36	0.021 64	12.420
	单位 GDP 电耗(亿 kW·h)	0.997 58	0.002 42	1.389
	进出口总额(亿美元)	0.980 22	0.019 78	11.352
	合计		0.174 24	100.00

用第 j 项指标权重 W_j 与标准化矩阵中第 i 个样本第 j 项评价指标接近度 x_{ij}' 的乘积可得出二级指标的评价值，即：$f_{ij}'=\sum_{j=1}^{s} W_j\, x_{ij}'$，其中 $W_j=d_j/D$（各个指标的效用值为 d_j，$D=\sum_{i=1}^{s} d_i$ 为每个二级指标下四级指标的效用值之和，s 为每个二级指标下四级指标的个数）为每个二级指标对应于四级指标的权重，由此可得出张掖市 2003—2007 年社会进步指数、资源环境支持指数和经济发展指数，见表 15-8。社会进步方面，张掖市社会发展指数基本呈上升态势，2003 年为0.701，2004 年稍微回落，继而逆势上升，2007 年为 0.845。基础指标中，人均居民生活用电量、人均家庭生活用水量、每万人拥有医生数等五项指标对社会进步指数的贡献率均超过 10%，反映出张掖市在社会进步方面的显著变化。从资源环境支持水平来看，2003—2007 年资源环境指数大幅上升，2007 年张掖市资源环境指数为 0.89，增长约 3.3 倍。基础指标中，工业废水排放达标率对资源环境支持指数的贡献率高达 60.654%，环保投资与 GDP 比值的贡献率也较高，为19.36%，反映出近年来张掖市为打造生态城市，加大了城市环境保护的投资力度，工业废水排放达标率大幅上升，资源环境系统的支撑能力大幅提高。从经济发展方面来看，2004 年张掖市经济发展指数达到最高位，其值为 0.786，随后有所回落，从 2006 年开始稳定上升，2007 年为 0.678。基础指标中，社会固定资产投资增长率、全社会劳动生产率、GDP 增长率、人均地方财政收入四项指标对经济发展指数的贡献率分别为 31.99%、12.42%、12.064%、12.064%。近年来，张掖市经济发展水平不断提高，GDP 和全社会固定资产投资增幅较大，经济集约化程度不断上升，全市大口径财政收入逐年上年，经济发展能力显示出勃勃生机。

表 15-8　张掖市 2003—2007 年可持续发展水平指数

年份	社会进步指数	资源环境支持指数	经济发展指数	可持续发展水平指数
2003	0.701	0.207	0.569	0.372
2004	0.660	0.268	0.786	0.454
2005	0.763	0.864	0.662	0.800
2006	0.879	0.925	0.656	0.854
2007	0.845	0.890	0.678	0.832

从图 15-1 中可以看出，2003—2007 年张掖市可持续发展水平指数不断上升，可持续发展水平不断提高。2003 年可持续发展水平指数为 0.372，经过五年的发展，张掖市经济、社会、资源环境均较 2003 年有所改善，2006 年可持续发展水平指数为0.854，2007 年则稍微有所下降，为 0.832。在构成张掖市可持续发展系统的三大子系统中，资源环境支持系统的信息效用值为 0.438 42，对可持续发展指数的贡献率高达60.19%，经济发展系统和社会进步系统贡献率依次约为 23.92%、15.89%。近年来，张掖市不断加大生态环境保护力度，环境保护支出与 GDP 的比值逐年上升，以建设张掖国家级湿地公园为契

机，重新疏导城市水网，构筑多层次、复合型的绿地生态体系，将生态湿地建设、自然环境保护、城市环境塑造有机融合，打造水之城、绿之城，凸显塞外江南风貌。随着这些战略举措的实施，工业废水排放达标率等环境治理指标明显改善，资源环境对人口、经济、社会发展的支撑能力显著增强。

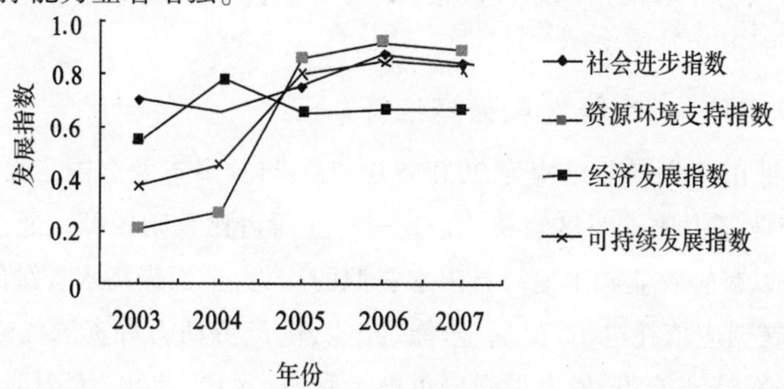

图 15-1 张掖市 2003—2007 社会进步、资源环境支持、经济发展和可持续发展指数

为比较方便，参照相关分析中简单相关关系相关强度等级的确定标准，把可持续发展水平指数在 0~1 范围内划分为三类，按可持续发展水平指数数值由小到大依此命名为弱可持续发展、基本可持续发展和强可持续发展，见表 15-9[19]。2003、2004 年张掖市处于弱可持续发展阶段，2005、2006、2007 年则跨过基本可持续发展阶段迈入强可持续发展阶段，实现了人口、资源、环境之间的良性互动。

表 15-9 城市可持续发展水平指数分类

城市可持续发展水平指数 S	$0 \leq S < 0.5$	$0.5 \leq S < 0.8$	$0.8 \leq S \leq 1$
城市可持续发展状态	弱可持续	基本可持续	强可持续

（五）张掖市可持续发展对策

城市可持续发展系统是由人口、经济、资源和环境构成的复合系统，各构成要素之间既相互作用、相互促进，又相互矛盾、相互制约。针对张掖市可持续发展中出现的问题，建议从以下几个方面提高可持续发展水平。

1.控制人口增长，增加人力资本投资，提高人口素质

根据联合国 1997 年拟定的标准，干旱区人口承载力极限为 7 人/km^2，而张掖绿洲目前实际人口承载力约为 30 人/km^2，是标准的 4 倍之多，因而须贯彻落实计划生育政策，严格控制人口增长。当地群众受教育程度偏低，文盲半文盲仍占相当大的比例。该区内仅有两所高等学校，高校科技研发活动服务地方经济社会的功能尚未充分发挥，每万人拥有大学生数偏低，因此必须加大人力资本投资，鼓励科技创新，加强高校与企业及政府相关部门的交流与合作，充分发挥高校的智力资源优势，促进当地社会经济的发展。

2.建立绿色经济核算制度，实现环境成本内部化

长期以来，我国各级政府和微观企业主体偏重经济效益，而忽略社会效益和生态效益，导致生产、消费的负外部性效应大量存在，边际社会成本高于边际私人成本，生态环

境明显恶化，资源利用效率低下。因此，在宏观层面应树立包涵经济效益、社会效益和生态效益的综合效益观，将环境成本纳入国民经济核算体系中，以客观反映社会经济发展的资源环境成本。在微观企业层面，应将生产的负外部性内部化，对自然资源进行合理估值，进行以水权为中心的用水制度改革，降低交易成本，充分发挥市场在自然资源配置中的基础性作用。

3.优化产业结构，积极发展循环经济

2008年张掖市三大产业结构为29.0:38.0:33.0，与甘肃省及全国三大产业构成比例相比较，第一产业所占比重明显偏高，第二、三产业所占比重则较低。通过加快第二、三产业的发展，可以减轻农业和土地对有限水资源的压力，全面提高水资源的承载能力[13]。第二产业的发展则应依托电力、交通、水能、光能、矿产劳动力等资源优势，充分发挥比较优势，大力开发清洁能源，做大做强以火电为重点，风电、水电、太阳能发电和生物质能发电为补充的电力能源产业，打造河西电力能源基地。通过发展高新技术产业来改造现有工业技术水平，改造生产工艺流程，改变传统的线性经济运行模式，大力发展循环经济，实现废弃物的再循环、再利用，从而实现人口、自然、资源、环境间物质、能量、信息流的良性互动与循环。国民经济三大产业中，第三产业所吸纳的劳动力较多，对资源、环境、生态所造成的压力较小，有利于转移大量的农村剩余劳动力，因此应大力发展以餐饮、商贸、咨询、金融、保险等现代服务业为主的第三产业，提高第三产业在国民生产总值中所占的比重，实现产业结构的优化和升级。

张掖是我国历史文化名城，人文底蕴深厚，自然景观旖旎多姿，境内湖泊、沼泽遍布，芦苇丛生，素有“塞上江南”和“金张掖”之称，尚且有裕固族独具特色的民族文化风情，旅游资源丰富。旅游业为无烟工业，产业关联度高，因此应以政府为主导，加强交通、通讯、餐饮、环保等基础建设，通过融资市场引导多元投资主体开发旅游项目，推介名优特食品、中草药保健产品、工艺美术产品、民族服装服饰等旅游商品，延长旅游链条，拓展旅游空间，提高旅游业在全市GDP总量中的贡献份额，有效整合盘活旅游资源。

4.积极培育环境治理的多元投资主体体系

生态环境治理投资周期长，投资额度大，见效慢，资金回笼周期长，私营企业一般不愿进入，因此政府必须在生态环境治理中发挥主导作用，合理安排政府财政支出结构，并且贯彻地方、集体、个人和外资一起上的方针，广开融资渠道，以市场为基础，积极引导生态环境治理投融资主体多元化、领域多向化、方式多样化，加快资本市场融资步伐；采取股份制、出让经营权等方式，吸引社会资金参与生态环境治理，通过积极鼓励社会化投入和市场化运作，实现人口、资源、环境的协调发展。

5.高度重视三农问题，统筹兼顾城乡发展

必须牢固树立和落实科学发展观，充分体现贯彻科学发展观和构建和谐社会两大战略思想。要坚持统筹城乡发展，实现以城带乡、以工促农、城乡互动、协调发展。加快发展中小城镇，不断壮大县域经济，第一产业中则应大力发展以农产品深加工为主的龙头企业，调整种植结构，实现产粮大市向草畜产业强市的跨越。在条件成熟的地区积极推进土地经营权流转制度建设，促进土地经营权的自由流转，从而为农业规模化、产业化经营奠定必要的制度基础。与此同时，积极鼓励、引导农民参加农民协会等新型农村合作组织，以土地入股等多种形式组建农业产供销企业，加强广大农民群众在市场经济博弈中的竞争意识和议价能力，切实保障农民群众利益[20]。

三、张掖市生态文明水平测度与评估

历史上张掖水多湖广，是坐落在湿地上的一座城市。正是因为有水，才有了“半城芦苇”之美景，才有了“塞外江南”之美誉，才有了“桑麻之地”、“鱼米之乡”之美称，成为古丝绸之路上的著名商埠。水是张掖市的立城之本，也是张掖市的发展之源。但是，新中国成立后，尤其是改革开放以来，随着城市经济的发展和人口的增加，城市环境有了很大变化，张掖城市的水特色在现代化进程中渐渐模糊，城市生态环境日益恶化，城市发展面临新的问题和挑战。为了促进张掖市经济社会环境持续发展，2002 年以来，以西部大开发契机，以促进人类与自然的和谐发展、城市社会的健康成长为目标，开始了生态文明建设，并取得了一些成果。

(一)张掖市生态文明评价方法选择

张掖市生态文明评价方法和指标体系的选择，坚持以科学发展观为指导思想，以建设资源节约型、环境友好型社会为基础条件和着眼点，坚持以人为本、人与自然和谐发展，充分发挥人在构建社会主义和谐社会中的主观能动作用；既强调经济、社会、资源环境可持续发展的重要性，也注重提高生态承载力、可持续发展力，确保生态安全；通过提高全社会的文明程度和文明水平来保证人与自然的和谐发展。

张掖市生态文明评价方法的选择是结合“十一五”国家环境保护模范城市考核指标，“十一五”国家城市环境综合整治定量考核指标，全国生态县、生态城市创建工作考核方案(试行)和 2005 年全国城市环境管理与综合整治年度报告中的生态城市考核指标的具体内容，并借鉴相关的生态文明指标体系[21]以及张掖市生态文明现状、张掖市 2010 年城市发展前景规划、2008 年张掖市国民经济和社会发展统计公报、张掖市 2008 年统计年鉴、2008 年张掖市政府工作报告的相关内容进行选取的。

张掖市生态文明指标体系[22]由资源节约子系统、环境友好子系统、生态安全子系统和社会保障子系统 4 个部分构成并作为二级指标；三级指标是对二级指标的具体细分，如资源子系统包括节约能源、节约用水、节约土地、综合利用，环境友好子系统包括环境质量、污染控制、环境建设、环境管理，生态安全子系统包括生态保育、生态预警，社会保障子系统包括国民素质、经济保障、科技支撑；四级指标是对二级指标的细分，包括34项，其中新增加的指标有国家湿地生态公园建设、单位GDP电耗、规模工业增加值能耗、交通干线噪声平均值、总悬浮颗粒、SO_2年日均值、工业粉尘排放量、化学需氧量排放量、烟尘排放量、SO_2排放量、荒漠化率、健全完善生态预警机制、教育增长率、万人各类人才总量、人均绿色GDP、科技投资率，在新增指标中，国家湿地生态公园建设、荒漠化率、工业粉尘排放量、烟尘排放量这4项指标具有明显的地域特色，是结合张掖市地理生态环境的具体实际提出的。张掖市生态文明指标体系的详细分类如图15-2。

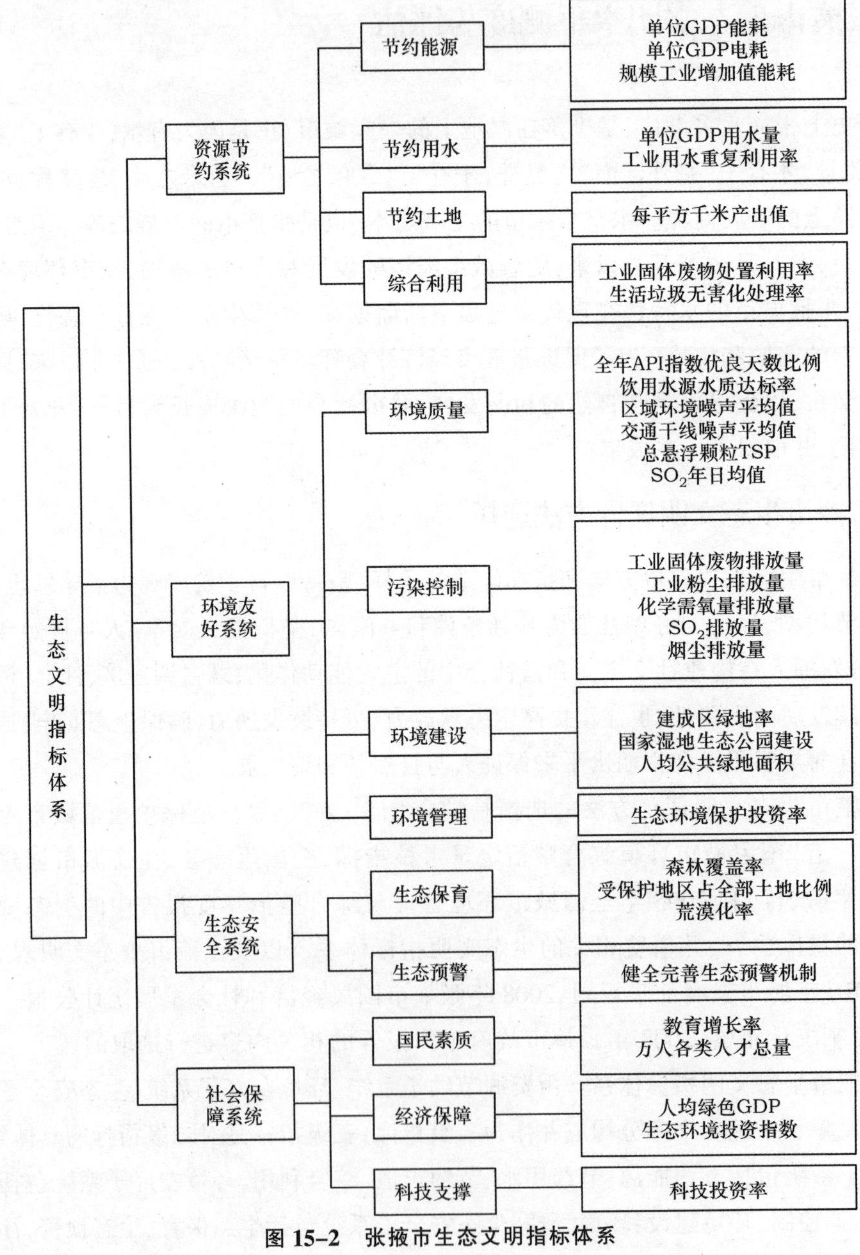

图15-2　张掖市生态文明指标体系

(二)张掖市生态文明评价指标体系构建及计算

"十一五"规划到2010年单位GDP能耗要比"十五"末降低20%左右,按此比例进行平均分解,每年应下降4.4%,备注中的值是张掖市2008年下降的比例,数字前面的负号表示下降;单位GDP电耗(指标2)的标准值是2008年全国下降的比例,备注中的值是张掖市2008年下降的比例;规模以上工业增加值能耗(指标3)中的标准值是"十一五" 规划到2010年期间每年应下降的比例, 备注中的值是张掖市2008年下降的比例;单位GDP用水量(指标4)的标准值是"十一五"规划中全国应下降的比例;工业用水重复利用率(指标5)的标准值是国家规定要达到的比例;每平方千米产出值(指标6)是按GDP占土地总面积计算的; 工业固体废物处置利用率 (指标7) 中的标准值采用"十一五"国家环境保护模范城市考核指标;生活垃圾无害化处理率(指标8)的标准值采用 "十一五"国家环境保护模范城市考核指标;全年API指数优良天数比例(指标9)的标准值采用 "十一五"国家环境保护模范城市考核指标;饮用水源水质达标率(指标10)的标准值采用 "十一五"国家环境保护模范城市考核指标;区域环境噪声平均值(指标11)的标准值采用 "十一五"国家环境保护模范城市考核指标;交通干线噪声平均值(指标12)的标准值采用"十一五"国家环境保护模范城市考核指标;总悬浮颗粒TSP(指标13) 的标准值采用国家二级年均浓度值;SO_2年日均值(指标14)的标准值采用国家二级年均浓度值;工业固体废物排放量(指标15)的标准值采用全国2008年工业固体废物排放量比上年增减比例,备注中的值是张掖市2008年工业固体废物排放量比上年增减比例;工业粉尘排放量(指标16)的标准值采用全国2008年工业粉尘排放量比上年增减比例,备注中的值是张掖市2008年工业粉尘排放量比上年增减比例;化学需氧量排放量(指标17)的标准值采用2008年全国化学需氧量排放量比上年增减比例,备注中是张掖市2008年化学需氧量排放量比上年增减比例;SO_2排放量(指标18)的标准值采用2008年全国SO_2排放量比上年增减比例, 备注中是张掖市2008年SO_2排放量比上年增减比例;烟尘排放量(指标19)的标准值采用2008年全国烟尘排放量比上年增减比例,备注中是张掖市2008年烟尘排放量比上年增减比例;建成区绿地率(指标20)的标准值采用 "十一五"国家环境保护模范城市考核指标,备注中是张掖市2010年要达到的目标值;国家湿地生态公园建设(指标21)是张掖市所特有的;人均公共绿地面积(指标22)的标准值采用的是全国人均公共绿地面积,备注中是张掖市2010年要达到的目标值;生态环境保护投资率(指标23)的标准值采用的是2008年全国生态环境保护投资率;森林覆盖率(指标24)的标准值采用的是2008年全国森林覆盖率,备注中是张掖市2010年要达到的目标值;受保护地区占全部土地比例(指标25)的标准值采用 "十一五"国家环境保护模范城市考核指标;荒漠化率(指标26)的标准值采用的是2008年全国荒漠化的比率;水土流失率(指标27)的标准值采用的是2008年全国水土流失的比率;教育增长率(指标29)的标准值采用的是2008年全国教育增长的比率;

万人各类人才总量(指标 30)的标准值采用的是 2008 年全国万人各类人才总量;人均绿色 GDP(指标 31)的标准值采用的是 2008 年全国人均绿色 GDP;生态环境投资指数(指标 32)的标准值采用"十一五"国家环境保护模范城市考核指标;科技投资率(指标 33)的标准值采用的是 2008 年全国科技投资比率。张掖市生态文明指标详见表 15–10。

表 15–10　张掖市生态文明指标

二级指标	三级指标	四级指标	2008 年现值	标准值	备注
资源节约系统	节约能源	1.单位 GDP 能耗(标准煤/万元)	2.095	–4.4%	–5.08%
		2.单位 GDP 电耗(kW·h/万元)	1 344	–3.3%	–10.02%
		3.规模工业增加值能耗(标准煤/万元)	4.675	–5.76%	–13.24%
	节约用水	4.单位 GDP 用水量(m³/万元)	1 425	>–20%	–20.14%
		5.工业用水重复利用率(%)	81.61	60	约束性
	节约土地	6.每平方千米产出值(亿元/km²)	0.040 5	0.031 32	—
	综合利用	7.工业固体废物处置利用率(%)	72.39	≥90	约束性
		8.生活垃圾无害化处理率(%)	56.8	≥85	约束性
环境友好系统	环境质量	9.全年 API 指数优良天数比例(%)	74.6	≥85	约束性
		10.饮用水源水质达标率(%)	100	≥96	约束性
		11.区域环境噪声平均值(dB)	51.2	≤60	约束性
		12.交通干线噪声平均值(dB)	66.8	≤70	约束性
		13.总悬浮颗粒 TSP(mg/m³)	0.076	0.10	浓度限值
		14.SO_2 年日均值(mg/m³)	0.028	0.06	浓度限值
	污染控制	15.工业固体废物排放量(万 t)	2.14	8.3%	–65.15%
		16.工业粉尘排放量(万 t)	0.17	–16.9	–15%
		17.化学需氧量排放量(万 t)	2.096	–4.4%	–2.9%
		18.SO_2 排放量(万 t)	2.37	–5.95%	–4.3%
		19.烟尘排放量(万 t)	1.01	–13.0%	74.14%
环境友好系统	环境建设	20.建成区绿地率(%)	25.8	≥35	31.4
		21.国家湿地生态公园建设	—	—	启动实施
		22.人均公共绿地面积(m²)	8.0	8.98	8.25
	环境管理	23.生态环境保护投资率(%)	1.13	1.16	—
生态安全系统	生态保育	24.森林覆盖率(%)	10.71	≥18	12.2
		25.受保护地区占全部土地比例(%)	50.24	≥10	约束性
		26.荒漠化率(%)	15	27.46	—
		27.水土流失率(%)	57.48	37	—
	生态预警	28.健全完善生态预警机制	—	—	不完善
社会保障系统	国民素质	29.教育增长率(%)	63.13	45.17	—
		30.万人各类人才总量(万人)	2.04	1.4	—
	经济保障	31.人均绿色 GDP(万元/人)	0.387	1.94	—
		32.生态环境投资指数(%)	1.94	≥1.7	约束性
	科技支撑	33.科技投资率(%)	0.19	1.49	—

注:数据来源于《张掖市统计年鉴 2008》,"十一五"国家环境保护模范城市考核指标,"十一五"国家城市环境综合整治定量考核指标,全国生态县、生态城市创建工作考核方案(试行)。

(三)张掖市生态文明评价结果分析与建议

首先,从资源节约方面看,节约能源中的四级指标:单位 GDP 能耗(指标 1),张掖市为 2.095 标准煤/万元,比去年同比例下降 5.08%,国家“十一五”规划到 2010 年单位 GDP 能耗要比“十五”末降低 20%左右,按此比例进行平均分解则每年应下降 4.4%。因此,张掖市的单位 GDP 能耗下降值比国家 2010 年要达到的目标值要多 0.68 个百分点。单位 GDP 电耗(指标 2),张掖市 2008 年单位 GDP 电耗 1 344 kW·h/万元,比上年同比例降低 10.02%,2008 年全国下降的比例是 3.3%,远远大于全国下降的比例。规模以上工业增加值能耗(指标 3)中张掖市 2008 年下降的比例是 13.24%,全国 2008 年上半年下降的比例是2.49%,“十一五”规划到 2010 年期间每年应下降的比例是 5.76%,是国家规定 2010 年要达到的目标值的 2.3 倍。从以上三个指标可以看出,张掖市 2008 年节约能源、提高能源转化利用率取得了重大进展,大力引进了节能技术,加快了传统企业的技术改造,促进了经济结构的优化升级,从而在能源节约方面取得了重大进展。节约用水中的四级指标:单位 GDP 用水量(指标 4),2008 年张掖市单位 GDP 用水量 1 425 m^3/万元,比去年同比例下降 20.14%,“十一五”规划中到 2010 年全国应下降的比例要大于 20%,张掖市提前完成目标。工业用水重复利用率(指标 5),2008 年张掖市工业用水重复利用率是81.61%,国家规定要达到的约束性指标是 60%。从以上两个指标可以看出,张掖市 2008 年水资源利用率显著提高,生产经营用水量、水资源重复利用比例均达到预期目标值,张掖市节水工作取得了显著效果和阶段性胜利。节约土地中的四级指标:每平方千米产出值(指标 6),张掖市 2008 年每平方千米产出值 0.040 5 亿元,全国 2008 年每平方千米产出值 0.031 32 亿元,张掖市每平方千米产出比国家高出 0.009 亿元。这是全市认真贯彻落实中央文件和省、市工作会议精神,紧紧围绕节约用地,提高单位土地产出率的效果。综合利用中的四级指标:工业固体废物处置利用率(指标 7)中“十一五”国家环境保护模范城市考核指标是≥90%,张掖市工业固体废物处置利用率为 72.39%,小于“十一五”国家环境保护模范城市考核指标。生活垃圾无害化处理率(指标 8),“十一五”国家环境保护模范城市考核指标是≥85%,张掖市为 56.8%,明显小于“十一五”国家环境保护模范城市考核指标。这两项指标凸显了张掖市资源节约系统中综合利用方面的不足,在工业固体废物处置利用、生活垃圾无害化处理等方面有待提高。因此张掖市要把发展循环工业作为基本模式,以减量化、再利用、资源化为原则,加大节能减排力度,搞好清洁生产试点,淘汰落后工艺和设备,大力推动产业循环式组合和企业循环式生产,提高资源综合利用效率,最大限度地减少废气、废水、废渣对环境的污染。

其次,从环境友好方面看,环境质量中的四级指标:全年 API 指数优良天数比例(指标 9),张掖市全年 API 指数优良天数比例低于“十一五”国家环境保护模范城市考核指标,说明张掖市的城市空气污染治理有待加强。因此,张掖市的经济发展必须改善能源利用结构,鼓励使用清洁能源,增加优质煤、天然气、石油、电在终端消费的比例,减少烟尘及二氧化硫的排放量,加大脱硫除尘设施的更新改造力度,提高脱硫除尘效率。还要严格执法,加大对脱硫除尘设施运转率及建筑施工扬尘的监管力度。饮用水源水质达标率(指标 10),张掖市饮用水源水质达标率为 100%,高于“十一五”国家环境保护模范城市考核指标,张掖城市供水水源为地下水,具有充沛的水量和良好的水质,可以满足城市近远期发展的需要,市内采用统一供水系统,即根据城市饮用水水质要求,由统一管网供给生活、生产和消防用水的给水系统,提高了城区供水的可靠性。区域环境噪声平均值(指标 11),张掖市区域环境噪声平均值为 51.2 dB,“十一五”国家环境保护模范城市考核指标是≤60 dB,符合“十一五”国家环境保护模范城市考核指标。交通干线噪声平均值(指标 12),张掖市交通干线噪声平均值 66.8 dB,符合“十一五”国家环境保护模范城市考核指标≤70 dB 的要求。张掖市甘州区环境噪音污染突出表现为建筑施工噪声、交通运输和社会生活噪音。近几年来,环境噪声污染信访投诉呈现由增加到减少的趋势,其主要原因是公众环境意识、环境权益意识的增强,使噪声污染信访投诉呈现增加趋势,随着环保部门对环境噪声监管力度的加大和城区绿化总量的增加,信访投诉呈现逐年下降趋势,环境噪声污染已明显改观,均在国家控制标准内。总悬浮颗粒 TSP 年日均值(指标 13),张掖市总悬浮颗粒 TSP 达到国家二级年均浓度值。SO_2 年日均值(指标 14),张掖市 SO_2 年日均值达到国家二级年均浓度值。张掖市甘州区为国家 SO_2 控制区,大气污染问题较为突出,大气污染源主要为燃煤锅炉(窖)排放的大气污染物及街路清扫和建筑施工造成的二次扬尘,其主要的污染物为大气中悬浮微粒和 SO_2,但是张掖市总悬浮颗粒 TSP、SO_2 年日均值达到国家二级年均浓度值。污染控制中的四级指标:工业固体废物排放量(指标 15),张掖市 2008 年工业固体废物排放量比上年减少 65.15%,全国 2008 年工业固体废物排放量比上年增加 8.5%。工业粉尘排放量(指标 16),张掖市 2008 年工业粉尘排放量比上年减少 15%,全国 2008 年工业粉尘排放量比上年减少 16.9%。化学需氧量排放量(指标 17),张掖市2008 年化学需氧量排放量比上年减少 2.9%,2008 年全国化学需氧量排放量比上年减少 4.4%。SO_2 排放量(指标 18),张掖市 2008 年 SO_2 排放量比上年增减少 4.3%,2008 年全国 SO_2 排放量比上年增减少 5.95%。烟尘排放量(指标 19),张掖市 2008 年烟尘排放量比上年增加 74.14%,2008 年全国烟尘排放量比上年减少 13.0%。张掖市工业结构中高消耗、高污染的行业比重较大,粗放型经营特征很突出,今后张掖市要把重点发展现代装备制造等产业作为产业的发展导向,树立节约资源就是增强发展后劲、保护环境就是保护生产力的观念,把发展循环工业作为基本模式,加大节能减排力度,搞好清洁生产试点,淘汰落后工艺和设备,大力推动产业循环式组合和企业循环式生产,提高资源综合利用效率,最大限度地减少了工业生产废弃物对环境的污染。环境建设中的四级指标:建成区绿地率(指标 20),张掖市 2008 年建成区绿地率小于“十一五”国家环境保护模范城市考核指标,张掖市 2010 年要达到的目标值是 31.4,张掖市行政办公用地、生产经营用地在建成区所占比例偏高，张掖市与“十一五”国家环境保护模范城市的建成区绿地率还有一定距离。国家湿地生态公园建设(指标 21)是张掖市所特有的，也是张掖市要重点建设的项目，张掖市水乡城市的历史背景为张掖绿地系统、国家湿地生态公园建设提供得天独厚的条件。人均公共绿地面积(指标 22)，张掖市人均公共绿地面积是 8.0 m^2，全国人均公共绿地面积 8.98 m^2，张掖市 2010 年要达到的目标值为8.25 m^2。张掖市人均公共绿地面积少于全国人均公共绿地面积 0.98 m^2。市区范围内，公共绿地用地绿化普遍不足，公共园林绿地比例偏低，与全市 128.16 万人口的规模相比，人均公共绿地的数量和质量都偏低。环境管理中的四级指标：生态环境保护投资率(指标 23)，张掖市 2008 年生态环境保护投资率低于 2008 年全国生态环境保护投资率。今后张掖市要加大生态环境保护投资，使经济的发展与环境的保护相协调。

再次，从生态安全方面看，生态保育中的四级指标：森林覆盖率(指标 24)，张掖市 2008 年的森林覆盖率小于 2008 年全国森林覆盖率，也小于张掖市 2010 年要达到的目标值。主要是由于张掖市生态环境的制约，张掖市地处干旱内陆河流域、干旱少雨，近些年来地下水位下降使土壤不断盐化，植物群落衰减，生物生产力下降，草场退化，草原载畜能力下降，造成过牧及啃食树木；在一些戈壁荒滩的开发中，只顾生产，不顾环境，只顾眼前，不顾长远，天然荒漠植被遭到破坏，造成土壤风蚀引起土壤退化；又由于树种结构不合理，致使森林面积萎缩。受保护地区占全部土地比例(指标 25)，张掖市受保护地区占全部土地比例大于“十一五”国家环境保护模范城市考核指标。张掖市把北郊湿地作为城市大面积的生态绿地，对城市整体生态环境的构建以及景观风貌的提升具有重要意义。北郊湿地是城市得以可持续发展的关键部位之一，在此设置湿地生态公园，强化生态优先的发展理念，扩大受保护地区面积，以湿地公园的建设带动北郊湿地这一重要生态资源的全面保护和利用，最终实现湿地在城市建设中的生态、经济和社会效益，使城市各类用地之间平衡、协调发展。荒漠化率[23](指标 26)，张掖市荒漠化率小于 2008 年全国荒漠化的比率。说明张掖市近些年来对荒漠化的治理工作取得了一定的进展。水土流失率(指标 27)，张掖市水土流失率大于 2008 年全国水土流失的比率。这是由于随着城市的发展，一方面，张掖大片的湿地因断水而干涸，成为新的戈壁荒漠；另一方面，由于规划设计的不科学，盲目建设，导致地表和地下水系堵塞形成“堰塞湖”，造成城中地下水位上升。城市的缺水和城市的水患成为双重矛盾，水脉不通导致城市生态环境恶化。经济的发展虽然加快了城市人工环境的改善，但城市生态环境承载力却日渐脆弱，城市湿地面积减少，城市湿地的自我修复和更新机能减退，水土资源的压力增加，加上对自然资源的不合理开发利用，使张掖市的地下水位下降、水资源短缺，也带来了草场退化、土地盐渍化、荒漠化、环境污染严重等一系列生态环境问题。再加上张掖市地处干旱内陆河流域和西北内陆干旱荒漠地带，属温带干旱大陆气候，降水少蒸发强，生态环境极端脆弱，基本上属于干旱荒漠自然景观地带，因而张掖市的水土流失十分严重。因此，张掖市要大力推广高效节水新技术，压缩高耗水、低效益的产业，发展低耗水、高效益的产业，提高单方($1\ m^3$)水的产出效益，建立与水资源承受能力相适应的产业体系。生态预警中的四级指标：健全完善生态预警机制(指标28)，张掖市还没建立起比较完善的生态预警机制。完善的城市生态预警机制是衡量一个城市生态文明发展程度的重要指标之一。今后张掖市要积极加强建立城市生态预警机制，提高城市的生态文明程度。

最后，从社会保障方面看，国民素质中的四级指标：教育增长率(指标29)，张掖市教育增长率高于全国2008年的同期水平，张掖市注重教育的普惠性。自20世纪80年代以来，张掖市教育事业有了较大的发展，小学教育已基本普及，教学质量也有所提高，全市已形成包括幼儿教育、小学教育、中学教育和中等职业教育在内的基础教育体系，教育事业稳步发展，素质教育得到全面推行，普通教育、职业教育和各类成人教育协调发展。到2008年，张掖市九年义务教育普及率达到99.6%，在此基础上张掖市又加快了高中阶段教育的发展。万人各类人才总量(指标30)，张掖市的万人人才总量也高于全国2008年同期水平。人力资源已经成为一个地区经济和社会发展最重要的战略资源，创造和应用知识、信息的能力与效率成为决定一个地区综合实力的主要因素。如何把丰富的劳动力资源优势转变为人力资源优势，为推进全市经济社会又好又快发展提供有效的人才智力保障，是当前和今后很长一段时期必须解决的重大战略问题，张掖市力主对全市企业经营管理人员和专业技术人员进行大规模、全方位、多途径的培训，全面提升其综合素质，增强其战略管理能力、经营决策能力、市场运作能力和开拓创新能力。特别是对专业技术人员要分类分层次开展以新理论、新技术、新技能、新信息、新知识、新方法为主要内容的继续教育，着力提高其业务素质。经济保障的四级指标：人均绿色GDP(指标31)，张掖市人均绿色GDP低于全国2008年同期水平。现今，人均绿色GDP已成为衡量一个国家或地区经济、社会发展与生态环境是否协调的一个重要指标。张掖市已经把提高人均绿色GDP作为今后全市经济、社会和生态环境发展的一个重要考核指标，也作为领导干部考核机制的一个重要项目，由此可见，大力提高人均绿色GDP是一个城市可持续发展的必然要求。张掖市今后要着力提高人均绿色GDP水平，使张掖市人口、经济、社会发展与生态环境承载力相协调。生态环境投资指数(指标32)，张掖市生态环境投资指数高于全国2008年同期比率，张掖市的发展主张尊重自然，经济发展以保护好自然生态为前提，以经济发展与环境保护和谐发展为目标。科技支撑的四级指标：科技投资率(指标33)，张掖市科技投资率小于全国2008年同期比率。科学技术发展已经成为一个地区经济和社会发展最重要的战略资源，科学技术的创新和应用科学技术的知识、信息的能力与效率，已成为一个地区综合发展的必备因素。因此张掖市必须加大对科技的投入力度。走以广泛应用现代科学技术、现代生产工具与现代管理手段为标志，以科学技术为核心，以集约化为方向，以产业化为目标，符合科学发展观的要求，符合形势变化的需要，符合张掖实际的生态文明城市之路。

参考文献

[1] 郭秀锐,杨居荣,毛显强.城市生态系统健康评价初探[J].中国环境科学,2002,22(6):525-529.

[2] 李翔,许兆义,孟伟.城市生态承载力研究[J].中国安全科学学报,2005,15(2):45-53.

[3] 刘杰.生态承载力研究方法述评[J].农业与技术,2008,28(3):32-34.

[4] Gossling S,Hansson C B,Horstmeier O, et al. Ecological footprint analysis as a tool to assess tourism Sustainability[J]. EcologicalEconomics,2002, 43(3): 199-211.

[5] Wackernage M l ,Onisto L,Bello P, et al. National natural capital accountingwith the ecological footprint concept[J]. EcologicalEconomics, 1999(29): 375-390.

[6] 章锦河,张捷.国外生态足迹模型修正与前沿研究进展[J].资源科学,2008,28(6):196-203.

[7] 张卫民.基于熵值法的城市可持续发展评价模型[J].厦门大学学报:哲学社会科学版,2004(2):109-115.

[8] 牛文元,刘毅,李喜先,等.2003 中国可持续发展战略报告[M].北京:科学出版社,2003.

[9] 张勃,郭玲霞.张掖市生态足迹的社会经济驱动力分析[J].干旱区资源与环境,2008,22(2):43-46.

[10] 姚猛,韦保仁.生态足迹分析方法研究进展[J].资源与产业,2008,10(3):70-73.

[11] 赵军,陶明娟.兰州市 2002 年生态足迹计算与可持续发展状况分析[J].地域研究与开发,2005,24(6):113-116.

[12] 朱国锋,等.甘肃省 2004 年生态足迹计算与分析[J].甘肃联合大学学报,2008,22(5):62-67.

[13] 李希,田宝忠.张掖:建设节水型社会　实现可持续发展[N].市场报,2003-10-10(4).

[14] 华红莲,潘玉君.可持续发展评价方法综述[J].云南师范大学学报,2005,25(3):65-69.

[15] 韩飞,马红燕,刘仕博,高允峰. 三种可持续发展评价方法的对比分析[J].长春师范学院学报:自然科学版,2004,27(3):93-95.

[16] 陈宜生,刘书声.谈谈熵[M].长沙:湖南教育出版社,1993.

[17] 李志刚,刘传玉,唐相龙.天水城市可持续发展指标体系及综合评价[J].规划师,2005,21(11):94-97.

[18] 邱菀华.管理决策与应用熵学[M].北京:机械工业出版社,2002.

[19] 陈玉娟,查奇芬,黎晓兰.熵值法在城市可持续发展水平评价中的应用[J]. 江苏大学学报:哲学社会科学版,2006,8(3):88-92.

[20] 郭丽,聂相玲. 干旱区绿洲农业可持续发展的制约因素与对策[J].天水行政学院学报,2008(3):60-62.

[21] 关琰珠,郑建华,庄世坚.生态文明指标体系研究[J].中国发展,2007,7(4):23-26.

[22] 赵振斌,包浩生.国外城市自然保护与生态重建及其对我国的启示[J].自然资源学报,2001(4):390-394.

[23] 潘竟虎,石培基.张掖市生态功能分区[J].城市环境与城市生态,2009,22(1):38-41.

第十六章
张掖市自然生态系统建设

一、张掖市自然生态系统组成

在生态系统中，各种生物彼此间以及生物与非生物的环境因素之间互相作用，关系密切，而且不断进行着物质交换、能量传递和信息交流。生态系统首先包含由生物群落及非生物自然因素组成的自然生态系统。自然生态系统主要或完全由自然因素形成。作为一种行为主导力量的人类，在对自然环境进行改变的过程中也始终受环境对其生存和发展的影响。

（一）自然生态系统

在生物的生存环境中，森林、草原、河流、湖泊、山脉等是物质循环的天然载体，称为自然生态系统，生物与其密不可分，形成了相互依存、相互制约的关系；农田、水库、城市则是人化自然的一部分，称为人工生态系统。自然生态系统的结构功能变化取决于物理环境和生命系统的自然演变，是一种原始生态系统。随着人类认识自然和改造自然的能力不断提高，人类活动对生态系统的影响随之增大，人工生态系统出现。

1.自然生态系统构成

人类所生活的生物圈由无数大小不等的生态系统所组成。小至一滴水，大至整个生物圈，都是一个生态系统。从人类的角度来理解，自然生态系统是由生命系统和环境系统组成的动态平衡系统。生命系统是生物群落，由生产者、消费者和分解者三部分组成。生命系统中的生产者主要就是绿色植物，它能够使无机物质转化为有机物质，是地球上一切生物和人类食物和能量的来源。消费者是以其他生物为食的各种动物，它们不能直接利用外界能量和无机物制造有机物，要以消耗生产者为生。分解者主要是细菌和真菌，它们是生态系统的清洁工，能将动植物遗体残骸中的有机物分解成无机物，这些无机物参与物质循环后重新被绿色植物利用。环境系统指生态系统的各种无生命的无机物和各种自然因素，包括气候因子，如光照、热量、水分、空气等；无机物质，如碳、氢、氧、氮及矿质盐分等；有机物质，如碳水化合物、蛋白质等。非生物环境为生物提供生存的空间和生物赖以生存的各种物质。

2.社会经济系统与自然生态系统的关系

人类的经济活动在自然生态系统中发生，社会经济系统与自然生态系统反映的就是人与自然之间的相互关系。与其他生物相比，人类有着信息加工能力方面的优势，在处理人与自然的关系方面，表现得更加主动和自立。但是，人类的主观能动性不能超越自然规律约束，社会经济系统与自然生态系统之间关系的问题实际上是人类在自然界如何定位、如何选择生态经济模式的问题。社会经济系统和自然生态系统之间的相互关系可以归纳出三种生态经济模式。

第一，自然生态模式。该模式认为，人类虽然是生态环境里的一员，但因为能力不够，或者是主观上能为之而不为，生态环境变化的方向和速度仍处于自然因素主导的状态之下，由生物圈里的生产者和分解者在自然状态下决定物质和能量的循环，保持着生态环境中物质和能量的平衡。在采集和狩猎文化时期，人类不具备改变生态平衡的能力；在现代社会，人类开始有意识地建立自然保护区来保护特定区域的生态平衡，维护生态多样性。

第二，可逆人工生态模式。在这种生态模式里，人类对生态环境的影响是明显的，但是，一旦人类停止对生态的破坏，生态环境仍然可以恢复到以前的状态。这里说的生态恢复主要靠两种方式：一种是靠自然的自恢复能力，一种是靠人类的投入进行工程恢复。这两种恢复方式在经济上存在着明显的成本差异。

第三，不可逆人工生态模式。这是一种经人类破坏后就再也恢复不到改造前状态的生态经济模式。人类能力的提高导致自然处于不断人化的进程之中。人化自然的建立使相当多的区域已经不可能恢复到人类改造前的状态。城市基础设施、铁路等交通设施、水库等水利设施都属于建成后很难恢复原样的人工建设项目，由此形成的人工生态虽然很难逆转，但这些项目是人类生存所必需的，是人类社会经济发展中必然出现的。

(二)张掖市自然生态系统

处于河西走廊中段的张掖，作为干旱地区经济和社会发展次发达的城市，在经济社会活动过程中，应遵循经济社会生态系统和自然生态系统和谐共处的原则，有序统筹经济社会和生态绿色发展。根据自然生态系统发展规律和环境承载能力，做好经济系统在环境系统中的价值定位，促进经济发展与人口、资源、环境相协调，提倡节约、文明、适度、合理的消费理念,倡导节省资源、保护环境的消费方式,提高消费质量和效益,建设资源节约型、环境友好型社会。

1.张掖自然生态系统的组成情况

城市是人口高度聚集的地区，它必须拥有能够满足人们生活和生产的自然资源以及人们活动的空间和土地。

(1)土地资源

所谓土地资源,有广义和狭义两种界定。广义的土地资源相当于自然资源,包括地球上的气候、地貌、岩石、土壤、水文、矿藏等,甚至还包括人工环境。狭义的土地资源仅包括地球上的陆地部分。张掖地区位于全国地形的第二阶梯中心，青藏高原的交汇地带,南北依山,地域狭长,形似“奔马”,东南高西北低,大体可分为高山、中低山和走廊平原三大主要地貌单元。张掖市下辖临泽、高台、山丹、民乐、肃南五县及甘州区,总面积4.1 万 km^2,全市有耕地 266 667 hm^2(含山丹军马场),可垦荒地约 200 000 hm^2;有大小河流 26 条,年径流量 26.6 亿 m^3,地下水的储量十分丰富;草原约 1 733 333 hm^2;森林约 386 667 hm^2,森林覆盖率达 9.2%。

(2)水资源

张掖市可利用地表水 16.28 亿 m^3,可利用地下水 8.84 亿 m^3。扣除地下水重复量,可利用水资源总量为 16.63 亿 m^3。境内有 4 条主要长流水河和一条泉水河,26 条季节性小沟小河,均为黑河水系,属内陆河流域。主要河流为黑河、酥油口河、大野口河、大磁窑河及黑河水系较大支流山丹河。张掖市地下水资源丰富,地下含水层厚度较大,储量亦多,天然补给丰富。地下水埋深 3~400 m。地下水主要补给来源为地表水,因而与地面水的丰枯期一致。市域内有丰富的泉水资源,主要分布在黑河洪积扇前沿,黑河、山丹河及马虎子河两岸,形成六个溢出带,境内泉水溢出总量为 8.43 亿 m^3,可利用山泉为 1.66 亿 m^3,是乌江、三闸、靖安泉井灌区的主要水源。

(3)生物资源

从地理规律和种属地理时空分布上看,张掖市植被资源分异明显,具有古老和现代的特征,随不同生态地域而组成了平原和山地的森林、灌丛、草原、荒漠、草甸和沼泽等不同植被类型。植被资源有经济价值的种类主要有:①森林,如东大山林区的青海云杉、圆柏、山杨等,平原地区的杨、柳、槐、沙枣等;②药用植物,如麻黄、甘草;③野生纤维,如芦苇、友艾草、马莲等;④食用植物,如发菜、地耳等。野生动物因受人为经济活动和自然条件限制,种类很少。平山湖、东大山地区有少量雪豹、黄羊、青羊、旱獭,平原地区还有燕子、野鸽、黄鹏、布谷鸟、野兔等。

(4) 能源资源

张掖有 30 多种矿藏,其中煤、铁、石灰石、芒硝等储量过亿吨。已探明的金属非金属资源有煤、石膏、黏土、砖石、铜、铁、锌、钨等,累计储量居全省之首。2000 年,张掖市煤保有储量 94 416.41 万 t,铁矿区保有储量 52 700 万 t。除了矿产能源外,张掖市有较丰富的水能、太阳能、风能等再生能源可供开发,利用潜力大。张掖市共有 35 kV 变电站 10 座,共计容量为 48 450 kVA。张掖电厂 2003 年开工建设,一期工程建设的 2×30 万 kW 国产燃煤发电机组年利用小时数为 5 500 h,年发电量 33 亿 kW·h。张掖市现行供热方式主要是水暖锅炉,其中集中联片供热区域为 93 万 m^2 左右,其余部分由各单位独立提供。

2.张掖自然生态系统的分析

学术界从不同角度对自然生态系统做了研究,提出了生态足迹、生命地球指数、社会代谢理论、物质流核算等方法。这里通过生态足迹和物流核算两个视角,对张掖自然生态系统做一些结论性的分析。

(1)“生态足迹”的视角

加拿大不列颠哥伦比亚大学规划与资源生态学教授威廉·里斯(William Rees)提出了生态足迹(Ecological Footprint 即 EF)的概念。其用来定量分析自然生态系统与社会系统间相互作用。这个方法类似于经济学中的“供需分析”:自然生态系统是“供方”,它提供的是社会系统所需的物质,同时接纳社会系统排放的废弃物;而社会系统是“需方”,它向自然生态系统索取各种物质,并向其排放废物。前者的供给称为“生态容量”或“生态承载力”,后者的需求称为“生态足迹”。这个方法用统一的尺度——“全球公顷”(global hectare)来度量供需双方。

我们面对的问题是社会系统与自然生态系统如何共生。区域间差异极大,社会系统与自然生态系统的关系纷繁复杂。作为西部干旱地区城市,张掖自然生态脆弱,其基本现实是社会系统的压力整体上已经超出了自然生态系统的承受力,威胁着整个系统的持续生存。面对生态压力巨大和区域分异严重的现实,张掖要融入全国经济社会的发展,合理的逻辑思路是:站在全局的立场上,分析张掖的具体情况,寻求区域间互补、协同的途径。避免在一个指标下搞“区域间竞争”,恶化社会系统与自然生态系统的矛盾。

(2)“物质流核算”的视角

生态足迹法不能解决的是,足迹到底踩到了区域哪些地方。如根据生态足迹法,城市制造的生态足迹高于非城市地区,但事实上城市比非城市更有能力维护自己的优美环境。 1857 年莫尔肖特提出了社会代谢理论。20 世纪 90 年代德国的 Wuppertal 研究所提出了 MIPS(单位服务的物质投入)、生态包袱等概念,形成了“物质流核算”研究方向。它分析经济活动中的物质流动,对物质的投入和产出进行量化分析,衡量经济社会活动的物质投入、产出和物质利用效率。由物质流核算,我们可以看清一个地方的经济活动对外部物质的“依赖”与“贡献”。

《甘肃统计年鉴》提供了甘肃省的投入产出表。表中将经济体分解为不同的行业,其中直接向自然生态系统索取的行业有二:农业与采掘业。其他行业虽不直接向自然生态系统索取,但需要农业与采掘业的产品作为中间投入,另外由别的行业提供的中间投入中,也包含部分农业、采掘业的投入。投入产出表由此计算了“完全消耗系数”,提供了每个行业单位产出中包含的农业和采掘业产品份额。利用投入产出表我们可以定量分析张掖对其他地区经济往来与当地资源的相关性,就可能对每各地区最不适宜和最适宜发展的行业作出定量评估,在此基础上就有可能探寻各地区间合理的经贸互补关系。对农业和采掘业依赖较低的行业为:金融保险,房地产业、租赁和商务服务业,其他服务业,批发零售贸易、住宿和餐饮业,运输邮电业,机械设备制造业。而食品制造业,电力、热力及水的生产和供应业,纺织、缝纫及皮革产品制造业,化学工业,金属产品制造业等行业的生产都高度依赖农业或采掘业。

(三)重塑张掖自然生态系统的意义

湿地是地球上水陆相互作用形成的独特生态系统,与森林、海洋并称为全球三大生态系统,是自然界最富生物多样性的生态景观和人类重要的生存环境之一,具有保持水源,净化水质,蓄洪防旱,调节气候和维护生物多样性,提供丰富的动植物食品资源、工业原料和能量来源以及为城市居民提供休息、娱乐、教育场所的重要生态功能。健康的湿地生态系统是国家生态安全的重要组成部分和经济社会可持续发展的重要基础。保护湿地对维护生态平衡,改善生态状况,促进人与自然和谐,实现经济社会可持续发展,具有十分重要的意义。城市湿地之所以宝贵,最重要的是它具备了城市自然生态系统不可替代的众多生态服务功能,在保障城市生态安全方面发挥了巨大的作用,决定着城市的可持续发展。

人类出现以前,整个地球上的生态系统都是自然生态系统。人类出现以后,人类劳动逐渐区别于动物的本能活动,人类使自然界为自己服务,逐步成为自然生态系统的改造者和经济、社会生态复合系统的控制者。就这样,逐渐改变了地球表层原来的自然生态系统的面貌。少数边远地区还保留原始的自然生态系统的面貌,一些地区由于人类只有一定程度的干预成为过渡型的半自然生态系统,此外,多数人口稠密的陆地和近海地区的自然生态系统都成为经济生态、社会生态和自然生态组成的复合生态系统。

复合生态系统的观点可以为我们选择经济社会模式提供新思路。评价一种经济制度和经济活动是否有效和合理时,不仅要看到它是否为大多数公众服务以及它所带来的直接经济效益,更重要的是要考虑它所引起的社会效益和环境成本。张掖要建设生态城市,应当满足自然生态系统、经济生态系统和社会生态系统相协调发展的要求,使一切生产和工作符合自然生态发展规律,从而促进三者和谐发展。其主要包括:进行新的生产投资前优先考虑环境保护和资源消耗问题的环境道德;摒弃无限制地追求高消费,把消费与幸福满足等同起来的传统观念,主张劳动是建立人与自然和谐关系的中介,要求人们在劳动中寻求快乐和满足,建立真正符合人的需要的合理消费观;科技在为人类谋福利的同时,应该把它的负面效应降到最低点,应该发展不污染自然环境、不破坏生态平衡、不会造成消费异化和大规模失业的科技,如风能、太阳能、生物资源开发等[1]。

二、张掖市生态湿地保护

专家指出,“张掖黑河湿地是河西走廊独特而宝贵的自然资源。黑河流域中、上游21万 hm^2 的水源涵养湿地,是黑河径流产生和得以维系的重要生态要素,黑河约37亿 m^3 的径流量,决定着约13万 km^2 流域内500多万人口的生存和发展”。

有关资料显示,2001年以来,张掖市湿地面积减少了16 673 hm^2。甘州区昔日的乌江镇东、西大湖是最大的平原沼泽和水塘分布区,目前自然沼泽面积仅剩1 000 hm^2。

2008年7月,张掖市委、市政府提出“建设生态张掖,打造中国黑河湿地”,将黑河湿地保护列为十大工程之首,致力打造中国“湿地之城”。

(一)张掖市生态湿地现状

西北地区深居内陆腹地而远离海洋,加之高山峻岭的阻隔,气候十分干旱。千百年来,自然演绎规律形成了西北地区塔里木河、黑河、石羊河等内陆河水系,造就了干旱沙漠区弥足珍贵的各类湿地,支持着西北地区经济社会的兴盛与繁荣。西北干旱区生态系统空间结构的存在以及内陆河流域特有的水分运移规律,决定了内陆河流域的特殊性。张掖市在地理区划上位于蒙新干旱半干旱湿地分布区,属于自我调节功能脆弱的内陆湿地类型,湿地资源弥足珍贵。

1.湿地资源现状

张掖市全市湿地资源丰富,天然湿地和人工湿地相互交错。全市湿地有两大类4个类型13个类别,总面积为210 420.42 hm^2,占全市土地面积的5.02%。其中天然湿地包括永久性河流、季节性河流、泛洪平原湿地、永久性淡水湖、季节性淡水湖、草本沼泽、高山湿地、灌丛湿地、内陆盐沼9个类别,面积为199 709.97 hm^2,占全市湿地面积的94.9%;人工湿地包括池塘、灌溉渠系及稻田、蓄水区、盐田4个类别,面积为10 710.45 hm^2,占全市湿地总面积的5.1%。在天然湿地中,高山湿地113 678.68 hm^2,占全市湿地面积的54.02%;河流湿地58 110.95 hm^2,占全市湿地面积的27.62%;冰川湿地40 008.08 hm^2,占全市湿地面积的19.01%。按行政区域统计,肃南县、高台县、临泽县、山丹县、民乐县、甘州区湿地面积分别为155 100.1 hm^2、17 450 hm^2、10 822.2 hm^2、10 256.9 hm^2、11 652.68 hm^2和5 139.14 hm^2,分别占全市湿地面积的73.71%、8.29%、5.14%、4.87%、5.54%和2.44%。

2.湿地动植物资源现状

黑河流域地域辽阔,水域分布广泛,拥有森林、草原、冰川、河流等地貌,动植物资源较为丰富。陆栖动物有229种,占全省陆栖动物659种的24.78%,属于国家一类保护的有藏野驴、雪豹、野牦牛、白唇鹿、马麝、黑鹳、遗鸥等16种，属于国家二类保护的有马鹿、盘羊、岩羊、草原雕、蓝马鸡、大天鹅、小天鹅、灰鹤等44种。高等植物有84科399属1 044种，属于国家二级保护的有星叶草、冬虫夏草等，属于国家三级保护的有肉苁蓉、蒙古扁桃、桃儿七、裸果木等。

(二)张掖市生态湿地保护困境

1.张掖湿地保护现状

在湿地资源保护利用方面，黑河流域湿地已被纳入全国重要湿地保护范围，项目设计总投资2 930万元，批复的一期工程投资698万元。市上成立了专门的湿地管理机构，强化了对湿地保护工作的组织领导，编制完成了《张掖市黑河流域湿地保护工程规划》、《甘肃黑河流域湿地保护工程建设项目可行性研究报告》，建立健全了湿地资源基础数据库和图形库等。在重点湿地区域内埋设界桩4 581个、界碑454块，设置工程围栏45 km、标志牌3座，开展了1个候鸟监测站和9个湿地保护点的房屋建设，成立了6个湿地保护站(局)，配备专职工作人员32名。颁布了《张掖市黑河流域湿地管理办法》，并严格执行湿地保护法律法规，依法查处破坏湿地资源的各种违法案件，遏制了破坏湿地资源的现象。

在城市湿地保护方面，2006年实施了甘州区东北湿地保护与绿化工程，以城郊湿地公园建设为模式，拉开了湿地保护与建设的帷幕。该项工程实施两年来，累计投资4 800多万元，开挖、置换土石方31.8万m^3，建设完成东环路向北延伸段道路1.85 km、屋兰路中段道路0.8 km，建成环湖电瓶车道路4.2 km，引、排水渠道12.4 km，建成泵站2座，配置机电设备12套，完成水电路等基础工程及配套设施建设任务。为维护湿地生物多样性，连续2年开展园林绿化工程，共种草7.54 hm^2，栽植青海云杉、胡杨等56个品种23.76万株，绿化面积达67.54 hm^2，铺设73 km管灌、喷灌、滴灌系统，保护区树木成荫、鸟语花香。全市首个面积1.2万m^2的戏水区和面积3 450 m^2的沙滩广场正在加紧建设，已初步形成湖面游览区、植物园林区、山体观景区、湿地保护区、健身活动区和人文科普景观区6大功能配置的生态湿地公园的雏形。

2.张掖湿地保护的困境

(1)湿地面积持续萎缩，荒漠化程度加剧。长期以来，随着人口的不断增长，人们对水资源的需求量不断增大，加上近年来实施的黑河流域省际调水工程，没有充分考虑中游生态用水，导致张掖湿地地下水位下降，大片湿地缺少水源补给，使部分沼泽、湖泊干涸，湿地环境恶化，面积持续萎缩，盐渍化、荒漠化程度逐年加剧。从2001年黑河分水到2008年，全市湿地总面积缩减到210 420 hm^2，累计减少面积16 673 hm^2。2000年到2008年，全市荒漠化土地面积由721 213 hm^2增加到781 613 hm^2，增加60 400 hm^2，湿地面积萎缩和荒漠化加剧，给黑河流域中下游地区工农业生产和经济社会发展造成了严重威胁。

(2)湿地污染严重,湿地生态环境遭到破坏。随着流域内工农业生产的不断发展和张掖市建设规模的迅速扩大,人们对湿地的效益和功能缺乏科学认识,盲目开发利用,过量开采地下水,随意开垦、侵占湿地,加之工业“三废”、城市生活污水和化肥、农药等有毒有害物质的未达标排放,湿地水环境污染严重,湿地生态环境遭到破坏,湿地功能不断退化,生物多样性减少。

(3)自然因素影响大、湿地自我恢复能力差。黑河流域中下游地处西北干旱半干旱区,区域内降水稀少,植被稀疏,植被覆盖度低,生态环境非常脆弱。大风扬沙气候和风蚀作用对湿地的影响严重,湿地生态系统的自我调节和恢复能力降低,一旦遭到破坏很难恢复。有关资料显示,2001 年以来,张掖市湿地面积减少了 16 673 hm^2。甘州区昔日的乌江镇东、西大湖是最大的平原沼泽和水塘分布区,目前自然沼泽面积仅剩 1 000 hm^2,城市建设占地、农民开垦种地,水污染等问题仍然是湿地保护的难点。

(4)法制和政策体系不健全、不完善。湿地保护法规是促进湿地保护工作健康发展的重要因素。相关法规不完善导致许多对湿地的破坏和利用行为无法可依。由于没有鼓励合理利用的激励政策和限制无序开发的制约政策,张掖湿地保护与合理利用工作基本没有开展。现有与湿地保护有关的法律法规虽然较多,但由于这些法律法规的主要保护对象不是湿地,或没有把湿地作为一个完整的生态系统来考虑,保护湿地的效率低下,特别是执法环节薄弱,开发和利用行为没有受到有效制约。这些原因导致了当前湿地保护和管理工作基本处在人为主导、随意性较强的状态。

(5)自然保护区建设和管理严重滞后。张掖湿地自然保护区布局还很不完善,只有约 40%的自然湿地在保护区内得到了较为有效的保护。目前,部分地方级湿地自然保护区还没有建立正式的管理机构,或者建立了管理机构但是这些机构还不能发挥作用,许多自然保护区缺乏保护管理基础设施,开展保护管理和科学研究的能力还十分薄弱。

(6)科学研究和技术支撑体系落后。张掖湿地科学研究和技术支撑体系落后主要体现在以下几个方面:未形成较为完善的湿地资源调查和监测体系,不能及时掌握湿地资源及其动态变化情况,导致政府在制定湿地保护合理决策时缺乏科学依据;缺乏湿地效益评价指标体系,对湿地功能效益的评价缺乏系统、科学的研究,对湿地的开发和土地用途改变缺乏评价机制;湿地保护的基础研究还十分薄弱,制约了我国湿地保护和管理工作的有效进行。

(7)公众湿地保护意识淡薄。当地还普遍缺乏湿地保护意识,对湿地的功能和价值缺乏认识,没有完全认识到保护湿地的重大意义。湿地保护和合理利用的宣传、教育工作滞后,宣传教育工作的广度、力度、深度都不够。特别是一些领导不能正确处理眼前利益和长远利益、局部利益与整体利益的关系,重开发、轻保护现象还十分严重。

(8)湿地保护资金缺乏。张掖湿地保护当中资金严重不足是湿地保护和管理面临的主要问题。在湿地调查与监测、保护区及示范区建设、污染治理、湿地研究与宣教、执法手段及队伍建设等方面都缺乏专门的资金支持。资金的不足或者被随意挪用使现有湿地自然保护区管理和建设力度不够，严重影响了湿地保护事业的健康发展。

(三)张掖市生态湿地保护措施

1.西北地区湿地保护的特殊性

西北干旱区生态系统空间结构的存在以及内陆河流域特有的水分运移规律，决定了内陆河流域湿地的特殊性：西北地区降水极少，蒸发量却大；生态系统十分脆弱，使得湿地抗干扰能力弱、分布不均衡；水分转化频繁，下游对上游的开发利用方式极为敏感；湿地纳污能力差。正是西北地区湿地的特殊性，决定了对其保护的特殊性。

2.张掖黑河湿地保护的对策探究

(1)明确湿地保护区发展定位。张掖市区及东北郊分布着约667 hm^2草本沼泽及内陆盐沼湿地。建设张掖城郊湿地保护区，要以湿地公园建设为模式，以群落建园为手段，遵循生态系统演替原理和生态工程学原理，充分考虑水质净化、生物多样性恢复和风景配置三个主要方面，大面积恢复和保育自然生态，以自然淳朴和深厚的文化底蕴为特色，融自然功能和研究、科普、游览功能为一体，实现湿地系统的全面优化，有效保护和合理开发湿地资源，在较高立意上确立东北郊湿地和张掖城市形象，形成全国独一无二的城市近郊型湿地保护区。

(2)科学编制城市湿地资源保护总体规划。对张掖湿地现有湿地面积、类型特征以及资源的数量、质量以及经济价值等作一次全面的评估分析。在保持自然生态平衡和确保资源循环利用的前提下，按湿地所处的不同区域、不同类型，将湿地划分为湿地生态恢复与重建区、游览活动区、管理服务区、湿地展示区、原生湿地保护区等功能分区，提出最佳的开发利用和保护管理方案，明确整治目标和可操作对策措施，正确指导湿地的保护与建设，发挥湿地的综合功能效益。

(3)建立及恢复湿地应以本地乡土物种为主。乡土物种是通过多年的物种选择证明适宜生长于本地生态环境的物种。在恢复湿地植被时，利用本地物种不仅能加大实际工作的可行性，也可节约自然资源及社会资源。为了保护本地生物多样性，建立及恢复湿地系统，在物种引进中应首先考虑本地乡土物种，若确需引入外来物种，须分析物种之间的相互作用，进行引进物种的利益与风险评估，建立严格的科学监管体制及全面的检疫体系。植物的配置设计，要从湿地本质考虑，以水生植物作为植物配置的重点元素，注重湿地植物群落生态功能的完整性和景观效果的完美体现。

(4)严格控制城市湿地污染。城市湿地不应成为城市排污场所，必须实施科学的方法杜绝和减少污染源。一方面，要迁出城市湿地附近的污染工业，禁止向城市堆放、倾倒生活垃圾，从根本上清除污染源；另一方面，要进行污水截流，实施雨水、污水分流的城市排水体系，严禁不经处理和未达排放标准的污水直接排入城市湿地，以保证城市生态系统的良性循环。

(5)增强公众保护湿地的意识。只有让公众参与到湿地保护中,才能实现真正的湿地保护。大力搞倡导宣传,让市民认识到保护环境的重要性,提高自觉保护自然环境的意识,全面真实地认识周围环境,积极乐观地去面对。湿地保护是社会性很强的公益事业,必须依靠全社会的共同参与和齐抓共管,必须继续把加强宣传教育、提高全民湿地保护意识作为湿地保护管理的基础性、前提性工作来抓。把湿地保护的精品项目办成湿地保护的样板和示范项目,使保护区成为对公众开展湿地保护宣传教育的重要阵地。总之,要采取各种措施提高广大干部群众的湿地保护意识。

(6)理顺湿地的管理体制。针对湿地保护工程规划在实施中的重大问题,各有关部门要加强沟通,及时研究。湿地的建设与管理涉及水利部门、环保部门、土地管理部门以及林业部门,各部门的管理对象、部门利益不同,聚焦在湿地的建设与管理这一问题上,往往产生各种冲突[2]。随着旅游等各种产业活动的开展,旅游局、建设局、农业局等政府部门也将介入湿地的利用与管理。张掖市黑河流域湿地管理委员要充分发挥管理和协调作用,处理好各部门的利益关系。

(7)强化工程建设和管理。张掖各类湿地工程建设要按照全面质量管理的要求,建立起一整套高效的管理制度。积极推行项目法人责任制,重点项目采取招投标制,并实施合同管理。在工程建设过程中,积极探索项目监理制,通过试点和示范逐步开展,严格按照国家技术标准和质量要求施工。项目建设完工后,要组织相关部门进行检查验收。按照中央和省市的投资计划,全面逐步落实配套资金。

三、张掖市河道综合整治

河道是水生态环境的重要载体,要考虑生物的多样性,为水生、两栖动物创造栖息繁衍环境,这样既有利于保护河道水生态环境,又有利于提高河流自净能力。除满足宣泄洪水的要求外,还应尽量保持河道的自然特征及水流的多样化,只有具备了水流的多样化,才有水生物的多样化。为此,河道整治要从生态、经济、人文、社会效应和全面建设小康社会等多方面来考虑,既要恢复自然河道的功能,又要满足人类生存的要求,将“回归自然”与“以人为本”相结合作为河道治理思路。“回归自然”是恢复河道原有的自然功能,满足行洪、蓄水、航运、水生态等要求,具有水资源可持续发展的特性;“以人为本”是满足人类活动的需求,处理好人水和谐的环境,具有亲水、安全的特性。

(一)张掖市河道基本情况

1.张掖水系综述

张掖市可利用地表水16.28亿m^3,可利用地下水8.84亿m^3。扣除地下水重复量,可利用水资源总量为16.63亿m^3。境内有4条主要长流水河和一条泉水河,26条季节性小沟小河,均为黑河水系,属内陆河流域。主要河流为黑河、酥油口河、大野口河、大磁窑河及黑河水系较大支流山丹河。全长821 km的黑河发源于祁连山脉,是我国第二大内陆河,莺落峡以上为上游,中游流经张掖市、临泽县和高台县,正义峡以下为下游,贯穿甘肃省酒泉市金塔县和内蒙古自治区阿拉善盟额济纳旗,最终汇入位于额济纳旗境内的东居延海和西居延海。张掖市水源多为入境水,主要为祁连山的降水补给、地下潜流和冰川融化补给,境内降水除少数暴雨产生一些地表径流外,一般下渗都补给地下水或被蒸发,难以发挥灌溉作用。

2.张掖水系降水量和输沙量

年降水量在地区分布上,由川区向南随海拔高度的增高而递增,川区年降水量124.9 mm,山区黄藏寺年降水量295.1 mm,蒸发却递减,川区蒸发量1 290.7 mm,黄藏寺蒸发量819 mm。年降水在时间分布上,多集中在6—9月,约占全年总量的71.9%,春季降水仅14%。年内降水很不平均,年际变化也较大,变差系数川区张掖为0.31,山区扎马什克为0.13。

全市4条主要入境河流,除酥油口河道输沙量较小外,其余3条河流输沙量都较大,黑河年均输沙量为220万t,平均含沙量1.42 kg/m^3,年均输沙率69.6 kg/s,多集中在汛期6—9月。因此,黑河东西干渠需人工清淤,灌溉水口处常有细沙淤积影响农业。

3.张掖水系区域水文地质情况

由于受自然地理、地貌、地区构造、岩性等条件控制,区域水文地质情况差别较大。南部祁连山山区及张掖盆地内,地下水丰富,水质亦好,北山区地下水较为贫乏,水质较差。平原水文地质区中的山前平原第四系孔隙水,分布在张掖盆地广大地区。根据其埋藏特征,分为潜水和承压水。在老寺庙至黑河河床之间均有自流水分布:正水头5 m左右,单井涌水量1 000~5 000 m^3/d,水质较好,矿化度一般大于0.5 g/L,水质类型多为HCO_3^-—Ca^{2+}—Mg^{2+}。

(二)张掖市河道整治现状及存在的主要问题

1.河道整治现状

张掖市黑河流域近期治理项目共划分为84个子项目(灌区节水改造工程81项,肃南生态建设项目3项),批复初设概算总投资15.381 3亿元[灌区节水工程13.948 7亿元,退耕还林(草)0.87亿元,生态工程0.562 6亿元]。改建衬砌干渠560.2 km,支渠639.6 km,斗渠881.23 km,田间配套89 700 hm^2,新打机井674眼,旧井改造1 494眼,高效节水32 400 hm^2(管灌21 067 hm^2,滴灌8 933 hm^2,喷灌2 400 hm^2),退耕还林(草)20 000 hm^2,天然林封育20 000 hm^2,草地围栏封育40 000 hm^2,人工造林2 667 hm^2。至2007年一季度,黑河近期治理项目累计完成总投资11.754 8亿元(其中:灌区节水工程

11.624 3 亿元，生态工程 0.13 亿元），累计已完成干渠 441.3 km，支渠 589 km，斗渠584 km，田间配套65 400 hm^2，新打机井 408 眼，旧井改造 752 眼，高效节水面积 26 134 hm^2（其中管灌 15 600 hm^2，滴灌 8 467 hm^2，喷灌 2 067 hm^2），天然林封育 6 667 hm^2，草原围栏 13 975 hm^2，人造水保林 400 hm^2。

为遏制黑河下游生态日益恶化的趋势，国务院自 2000 年开始对黑河实行水量统一调度。2002 年 3 月，水利部率先在张掖市开展节水型社会建设试点，并将实现黑河分水目标作为节水型社会建设的考核指标之一。当年 7 月，黑河管理局采取黑河中下游“全线闭口，集中下泄”的方式向东居延海调水，使干涸多年的东居延海重现了碧波荡漾的景象。张掖市连续 6 年完成黑河分水任务，先后 9 次送水到东居延海，累计向下游下泄水量 52.8 亿 m^3，占 6 年来水总量的 55.3%。黑河分水使得东居延海已经实现连续700多天不干涸，大批鸟类、鱼类又重新在东居延海繁衍生息，沿河和下游天然林草面积有所恢复，流域生态退化的趋势得到有效遏制，为改善下游生态作出了重要贡献。

2.存在的主要问题

总体来说，张掖市河道整治工作取得了一些成绩，积累了一定的经验，但在当前河道整治中还存在不少的问题和困难。

(1)保护河道意识淡薄。特别是乡镇和农村附近的河道，一些单位和村民受传统习惯的影响，缺乏文明意识和法制观念，有的把河道作为天然垃圾场，任意向河道内倾倒垃圾、废物；有的向水面要地，任意侵占河道搞违章搭建，大大降低了河道的排灌、环保能力。

(2)河道水环境较差。目前张掖市河道，一是水体污染比较严重，近年来虽然张掖市政府花巨资建造多处污水处理工程，但是还是难以满足当前的最大需求。并且部分企业无视环保法规，为减少处污成本而向河道内偷排工业污水的现象时有发生，使河道水质呈恶化趋势。二是部分河道淤积严重，主要是一些河道两岸及周边水土流失现象严重，并且疏通力度不够，导致河床逐年抬高。三是部分河道内水草、浮萍、垃圾等漂浮物聚集，河道水环境面貌没有好转。

(3)河道保洁责任模糊。一方面，部分地区对河道保洁工作的重要性认识不够，缺少有力措施，对保洁单位和人员缺少日常的、必要的监督与管理。另一方面，河道水的流动性导致河道上下游、左右岸保洁工作职责模糊，相互推诿，也使河道保洁工作难以推进。

(4)待整治河道线长面宽。一是部分河道的河岸堤身单薄、未建护岸工程，长时间浸水容易坍塌。二是河岸坍塌造成河道淤积，严重影响了河道的正常排灌能力。

(5)行政推动力度不强。从全市范围看，一些地区对实施河道整治工作认识不深，重视不够，工作措施不到位，特别是受资金等因素的制约，整治进展缓慢，市与县、县与县、镇与镇、村与村之间行政推动力度不够平衡。

(三)张掖市河道综合整治措施

河道整治是指为防洪、航运、供水、排水及河岸洲滩的合理利用,按河道演变的规律,因势利导,调整、稳定河道主流位置,以改善水流、泥沙运动和河床冲淤部位的工程措施。我国河道整治的历史由来已久,随着近代水力学、河流动力学、河道泥沙工程学的进步,河工模型试验的发展及工程材料的改进,河道整治发展到一个新的阶段。

1.河道综合整治应遵循的基本原则

(1)统筹上下游,兼顾左右岸。本市山区河流的水文条件、水力要素情况比较复杂。汛期洪水陡涨陡落,冲刷力强,推移质多;枯水期流量很小,河岸或河堤承受高水位压力的时间不长。在规划治理中,因地制宜,综合考察上下游、左右岸,甚至整个流域的相互关系,统筹规划,综合治理。一是封源头,堵上游,疏下游。二是在修建堤护岸工程等约束水流的规划中,应遵循自然规律,注意河道的冲淤平衡,不宜过多改变河道自然特性,要尽量发挥天然河道的功能。

(2)注重点、线、面的合理布局。河道治理的总体规划应做到点、线、面的合理布局。点就是以城镇、村庄、耕地面积集中或具有其他水功能要求的河段为重要河段;线就是对河道的岸线、堤线进行上下游、左右岸统筹布置,调整好河势和流向,注意上下游堤线的衔接和左右岸的协调,避免新建的堤防、护岸工程侵占行洪断面,阻碍行洪,抬高水位,产生新的淹没损失;面就是处理好整条河流的平面、断面和挡水面之间的关系。

(3)融入人水和谐的理念。河道的治理活动要充分考虑河道水体的自然属性,做到人水和谐。堤防护岸、水库塘坝工程是人类抵御自然灾害,利用和扩大生存空间而改变自然的成果。水利工程应该结合水质和水环境的改善,防止水土流失,为水生植物的生长、水生动物及两栖动物的栖息繁衍活动创造条件。通过恢复和改善河道生态环境提高河道自净能力。在河道整治规划设计中,综合考虑河道水文、地形、地质、生态条件、周围环境。在注重河道行洪排涝、引水灌溉、航运交通等基本功能的同时,尽可能维护河道断面的天然形态,尽可能采用自然土质岸坡。

2.张掖市河道综合整治的措施

张掖市地处西北干旱内陆地区,南部祁连山山区及张掖盆地内地下水丰富,水质较好,北部山区地下水较为贫乏,水质较差。平原水文地质区中的山前平原第四系孔隙水分布在张掖盆地广大地区。根据其埋藏特征,分为潜水和承压水。下面我们将根据各地不同的河道特征,制定相应的河道综合整治措施。

(1)张掖河道综合整治办法[3]

第一,蜿蜒型河道整治。蜿蜒型河道形态蜿蜒曲折。由于弯道环流作用和横向输沙不平衡的影响,弯道凹岸不断冲刷崩退,凸岸则相应淤长,河湾在平面上不断发生位移,蜿蜒曲折的程度不断加剧，待发展至一定程度便会发生撇弯、切滩或自然裁弯。改变现状的措施即因势利导，通过人工裁弯工程将迂回曲折的河道改变为有适度弯曲的连续河湾，将河势稳定下来。

第二，游荡型河道整治。游荡型河道的问题症结是泥沙。在治理过程中，应坚持标本兼治、综合治理的方针，即采取“上拦下排，两岸分治”控制洪水，“拦、排、放、调、挖”处理和利用泥沙。“上拦”主要靠中上游干流控制性骨干工程和水土保持工程拦截洪水和泥沙。“下排”就是通过河道整治和各类河防工程的建设，将进入下游的洪水和泥沙尽可能多地输送到下游。“调”是利用修建在河道中游的水库，拦截粗沙，排泄细沙，并针对水源特点，调水调沙以增大下游的输沙能力，减少河床泥沙淤积。“放”、“挖”主要是通过放淤和挖河措施，在下游两岸处理和利用一部分泥沙，使河道下游逐步形成“相对地下河”。

第三，分叉型河道整治。分岔型河道的整治措施主要有：岔道的固定、改善与堵塞。其中岔道的固定与改善，目的是调整水流，维持与创造有利河势，从而对防洪有利。而岔道的堵塞，往往是从岔道通航要求考虑，有意淤废或堵死一岔，常见的工程措施是修建锁坝。值得指出的是，从河道泄洪讲，特别是大江大河，堵塞岔道需慎之又慎。

第四，顺直型河道整治。顺直型河道，犬牙交错的边滩不断下移，使得河道处于不稳定状态，对防洪、航运、港埠和引水都不利。那种认为顺直单一河型较稳定，并希望把天然河道整治成顺直河型的观点，其实并不合实际，也难于实现。应该将边滩稳定下来，使其不向下游移动，从而达到稳定整个河段的目的。稳定边滩多采用淹没式丁坝群，坝顶高程均在枯水位以下，且一般为上挑或正挑式，这样有利于坝档落淤，促使边滩淤长。

(2)张掖市河道综合整治措施

综合上述分析，我们可以将张掖市河道综合整治的具体措施概括为：①疏浚，可用机械开挖、爆破或人工开挖，以增加通航水深及过流断面。②修建河道整治建筑物，主要有平顺护岸、顺坝、丁坝、矶头、锁坝、潜坝、鱼嘴及导流屏等。使用的材料多为土石料、混凝土(块、板及排)、埽料及土工织物等。③实施河道拓宽工程，适用于狭窄而有展宽条件的河段。④实施河道裁弯工程，适用于蜿蜒性河型，其效益为增加河段泄洪能力，降低洪水位，缩短航程。

在河道综合整治工作上，张掖市相关部门应着重做好以下五个方面：①高度重视，把河道综合整治作为解决民生问题的重要实事来抓。把推进河道综合整治作为改善民生、为民造福的重要实事，摆上地方各级政府的重要议事日程，完善实施方案，明确相关任务，落实工作责任，严格督促检查，将这一民生工程真正办实、办好，让人民群众受惠得益。②创新机制，拓宽河道综合整治的资金来源。实施地区河道综合整治是一项公益性事业，按照建立公共财政的要求，河道综合整治主要依靠财政投入。从2009年起，张掖市、县各级财政将进一步加大对地区河道综合整治的投入力度。在此基础上，按照民主协商、群众自愿的原则，统筹安排筹资筹劳，用于地区河道综合整治。同时，积极运用市场机制，盘活水土资源，拍卖林权和水面养殖经营权，出售清淤土方，多渠道增加地区河道综合整治的投入。③科学规划,充分发挥河道的综合效益。根据河道的不同层次、不同功能,坚持科学规划,实行综合治理,合理利用水土资源,把河道整治与土地复垦、道路建设、拆坝建桥、环境改善、植树造林和发展水产养殖等有机结合起来,统筹解决好水安全、水资源、水环境问题,充分发挥地区河道综合整治的经济效益、社会效益和生态效益,营造良好的地区发展环境和人居环境。④民主管理,让地区居民参与工程建设管理全过程。本着“为居民办事、对居民负责、受居民监督、让居民满意”的原则,积极推进民主管理,将河道综合整治规划、工程实施方案、资金筹集计划等通过乡村公告栏进行公示,征求群众的意见。⑤建管并重,建立地区河道长效管理机制。根据张掖地区的实际情况,制定管护标准,明确管护责任,落实管护资金,建立不同的河道管护模式,做到建管并重。建立政府补助、市场运作、居民参与相结合的投入机制,筹集河道管护经费。

四、张掖市环境生态优化

由于人们对工业高度发达的负面影响预料不够、预防不利,出现了全球性的三大危机:资源短缺、环境污染、生态破坏。人类不断地向环境排放污染物质,但由于大气、水、土壤等的扩散、稀释、氧化还原、生物降解等的作用,污染物质的浓度和毒性会自然降低,这种现象叫做环境自净。如果排放的物质超过了环境的自净能力,环境质量就会发生不良变化,危害人类健康和生存,就会发生环境污染。

(一)环境问题概述

1.环境污染及其危害

环境污染是指由于对生态系统有害的物质进入环境后对生态系统造成的干扰和损害的现象,简称污染。具体来说就是,有害物质或有害因子进入环境并在环境中发生扩散、迁移、转化,并跟生态系统的诸要素发生作用,使生态系统的结构与功能发生变化,对人类以及其他生物的生存和发展产生不利影响。例如,化石燃料的燃烧使大气中的颗粒物和二氧化硫浓度增高,危及人和其他生物的身体健康,同时还会腐蚀材料,给人类社会造成损失;工业废水和生活污水的排放使水体质量恶化,危及水生生物的生存,使水体失去原有的生态功能和使用价值。

环境污染除了给生态系统造成直接的破坏和影响外,污染物的积累和迁移转化还会引起多种衍生的环境效应,给生态系统和人类社会造成间接的危害,有时这种间接的环境效应的危害比直接危害更大,也更难消除。例如,温室效应、酸雨、臭氧层破坏就是由大气污染衍生出的环境效应。这种由环境污染衍生的环境效应具有滞后性,往往在污染发生的时候不易被察觉或预料到,然而一旦被发现就表示环境污染已经发展到相当严重的地步。

环境污染最直接、最容易被人所感受的后果是使人类环境的质量下降,影响人类的生活质量、身体健康和生产活动。例如城市的空气污染造成空气污浊,人们的发病率上升等等。水污染使水环境质量恶化,饮用水水源质量普遍下降,威胁人的身体健康,引起胎儿早产或畸形等等。

严重的污染事件不仅带来健康问题,也造成社会问题。随着污染的加剧和人们环境意识的提高,污染引起的人群纠纷和冲突逐年增加。目前在全球范围内都不同程度地出现了环境污染问题,具有全球影响的方面有大气环境污染、海洋污染、城市环境问题等。随着经济和贸易的全球化,环境污染也日益呈现国际化趋势,近年来出现的危险废物越境转移问题就是这方面的突出表现。

2.环境污染的原因及其分类

环境污染可以是人类活动的结果,也可以是自然活动的结果,或是这两类活动共同作用的结果。如火山喷发,往大气中排放大量的粉尘和二氧化硫等有害气体,同样也会造成大气环境的污染。但通常情况下,环境污染更多地是由人类活动特别是社会经济活动引起的。我们平常所指的就是这类源于人类活动的环境污染。人类活动之所以会造成环境污染,是因为人类跟其他生物有一个根本差别:人类除了进行自身的生产外,还进行更大规模的物质生产,而后者是其他生物都没有的。由于这一点,人类活动的强度远远大于其他生物。

可以从不同角度对环境污染进行分类。环境污染按环境要素可以分为大气污染、水体污染、土壤污染;按人类活动可以分为工业环境污染、城市环境污染、农业环境污染;按造成环境污染的性质、来源可以分为化学污染、生物污染、物理污染(噪声污染、放射性污染、电磁波污染)、固体废物污染、能源污染。

(二)张掖市环境污染状况

随着工业的发展以及自然条件的变化,张掖市的环境正在发生变化,环境污染问题也日益严重,以下就水、大气、噪音等主要方面分析一下张掖市的环境污染问题。

1.水污染

水污染一般是指水中污染物数量超过了水体自净能力,污染物数量达到了破坏水的原有用途的程度,污染物含量已超过水中该物质的本底值,从而影响水的用途。

张掖市地下水水质良好,地表水体主要是黑河,黑河是我国第二大内陆河,全长800 km,在张掖市境内流域面积为3 663.8 km^2,干流长52 km,近年来年径流量平均为16.22亿 m^3。黑河张掖区段地表水水质功能区划为Ⅲ类,地表水体水质基本良好,各断面水质控制在Ⅲ类标准内,其支流山丹河水体污染较重,对干流黑河水质影响较大,水体污染以有机物污染为主,主要污染物来自流域内12家重点污染源企业排放的工业废水和张掖区城市生活污水。2002年,张掖区向黑河排放污水1 944万t,其中工业废水排放量 1 600 万 t，生活废水排放量 344 万 t，化学需氧量排放量为 1.23 万 t(包括生活化学需氧量排放量 2 948 t)，氨氮排放量为 851 t(包括生活氨氮排放量为344 t)。工业废水主要来自中华纸业公司、地区造纸厂、化肥厂、五里墩电厂和东北郊新区企业等 12 家企业，工业废水虽经全部处理，但因处理设备落后、处理技术简单，废水超标排放问题仍然十分突出。生活污水主要来自城区医院、餐饮、娱乐、服务等行业，大量超标排放的工业废水和未经任何处理直接排放的生活污水，造成了黑河地表水水质下降。

2.大气污染

按照国际标准化组织(ISO)的定义，“大气污染通常是指由于人类活动或自然过程引起某些物质进入大气中，呈现出足够的浓度，达到足够的时间，并因此危害了人体的舒适、健康和福利或环境的现象”。大气中的重要污染物(源)有可吸入颗粒物、臭氧、氮氧化物、一氧化碳、二氧化硫等。除了这些污染源造成空气污染外，还有二次污染形成的光化学烟雾，也会对空气造成严重污染。

张掖为国家二氧化硫控制区，大气污染问题较为突出。大气污染源主要为燃煤锅炉(窖)排放的大气污染物及街路清扫和建筑施工造成的二次扬尘，其主要的污染物为大气中的悬浮微粒和二氧化硫。目前城区主要用煤大户为市环保建材有限责任公司、市三强化工建材有限责任公司等七家工业企业和七个居住小区，各主要污染源单位皆已采用了必要的脱硫除尘设施。2002 年，张掖共排放烟尘 1 200 t，工业粉尘 210 t，二氧化硫 1 840 t。城区大气总悬浮微粒年日均值为 0.40 mg/Nm^3，超国家二级标准 1 倍；二氧化硫年日均值为 0.086 mg/Nm^3，超国家二级标准 0.43 倍。

3.噪声污染

环境噪声是指工业噪声、建筑施工噪声、交通运输和社会生活噪声。张掖环境噪声污染突出表现为建筑施工噪声、交通运输和社会生活噪音。近几年来，由于公众环境意识、环境权益意识的增强，噪声污染信访投诉呈现增加趋势，随着环保部门对环境噪声监管力度的加大和城区绿化总量的增加，环境噪声污染已明显改观，信访投诉呈现逐年下降趋势。依照张掖环境噪声功能区划和城区锅炉噪声检测结果，张掖区噪声达标区面积已达 10.66 km^2。2002 年，张掖区域环境噪声平均值已降至 52.7 dB，交通干线噪声平均值已降至 69.5 dB，均在国家控制标准内。

(三)张掖市环境优化措施

面对张掖市的环境问题，我们应该进行深入思考，同时我们应积极采取措施进行治理，更重要的是我们要采取防护措施。

1.水污染防治对策

针对张掖市的水污染问题，相关部门对水污染特别是城市水污染防治重点行业化工、轻工、造纸等以及饮用水水源进行防治，下面是一些关于水污染防治的措施。

(1)制定法律和控制标准。第一,设立国家级、地方级的环境保护管理机构,执行有关环保法律和控制标准,协调和监督各部门和工厂保护环境、保护水源。第二,颁布有关法规,制定保护水体、控制和管理水体污染的具体条例。

(2)水污染的整治过程中更多地采用经济手段,调动排污单位的内部积极性,使污染物达标排放和综合治理成为企业主动的、自愿的行为。这样不仅能够减少行政强制执行的费用,而且可以减少以至杜绝企业弄虚作假、追求形式上的达标和保留实质上的污染的行为,从而提高有关法律法规执行的有效性。

(3)加大重点工业污染源的限期治理力度,积极筹措资金,加快治理步伐。重点污染企业要全部实现达标排放,超出水环境容量的企业和项目,必须优化结构,治理污染,对原有污染源排污量进行等量削减,要进一步加快污染防治工作,积极推行清洁生产。

(4)加强环境监督管理,严格执行环境影响评价和“三同时”制度,不能只是对企业建设项目本身进行环境影响评价,要扩大到区域,根据区域的总量,对生态环境的容量、对规划是不是合理来进行环境影响评价,同时要开展战略性的政策环境影响评价,遵照国家颁布的环境政策进行评价。严禁“十五小”、“新五小”企业和淘汰的工业生产线,从源头上杜绝新的水污染源的产生。

(5)加强水源调配方面的研究。张掖市地处大陆内部,基本上属于干旱荒漠自然景观地带,水资源不足。水资源不足是影响水质的重要因素,河水不流,水质就会恶化。应加强水源调配方面的研究,如何既节约水源又保护水环境是必须研究的课题。建设一批污水处理厂,加强处理水的应用,处理厂与输水管道应同时规划、同时设计,将处理后的洁净水引入河道,这样既节约水资源又可保护水环境。

(6)工程保障措施。第一,实施彻底截污、雨污分流。根据实地调查结果,生活污水是水系最严重的污染源,将生活污水完全截留是治污的根本。另外,由于雨水管经常被用做排污管,所以实施雨污分流也是重要措施。将污水送入污水处理厂处理,对于雨水则可直接将其排入自然水体中,降低污水处理厂处理负荷,污水可以通过河道排放。第二,对老平房区进行搬迁改造。一般来说,城镇新建居民区都有完备的下水道系统,都实施了雨污分流。但是,老平房区房屋破旧,多数没有下水道系统,而且雨污不分,这是造成河流污染的主要原因。

2.大气污染防治对策

(1)加快集中供热步伐,减少分散锅炉房,实施污染集中控制,减少烟尘及二氧化硫排放量。

(2)改善能源结构,鼓励使用清洁能源,增加优质煤、天然气、石油、电在终端消费的比例。

(3)对原煤添加固硫剂,改进燃煤技术,减少二氧化硫的排放量。

(4)加大脱硫除尘设施的更新改造力度,提高脱硫除尘效率。

(5)严格执法,加大脱硫除尘设施运转率及对建筑施工扬尘的监管力度。

(6)加强绿化。植物除美化环境外,还具有调节气候,阻挡、滤除和吸附灰尘,吸收大气中的有害气体等功能。

(7)开发新能源,如太阳能,风能,核能,可燃冰等,但是目前技术不够成熟,如果使用这些新能源会造成新污染,且费用十分高。

(8)合理安排工业布局和城镇功能分区。应结合城镇规划,全面考虑工业的合理布局。

(9)加强对居住区内局部污染源的管理。如饭馆、公共浴室等的烟囱,废品堆放处,垃圾箱等均可散发有害气体,并影响室内空气,卫生部门应与有关部门配合并加强管理。

(10)加强工艺措施。采取以无毒或低毒原料代替毒性大的原料,采取闭路循环以减少污染物的排除等;综合利用变废为宝,发展循环产业。例如,对于电厂排出的大量煤灰,既可将其制成水泥、砖等建筑材料,又可回收氮,制造氮肥等。

3.噪声污染对策

张掖市环境噪声污染突出表现为建筑施工噪声、交通运输和社会生活噪声。针对以上情况,我们提出以下防治措施:

(1)《中华人民共和国噪声污染防治法》指出,环保部门是工业噪声、建筑噪声的管理部门,而公安部门则应对社会生活噪声进行管理,所以,对噪声污染的管治,并不单纯是环保部门的事。因此在噪声的防治上,环保、工商、公安、社文办、城管等职能部门要齐抓共管,相互配合。

(2)严格落实环境影响评价制度和"三同时"制度,建设项目产生的环境噪声污染,其防治设施必须与主体工程同时设计、同时施工、同时验收投产使用。

(3)用法律法规来规范生产经营行为。我们应该重新制定更加严格的机动车辆噪音标准,使车辆的设计和制造水平得以提高,以降低噪声污染。

(4)加大监管力度,重点加强对夜间建筑施工噪声和社会生活中的噪声,尤其是商业网点音响噪声的监督管理,严禁随意超标排放噪声。

(5)增加绿量,提高城市绿化水平,利用植物对噪声良好的吸收阻隔作用来降低噪声,最大限度地保证公众生活不受噪声干扰。

参考文献

[1] 曹志政.张掖湿地:打造一片黄金宝地[N].甘肃经济日报,2009-10-28(2).

[2] 赵建材. 恢复张掖湿地 重现塞上江南——张掖城市湿地保护与建设对策[EB/OL]:htp://zysd.zhangye.gov.cn/jyxc/200808/93759.html.

[3] 崔承章,熊治平.治河防洪工程[M].北京:中国水利水电出版社,2004.

第十七章 张掖市生态经济系统建设

一、张掖市生态经济发展现状

近年来,张掖市国民经济持续快速增长,特别是进入新世纪以来,在邓小平理论、"三个代表"重要思想以及科学发展观的统领下,资源节约型、生态友好型、社会和谐型城市建设步伐日益加快,区域生态经济体系初步形成。2008 年全市实现地区增加值 169.86 亿元,按可比价格计算,比上年增长 15.83%。

(一)张掖市生态—经济的初步耦合

耦合是物理学上的概念,它是指两个或两个以上的实体相互依赖于对方的一个量度。这里我们所说的生态—经济耦合是企业生态与所在区域的生态及经济等相互作用、相互制约、相互影响而导致双方同向发展的现象[1]。近几年来,张掖市在发展经济的过程中注重经济与生态的协调发展,大力推广农业节水工程,开展黑河湿地保护工程,以节水型社会建设为推力对经济结构进行了战略性调整,建立了与生态结构相协调的经济结构,实现了生态经济的良性耦合。

近几年张掖市的节水工程建设和节水社会试点建设,使水资源的利用效率和效益明显提高。全市每年节水 2 亿 m^3,灌溉保证率提高了 10 个百分点;围绕节水型社会建设的经济结构战略性调整,促进了工业强市战略的蓬勃发展,工业总产值已经超过了农业总产值,三次产业比重由 2000 年的 42:29:29 调整为 2007 年的 30:37:33,每立方米水的 GDP 产出由 2.81 元提高到了 5.84 元。小麦玉米带田高耗水作物已悄然消失,取而代之的是棉花、番茄、蔬菜、制种玉米等节水作物,灌溉方式由水漫灌改为"滴灌",农民将水、化肥和可溶性农药通过输水管道像“打点滴”一样补充给农作物，采用膜下滴灌技术后，田间的滴灌带形成灌溉网络，既节约用水又提高了土地的利用率，采取滴灌后土地的利用率平均提高了5%~7%。张掖市以新时期水权理论为依据，明晰了水资源的所有权、使用权、经营权、转让权，增强了全民节水意识，提高了水资源的利用率和产出效益，使水资源的渠系利用率由过去的57%提高到了62%，为下游分水创造了良好条件。同时坚持发展设施农业与有机生态无土栽培节水技术结合，不断改革用水方式和管理模式，逐步建立起“政府调控，市场引导，公众参与”的水资源管理运行机制。发展节水型农业既是节水的有力措施，又带来了增产增收的农业技术，减少了成本，提高了产量，增加了农民收入。

张掖市的黑河流域湿地保护工程也卓有成就。2008年12月31日，黑河湿地保护工程拉开序幕，生态新区占地7.8 km^2。2009年3月1日，张掖湿地公园开工建设，其中湿地1 733 hm^2。截至2009年7月，张掖已完成重点区域退耕还湿地约201 hm^2，建设湿地栈道4.1 km，水系疏浚工程围堰堵坝11道9.4 km，形成约147 hm^{2}湿地水面。黑河流域湿地保护工程对维护国土生态安全、保护生物多样性、改善区域生态环境和维系流域绿洲生态安全都具有特殊的战略意义。张掖地区以湿地保护引领了城市建设，体现了环境与城市的有机融合，塑造了城市的崭新形象，提高了城市承载能力，为聚集生产要素，配置资源，创造投资项目建立了有效的平台，推进了城镇化进程，有力地带动了第二、三产业的快速发展。

张掖市多年来坚持不懈的治沙工作彻底改变了全市的环境面貌。截至2007年底，张掖市共营造防风固沙林110 000 hm^2，改造了绿洲内9处较大沙窝，治理了危害严重的风沙口，并在绿洲外围沙区边缘封育沙生植被93 333 hm^2，遏制了流沙南侵。绿洲中部约100 000 hm^{2}农田、65%的道路和80%的渠系实施了林网化，在北部沙区营造起15条总长440 km的防风固沙基干林带，控制沙流约49 067 hm^2，保护农田近66 667 hm^2。全市森林覆盖率由新中国成立初期的4.5%提高到2007年的10.71%。张掖在防沙治沙过程中，以改善生态环境、培植地方财源、构筑区域特色经济、增加农民收入、实现产业富民为目标，加快沙产业建设步伐，延伸产业链，全面提高沙产业的资源转化能力、综合生产能力、市场拓展能力和产业化经营水平，使沙产业得到了长远发展。

(二)张掖市生态经济系统的内在矛盾与外在表现

1.节水面积较小并且付出的代价较大

张掖市的节水工程提高了水资源对经济社会的保障能力，改善了区域社会基础设施条件，提高了区域经济社会整体实力，增加了农民收入。但是，河西走廊的膜下滴灌节水只占整个耕地面积的2%，大部分农田还是以传统的用水和灌溉方式为主，漫灌、块灌、串灌还十分普遍。河西走廊的农业用水量占当地整个用水量的80%到90%，因此节水的关键在于农田节水,农田节水的方式主要应采用农艺节水。近几年黑河的分水调水工作是依靠政府的行政指令来完成的,分水调水造成的损失也是很大的。据统计,2000年到2008年共造成农业损失5.89亿元,增加市县区调水费2 577万元,减少水费收入1.142亿元,水利系统用于堵口疏浚河道费用1 616万元,累计达到7.45亿元。

2.大量的矿产开采导致水土流失

张掖市矿产资源富集,是国土资源部确定的全国12个重点成矿区之一,西起肃南祁青、东至寺大隆一带的西南部沿祁连山多金属成矿带,是全市矿产资源最为富集的区域。位于西段的祁青地区是钨、钼、铁、铅、锌等矿产资源的集中区,位于东段的错沟至大岔牧场一带铜矿和铁矿的分布比较集中,十分有利于围绕若干优势矿种形成采、选、冶、加工为一体的产业体系。长期的矿产开采致使植被遭到破坏,加上水资源缺乏,地表裸露,水土流失越来越严重,沙漠化加重。

3.特色农产品的种植耗水量大

近两年张掖市紧紧围绕农产品特色和优势,加大项目建设力度,加快农产品加工企业建设步伐。到2008年底,全市已建成粮食加工企业329个,草畜产品加工企业37家,种子加工企业28家,果蔬加工企业43家,轻工原料加工企业406家。已形成了以粮油、果蔬、草畜、制种、轻工原料加工为主的农产品加工企业群体。通过壮大龙头企业,带动了一批农产品加工基地建设,形成了"公司+农户+基地"的产业格局。以甘州、临泽、高台制种、蔬菜和山丹、民乐啤酒大麦、马铃薯、油料为主体的特色产业结构更趋明晰,优势农产品种植逐年增加,为农民增收起到了积极作用,而且培育了一批名牌产品。"甘绿"牌脱水菜畅销欧美和东南亚国家,全市年出口番茄酱5万t,产品远销欧美等国。特色农产品的加工产业带动了经济的发展。河西走廊的农业用水量占当地整个用水量的80%到90%,但是,到目前为止,大部分农田还是以传统的用水和灌溉方式为主,漫灌、块灌、串灌还十分普遍。河西走廊的膜下滴灌节水只占整个耕地面积的2%,并且玉米、棉花以及在沙产业中作为主要作物的葡萄等本身就是高耗水作物,这就使生态经济系统内部产生了经济与节水之间的矛盾。

4.沙漠化面积不断扩大

河西地区降水量少,植被稀疏,蒸发强烈,水土流失严重,生态环境非常脆弱。自河西绿洲形成以来,土地荒漠化程度有恶化的趋势。资料表明,"河西内陆河流近50年来沙漠化土地面积以0.38%的递增率逐渐上升,尤其以现代沙漠化过程为主的河西西段沙区、黑河中段沙区土地沙漠化扩展更甚,年均递增率分别为1.47%和1.03%。近几年来,张掖地区的水资源利用取得了很大的成绩,工农业生产得到了快速发展。20世纪70年代祁连山出山地表水总量是80亿m^3以上,90年代出山地表水总量却不到70亿m^3。由于地表水较少,加上水资源开发利用不当,过量开采地下水,修建水库,提水灌溉,天然水系逐渐遭到破坏,地下水资源逐年减少,地下水位持续下降,天然植物大片枯死,土地沙漠化面积逐渐扩大。据资料统计,“河西地下水位以平均每年0.5~1.0 m的速度下降,地下水矿化达4~6 g/L,不仅使人畜饮水发生困难,大量农田弃耕,而且时红柳等具有防风固沙能力的沙生物也大量死亡”[2]。

二、张掖市生态经济发展的基本思路

(一)市域经济发展生态化

市域经济发展生态化体现的是一种文明的转变,即由工业文明向生态文明的转变。生态文明是我国经济社会发展到一定阶段后,经济增长与资源环境矛盾日益突出的产物。在实现经济快速发展的过程中不可避免地破坏了生态环境,而脆弱的生态环境在某种程度上又影响了经济的发展,因此要保持经济和环境协调发展,就必须转变以往经济效益最大化的发展理念,参与经济活动的主体实现由“经济人”向“生态经济人”的转变。

从发展目标上看,生态文明建设不是单纯地进行资源节约和环境保护,而是要追求生态环境保护与经济增长的一体化发展。在以后的经济发展过程中转变以往单纯以GDP、利润为指标的模式,而要以生态经济效益最大化为目标,实现经济与环境的协调发展。

从发展手段上看,生态文明建设体现在要素的投入上,要求形成资源能源节约和环境保护的产业结构、增长方式。在要素的投入上更加注重技术投入,发展技术创新驱动型经济,通过各种清洁生产技术和可再生能源技术的创新应用,加强产业的技术改造,遵循“减量化、再利用、再循环”的原则,改善环境和促进经济增长。

(二)传统产业绿色化

绿色产业是指积极采用清洁生产技术,采用无害或低害的新工艺、新技术,大力降低原材料和能源消耗,实现少投入、高产出、低污染,尽可能把对环境污染物的排放消除在生产过程之中的产业。

长期以来各国为了获得短期经济利益,追求更快的经济增长速度,不惜过度开发自然资源,导致了非再生资源的匮乏。为了合理使用稀缺的自然资源,传统产业的“绿化”势在必行。

首先,营造一个绿色的环境,提高环保意识。根据当地自然资源和生态环境的状况,把生态保护和经济发展结合起来,大力发展与当地自然资源相适应的农、林、草、沙、轻纺等产业,使经济发展目标与生态的可持续发展相统一。继续开展“三北”防护林、退耕还林、天然林保护、重点公益林保护和湿地资源保护等林业重点生态工程建设,以具体行动影响人们,使人人树立保护环境的意识。此外,顺应绿色产品的发展趋势,制定和完善一系列有关环境保护的技术标准和法律法规，从制度上约束人们的行为。

其次，在传统产业的发展过程中注重要素投入的生态化。例如：在蔬菜生产过程中，禁止使用有剧毒的农药，而是使用生物农药或者高效无残留的化学农药，少施化肥，多使用有机肥；在管理上，加大科技含量，继续推广无土栽培、集约化栽培、滴灌等先进技术。从不同产业对水质的不同要求出发，提高农业用水的质量标准，促进农业产业绿色化。在轻工业方面，一要全面加强绿色管理，减少资源浪费，加强技术改造，采用新工艺、新技术，处理好废水，把城镇污水经过初级处理，回用于工业、农业、回灌地下水、城镇日杂用水，建立城镇水环境系统，从而使污水资源化，减少地下水的用量。此外，保证产品符合环保要求，这样可以补偿环保的支出。二要引进国外先进技术。三要不断进行绿色技术创新。创新出绿色工艺不仅保护环境，还能增强企业竞争力。在矿产方面，发展生态矿区。提倡绿色开采，治理"三废"，减少"三废"的排放量，使"三废"经济化、资源化，变废为宝，同时综合利用共伴生矿产。此外，依托现有工业基础及特色农副产品，以"绿色理念"办工厂，发展壮大新材料、石油天然气与精细化工、生物药品、新能源及特色农副产品加工业等特色支柱产业。

（三）生态产业规模化

1.环卫工作产业化

环保产业是绿色产业的主力军之一，包括生产环保设备、垃圾回收和处理。一个城市只有风格突出、特色明显，才能有生命力，才能产生人流、物流、信息流的聚集效应。作为全国历史文化名城和中国优秀旅游城市，张掖的环保工作显得格外重要。张掖市（市区）环卫设施近几年有一定的投入，但是以卫生城市标准衡量，仍有一定差距。在垃圾车等环卫设施方面，城区 5 大街道辖区，现有垃圾清运车 6 辆，垃圾斗 120 个，日清运垃圾 250 t。用于旱厕清理粪便的吸粪车 1 辆，目前远不能满足旱厕清厕的要求。现有城区垃圾全部倾倒于张肃公路 213 线黑河大桥南侧的露天垃圾场。该露天垃圾场总占地约 3 hm^2，原为一个露天大坑，经多年的垃圾倾倒已被基本填平。作为环保工作重要组成部分的垃圾搬运工作还一直是一个边缘产业，或者是为社会上体力较弱的无业人员提供的补充岗位，这部分人员没有经过正规的训练，没有形成专业的队伍，工作效率低下，这样就造成了各县市区人力、财力、物力的浪费。为提高工作效率，实现资源配置的最优化，各县市区应该建立一支环保专业团队，保证环保工作高效、及时进行，维护城市的清洁。各县市区负责配备专门的环卫设备，为工人提供生活保障，组织工人专项培训。此外，还要建立一套完善的制度体系，保障工作顺利进行。

2.大力推动沙产业快速发展

沙产业寓沙漠治理于开发之中，将环境保护、沙漠化的防治与区域经济发展结合起来，在干旱地区利用阳光优势，实现节能、节水、节肥、高效的农业型产业。张掖市的沙产业已有一定的规模和技术经验,丰富和发展了"多采光,少用水,新技术,高效益"的沙产业发展思路，推动了沙产业技术体系的发展。张掖地区有充足的太阳能，加之技术投入,在防沙、治沙的同时建立一批特色支柱产业,例如:蔬菜、果品、酿造葡萄等,既减少了沙尘暴,改善了环境,又提高了沙漠区域光照资源、土地资源的利用率,发展了经济,实现了沙区人口、资源、环境的协调发展。

3.大力发展天然旅游资源

张掖市独特的自然环境使其成为一个天然的旅游胜地。祁连山冰川、丹霞地貌、山丹军马场、肃南草原、黑河湿地等优质旅游资源,彰显张掖多姿多彩的自然景观。借鉴杭州西溪湿地保护经验,贯彻"生态优先、最小干预、修旧如旧、注重文化、可持续发展、以民为本"的原则,尽快建立湿地公园。大力发展这些纯天然的自然资源,既经济又能保护环境,一举两得。把自然、人文等元素很好地结合起来,把靠特色旅游带动常规旅游,吸引高端游客作为张掖发展旅游业的一个基本方向。以特色旅游资源为基础,将丝绸古韵、戈壁沙漠、草原风光、冰川雪域、民族风情、名胜古迹等旅游项目有机结合起来,大力发展特色生态旅游业。

(四)高新技术产业主导化

高新技术是切实转变经济发展方式的关键之一。高新技术有利于打破高消耗低效率的资源瓶颈,实现高质量的经济增长,有利于优化生产力要素配置结构,有利于实现经济与环境的协调发展。创新驱动型的经济不一定是生态经济,但是,生态经济注定是创新驱动型,要想促进张掖市生态经济的发展就必须发展高新技术主导的产业。发展以高新技术产业为主导的产业,加快企业科技进步,建立企业创新机制,大力发展制种业,不断开发新能源、新材料,以化工、轻纺、建材、食品、医药、冶金六大支柱产业为重点,完善企业科技进步体系。

1.大力发展制种业

张掖市可以利用日照充足、昼夜温差大、土壤污染小、隔离区域佳的自然资源优势,吸引全国各地重点大型资质种子公司前来投资建设种子加工生产线，形成群体规模优势。龙头企业与农民签订产销合同,实行跟踪技术指导服务,科学建立玉米杂交制种基地,实现市场牵龙头、龙头带基地、基地连农户的产业化经营,使供产销相结合。

2.充分利用自然资源,开发新能源

张掖市风能资源丰富,开发条件优越,开发潜力大。张掖市历年风速大于 17 m/s 的大风日数为 14.9 天,最多年份达 40 天,多出现在春季,多为西北风,其次是东南风。因此,可以利用风能发电,减少火力发电,充分利用自然资源,减少环境污染。

3.发挥优势资源,发展新型工业

境内矿产资源丰富,开发潜力大,钨、钼的远景储量分别达50万t和100万t,抓住河西张掖新兴煤化工基地、国家钨钼冶金新材料接续基地、河西新能源产业基地、河西区域性交通次枢纽、中国西部高原生态安全屏障的发展机遇,大力发展新型建筑材料。

二、张掖市生态经济发展的产业选择

基于张掖市独特的区位优势和自有资源的发展基础，张掖市生态经济的发展需要从现有的生态经济发展配套环境出发,进一步发展环保适应性强、生态破坏力小、技术能级高以及技术关联性强的产业。

(一)现代农业

现代生态农业是指将农业与环境协调起来,促进可持续发展,增加农户收入,保护环境,同时保证农产品安全性的农业,是农业发展的最新阶段。

1.全球现代农业一体化趋势加强

二战以来,各国政府扶持和保护农业,大力发挥农业经济合作组织的力量。用现代科学技术改造和发展农业,用现代经济管理科学经营和管理农业,大大提高了农业的专业化、集约化和市场化水平,农业发展呈现专业化、一体化局面。主要有三种模式,即以美国为代表的规模化、机械化、高技术化模式,以日本、以色列等国为代表的资源节约和资本技术密集型模式以及以法国、荷兰为代表的生产集约加机械技术的复合型模式[3]。

2.中国现代农业进入新阶段

20世纪90年代末期,中国农业发展迎来全新阶段。现代农业发展思路明确,将生态效益、经济效益和社会效益综合考虑,使三大效益协调统一,追求最大的综合效益。在提高农业综合效益上应以提高经济效益驱动生态效益,以生态效益带动社会效益,进而促进经济效益,达到三效益统一、协调发展以保障农产品供给,增加农民收入,提供劳动力就业,维护生态环境。以现代科学技术、现代工业装备、现代管理技术、现代加工技术、现代营销理念为支撑和先导,在已形成的东、中、西三大各具特色的区域板块结构基础上,进一步深化资源管理,因地制宜,形成独具特色的现代农业发展格局。主要有:东部沿海地区和大中城市郊区,大力发展外向型农业和都市型农业;中部地区要发挥粮食生产优势,加强商品粮、加工专用粮和饲料粮生产基地建设,发展粮食加工和畜牧养殖业;西部地区和现代农业(示范)区要把经济效益和生态效益结合起来,加快发展生态农业、特色农业和旱作节水农业[4]。

3.张掖市现代农业选择

张掖市现代生态农业是张掖市生态经济的重中之重。目前张掖市实行的节水农业、高效现代化生态农业位居张掖市发展战略即“三条路子”之首，事实证明，这条路子有利于张掖市农业生产率的提高，有利于农民增收和农村有效需求的提高，进而有利于农村劳动力转移，有利于农村生态优化。

(1)农业高新技术化

张掖的自然环境条件、农业发展水平适合搞农业高新技术的中试和试验、示范、推广。张掖市五个星火技术密集区使草畜、制种、果蔬、轻工原料四大农村经济主导产业实现经营产业化、技术高新化、生产规模化、加工高效化、产品标准化、市场国际化和骨干龙头企业集团化，形成科技含量高、竞争能力强、经济效益好的区域特色产业体系，使张掖市成为农业产业化、现代化发展水平较高，科技创新能力较强，经济效益先进，人民生活富裕的区域和河西星火产业带的“亮点”区段。现代农业不论是良种培育，农药、化肥使用以及灌溉技术，都要实现高新技术化操作。使用生态友好型农药，减少使用化学农药，尽量避免农药污染。使用高科技、高效率节水滴灌技术，提高农民素质，加强田间管理。

(2)农业生产组织合作化

张掖市深刻地认识到：一家一户的生产组织模式无法应对瞬息万变的市场经济。只有实行产前、产中、产后多阶段，产、供、销多方面，政府、企业、农户多层面的合作才能更准确地把握市场需求，更大程度地实现农民增收以及社区和谐发展。

(3)农业集约化

集约农业是与粗放型农业相对应的，是指在一定面积的土地上投入较多的劳动、资金和技术，以期取得较多的单位面积产量，又能减少单位产品劳动耗费的一种农业经营方式。农业集约化是现代农业发展的必由之路。目前，张掖市现代农业集约化的瓶颈是农业低投入。大力发展农业集约化，必须千方百计促进农业投入多元化，农村金融的跟进、财政补贴的专款专用、农民自身投资等都是切实可行的思路。

(4)农业有机化

有机农业是遵照一定的有机农业生产标准，在生产中遵循自然规律和生态学原理，协调种植业和养殖业，采用一系列可持续发展的农业技术以维持持续稳定的农业生产体系的一种农业生产方式。张掖市有机农业的发展已形成“六个一流”产业基地，即全国一流的农作物制种繁育基地，西北一流的草畜产品生产加工基地和脱水蔬菜生产基地，全省一流的番茄生产加工基地、酿酒葡萄生产加工基地和啤酒生产加工基地。

(二)先进制造业

先进制造业是指广泛采用先进技术和设备、现代管理手段和制造模式，科技含量较高的制造业形态,是产业先进性、技术先进性、管理先进性的统一。主要特征有:产品设计制造和企业管理信息化,生产过程控制智能化,制造装备控制数字化,制造工艺装备紧密化,产品制造过程绿色化,产品经营全球化。

1.全球制造业技术引领竞争激烈

工业发达国家都把先进制造技术作为国家级关键技术和优先发展领域。美国政府把先进制造业的发展提升到国家战略的高度,将高新技术的研究与应用作为发展先进制造业的核心,走政府以科技政策为核心推动经济发展的道路。日本政府历来主张通过政府干预,用产业政策来引导和鼓励高新技术产业发展。日本发展高新技术产业的典型策略是先从相对简单的高新技术产品开始,然后设法比其他国家做得更好,更有效率。日本在发展先进制造业方面最为成功之处是生产模式的创新。德国制造业成功实现"从传统到现代"的转型后,技术密集型产品出口持续增长,占世界总额的比值仅次于美国,稳居第二位。其中德国机械制造业稳居世界机械市场份额第一和出口第一的宝座。

2.中国制造业发展迅猛

制造业是中国经济的主要推动力。改革开放以来,通过参与全球竞争,中国制造业尤其是低端制造业取得了长足进步,占全球制造业总量的比例逐年递增。中国拥有的多种制造品现已位居"世界第一",如白色家电、微电机、金属切削机床、电动工具、集成电路、微型计算机等。但与发达国家相比,中国制造业的发展付出了沉重的环境资源代价,因此,大力发展先进制造业,转变经济增长方式成为中国发展制造业的必然选择。

3.张掖市先进制造业发展动力逐步增强

大力发展先进制造业是张掖市调整产业结构,提高人均收入,改善生态环境的可行之举。从张掖市市情出发,以张掖市制造业发展基础为基点,张掖市先进制造业的发展方向有:

(1)产业关联化。立足张掖市资源赋存和产业基础,依托丰富的农产品资源,拓展产业关联度,进一步发展特色农产品深加工产业。重点是优化绿色食品绿色精加工、有机饲料加工,在推进先进制造业发展的同时注重对环境的保护。

(2)绿色产业化。张掖市先进制造业的发展,不仅要从末端处理角度即废水、废料、废气、废弃物的生态环保处理来实现制造业的绿色化,而且要从原料选择(源头)、生产的技术手段(过程)以及三阶段的协调共享来保证制造业生产的高生态效益、高经济效益。比如:轻纺业可选择彩棉等原材料以及纯天然颜料,农产品加工业使用天然防腐剂等。

(三)新材料产业

新材料是指新出现或正在发展中的、具有传统材料所不具有的优异性能和特殊功能的材料,或采用新技术(工艺、装备),使传统材料性能有明显提高或产生新功能的材料。新材料作为高新技术的基础和先导,而处于其他高科技产业链的上游,其应用范围极其广泛,其发展具有功能化、复合化、智能化的特征,同信息技术、生物技术一起成为21世纪最重要和最具发展潜力的领域,已成为全球经济迅猛增长的原动力和各国提升核心竞争力的焦点。

1.全球新材料产业规模迅速扩大

目前,新材料的研发与产业化发展水平已成为衡量一个国家综合实力的重要标准,世界各国均把大力研究和开发新材料作为21世纪的重大战略决策和最具发展潜力的领域。与此同时,全球新材料的市场规模随着制造业和高新技术产业的蓬勃发展迅速扩大,至2008年底,全球新材料的市场规模已接近8 000亿美元。

2.中国新材料产业集群在快速形成

从国内来看,科技部在全国的21个省市共计批准建立国家级新材料产业基地近40家。目前全国已形成长三角、珠三角和京津冀鲁三大各具特色的区域性新材料产业集聚区。全国目前正在重点发展特种功能材料、高性能结构材料、纳米材料、复合材料、环保节能材料等产业群,建立和完善新材料创新体系,同时还推出一批材料产业专项工程。

"十一五"期间,国家对新材料产业发展的支持力度进一步加大,按我国目前经济发展趋势预计,新材料产业年均增长速度预计将保持在10%以上,到2010年我国新材料市场可达6 500亿元。特种功能材料、高性能结构材料、纳米材料、复合材料、环保节能材料等是重点发展对象,新材料创新体系正在快速形成当中。

3.张掖市新材料产业加快发展

新材料建设是张掖市在新时期学习和贯彻科学发展观,解放思想、实事求是的结果,也是张掖市走好"三条路子"、实施"十大工程"的重要创举。张掖市新材料产业的发展取得了突破性的进展。2008年,张掖市水泥产量达1 112 547.72 t,铁合金产量达100 564.36 t。

(1)高技术化

钨钼等矿产资源的开发走新材料道路,重点是发展新型环保建材,增进生态保健的同时增加经济效益。同时,在营销新材料产品层面,政府配套措施要紧密跟近。比如,新产品的推广首先在当地进行等。

(2)可持续化

张掖市新材料产业的发展绝对不能走资源枯竭型城市的老路,要在钨钼等矿产资源开采过程中大量使用新型环保开采技术,新材料的生产、使用必须将节能与循环并举。

(四)新能源产业

传统资源已经越来越难以满足人类发展的长期需求,开发新能源,尤其是可再生能源和环境友好型能源已经成为人类发展中的迫切课题。新能源是21世纪全球经济发展中最具有决定性影响的五个产业领域之一。新能源包括太阳能、生物质能、核能、风能、地热、海洋能等可再生能源以及二次电源中的燃料电池能源等。

1.全球新能源产业革命

目前,美国、英国及欧盟在内的多个国家和经济体都发布了有关新能源的发展规划。根据规划,到2012年,美国发电量的10%将来自可再生能源;到2025年,这一比例将达到25%。英国多年来一直致力于新能源产业的发展,尤其是风电产业的发展,目前是世界上拥有海上风力发电站最多、总装机容量最大的国家。2009年4月,欧盟公布了《气候行动和可再生能源一揽子计划》,设定了到2020年将可再生能源在总能源消费中的比例提高到20%。

2007年全球太阳能光伏、风能、生物燃油以及燃料电池等产品的收益较前一年增长40%,从2006年的550亿美元增加到2007年的773亿美元。2008年全球新能源领域投资达到1 523亿美元,其中以风能和太阳能为主,两者占总投资的比重达到70%。从目前可再生能源资源状况及技术发展水平看,今后发展较快的可再生能源除水能外,主要是生物质能、风能和太阳能。

2.中国新能源产业保持高速增长态势

自2006年中国实施可再生能源法以来,新能源产业便出现快速发展的势头。近年中国政府用于新能源领域的投资每年增幅都在20%以上,2008年对新能源企业的资金扶持规模达到38亿元。金融危机促使中国积极进行产业结构调整,大力发展新能源产业,新能源产业有望成为拉动经济增长的新引擎。到2008年底,我国新能源占能源生产总量的比重超过了9%。2007年,我国太阳能产业规模已位居世界第一,是全球太阳能热水器生产量和使用量最大的国家和重要的太阳能光伏电池生产国,2008年我国的太阳能产业在不利的经济形势下仍保持了30%的高增长。

目前,国内新能源的开发量却很小,在技术、规模、发展速度上依然较大程度地落后于发达国家。例如,风力发电机兆瓦级以上的生产主要依靠技术转让,光伏电池生产的关键设备和原材料大都需要进口,生物液体燃料的关键技术尚未掌握等。

3.强力推进张掖市新能源产业发展

"河西风电走廊500万kW发电工程"是张掖市实现"三条路子"的"十大工程"(做强四个基地、建设六项工程)之一。

(1)能源绿色化

张掖市有着十分丰富的水能、风能、太阳能、生物质能资源,煤炭储量也有一定规模,是西部少见的多种能源相对集聚区,具有发展水电、风电、火电的资源优势和先决条件。张掖市水电、风电、火电建设并举,在现有水电装机54万kW的基础上,加快大孤山、宝瓶河等电站建设,力争"十一五"末全市水电装机达到150万kW以上,加强风能资源数据收集和评估工作,促使山丹、高台、临泽、肃南县50万kW风电项目早日付诸实施,实现水、火、风电总装机500万kW发电工程建设目标,把张掖市建成"河西风电走廊"的重要支点、全省重要的电力生产大市。

(2)能源再生化

国家鼓励支持水电、风电、大型燃煤机组建设,实施"西电东送"工程;省委、省政府大力推进"建设河西风电走廊、打造西部'陆上三峡'"战略,为发展张掖市基础能源产业提供了难得的机遇。

(五)现代物流业

现代物流业是指原材料、产成品从起点至终点及相关信息有效流动的全过程。它将运输、仓储、装卸、加工、整理、配送、信息等方面有机结合,形成完整的供应链,为用户提供多功能、一体化的综合性服务。现代物流业是一个新型的跨行业、跨部门、跨区域、渗透性强的复合型产业。

1.全球现代物流业稳步增长

美国是世界上较早发展物流业的国家之一,得益于一套物流市场及法制整体化管理体系。美国的全国物流体系各组成部分均居世界领先地位,其中配送中心、速递、第三方物流等最为突出。欧洲和美国同样,在物流业发展方面走在了世界的最前沿。欧洲的物流业发展与美国相比,呈现了科技进步特点,尤其是IT技术的发展及相关产业的合并联盟,促进了欧洲物流业的快速发展。欧洲各国的物流管理体制基本采取的是政府监督控制、企业自主经营的市场运作模式。日本物流业的发展已有较长的历史,在世界居领先水平。特别是日本政府近年来为了大力扶持物流产业的发展所采取的一些宏观政策,给日本物流产业带来了快速增长的实践经验,对我国具有极为有益的启示。

2.中国现代物流业快速发展

进入21世纪以来,中国物流业总体规模快速发展,服务水平显著提高,发展的环境和条件不断改善,为进一步加快发展奠定了坚实基础。

(1)物流业规模快速增长。2008年,全国社会物流总额达89.9万亿元,年均增长23%;物流业实现增加值2.0万亿元,年均增长14%。

(2)物流业发展水平显著提高。现代物流管理理念、方法和技术开始被采用;传统运输、仓储、货代企业实行功能整合和服务延伸,加快向现代物流企业转型;一批新型的物流企业迅速成长,多种所有制、多种服务模式、多层次的物流企业群体逐渐形成。

(3)物流基础设施条件逐步完善。截至2008年底,全国铁路营业里程8.0万km,高速公路通车里程6.03万km,港口泊位3.64万个,其中沿海万吨级以上泊位1 167个,拥有民用机场160个。

(4)物流业发展环境明显好转。国家“十一五”规划纲要明确提出“大力发展现代物流业”,中央和地方政府相继建立了推进现代物流业发展的综合协调机制,颁布了支持现代物流业发展的规划和政策。

3.张掖市现代物流业全速发展

张掖具有在河西走廊“居中四向”的区位优势,客观上具备建设交通枢纽、物流中心的优越条件。随着西部大开发战略的推进,张掖市的交通、物流战略凸显。

(1)物流业绿色化

物流业在促进经济发展的同时,给城市环境带来了负面影响,如运输工具的噪声、污染气体排放、交通阻塞、仓储和运输产生大量的二氧化碳以及生产和生活中废弃物的不当处理对环境造成的影响。因此,产生了绿色物流。绿色物流主要指:一方面,商品的过程要绿色化;另一方面,废弃物的物流过程要绿色化。张掖市物流业发展应启动绿色供应链优化项目,关注碳足迹,积极开展绿色措施的研究,加强源头、过程、污染物处理。

(2)物流业现代化和信息化

首先是物流业基础设施建设的现代化。全力配合支持兰新铁路第二双线、兰州至张掖城际铁路扩能改造、军民合用机场等重大项目建设,积极争取立项建设张掖至西宁、张掖至内蒙古阿拉善盟高速公路,构建西出新疆,南入青海、西藏,北连内蒙古的立体交通枢纽,配合铁路、公路、航空条件改善,规划建设河西物流中心,不断完善和加强大商贸流通服务功能,促进城市经济及相关产业繁荣发展。其次是物流管理的信息化。积极构建电子信息管理技术平台,使得物流业管理上档次、上规模,争上物流业管理效益新台阶。

(六)生态旅游业

生态旅游业是凭借生态旅游资源,以旅游设施为基础,为生态旅游者的生态旅游活动创造便利条件并提供所需商品和服务的综合性行业[5]。

1.全球生态旅游业发展迅猛

在欧洲、北美及大洋洲等发达地区,人们自古有亲近自然、崇尚大自然景观的传统。为生态旅游业的发展提供了坚实的人文基础。自20世纪八九十年代生态旅游业兴起,目前约有30%的游客舍弃闹市、海滨,到山野中度假。

美国因于1972年3月1日创建世界第一座国家公园——黄石国家公园,成为世界上国家公园的首创者。美国无论从旅客数量还是旅游效益讲,都是世界上最大的生态旅游国家。1994年,美国制定了生态旅游发展规划,为生态旅游业的发展提供了制度保障。

日本高度重视生态保护和生态旅游业的发展。1992年巴西里约热内卢全球首脑会议后，日本制定了环境基本法；日本旅游协会成立了环境对策特别委员会，进行广告宣传、公民教育、产品开发，资金募集等；观鸟旅游、举家徒步长征等活动使人们忘却了城市生活的喧闹，加深了对大自然的了解。

2.中国现代生态旅游业发展迅速

森林公园和自然保护区是我国生态旅游业的典型代表。1982 年中国建立了第一个国家森林公园——张家界森林公园，公布了第一批国家级风景名胜区 44 处，第一批国家历史文化名城 24 座。截至 2005 年，我国建成各级森林公园 1 450 处，总面积远超过 984 万 hm^2。1995 年在云南省的西双版纳召开我国第一次生态旅游研讨会，有力地促进了我国生态旅游业的发展。生态旅游业取得了良好的经济、社会和生态效益。根据世界旅游组织(World Tourism Organization)预测，2020 年，中国将成为世界第一旅游目的地，届时将有 1.37 亿人到中国内地旅游，1995—2020 年入境游客将以 8%的速率递增，占世界8.6%的份额。

3.张掖市生态旅游业大有作为

张掖市位于欧亚大陆桥和中国西北旅游线的要冲，区位优势明显，旅游开发前景广阔。张掖市自古就是中国西北一座历史文化名城和古代丝绸之路上的交通重镇，人文景观丰富，自然景观独特。 巍巍祁连，地貌奇特，山顶终年积雪，山下水草丰美；位于临泽、肃南县境内的窗棂状彩色丘陵等丹霞奇观被权威人士赞誉为全国第一； 祁连七一冰川是我国有名的冰斗山谷冰川，也是世界上距城市最近的可游览冰川；祁连山肃南草原是中国最美的六大草原之一；汉武帝时期开辟的山丹皇家马场，更是历史悠久，辽阔壮观。

(1)旅游业合作共享化

建立农户、企业、政府三赢的经营管理模式，充分调动各方积极性，防止收入集中，促进张掖市旅游业的稳定可持续发展。比如，依托现代农业，发展农业观光体验旅游、民俗风情旅游等。

(2)旅游业人与自然和谐化

人与自然和谐发展，是人类追求的高目标。“生态和谐”是构建和谐社会的基石，生态环境一旦被破坏，就不可能有真正的和谐社会。然而旅游业的发展势必会造成环境的破坏，这实际上就是旅游业开发的生态保护问题。比如，对游客实行生态教育、征收一定的污染保护费等。最终达到人与自然和谐相处，城市建设与生态建设协调发展。

(3)旅游业发展魅力个性化

“建设生态张掖，塑造张掖新形象”是张掖市委、市政府发展战略“三条路子”中的第一条。以黑河流域湿地保护为起点，加快国家湿地公园、国家城市湿地公园建设，提升张掖市生态城市品位，充分彰显张掖文化名城、湿地之城、戈壁绿洲、生态家园的魅力个性。

四、张掖市生态经济发展的路径优化

张掖市地处经济相对落后、生态脆弱地区，面临着发展经济与保护环境的双重压力，如何兼顾经济与环境双赢成为张掖市未来发展的一个重大课题。在中共张掖市二届四次全委(扩大)会议上，张掖市走生态经济之路被提出。

生态经济是把经济发展和生态环境保护和建设有机结合起来，使二者互相促进的经济活动形式，是生产不断发展与资源环境容量有限的矛盾运动的必然产物，是实现可持续发展的具体形式。生态经济强调生态资本在经济建设中的投入效益，生态环境既是经济活动的载体，又是生产要素，建设和保护生态环境也是发展生产力。生态经济强调生态建设和生态利用并重，在利用时抓环境保护，力求经济社会发展与生态建设和保护在发展中动态平衡，应把生态建设和环境保护作为经济社会发展计划的重要内容和支撑点，并把当前利益和长远利益、整体利益和局部利益综合考虑，实现和谐的可持续发展。张掖要走上生态经济之路并能越走越宽，需要从以下三个方面入手。

(一)走节水经济之路

水资源短缺是张掖市不可逆转的现状。张掖市人均水资源量为 1 250 m^3，亩均水量为 511 m^3(每公顷水量为 7 665 m^3)，分别为全国平均水平的 57%和 29%，到 2015 年人均水量将降为 1 000 m^3，属严重缺水地区，农业、工业、生活、生态用水比例为 87.7:2.8:2.2:7.3(全国为 63.7:20.7:10.1:5.5)，农田灌溉方式多为漫灌，浪费严重，单方(1 m^3)水 GDP 产出仅为 2.81 元，远远低于全国平均水平。

张掖市要充分认识水资源日益短缺的严峻形势，加快推进节水型社会建设，做到珍惜、节约、科学有效利用，缓解水资源对经济社会发展的制约。节水型社会建设从张掖示范，从农业起步，基本要求是节水。张掖市的节水农业已取得显著成效，用水少、效益高的草畜、果蔬、制种、轻工原料四大主导产业在政府的扶持下迅猛发展。目前，张掖市已形成了苜蓿草块、脱水蔬菜、番茄酱、啤酒麦芽、葡萄酿酒、农作物制种等十大龙头企业群体，带动全地区发展各类制种约 71 033 hm^2、优质牧草约 2 024 000 hm^2、精细蔬菜约 53 727 hm^2，农民收入逐年递增，从 2005 年的 3 274 元增长到 2008 年的 4 515 元。节水农业不仅为张掖，也为整个黑河流域带来了生机，显著的节水成效也保证了黑河分水计划的实施，2000—2005 年间张掖共向下游分水超过 40 亿 m^3，使干涸多年的东、西居延海先后重泛碧波，黑河流域的生态全面好转。但农业节水空间依旧很大，张掖市可以借鉴以色列发展节水农业的措施，使灌溉管理科学化、节水农业精细化(对灌溉、栽培、植保、施肥和高产品种的使用精细化)，使用污水农作技术(将废水通过不同过滤装置，降低其污染物质和细菌含量，使其变为适宜灌溉的水源)，加大科研投入，使生产与科研紧密结合，开发产量高、质量好的节水品种。

节水型社会建设更深层次的要求是实施水资源转换战略，就是在水资源供给总量不变的前提下，大力推广高效节水新技术，压缩高耗水、低效益的产业，发展低耗水、高效益的产业，提高单方(1 m^3)水的产出效益，建立与水资源承受能力相适应的产业体系，通过农业节水支持工业发展，促进生态改善，不断增强工业反哺农业、支持农业发展的能力，实现人与水、经济与生态的和谐统一。要实现上述节水宏伟蓝图，应加强下面两方面的工作。

1. 完善节水制度建设

张掖市水资源总量是非常有限的，水资源的合理分配是保证区域经济可持续发展的关键。政府作为公共资源的管理和分配部门，在协调经济、社会、环境发展上具有不可推卸的责任。节水型社会建设的主要内容是形成节水运行机制，其关键是制度建设。水资源管理体制的改革和节水运行机制要以总量控制、定额管理制度为切入点，形成一整套水权和水权流转规范制度，鼓励用水户参与到涉水事务的统一管理中[6]。

2. 建立水权市场

节水型社会建设必须以水权、水市场理论为指导。在市场经济条件下，水资源的配置、节约和保护，不仅会带来水资源供需关系的调整，还会带来经济利益的调整，必须有一套健全的制度来规范由此而产生的各种关系。水权、水市场理论就是建立这样一套制度的理论基础。其着眼点是通过对水的使用权的界定、分配和有偿流转，优化配置水资源，提高水资源利用的效率和效益。因此，在节水型社会建设工作之初，就应该从用水制度改革入手，通过明晰水权，实行总量控制、定额管理，对水的使用权进行层层分配，并允许有限有偿流转，初步形成"总量控制，定额管理，以水定地，配水到户，公众参与，水量交易，水票运转，城乡一体"的一整套运行机制。只有使农民从一张张水票中得到节水增效的实惠，才能从根本上解决节水的动力问题。

(二)走循环经济之路

循环经济(cyclic economy)即物质闭环流动型经济，是指在人、自然资源和科学技术的大系统内，在资源投入、企业生产、产品消费及其废弃的全过程中，把传统的依赖资源消耗的线性增长的经济转变为依靠生态型资源循环来发展的经济。循环经济以资源的高效利用和循环利用为目标，以"减量化、再利用、资源化"为原则，按照自然生态系统物质循环和能量流动方式运行。它要求运用生态学规律来指导人类社会的经济活动，其目的是通过资源高效和循环利用，实现污染的低排放甚至零排放，保护环境，实现社会、经济与环境的可持续发展。循环经济是把清洁生产和废弃物的综合利用融为一体的经济，本质上是一种生态经济。

循环经济是与传统经济相对的，传统经济是"资源—产品—废弃物"的单向直线过程,创造的财富越多,消耗的资源和产生的废弃物就越多,对环境资源的负面影响也就越大。循环经济则以尽可能小的资源消耗和环境成本,获得尽可能大的经济和社会效益,从而使经济系统与自然生态系统的物质循环过程相互和谐,促进资源永续利用。因此,循环经济是对“大量生产、大量消费、大量废弃”的传统经济模式的根本变革。其基本特征是:在资源开采环节,要大力提高资源综合开发和回收利用率;在资源消耗环节,要大力提高资源利用效率;在废弃物产生环节,要大力开展资源综合利用;在再生资源产生环节,要大力回收和循环利用各种废旧资源;在社会消费环节,要大力提倡绿色消费。

1. 国内外循环经济发展典型模式

(1)美国的循环消费模式

由于循环消费观念的普及和循环消费社会机制的形成,循环消费已成为美国循环经济发展的主要内容。在美国,每周末报纸和网站就刊登大量的庭院甩卖分类广告,说明庭院甩卖的地点及主要出售哪类物品等,人们把自己用过但对别人还有用的商品以一种最简单的方式传到下一个消费者手中,使其继续发挥作用。由慈善机构所办的节俭商店(旧货店)遍布全国,这些旧货店接受捐物和低价出售旧货,所得收入主要用于社会救济。如,拥有1 900多家节俭商店的友善实业公司就是一家将收入用于残疾人事业的慈善机构。专营旧货拍卖的网站(eBay)是美国网民访问量最大的网站之一,在这个网站上,什么东西都可买卖,但成交的物品绝大多数都是二手货。除商业网站外,政府为鼓励循环消费也开办了免费供企业和居民进行旧货交易的网站。例如,加利福尼亚州政府就开办了加州迈克斯物资交换网站。

(2)丹麦卡伦堡的生态工业园模式

丹麦卡伦堡生态工业园是世界上最为典型的生态工业园。该模式的基本特征是:按照工业生态学的原理,通过企业间的物质集成、能量集成和信息集成,形成产业间的代谢和共生耦合关系,使一家企业的废气、废水、废渣、废热成为另一家企业的原料和能源,所有企业通过彼此利用“废物”而获益。经过20多年的发展,该园区已成为一个包括发电厂、炼油厂、生物技术制品厂、塑料板厂、硫酸厂、水泥厂、种植业、养殖业和园艺业及卡伦堡镇供热系统在内的复合生态系统,各企业之间以彼此的余热、净化后的废水废气及硫、硫化钙等副产品作为原材料等,不仅减少了废物产生量和处理费用,还产生了很好的经济效益,形成经济发展和环境保护的良性循环。20世纪90年代初以来,卡伦堡生态工业园的经验日益受到关注,被很多国家和地区在发展循环经济过程中效仿,现在已成为世界上发展生态工业园的一个典范[7]。

(3)山东的“点、线、面”和“八创建活动”模式

山东省提出了发展循环经济的“点、线、面”和“八创建活动”模式,使循环经济的试验示范在数量、规模和质量上取得了显著的进展。尽管形式略有不同,从发展阶段看,循环经济发展与这些地区产业升级和经济转型是同步的、合拍的,技术经济基础和制

度条件都较好，即使没有循环经济理念，产业升级和效率提高的方向也会朝着循环经济的某些方面的要求靠拢，但有了循环经济的理念，这种升级和提高会更快、更主动、更全面系统。

2.张掖市发展循环经济的策略

针对张掖市可持续发展存在的问题，应立足客观实际，发展循环经济，由传统产业生产方式向现代产业生产方式转变，构建具有张掖特色的产业体系，走经济、生态、社会协调、高效、快速发展的路子，在张掖市推进循环经济发展须从以下几个方面入手。

(1)加速张掖市经济模式转型。循环经济作为一种新的经济模式，其发展要对现有的经济模式进行改革和创新，这是张掖市经济发展的必由之路。目前张掖工业结构中高消耗、高污染的行业比重较大，粗放型特征仍很突出，工业发展受到国家产业政策的限制，受到资源、环境压力的制约，与建设资源节约型、环境友好型社会的要求不相适应。张掖市要改变粗放的经济增长模式，改变"高消耗、高污染、低利用"的经济发展模式。把发展循环工业作为基本模式，以减量化、绝对不能用、资源化为原则，加大节能减排力度，搞好清洁生产试点，淘汰落后工艺和设备，大力推动产业循环式组合和企业循环式生产，提高资源综合利用效率，最大限度地减少废气、废水、废渣对环境的污染，绝对不能走"先污染后治理"的老路，不能靠牺牲环境去换取一时的经济增长。建设张掖市级循环经济示范园区，是市委、市政府按照科学发展观的要求，是推动循环工业发展的重要决策。要重点发展煤化工、新能源、新材料和现代装备制造等产业，大手笔规划，高标准建设，大力引导优势产业、新办企业向园区集中，积极引进有利于产业配套、资源共享的"补链型"项目，着力打造具有较强带动力、体现集聚效应的循环工业园区，尽快形成多行业、多企业彼此关联耦合，多种资源综合利用的循环经济一体化发展格局。以张掖市的钨钼矿产业作为一个简单的例子，使废弃的边角料、矿物矿渣在民用建材方面实现再利用。

(2)张掖市要大力提高基层干部和广大群众的循环经济理念。先进的经济实践需要先进的理念作为先导。循环经济作为一种先进的经济模式，不仅需要国家在宏观层面推动其发展，也需要广大的循环经济实践者更新理念，提高认识，只有这样才能将循环经济落到实处。张掖市应该结合实际情况积极宣传环境污染和生态破坏对个人和社会的危害，加强公民对环境资源问题的危机感，全面增强公民的环境保护意识和循环经济理念，推行绿色消费。

(3)张掖市应加强循环经济的技术引进和推广体系建设。循环经济属于新生事物，在一些关键的环节上技术性比较强，对文化科技素质比较低的西部地区而言，并不是很容易能够创新的。要大力发展循环经济就必须加强循环经济技术的引进和推广体系建设。以畜牧业和种植业为例，依托张掖市当地的饲料工业、养殖业和加工业，实行牧、农、林相结合，构成能源循环，利用生物肥料，提高土壤肥力，减轻环境污染，以此构筑生态种植业→生态饲料加工→生态养殖业→有机肥料→生态种植业的良性循环产业链(如图 17-1),建立高效的能量转换机制,提高农业系统内的能量转换和物质循环效率。

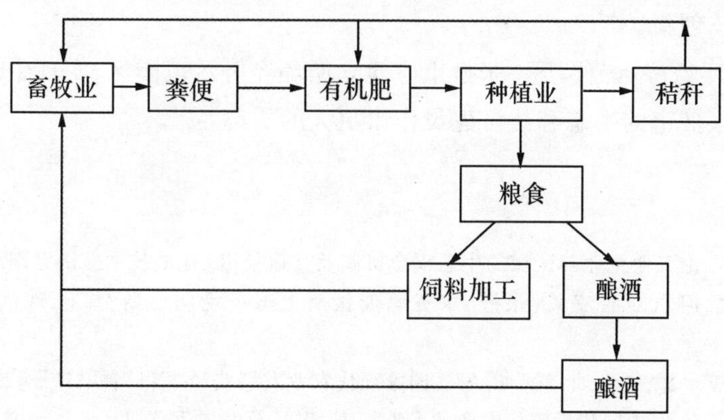

图 17-1　张掖市畜牧业—种植业循环产业链

(三)走创新驱动型经济之路

循环经济是一种以资源的高效和循环利用为核心，运用生态学规律来指导社会生产生活的经济形式。从本质上看,循环经济是以科技创新为推力的经济,在资源开发和利用、产品的设计与生产、废弃物的再资源化等过程中应坚持以科技创新为主导,充分依靠科技创新的生态化来推动我国循环经济的有效运行。

但科技创新自身目标与发展循环经济的要求并不具有同步性，二者之间也有一定的距离。传统的科技创新目标仅仅是经济利益,要发展循环经济还必须完善科技创新的目标。我们要通过完善财政税收和法律制度来强化科技创新的社会效益和生态环境效益。倡导科技创新的生态化,就是要把生态环境效益和社会效益纳入科技创新的目标体系之中,将经济效益最佳、社会效益和人的生存发展效益最优、生态环境效益最好有机地统一起来。

运用生态学思想、可持续发展思想引导张掖的技术创新活动,加快科技创新的生态化步伐,依靠生态化的科技创新,这是推动张掖市循环经济健康发展的重要路径。要组织开发资源节约与替代技术、对能量的梯级利用技术,探索延长产业链和相关产业链接技术,着力进行"零排放"技术、有毒有害原材料替代技术、回收处理技术、绿色再制造技术创新,努力突破制约循环经济发展的科技"瓶颈"。要加快发展低耗能、低排放的第三产业和高技术产业,用高新技术和先进适用技术改造传统产业,淘汰落后工艺、技术和设备。要实现以上生态化的科技创新,张掖市需要从以下几个方面做起。

1.加大生态化科技创新投入。张掖市必须加大对生态化科技创新的投入,通过政策引导,逐步形成政府、金融机构、企业、个人等多渠道、多层次的生态化科技投入机制,建立"生态化科技"发展基金,努力增加生态化科技研究、攻关及转化推广的资金投放,加快生态化科技在张掖市的应用和发展,促进张掖市生态经济更好地发展。

2.加强与高校、科研院所的联系。高校和科研院所是高新技术的摇篮。张掖市应加强与高校、科研院所的联系,实现生态化科技创新与高校产学研的结合,以生态技术为导向,进行科技创新。

3.建立循环经济示范园区。张掖市应建立循环经济示范园区,实现生态化科技向实际的转化,为张掖市的生态和经济建设作出更大的贡献。

参考文献

[1] 苗泽华. 论工业企业与区域的生态耦合机制及其途径[J].地质技术经济管理,2001(4):1-4.

[2] 张恒嘉.河西陆河流域(张掖)水资源现状及生态环境问题研究[J].现代农业科技,2009(2):238.

[3] 金莲,王永平,刘良灿,刘希磊.发达国家现代农业发展路径 [N] .农民日报,2009-07-14.

[4] 辛岭,蒋和平.中国建设现代农业的实践探索、现状及发展思路[J] .经济研究导刊,2008(13):41-42.

[5] 吴易明,徐月芳.中国生态旅游业研究[M].北京:对外经济贸易大学出版社,2007.

[6] 张燕.区域循环经济发展理论与实证研究[D].兰州:兰州大学,2006:134-135.

[7] 李伟,白梅.国外循环经济发展的典型模式和启示[J].经济纵横,2009(4):80-81.

第十八章
张掖市生态城市社会系统建设

社会系统本质上是自然社会与人类社会的统一。生态城市建设除了包括生态经济系统、自然生态系统等以物质条件为主要形态的系统建设外，还需要包括以思想意识、法律制度、管理决策、社会文化等以人为中心的诸多要素组合的生态城市社会系统。社会系统建设是基于意识层面上的一种无形的行为范畴，是被人们用心感受的因素，是生态城市发展的软环境。具体而言，张掖市生态城市社会系统至少应该包括五个不同层面的内容：第一个层面，培育多元开放的生态城市公民思想意识；第二个层面，构筑公正透明的生态城市法制环境；第三个层面，创建文明有序的生态城市政治环境；第四个层面，构建规范有序的生态城市管理环境；第五个层面，营造内涵丰富的城市社会生态文化氛围。在这五个层面中，公民思想意识是张掖生态城市社会系统建设的前提，它包括价值观念、生态意识、服务意识等多个精神层面的要素。法制环境是张掖生态城市社会系统建设的基石，它为城市经济社会的良性运转提供了制度保证。城市社会生态文化氛围作为一种深层次上的社会系统软环境，是城市社会和经济发展的人文基础和动力源泉，它的内容比较广泛，包括一个城市的风俗习惯、道德准则、个性魅力和文明程度等。政治环境是张掖生态城市社会系统建设的神经中枢，以政府为代表的国家机关是城市发展的主导力量，政府的效能和效率对生态城市发展有着至关重要的影响。生态城市管理环境是建立在法制环境之上的一种城市发展的软环境，它是在张掖生态城市建设过程中提高张掖城市竞争力所必需的组织环境。这五个层面的社会系统构成了张掖生态城市发展的战略体系，同时，该体系的确立也为张掖生态城市的快速稳步发展提供了智力保障。总体来说，张掖生态城市的社会系统就是张掖生态城市发展的吸引力，是生态城市运转的推动力，是生态城市的核心竞争力，是生态城市硬环境产生价值和效应的关键因素，更是生态城市文明的重要指标[1]。

社会系统也是一种无形资产，通过有形的环境来体现和展示，通过具体的活生生的实例来验证,它形成一种浓郁的生态文化氛围,产生一种强大的精神力量,传播一种悠远的生态文明信息……优良的城市社会系统使张掖生态城市建设的效应和价值在干旱区生态城市发展的岁月长河中穿梭流淌。我们应该清醒地认识到,社会系统的开发与建设是张掖生态城市发展的基础,对生态城市的经济和社会发展影响意义深远。首先,社会系统建设是促进生态城市经济发展的决定因素。经济的发展离不开资金、技术、人才等要素,更离不开软环境的孕育和支撑。社会系统不仅仅是生态城市经济发展的外在条件,从某种意义上讲,更是促进生态城市经济发展的具有决定意义的因素。良好的社会系统对生产要素具有吸附力、协调力和组织力,即社会系统对生产要素的社会结合力,城市经济的发展必须依靠社会系统建设来凝聚人才、注入科技、活跃资本和提高劳动力素质。其次,社会系统建设提高城市竞争力。现代生态城市发展的经验表明,城市软环境越具有法制的公平与规范、管理的改革与创新、文化的高度与潜力,城市就越有不可比拟的城市竞争力。城市发展的"硬环境"基础优势可由运输条件和基础设施的改善产生,而社会系统建设所带来的城市变化和发展潜力，将为整个城市的发展提供新的比较优势基础,提高城市的竞争力。

一、培育多元开放的生态城市公民思想意识

人的思想观念对城市发展起着导向和制约作用。先进科学的理念能带动城市的发展,落后陈旧的观念则会阻碍城市的发展。当前城市之间的竞争已呈现出明显的生态化趋势,国内外许多生态城市建设的成功经验表明,在生态文化日益盛行的现代社会,城市公民思想意识的培育有利于城市地位的快速上升。因此,思想意识问题是影响张掖生态城市社会系统建设的最根本因素。

(一)推动传统观念更新

张掖地处西北内陆,位居古丝绸之路的重要路段,是古老的华夏文明与两河流域文明、印度文明、地中海文明等古文明的汇集之处,是我国远古文明诞生和发展的重要地区之一,也是许多民族大迁徙、大融合的地方。石窟艺术、宗教文化、民族风情饮誉海内外。张掖的历史文化中无不映射着古丝绸之路文明的色泽,但这也决定了张掖的城市开放程度与沿海发达地区相比较低，陈旧的观念和保守的思想使生活在这里的人们对新事物、新问题的接受能力和理解能力大为降低,在解决和处理诸如城市发展理念、城市建设与生态环境保护、城市经营与城市更新等新的城市发展问题时出现偏差,这必将影响张掖生态城市建设的质量和速度。在张掖生态城市的建设背景下，需要一个更加开放、更加文明、更快发展的具有西部干旱区特色的多元化生态城市风采。历史曾经赋予张掖古老的城市文明,当历史的车轮不断地向前碾进时,我们应与时俱进,在弘扬优秀

历史文化传统的同时，吸收现代文明的成果，让古老的城市文明焕发青春的风采，再现“金张掖”辉煌。

（二）增强生态保护意识

生态城市建设必然要以生态环境保护为基础，张掖地处西部干旱区，生态城市建设更是任重道远。所以，要实现生态城市各要素的良性循环，必须通过多种手段，使人们的生态保护意识从一种内在的价值观念和行为准则的主观力量变为任何时候都存在的一种自觉的行为。首先，通过电影、电视、图书、期刊和报纸等舆论工具宣传城市生态环境恶化、自然资源短缺对城市发展的潜在威胁，唤起大家对保护生态环境重要性的认识，使人们树立局部利益服从全局利益、近期利益服从长远利益的统筹兼顾的大局观念。其次，提倡节能降耗、循环利用的资源观，树立保护生态环境就是保护生产力、保护人类自己的人与自然和谐的发展观。此外，还要围绕发展生态经济、建设生态文明，开展丰富多彩、形式多样的宣传教育活动，一是大力宣传传统文化中关于人与自然和谐相处的思想，增强人们建设生态文明、维护生态环境的自觉性；二是针对性地根据党员干部、青少年以及普通市民等不同社会群体的工作和生活实际，突出宣传重点；三是利用各种纪念日或活动日，特别是每年的世界水日、气象日、地球日、环境日等，广泛宣传生态科学知识，促进公众生态观念的形成。

（三）塑造良好市民形象

市民形象是一个城市的居民所展现出来的精神风貌，包括市民的品行、素质、作风、能力、态度、仪表等，这是城市形象的灵魂，也是城市形象最基本的软件[2]。市民形象从某种意义上讲代表着一个城市的形象，考量着一个城市的文明程度。张掖人在城市历史发展中形成了自己的特质，如何对传统文化“取其精华，去其糟粕”，以崭新的形象迎接生态城市建设的挑战，这是一个值得思考的问题。塑造良好的市民形象，应从以下几个方面入手：第一，激发张掖市民的热情与智慧，增强生态城市建设的责任感与使命感，通过使张掖国家湿地公园的开发、张掖滨河新区的建设等一系列重大项目竣工，让市民直观地感受到生态城市建设给自己生活带来的舒适便利和幸福指数的明显提升，感受到生态城市无与伦比的自然美、文化美，最大限度地激发其建设家乡的诉求与渴望。第二，倡导和谐、公平、良好的社区邻里关系，形成和谐公平的生态伦理以及尊老爱幼、助人为乐、见义勇为、团结友爱、互帮互助、互敬互让的良好社会风尚和邻里关系。社区是现代城市生活的基本组成单元，通过社区形成构建生态城市资源节约型社会的新风尚，倡导文明向上的现代新型生活方式。第三，引导积极向上的服务意识。富有竞争力的软环境必然是一个服务型环境，现在张掖市的职能部门还存在各自为政、高高在上的现象，工作人员服务意识欠缺，设卡思想严重。良好的市民形象的塑造不仅需要自身素质的不断提高，更需要将自身价值转化为社会价值的服务理念，形成良性互动的服务意识，这也是市民形象的一个重要体现。

二、构筑公正透明的生态城市法制环境

法律是生态城市发展的制度保障，生态城市法制环境建设从客观上需要法律的规范、引导、制约、保障和服务，它是生态城市软环境建设的重要内容，具有自主、平等、诚信、竞争等属性的市场经济形态。进入21世纪，随着城市化进程的加快，生态城市的建设已经进入了一个高潮时期。与此同时，张掖干旱区生态城市建设也迈出了实质性步伐，但目前我国关于生态城市制度建设的理论和实践经验还很薄弱，对干旱区生态城市建设的相关制度研究更是寥寥无几。张掖生态城市建设刚刚起步，要见成效尚待时日，这就更需要系统化的法制环境作为保障。目前张掖生态城市建设存在的问题与矛盾，有些是在城市发展过程中长期积累的，有些是发展过程中的新生事物，但就主要方面来说，体制性的问题与矛盾是主要的并起支配作用的。因此，生态城市法制建设将成为张掖市生态城市软环境建设的有力支撑，而制度创新也将成为张掖生态城市发展的动力保障。

(一)建立健全法律制度

法律作为政府调节经济的手段之一，是维护市场公平、保障合法者权益、促进经济协调发展的工具，良好的法制环境是城市管理的重要保障。随着张掖生态城市建设步伐的不断加快，社会分工越来越细，新的经济方式不断出现，健全的法律制度是城市发展的保障。首先，要加强政府立法工作。重视生态城市社会管理和公共服务方面的立法，重点做好应对各种突发事件、保障农民权益、劳动就业和社会保障以及社会事业发展方面的立法。其次，建立健全生态管理的政策法规。城市各主体参与城市管理的地位需要以法律的形式加以确定，需要对政府、企业、第三部门和公众的作用和职能等作出法律条文上的规定。第三，要努力提高政府立法工作质量。研究拟定涉及人民群众切身利益的重要法律草案和制定行政法规，要采取听证会、公示等多种手段广泛征求社会各方面的意见。第四，要加强律师、公证等法律服务，做好法律援助工作。依法保障妇女、未成年人和残疾人等弱势群体的合法权益。第五，要加强普法宣传教育，在全社会营造学法、懂法、守法的良好环境。

(二)全面实现司法公正

司法公正是生态城市文明的体现，是生态城市社会政治民主、法制进步的重要标志，也是城市发展和社会稳定的重要保障。实现司法公正，一是要尊重司法规律，推进司法体制改革。张掖现阶段司法领域出现的问题及遇到的挑战，在一定程度上与司法

体制改革滞后有着直接的关系。尽管我国的司法体制从根本上必须考虑中国的现实国情,但在市场经济条件下,在经济结构、社会结构乃至政治诉求多元化的时代,亦有必要对司法体制作出相应的改革与调整,包括管理体制、激励机制、制约机制等等,均有必要根据时代发展需要加以改造[3]。二是要努力提高司法人员整体素质,使司法人员树立公平、正义和保护人权的司法理念。建设一支政治坚定、业务精通、作风优良、执法公正的司法队伍。通过教育、选拔和培训机制的建立,努力提高现有司法人员的文化水平、司法水平和道德水平,加强司法人员的学习能力和道德约束力。三是要加强司法监督力度,包括内部监督和外部监督。内部监督主要指建立错案责任追究制度、执法过错责任追究制度、追究执法违法责任制度、违法审判责任追究制度等监督制度;外部监督主要是指加强司法公开,加强司法透明度,让社会监督司法公正,让舆论监督司法公正。四是通过立法监督司法。司法腐败是司法公正问题中的突出问题,也是反腐败斗争中的难点,通过完善《反腐败法》的相关部分,整合目前分散在各部门规章制度和法律条文中的相关条款,大力提升司法效率,加大打击司法腐败的力度。同时,使打击司法腐败具有明确的法律依据。

(三)建立生态补偿机制

生态补偿机制是以保护生态环境,促进人与自然和谐发展为目的,根据生态系统服务价值、生态保护成本、发展机会成本,运用政府和市场手段,调节生态保护利益相关者之间利益关系的公共制度。建立生态补偿机制是贯彻落实科学发展观的重要举措,有利于推动环境保护工作实现从以行政手段为主向综合运用法律、经济、技术和行政手段的转变,有利于推进资源的可持续利用,加快环境友好型社会建设,实现不同地区、不同利益群体的和谐发展[4]。建设生态城市,需要调动各方面保护生态的积极性,必须通过财政转移支付等方式,让生态保护的受益主体向实施主体和受损主体支付一定的经济补偿,形成长效机制。比如,以张掖黑河流域及其湿地为代表的生态涵养区是张掖的重要生态屏障,以此为依托的张掖国家湿地公园和张掖滨河新区两大工程对张掖干旱区生态城市建设具有划时代的意义,因此,张掖市其他地方应该拿出一定的资金对生态涵养区的建设进行生态补偿,这不是作贡献,而是支付应该支付的环境成本。

(四)优化人才激励机制

张掖建设生态城市,需要大批优秀专业人才,在引进人才时必须解放思想,做到"大气、大度、大方",即采取超常规手段,加大人才工作力度,实现城市人才、智力的正增长。具体来讲:大气,就是要有识才的远见、聚才的气魄、用才的胆略,唯才是举,大胆使用;大度,就是要胸怀宽广,能容各种各样的人,用其所长;大方,就是要懂得激励人才,在人才需要舞台的时候给舞台、困难的时候给帮助、作出贡献的时候给鼓励。张掖地处西北内陆,走出去的人多,进来的人少。张掖每年被各类大学录取的学生,特别是进入名牌大学的学生在毕业后回到张掖工作的很少。可以想象,如果一个城市的人才是负增长,从一定意义上讲,这个城市的智力就是负增长,智慧就是负增长,在这种情况下经济能成正增长吗?所以,张掖市在大学生分配、高层次人才引进以及领导干部任用、提拔方面要加大改革力度,形成良性的人才激励机制,最大限度地发挥社会生态系统中处于高级生态位的人的主观能动性。

二、创建文明有序的生态城市政治环境

生态城市政治环境是指政府机关的决策机制、执行机制和监督机制等对经济发展的影响。张掖市为了适应生态城市建设的新形势,需要逐步进行城市政治环境的改善,以促进城市经济社会进一步发展。

(一)创造良好的政策环境

政策环境是城市政治环境的基础,创建张掖生态城市政治环境要从以下几方面入手:一是全面清理现有的政策法规。根据整顿和规范市场经济秩序的需要,清理不符合市场经济要求的政策法规,将那些与生态城市建设相冲突的政策法规废除。将存在一定矛盾,但经修正后可以继续实施的政策法规整理出来,经有关方面专家论证修改后,提交有关部门审定并重新颁布。二是寻找出张掖生态城市建设政策法规的盲点,按照市场经济和生态城市建设的规则要求,结合实际,提出科学的、操作性强的立法方案,并抓紧制定相关法律法规。三是坚持科学民主决策。要进一步完善公众参与、专家论证和政府决策相结合的决策机制,保证决策的科学性和正确性。四是加快建立和完善重大问题集体决策制度、专家咨询制度、社会公示和社会听证制度、决策责任制度。所有重大决策都要在深入调查研究、广泛听取意见、进行充分论证的基础上,由集体讨论决定。

(二)营造良好的政务环境

张掖生态城市建设对现行的行政管理体制创新提出了迫切要求。在生态城市的建设中,行政效率、行政水平的高低已经成为具有全局性影响的因素,营造良好政务环境的需求十分迫切,其中创新政府行政体制是改善政务环境的关键,其内容主要有三方面:第一,政府职能的重新定位,包括创建服务型的有限政府,政府职能要立足公共服务,为企业、社会和群众提供公开、透明、高效、优质的服务,将管制型政府彻底改变为服务型政府。第二,政府职能转向“公共领域”,要建立责任型与法制型政府,加强行政程序的立法。建立全面的政府责任制和严格的、可操作性强的政府责任追究制度,强化政府公共决策职能。第三,政府组织机构创新,按照决策、执行、监督相对分离的原则,创立适应社会主义市场经济和生态城市建设要求的新型政府组织结构。第四,创新政府运作机

制，从决策机制、执行机制、监督机制等方面进行创新，其核心是打破传统的行政层级隶属关系，决策机构与执行机构间的关系通过合约的形式加以确定，其目的是要突出公共决策地位，强化公共决策职能，增强政府决策的民主性与科学性。通过合约增强政府的责任，提高政府的管理绩效。

（三）发展良好的投资环境

在张掖建设干旱区生态城市需要大量资金投入。仅以“中国黑河流域（张掖）湿地保护工程”为例，筹集落实资金是关键。当然，仅靠财政投入、银行贷款不能解决问题，张掖长期以来实行政府单一主体投资的发展模式，在生态城市建设的背景下，这种模式无法保证城市投入与产出的良性循环，必须抓紧进一步实现投融资渠道多元化、投融资主体多元化。张掖还是一个典型的投资拉动型城市，没有投资就谈不上发展。要实现经济社会快速发展，仅靠自身的力量远远不够，还必须通过招商引资来解决投资和人才不足的问题。要精心谋划一批优质项目，吸引国内外知名企业来张掖投资，依靠环境、诚信、服务积极引入战略投资者，吸引省内外、国内外企业参与张掖市的经济发展，真正培育一批市场化、商业化的投融资主体，进行资本和资产扩张。目前，张掖发展正处在由农业经济向工业经济转轨的特殊时期，机遇与挑战并存，在张掖干旱区生态城市建设投入机制上要敏锐把握国家宏观调控政策给项目建设带来的新机遇，紧紧抓住国家西部大开发以及投资向基础设施建设倾斜、向“三农”倾斜的政策机遇和投资机遇，坚持把贯彻落实国家产业政策同张掖生态城市发展实际有机结合起来，围绕张掖市资源优势和经济社会发展实际，抓好各项项目建设，各级政府在人力、财力、物力上给予最大的支持。

（四）完善良好的监督环境

权力产生腐败，绝对权力产生绝对腐败。政府的一切权力都是人民赋予的，必须对人民负责，为人民谋利益，接受人民监督。只有人民监督政府，政府才不会懈怠。各级政府要自觉接受同级人民代表大会及其常委会的监督，接受人民政协的民主监督，认真听取民主党派、工商联、无党派人士和各人民团体的意见。同时，要接受新闻舆论和社会公众监督，重视人民群众通过行政复议、行政诉讼等法定渠道，对政府机关及其工作人员的监督，加强政府系统内部监督，支持监察、审计部门依法独立履行监督职责。为便于人民群众知情和监督，要建立政务信息公开制度，增强政府工作的透明度。

四、构建规范有序的生态城市管理环境

生态城市管理是指把生态城市视为一个复合系统，运用系统科学的理论和方法，控制和实施对生态城市的全面管理。生态城市管理系统由生态城市管理目标、管理主体、

管理对象、管理方法等组成,是一个涉及面广、多目标、多层次、多变量的综合性系统。干旱区生态城市发展涉及经济、社会、环境等诸多因素,随着城市功能逐步趋于综合化,城市管理任务日趋严重,管理内容也愈加复杂。在城市化进程飞速发展的今天,城市如果一味追求经济的快速增长而以牺牲城市环境为代价,虽然在一段时期内会获得较为可观的经济效益,但生态环境过度破坏会直接导致城市经济发展后劲不足,影响甚至阻碍城市发展。相反,如果单纯重视环境保护而忽视必要的经济效益,环境保护则会由于缺乏强有力的经济支撑而失去现实意义。因此,传统的城市管理模式的路径需要通过一种机制加以突破,即用生态城市的管理决策手段,在城市发展中同时考虑环境效益与经济效益,实现经济与环境的协调发展。张掖要实现干旱区生态城市建设的长足发展,必须制定合理的生态城市管理目标和原则,明确生态城市管理的主体和对象,优化生态城市管理的方式和手段,形成一个高效、稳定的干旱区生态城市管理系统,这也是张掖生态城市建设的意义所在。

(一)明确生态城市管理主体

简单地讲,建设生态城市最直接的目的就是让在城市中的人们生活得更加美好。生态城市的特殊生态属性决定其管理必定打破传统的城市管理体系和方法,建立适应生态城市运行的新的管理体系,与之相应的生态城市管理的主体在这场变革之中也需要创新。因此,实现公众参与是生态城市管理主体创新的重要方式,是实现生态城市管理模式优化的必然选择,也是提高城市管理科学化和规范化的必然要求。所以,实现张掖生态城市的良性发展需要由政府、社区、社会团体、个人共同推动。

1.政府

在生态城市管理系统中,政府组织是城市管理的代表和主导,处于生态城市管理系统的中心位置,是城市战略的制定者,更是城市建设的组织者和指挥者,在生态城市的建设和发展中扮演着重要的角色。强有力的政府能够开创性地进行城市建设,从某种意义上讲可以成为整个城市建设的核心和灵魂。同时,政府也是城市管理主体中唯一同时考虑经济、社会和生态环境协调发展的成员,也只有政府能够提供实现生态城市综合管理的政策法规保障。

2.居民

从本质上讲,生态城市管理的指导原则是“人本思想”。生态城市发展过程中的一切管理活动最后都会细化到某个具体的“人”的层次,也就是居民这一层次。从社会属性来讲,居民是城市生态系统最基本的部分,也是最为重要的部分。作为组成生态城市管理的最基本要素,居民个人的生态伦理或者生态道德、生态消费的水平决定了生态城市系统管理的有序化和系统化的程度①。

①根据多种会议、论坛以及媒体报道等对生态补偿机制解释的总结。

3.社区

社区是由居住在一定地域范围的人群组成的、具有相关利益和内在互动关系的地域性社会生活共同体[5]。城市社区是最贴近居民的组织,是生态城市民主建设的基石。从社区基层组织看,主要是街道委员会和居民委员会。社区可以在生态城市建设中发挥中介、协调、自治、教育等多种作用。

4.社会团体

各种协会、联合会、非赢利性组织、公益性社会团体等非政府部门关注的焦点往往是环保、贫民救助等,这些组织开展环保活动和其他环境管理工作主要是出于对社会的公共利益或者人类共同利益的考虑。

(二)创新生态城市管理方式

面对可持续发展战略的广泛实施和生态城市建设的新型思路,生态城市管理应该转变传统的管理思路。从管理主体上看,政府不是城市管理的唯一主体,政府和公众在城市管理的目标上是一致的,要改变过去政府作为城市管理唯一主体的格局,动员公众共同参与生态城市管理。从管理职能上看,要从以自上而下式为主的依靠行政命令式的直接干预管理方式转换为以政府为主导、多方参与合作的间接管理。从管理理念上看,要实现从传统管理型向管理服务型的转变。从管理重点来看,城市管理的重点必须从工业化初期城市经济扩张式的发展转为强调生态城市发展的内涵和质量,注重生态城市的经济、社会、文化全面协调发展。从管理行为上看,要从过去被动消极的城市管理转变为积极主动的城市管理,切实提高城市管理的现代化水平。传统的城市管理与生态城市管理的比较见表18-1。

表18-1 传统的城市管理与生态城市管理的比较

比较对象	传统的城市管理	生态城市管理
管理主体	政府	政府、公众、非营利性组织、私营企业等
管理方式	行政命令式的直接干预、以自上而下式为主	以经济调节手段为主的间接管理、多方参与合作
管理理念	传统管理型	管理服务型
管理重点	经济增长	经济和生态环境协调发展
管理渠道	少	多
管理行为	被动与消极	主动与积极

(三)完善生态城市决策内容

1.城市发展战略的制定

随着城市规模的不断扩大,城市发展方向决策对城市增长有重要的意义。城市领导者对城市发展方向进行战略性决策,极大地影响城市空间结构和城市增长。为了促进张掖科学发展,针对张掖经济社会发展中存在的问题,2008年7月张掖市委二届四次全委(扩大)会议提出“坚持特色方向,走好三条路子,推动三大战略,实现科学发展”的总体工作部署,并确定“十大工程”作为走好“三条路子”的具体支撑。这一总体部署,坚持、完善、继承、发展了实施“三大战略”的基本思路,对实现战略目标的途径和措施作了全面的考虑,使张掖全市上下对张掖的特色是什么、能干什么、怎么干、达到什么样的战略目标等重大问题有了更加清醒的认识和把握,发挥了凝心聚力的重要作用。各项工作得到了有序推进,许多困难和矛盾得到了有效应对和化解,张掖全市经济社会发展取得了一定成效。

2.规划方案的制订实施

城市规划是政府合理配置公共资源、保护人文自然环境,维护社会公平,弥补市场失灵的重要手段。要想搞好城市建设,城市规划方案的制订实施具有举足轻重的作用。要以超前的眼光、科学的态度和与时俱进的精神不断完善城市规划,充分借鉴国内外生态城市发展的经验和教训,妥善处理好经济发展与环境质量、人口增长、资源利用、社会稳定等诸多方面的关系。自觉维护城市规划的权威性和严肃性,坚决制止违反和随意变更城市规划的行为。各级领导要摆脱规划“纸上画画、墙上挂挂”的落后观念,在城市发展的重大问题决策时,一定要提前做好项目方案规划工作。以张掖湿地公园建设为例,以前在很多人看来,张掖的湿地就是烂泥潭,没有任何生态价值和经济价值,而张掖市为了充分利用湿地,凸显干旱区湿地的重要作用,在进行充分的外出调研、邀请国内外知名专家学者实地考察的基础上, 聘请有丰富建设经验的规划设计单位进行湿地公园的规划、建设工作。在规划方案实施过程中,层层落实,将规划的宏伟蓝图落在了实处。立足干旱区实际、立足张掖实际,用全球性的视野来看待城市建设规划问题,收到了良好的效果。

3.重大项目的审批

项目建设是加快发展的载体和推动力。建立重大项目审批绿色通道制度,确保重大项目快速审批,优先审批。抓项目是党委、政府的重要职责,是经济工作的头等大事。对重大项目的审批和行政许可没有节假日,实行双休日工作制,对重点项目不拖不压,快速办理,对重大项目实行“绿色通道”,保证工程进度。提供一条龙全程服务制度,实行优先受理,特事特办,急事急办,优化办事程序,不断提高便民服务水平。对于重大项目,要加强对资金使用和项目建设过程的监督检查,严格落实项目建设法人责任制、招标投标制、监理制和合同管理制,促进项目在保证工程质量安全和资金使用合理的前提下按期建成投产。

(四)提高生态城市管理水平

随着科学发展观、构建和谐社会成为发展的主旋律,在城市建设、更新的过程中,关注民生,注重公平,扶持弱势团体等也成了城市管理者必须面对和处理的事物。生态城市建设要求城市管理者引领社会质量不断提高,不仅需要形成良好的城市管理体系,更需要加大城市管理中的技术含量,构筑统一、高效的信息平台,发挥城市的管理信息系统、计算机自动控制系统等先进管理技术在城市管理中的作用,加快生态城市管理现代化步伐,将现代科技手段与管理者自身素质提高相结合,既要考虑城市发展中的硬件问题,又要充分考虑保障硬件设施畅通运行的软环境。例如,在张掖旧城改造中,政府必须加强宏观调控,按土地利用最佳效益科学规划,严格控制土地用途和各类用地的数量。在将老城区内市民危旧住房进行改造的同时, 不仅要珍惜并保存好历史街区的古城风貌和风格,还要兼顾公平,保障公民的合法权益不受损害,采取多种补偿方式,和平处理旧城改造中的相关问题,将和谐社会的理念贯穿于工作之中。

五、营造内涵丰富的城市社会生态文化氛围

"文化"一词源于社会人类学。生态文化作为多元、开放和更具包容性的文化形态,在全球化的视野下引导着城市的健康成长,成为城市发展的根本动力。生态文化既受到原有文化环境的影响和制约, 其本身也包含了无形的精神层面的要素和有形的物质层面的要素。在生态城市建设中,既要注重城市原有自然和历史资源的发掘,又要从有形载体和无形要素两个方面入手,实施系统化的生态文化策略,以推动生态文化的延伸与发扬,最终实现城市竞争力的提升和城市个性的形成[6]。张掖是古"丝绸之路"上一颗璀璨的明珠,因"张国臂掖,以通西域"而得名,南面是雄伟的祁连山,常年不化的积雪远挂天际;纵望北阙,广袤无垠的巴丹吉林沙漠远远与天相接。祁连山的冰雪融水冲击出了坦荡肥沃的大平原,悠久的历史、灿烂的文化、秀丽的山川、淳朴的民风构成了独具西部特色的绚丽画卷,悠远的丝路文明彰显了张掖独具特色的城市文化底蕴。党的"十七大"报告指出,建设生态文明,基本形成节约能源资源和保护生态环境的产业结构、增长方式、消费模式,使生态文明观念在全社会牢固树立。2008 年 10 月,中共中央政治局常委、全国政协主席贾庆林在给中国生态文化协会成立的贺信①中指出:生态文化是人与自然和谐相处、协同发展的文化,是伴随着经济社会发展的历史进程形成的新的文化形态。发展生态文化,有利于贯彻落实以人为本、全面协调可持续发展的科学发展观,推动经济社会又好又快发展;有利于建设生态文明,推动形成节约能源资源和保护生态环境的产业结构、增长方式、消费模式;有利于增强文化发展活力,推动社会主义文化大发展大繁荣。

回顾近一百多年的人类发展历程,人类社会在创造了高度的物质文明的同时,也带来了严重的生态危机。导致生态危机的深层次原因之一就是生态文化没有得到传播和

① 根据生态文化协会创办时领导讲话整理。

普及。因此,弘扬生态文化、建设生态文明是人类的必然选择。在生态城市建设中,应积极营造良好的文化氛围,加大宣传教育,大力传播普及生态文化知识和生态文明理念,积极推动城市生态文明实践和社会生产生活方式的转变,充分发挥协会的作用,逐步建立内涵丰富、充满活力的城市生态文化体系,形成城市生态文化的独特魅力。

(一)理解城市生态文化内涵

城市作为人类文明的产物,本身就承载着一定的文化和历史积淀。2007年《城市文化北京宣言》对城市文化与城市发展的关系进行了重新评价,并提出五个主要观点:在新世纪的城市文化应该反映生态文明的特征; 城市发展要充分反映普通市民的利益追求;文化建设是城市发展的重要内涵,城市规划和建设要强化城市的个性特色,城市文化建设担当着继承传统与开拓创新的重任[7]。这与方兴未艾的生态城市的文化内涵一脉相承。加快张掖生态城市文化建设,可以为有着传统历史文化积淀的张掖带来生机和活力。

美国著名城市理论家、社会哲学家刘易斯·芒福德(Lewis Mumford)认为城市的基本功能是"流传文化和教育人民","城市是文化的容器,储存文化、流传文化、创造文化是城市的三个基本使命"[8]。中国传统文化中关于人与自然关系的论述颇为丰富,其中"天人合一"的哲学思想是中国古代最具代表性的生态哲学思想,它是中国古人看待人与自然关系的基本态度。这样一种态度正是当今日益受到全世界重视的"生态智慧",中国古代的这些"生态智慧"成为当代生态文化的一个重要思想渊源[7],对人类保护环境的主题思想和走可持续发展之路具有重要的参考意义和广泛的应用价值。随着社会技术的不断变革和城市化的迅速蔓延,生态的观念日益深化和扩展,而文化本身的意义也在不断积淀,当代城市在社会进步和发展中逐步形成了生态文化。它的含义不断丰富,使人们达成了共识:生态文化以自然价值论为指导,以生态学原理为基础,要求从价值观念、思维模式、经济法则、生活方式和管理体系等多方面实现人与自然的和谐相处及协同发展,它体现了以人为本、天人合一的思想境界。城市生态文化是城市物质文明与生态文明在人与人、人与社会、人与自然生态关系上的具体体现,因此,生态文化要求从人的主体视角出发, 充分认识自然以及生态系统的价值, 掌握人与自然的共生共荣关系,尊重生命、爱护生命,尊重自然、爱护自然,树立符合自然生态规律的价值取向。建设生态城市, 必须把人与自然之间征服与被征服关系的传统观念更新为和谐共处关系的观念,这是传统城市概念同现代生态城市概念最根本的区别所在。

(二)坚持传承创新城市精神

城市生态文化的形成和发展将凝聚巨大的精神力量, 对生态城市建设发挥巨大的推动作用。张掖是河西走廊一座历史悠久的古城,也是一个多民族聚居的地方。数千年的历史文化积淀,随着不同地域、不同民族之间的交往,形成了饶有情趣的风俗习惯和独具特色的传统节日,它反映了张掖人民的理想和道德风尚。生态城市文化建设需要人与自然、经济、社会的高度协调。在张掖实行干旱区生态城市建设,是对张掖古老文明的传承,更是对张掖生态文化的发扬。提倡"古为今用",吸收古代朴素的生态文化理念,把握张掖历史文脉。同样,生态城市建设也是一个长期的过程,生态文化作为一根红线贯穿于生态城市建设的始终,不是一蹴而就的。文化建设具有长期性、广泛性、渗透性的特点,其建设本身就是一个循序渐进的过程,特别是公民的思想观念的转变需要整个经济社会的发展和知识水平的提高等多方面因素的作用。

(三)着力打造生态城市品牌

城市文化是城市精神、城市价值的体现。城市精神的形成,离不开城市发展的文化积淀、思想传承和风格显示,这是一种潜在的道德资源。要打造张掖生态城市品牌,就需要用"经营城市"的理念来发展城市,塑造良好的城市形象。城市形象是一个城市的名片,它能够在较短的时间内让人充分感受到城市的变化。塑造城市形象,打造城市品牌,对张掖生态城市建设意义重大。我们提出建设生态张掖,其意义不仅仅在于生态本身,它还能充分展现张掖生态城市魅力,展现积极向上的城市精神面貌。城市的精神面貌非常重要,这正是许多城市不惜重金在电视台做广告、做形象宣传的原因。在张掖城市品牌的打造和城市形象的塑造方面,我们要充分利用张掖城市的历史文化和自然资源,引黑河水入城,最大限度地将张掖城市特色中的精华以更加突出的形象展现出来,将深层次的、原生态的"水"文化底蕴挖掘出来,在更高层次上塑造城市的崭新形象,提升城市品位,扩充城市承载力。在进行张掖城市对外宣传时,一定要突出城市特色,抓住张掖的比较优势,这一点我们从国内外许多城市的宣传用语中也可以明显看到。所以张掖在进行对外宣传时应广泛征集富有特色的城市宣传用语,选择诸如"戈壁水乡、生态张掖"等能突出张掖特色的简明话语。

参考文献

[1] 陈鼓应,白奚.老子"生态智慧"现代意义[N].光明日报.2002-05-14(3).

[2] 何斌.如何看待和解决司法公正问题[EB/OL]. http://www.people.com.cn/GB/shizheng/8198/31983/32174/2383837.html

[3] 钱海婷.发展循环经济是西部地区农村可持续发展的必由之路[J].理论导刊, 2009(1):85。

[4] 郑功成.司法公正是构建和谐社会的基础性保障[N].光明日报,2005-05-02.

[5] 鞠美庭,王勇,等.生态城市建设的理论与实践[M].北京:化学工业出版社.2008:153-156.

[6] 陈天,谢爱华.城市规划中的生态文化发展策略初探[C]//2008 中国城市规划年会论文集.大连:大连出版社,2008.

[7] 中华人民共和国住房和城乡建设部.城市文化北京宣言[J].城市规划,2007(7):9,17.

[8] 刘易斯·芒福德.城市发展史——起源、演变和前景[M].宋峻岭,译.中国建筑工业出版社,2008.

后 记

历史上的张掖曾为金色的光环所笼罩，而今日张掖的金色已为世人所怀疑。如何通过继续解放思想，以全新的视角来看张掖的过去、现在和未来，寻找新的亮点，这是摆在我们面前的重要课题。立足张掖不同于河西乃至甘肃其他城市的特点，通过与各级干部群众的广泛交流，我们已充分认识到“生态”对张掖发展的至关重要性。建设生态城市，充分利用张掖市独特的湿地资源，引黑河水入城，将深层次、原生态的“水”文化底蕴挖掘出来，结合张掖市历史文化，最大限度地将张掖城市特色中的精华以更加突出的形象展现出来，在更高层次上塑造城市崭新的形象。通过生态城市建设，营造优美人居环境，再现“半城芦苇半城塔”的“塞上江南”景观；推动城市经济发展方式转变，实现经济又好又快发展，构建资源节约型、环境友好型社会；以城市生态化促进城镇化，有力促进三大产业快速发展，推动区域经济健康、持续、协调发展。

基于上述认识，建设“生态城市”已成为张掖社会各界的普遍共识。为了更系统、更科学地建设张掖市生态城市，本书以张掖地处干旱半旱区环境气候特征和张掖市自身特色为基础，从城市的再认识、干旱区生态城市建设理论探讨和张掖市生态城市建设实证研究三个方面进行了梳理和研究，希望能对今后张掖市生态城市建设有所帮助。

长期以来，张掖市始终坚持科学发展之路，积极与兰州大学经济学院合作，研究和探索张掖市科学发展之路。张掖市以其特有的区域经济特性，吸引了兰州大学经济学院区域经济学科各位科研人员的浓厚兴趣，使之以其为研究对象，进行了有益的区域经济探索。本书是张掖市与兰州大学经济学院校地共建、共谋张掖发展的结晶。

在本书即将出版之际，我们殷切地希望各方面关心张掖发展和关注干旱区城市建设的读者批评指教，共同探索张掖市科学发展之路。

作者

2009 年 11 月 22 日